普通高等院校经济管理类“十四五”应用型精品教材
【市场营销系列】

服务营销

理论、方法与案例

SERVICE MARKETING

第3版

郑锐洪 编著

机械工业出版社
CHINA MACHINE PRESS

图书在版编目（CIP）数据

服务营销：理论、方法与案例 / 郑锐洪编著 . —3 版 . —北京：机械工业出版社，2023.3（2024.1 重印）
普通高等院校经济管理类“十四五”应用型精品教材 . 市场营销系列
ISBN 978-7-111-72663-0

Ⅰ. ①服… Ⅱ. ①郑… Ⅲ. ①服务营销 - 高等学校 - 教材 Ⅳ. ① F719.0

中国国家版本馆 CIP 数据核字（2023）第 028463 号

本书遵循服务企业的营销实践逻辑，构建服务营销的理论与方法策略体系，分为服务营销导论、服务营销核心概念、服务营销创新观念、服务市场营销战略、服务产品及品牌、服务定价、服务分销、服务促销、服务人员、服务过程、服务有形展示、服务管理共 12 章；顺应现代服务经济与现代服务业的发展趋势，融入体验营销、内部营销、关系营销、口碑营销、特许经营、整合营销传播、客户关系管理等特色创新内容。全书体系结构精练、理论知识新颖、案例丰富生动、方法策略可行，极具实践性和可读性。

本书既可作为普通高等院校市场营销、工商管理及相关专业本科生和 MBA 学员的教材，也可作为服务企业管理人员的培训用书。

出版发行：机械工业出版社（北京市西城区百万庄大街 22 号　邮政编码：100037）
策划编辑：施琳琳　　　　责任编辑：施琳琳　李晓敏
责任校对：韩佳欣　李　婷　　　　责任印制：常天培
印　　刷：固安县铭成印刷有限公司
版　　次：2024 年 1 月第 3 版第 2 次印刷
开　　本：185mm×260mm　1/16
印　　张：16.75
书　　号：ISBN 978-7-111-72663-0
定　　价：49.00 元

客服电话：（010）88361066　68326294

服务营销：创造、提升顾客价值

服务是人类更高层次的需要，服务经济是现代经济文明的标志。经济与科技的进步赋予了现代服务新的内涵，推进了现代服务业的创新发展。服务营销已经突破了服务企业的界限，延展到制造业甚至非营利机构领域。传统制造业可以通过服务营销增加附加价值，而现代服务业更是需要通过服务营销及其品牌化策略创造、提升顾客价值，非营利机构也可以通过服务营销改善组织绩效，服务与服务营销正在成为现代企业竞争制胜的有力武器。服务业已成为全球很多国家的支柱产业，服务业的发展提升了全人类的生活品质，还为社会创造了大量就业机会。我国经济正处于转变发展方式、优化经济结构、转换增长动力的攻关期，大力发展现代服务业已成为国家的经济战略。全面建成小康社会如期实现，我们正处在全面建设社会主义现代化国家的新时代，提升产业发展质量、“满足人民日益增长的美好生活需要”以增强人民的幸福感、满足感与获得感正是大势所趋，服务营销无疑具有广阔的应用前景。

服务营销诞生于20世纪80年代服务经济蓬勃发展的美国，之后得到了全球营销学界和企业界的高度重视，在世界各地得到了广泛的研究与应用。作为市场营销学的一个独立发展分支，服务营销迄今已经形成了以瓦拉瑞尔·A. 泽丝曼尔为代表的北美学派和以克里斯廷·格罗鲁斯为代表的北欧诺丁学派两个典型学派，它们各具特色，都为服务营销学的发展做出了杰出的贡献。前者以服务企业的实践逻辑为依据创建知识结构，注重服务营销的实践价值开发，为服务企业所推崇；后者以服务营销的学科发展为目标构建理论体系，注重服务营销的理论价值创新，为营销学者所重视。本书主要借鉴北美学派的思想框架，力主形成具有实践性的风格体系。

改革开放以来，服务营销在我国得到广泛的研究与应用，有效推进了我国的经济文明建设。国内企业如海尔、联想、苏宁、招商银行、携程旅行、如家、新东方等率先认识到了服务营销的价值，开始践行服务营销的经营理念，并逐渐发展成为我国服务市场营销实践的标杆，腾讯、百度、淘宝、京东、美团、菜鸟、马蜂窝等新兴服务企业迅速崛起，成为现代经济发展的主流。另外，国内各高校纷纷开设"服务营销"课程，推进了服务营销的教学与研究工作。我国服务营销的理论重心也经历了从服务质量到顾客满意再到顾客体验与顾客价值的演进和发展历程。国内学者汪纯本最早开展了服务营销的深入研究，郭国庆、范秀成、韦福祥、吴晓云、王永贵、白长虹、许晖、于宁等一大批学者都为推动我国服务营销学科的创新发展做出了突出的贡献。

国内现有的服务营销著述不可谓不多，经典的译著包括泽丝曼尔等的《服务营销》、格罗鲁斯的《服务管理与营销：服务利润逻辑的管理》、克里斯托弗·洛夫洛克的《服务营销》等，均具有独特的体系和风格，为一些重点院校的本科生和研究生教学所采用。国内学者的服务营销著作主要分为两类：一类以"服务营销管理"为核心，注重概念的诠释与理论的探讨，讲究理论的深度，大多由"双一流"院校的教授、博导撰写，在一本院校采用；另一类主要以"服务市场营销"为框架，注重核心理论的提取与操作策略的设计，讲究实用价值，作者多为一般本科院校的教授，主要在普通高校采用。本书定位后者，追求理论精练和注重实践的特色文风。

本版继续遵循服务企业的营销实践逻辑：服务营销理论认知（服务营销导论、服务营销核心概念、服务营销创新观念）—服务营销战略制定（服务市场营销战略）—服务营销组合策略（服务产品及品牌、服务定价、服务分销、服务促销、服务人员、服务过程、服务有形展示）—服务营销管理（服务管理）。为了顺应当今服务经济与现代服务业如火如荼的发展需求，本书纳入了体验营销、内部营销、关系营销、口碑营销、特许经营、电子渠道分销、服务接触点、服务蓝图、整合营销传播、客户关系管理等特色创新内容。为适应普通高等学校本科及 MBA 教学需要和为服务企业管理人员提供理论指导，本书力求结构精练、理论新颖、案例生动、策略可行，追求核心理论框架下的可读性和实践性，力争在以下几个方面创特色。

1. 体系结构精练，突出知识点

本书按照服务营销理论认知—服务营销战略制定—服务营销组合策略—服务营销管理的逻辑结构创建服务营销的核心理论体系，忽略一些联系不够紧密的环节，突出服务营销的核心内容，如服务经济、现代服务业、服务质量、顾客满意、顾客忠诚、服务利润链、服务营销组合、服务承诺、服务补救、客户关系管理等，重点知识点深度讨论，配合案例加以说明。

2. 理论知识新颖，追求创新性

经过 30 多年的不懈探索和实践，我国服务营销已走上深度化和细分化的发展道路，呈现向外部、内部和相互关系多个方向的深入拓展趋势。服务营销向外（对于外部顾客）

主要发展方向为体验营销，服务营销向内（对于内部员工）主要发展方向是内部营销，它们之间交互作用的绩效体现为关系营销和客户关系管理，而以上三者共同作用的结果是引发口碑传播，发展方向上表现为口碑营销和整合营销传播。本书将上述服务营销创新思想纳入其中，以期让读者与时俱进把握学科发展前沿及趋势。

3. 案例丰富生动，讲究说服力

丰富生动的案例是本书的又一特色。本书特别注重案例的新颖性、贴切性和说服力，所选案例大多是国内外服务行业企业的经典案例，如宜家、星巴克、沃尔玛、麦当劳、玫琳凯、迪士尼、海底捞、中国移动、携程旅行网、韵达、新东方、真功夫、仙踪林、春秋航空、马蜂窝、亚朵酒店、西部假期等，它们的成功实践就是服务营销价值的最好佐证。还有部分案例是笔者根据亲身经历编写的，虽然短小，但是很有趣而且很有说服力。

4. 渗透思政内容，体现时代性

服务营销的根本在于为顾客创造服务价值，在满足人民日益增长的美好生活需要的同时为利益相关者带来利益。新时代服务营销要为我国全面建设社会主义现代化国家做出贡献，要为提升人民群众的生活质量贡献力量。因此，服务企业要着力创新，提供有益于我国百姓美好生活的健康、积极的服务产品，开展环境友好的生态、绿色营销，并且遵循公平公正、诚信友善的经营价值观，坚守社会主义的商业伦理，遵纪守法，积极履行社会责任，为推进“国家品牌”强国战略做出贡献。为此，本书渗透了相关的思政内容。

5. 方法策略可行，注重实践性

科学的理论来源于有效的实践，也是学科研究者和实践者智慧经验的结晶，它的价值主要在于指导实践。本书除了用于培养应用型普通高等院校市场营销、工商管理及相关专业本科生及 MBA 学员的服务营销技能外，还可作为现代服务企业管理人员的案头工具书，因此，特别注重操作方法及策略部分的总结和设计。

《服务营销》第 1 版自出版以来深受广大师生欢迎，但还需要与时俱进补充前沿创新内容并进行案例更新。根据多位老师和读者的反馈意见，本次再版着力在以下方面进行内容调整：一是在保持原逻辑框架的前提下对部分内容观点进行了重新梳理和提炼，如服务经济、服务产品与服务品牌等；二是对一些有争议的内容进行了调整或删除，如关系文化、灰色营销等；三是增加了一些专业内容，如基于过程的服务分类、新服务的特征、服务品牌的构成要素、细分市场的潜力分析、顾客获得服务的渠道偏好等；四是对案例进行了大范围更新替换和补充，部分经典案例做了精简，增加了不少新颖独特的案例。

本书由天津工业大学经济与管理学院郑锐洪教授独立设计和修订。本着编写出富有特色和应用价值的服务营销精品教程的思想，笔者一年多来全情投入，精心设计和修改。本书吸纳了笔者多年来在服务营销特别是体验营销领域的理论研究成果，也凝聚了笔者近十年的服务营销教学经验和管理心得，可以说是笔者十多年来对于服务营销的思考和研究的力作，其中不乏独特的感悟与独创的方法和策略，以及诸多亲身经历的精彩案例，等待和读者分享与讨论。

本书在编著过程中参考了国内外服务营销同行的研究成果，也借鉴了不少其他著述和网络媒体上的精彩案例，虽然在此不便悉数标出以示感谢，但笔者心存感激。笔者要感谢服务企业的实践者，没有他们的成功实践，就没有服务营销的理论创新，这本书可以说是服务营销实践者和研究者共同努力的结果。在此，笔者特别感谢自己的博士生导师郭国庆教授及中学老师张召达、硕士生导师高齐云教授的关怀和教育，感谢天津工业大学经济与管理学院领导的支持和同事的帮助，感谢机械工业出版社编辑团队的辛勤工作。

最后，笔者在编著过程中虽投入了极大的热情，但由于个人知识所限，掌握的案例资料有限，本书难免有错漏和偏误之处，万望各位同行专家给予批评指正。仁者见仁，智者见智，笔者期待与有识之士深度交流，以便进一步完善本书。

附：本书内容结构图

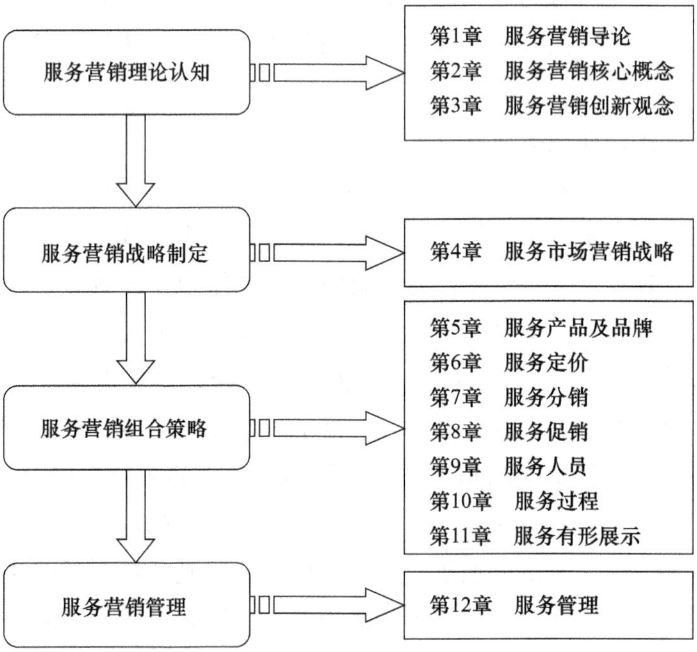

教学目的

服务营销属于市场营销、工商管理等专业的拓展课程，具有显著的实践性和应用性。在我国推进服务经济和大力发展现代服务业的背景下，要求使用先进的服务营销理论解决中国服务企业面临的营销创新与发展问题。因此，服务营销的策略与方法体系设计需要充分考虑本土化问题，必须考虑实效性和操作性。本课程教学的目的在于通过服务营销核心理论的演绎和典型案例的分析讨论，使读者能够树立现代服务营销观，重视顾客价值创造，并且能够从顾客导向的思维出发，利用服务营销战略及其组合策略武器去解决服务企业的营销难题，帮助服务企业实现顾客价值和提升经营业绩。

前期需要掌握的知识

管理学原理、经济学基础、市场营销学等课程相关知识。

课时分布建议

教学内容	学习目标	课时安排		案例使用建议
		本科生	MBA	
第 1 章 服务营销导论	（1）了解服务的内涵及其特征 （2）了解服务业及其分类 （3）了解现代服务业的发展趋势 （4）掌握服务营销组合策略	4	2	文中案例选择性讨论或课堂作业
第 2 章 服务营销核心概念	（1）了解服务营销三角理论 （2）了解服务利润链的构成及其内在逻辑 （3）了解服务质量的内涵及其维度 （4）掌握服务质量的测量与服务质量改进策略 （5）理解顾客满意、顾客忠诚与顾客价值之间的转换关系	4	4	文中案例选择性讨论或课堂作业

（续）

教学内容	学习目标	课时安排		案例使用建议
		本科生	MBA	
第 3 章 服务营销创新观念	（1）了解体验营销及其相关策略 （2）了解内部营销及其相关策略 （3）了解关系营销及其相关策略 （4）了解口碑营销及其相关策略 （5）理解上述四种服务营销创新观念之间的关系	6	4	文中案例选择性讨论或课堂作业
第 4 章 服务市场营销战略	（1）了解服务市场细分的思路 （2）了解服务目标市场战略选择 （3）了解服务市场定位的思想 （4）掌握服务市场定位的策略	4	2	文中案例选择性讨论或课堂作业
第 5 章 服务产品及品牌	（1）了解服务产品的整体概念 （2）了解服务包与服务之花 （3）了解服务新产品的开发策略 （4）掌握服务品牌的管理策略	3	2	文中案例选择性讨论或课堂作业
第 6 章 服务定价	（1）了解服务定价的特殊性及特点 （2）了解服务定价的诸多影响因素 （3）了解成本、需求、竞争导向的定价方法 （4）掌握服务定价的诸多应用策略	3	2	文中案例选择性讨论或课堂作业
第 7 章 服务分销	（1）了解服务分销的类型 （2）分析服务分销的特点 （3）了解服务的特许经营 （4）了解电子渠道分销及其优势	3	2	文中案例选择性讨论或课堂作业
第 8 章 服务促销	（1）了解服务促销的目标及特点 （2）认识服务促销一般组合工具 （3）认识服务促销新工具 （4）熟悉服务的整合营销传播	3	2	文中案例选择性讨论或课堂作业
第 9 章 服务人员	（1）了解服务过程中人员的价值 （2）讨论服务人员激励的策略与方法 （3）掌握服务文化培育的策略	3	2	文中案例选择性讨论或课堂作业
第 10 章 服务过程	（1）了解服务过程及其要素 （2）了解服务接触点与关键时刻理论 （3）掌握服务蓝图的绘制技术 （4）学习服务企业流程再造知识	3	2	文中案例选择性讨论或课堂作业
第 11 章 服务有形展示	（1）了解有形展示的作用 （2）熟悉有形展示的类型 （3）掌握服务场景的设计技术	3	2	文中案例选择性讨论或课堂作业
第 12 章 服务管理	（1）了解服务承诺与服务失误 （2）了解顾客抱怨与服务补救 （3）掌握顾客投诉处理方法 （4）熟悉客户关系管理技术	6	4	文中案例选择性讨论或课堂作业
课时总计		45	30	

说明：（1）在课时安排上，对于 MBA 或者本科服务营销选修课，建议按 30 学时安排；工商管理、市场营销相关专业必修课可以按 45 学时安排。可根据各个学校课时情况进行调整。

（2）课堂讨论、案例分析、课程测试等时间已经包含在各个章节的教学时间计划之中。

CONTENTS 目 录

CHAPTER 1 第1章

服务营销导论

服务是具有无形特征却可给人带来某种利益或满足感的、可供有偿转让的一种或一系列（劳务）活动。它是一种更高层次的人类需求。服务经济、现代服务业的发展是现代经济文明的标志，服务营销也正在成为服务企业竞争制胜的有力武器。由于服务具有无形性、差异性等特性，服务营销遵循顾客导向的7P组合营销法则。

学习目标

- 了解服务的内涵及其特征。
- 了解服务业及其分类。
- 了解现代服务业的发展趋势。
- 掌握服务营销组合策略。

开篇案例

上海迪士尼为什么那么吸引人

说起迪士尼大家再熟悉不过了。目前全球只有6家迪士尼乐园，中国有两个，一个在上海，一个在香港，其他4个分别是洛杉矶迪士尼乐园、奥兰多迪士尼乐园、东京迪士尼乐园、巴黎迪士尼乐园。上海迪士尼魔法王国主题乐园是中国内地首家迪士尼乐园，每天有上万人次的客流量，遇到节日、寒暑假，各地游客纷至沓来，人山人海。上海迪士尼为什么那么吸引大家的目光？这与它的特色服务营销密不可分。不管是亲子游还是家庭游、闺密游，这里都能给游客提供愉悦的体验，因此人们都很向往这个地方。

（1）为顾客创造独特的体验。大多数游客来自都市，他们对城市的高楼林立和现代化大多已经感到厌倦。而在迪士尼乐园，人们会产生一种回归大自然的感觉，使人感到清新忘我。迪士尼乐园的建筑充满了创造性的富丽堂皇和诙谐生动的视觉盛宴，扩展了主题乐园的梦幻感觉。它不仅是大人们的娱乐休闲场所，更重要的是，它也是儿童们游乐的欢乐世界。

（2）良好的服务态度。迪士尼员工整洁新颖的服装、甜美的笑容、一丝不苟的工作作风，给游客留下了无须言传的深刻印象，大大提高了顾客的满意度和幸福感。乐园大门口有旅客接待站，可以免费提供童车和婴儿车给带孩子的旅客，这让带孩子的旅客感到很温馨；门口还有狗舍，狗不得入园但可以寄养，这为带狗旅游的游客解决了很多麻烦，非常贴心。进入大门后有轮椅供残疾人使用。乐园内许多景区都设有童车、婴儿车及轮椅车以供使用。

（3）差异化的服务特色。所有的小卖部、饮食店、表演场所、街景区都设有大量整洁的、与景观相协调的、方便清扫的、大容量的垃圾箱。公共场所的椅子、桌子、窗台等都显得很干净利落，草地树木修饰整齐，娱乐设施几乎都保持良好状态。在各种游乐项目中，迪士尼十分注意培养顾客的参与性，总是创造机会让人们发挥自己的主观能动性。迪士尼认为乐园主要的目标顾客是孩子们，当然要让孩子们在这里感受到成长的快乐。乐园里设有沿着“道路”行驶的小型汽车。这种车比国内的玩具车大得多，可容纳两个人，一位家长可以带一个孩子，由孩子驾驶汽车通过各种复杂的弯道，开启相对漫长的旅程。这种游乐项目让家人参与进来，拉近了孩子与家长的距离，给孩子留下深刻、美好的回忆。乐园内垃圾桶的高度也是小朋友们伸手可及的。此外，乐园内随处可闻的是更多动听的音乐，还有专门供小朋友合影留念的卡通人物，孩子们在这里可以体会爱丽丝梦游仙境般的感觉。

（4）欢乐的氛围营造。在迪士尼，游客与员工一起在安全又充满乐趣的游乐项目中体验愉悦。其中，员工起着主导作用，其美丽的外表、精致的妆容、甜美的微笑、友好的眼神、令人愉悦的服务、特定角色的表演及与每位游客接触的细节，都是在营造一种欢乐的氛围。迪士尼的员工不仅是一种职位、一种角色，更是一种快乐源泉。员工们身上穿的不仅是一种制服，更是演出服装，是一种不知不觉把人带到童话世界的视觉盛宴。这些都大大提高了乐园的形象。

问题思考

迪士尼乐园为什么对大人和小孩都具有如此大的吸引力？

1.1 服务及其特征

1.1.1 服务的界定

营销学起源于20世纪初的经济学，有关服务的研究最早可追溯到亚当·斯密时代。营销学界对服务的关注是从20世纪五六十年代开始的，营销学者往往把服务作为一种产品来对待以区别于经济学界的研究。

1960年，美国市场营销协会（AMA）最先给服务下了一个定义：“服务是用于出售或者是与产品连带出售的活动、利益或满足感。”这一定义在此后的很多年里一直被学者广泛采用。但其缺点也是显而易见的：它没有把有形产品与无形服务区分开来，因为有形产品也是用来出售并使购买者获得利益和满足的。

1963年，著名学者威廉·J. 里甘把服务定义为“直接提供满足（交通、租房）或者与有形商品或其他服务一起提供满足的不可感知活动”；1974年，威廉·J. 斯坦顿进一步加以解释，认为服务是“可被独立识别的不可感知活动，为消费者或工业用户提供满足感，但并非一定要与某个产品或服务连在一起出售”；1990 年，国际知名服务营销学者克里斯廷·格罗鲁斯在总结前人定义的基础上，把服务的定义概括为：服务是指或多或少具有无形特征的一种或一系列活动，通常（但并非一定）发生在顾客与服务的提供者及其有形的资源、产品或系统相互作用的过程中，以便解决消费者的有关问题。

美国学者瓦拉瑞尔·A. 泽丝曼尔和玛丽·J. 比特纳在其著作《服务营销》中则提出：简单地说，服务是行为、过程和效果，由一方向另一方提供或合作生产。这种行为、过程和效果不仅存在于服务企业的活动之中，而且是许多制造商向市场提供的价值组合的一部分。泽丝曼尔等在其著作《服务营销》中还提及了另一个较为广义的服务定义：服务是包括所有产出为非有形产品的全部经济活动，通常在生产时被消费，并以便捷、愉悦、省时、舒适或健康的形式提供附加价值。

1990 年，国际标准化组织把“服务”定义为“为满足顾客的需要，供方与顾客接触的活动和供方内部活动所产生的结果”。虽然不同研究者、不同机构对服务的定义可能有所区别，但从其本质来看，都认为服务是以满足消费者的需要为目的、以人的活动为基础的为消费者提供满足的过程。

荷兰学者汉斯·卡斯帕尔认为：“服务是在本质上无形、易逝的一系列活动，服务交易并不存在所有权转移问题，服务过程是一个互动的过程，其目的在于为顾客创造价值。”

菲利普·科特勒则将服务定义为：“一方能够向另一方提供的任何一项活动或利益，它本质上是无形的，并且不产生对任何东西的所有权问题，它的生产可能与实际产品有关，也可能无关，由此，服务的本质是无形性和无所有权的转移。”

本书认为，服务是具有无形特征却可给人带来某种利益或满足感的可供有偿转让的一种或一系列（劳务）活动。该服务定义包含以下观点。

（1）服务提供的基本上是无形的活动，可以是纯粹的服务，也可以与有形产品相关联从而具有服务特征和内容。

（2）服务提供的只是产品的使用权，并不涉及所有权的转移。

（3）服务的重要性不亚于物质产品。

1.1.2　服务的分类

“服务”已经成为当今社会日常生产和消费的重要对象，服务的定义说明“无形性”是确定一个提供品是否为服务的关键所在。尽管这是正确的，但可以肯定，很少有产品是纯粹无形的或者完全有形的。相比较而言，服务要比制造品更无形，而制造品则比服务更有形。例如，餐饮业尽管被划入服务业，但它仍有许多有形部分，如食物、包装等；而汽车制造业尽管被划入制造业，但也提供许多无形产品，如交通运输、维修维护等。故本书提及服务时，我们将接受服务很少有“纯服务”或“纯产品”的观念，如图 1-1 所示。

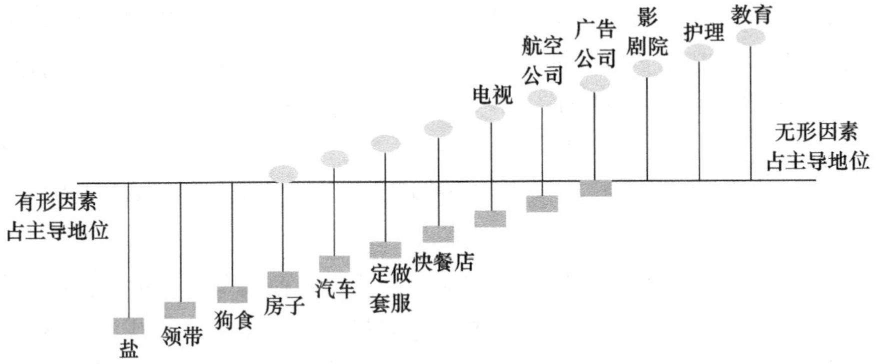

图 1-1　产品的有形性、无形性对照图

由于服务活动及内容的广泛性和复杂性，服务可以从多个视角或维度分类，具体如下。

1. 按顾客参与服务推广的程度分类

美国亚利桑那大学教授理查德 · B. 蔡斯在 1978 年根据顾客对服务推广的参与程度，将服务分为三个大类。

（1）高接触性服务：是指顾客在服务推广过程中参与其中全部或大部分活动，如医疗卫生机构、公共交通、电影院、娱乐场所、学校等所提供的服务。

（2）中接触性服务：是指顾客只是部分地或在局部时间内参与其中的活动，如律师、房地产经纪人等所提供的服务。

（3）低接触性服务：是指在服务推广中顾客与服务的提供者接触甚少的服务，其间的交往主要是通过仪器设备进行的，如有线电视、电子银行、电子商务、邮电等提供的服务。

2. 按服务的综合因素分类

1980 年，菲利普 · 科特勒从服务的综合因素入手，分别从不同侧面对服务进行了分类。

（1）依据个人需要和企业需要的不同分类：专对个人需要的专一化服务和面对个人需要及企业需要的混合性服务。

（2）依据提供服务的工具的不同分类：以人为基础的服务，包括技术性、非技术性和专业服务（如律师、会计师、旅行定制师服务等）；以机器设备为基础的服务（如自动售货机、自动化洗车机等服务）。

（3）依据顾客在服务现场出现的必要性大小分类：必须要求顾客亲临现场的服务（如体检、美容、美发等）和不需要顾客亲临现场的服务（如汽车修理、服装洗烫等）。

（4）依据服务组织的目的分类：以营利为目的的服务、非营利性服务、私人服务和公共服务。

（5）依据服务内容和流程的稳定性与变动性分类：标准化服务和定制化服务。

3. 按服务营销管理分类

美国服务营销专家克里斯托弗·H. 洛夫洛克从四个角度对服务进行了划分，这种分类被学术界认为是目前比较全面的分类。

（1）依据服务活动的本质分为四类：作用于人的有形服务，如民航、理发服务等；作用于物的有形服务，如货运、草坪修整等；作用于人的无形服务，如教育、广播等；作用于物的无形服务，如法律咨询、财产保险等。

（2）依据顾客与服务组织的联系状态分为四类：连续性、会员关系服务，如银行、保险、汽车协会等；连续性、非正式关系的服务，如广播电台、警察保护等；间断的、会员关系的服务，如公园月票、年票等；间断的、非正式关系的服务，如邮购、街头收费电话等。

（3）依据服务方式及满足程度分为四类：标准化服务，选择自由度小，难以满足顾客的个性需求，如公共汽车载客服务等；服务标准化程度高但服务方式选择自由度小的服务，如宾馆、餐厅的服务等；服务标准化程度不高，但服务提供者选择余地大而难以满足个性要求的服务，如教师授课等；服务标准化程度不高，服务方式选择自由度大，而且服务提供者有发挥空间的服务，如美容、建筑设计、律师、医疗保健等。

（4）依据服务供求关系分为三类：需求波动较小的服务，如保险、律师、银行服务等；需求波动较大但基本上能跟上的服务，如电力、天然气、电话服务等；需求波动幅度大并且会超过供应能力的服务，如交通运输、饭店、宾馆服务等。

4. 按服务能否在账面上体现出来分类

按照服务能否在账面上体现出来，服务可以分为显性服务与隐性服务两类。

此分类最早是由服务管理学科创始人、芬兰瑞典语经济与管理学院教授克里斯廷·格罗鲁斯于 2001 年提出的。在服务性企业中，有些服务是显性的，在账面上是可以体现出来的，如运输、售后服务等。但有些服务，企业传统上将其作为常规性的日常管理费用加以处理，如结账、质量问题处理、服务补救等。结账必须清晰和准确，服务失误和顾客抱怨处理的及时、有效性及雇员对顾客的“移情性”，对于提高顾客忠诚度，避免顾客流失，无疑具有十分重要的意义。因此，这些隐性服务无疑是企业建立竞争优势最重要的途径。

5. 基于服务过程视角的分类

在服务过程中，人、有形物或者数据都可以是服务对象，而服务的过程可能是有形的，也可能是无形的。一些针对人体或有形物的服务过程，我们是可以看到的，但那些针对人脑、无形资产的服务过程，我们是无法看到的。约亨·沃茨等（2019）宽泛地将服务分为四类，即人体服务（people processing）、所有物服务（possession processing）、精神服务（mental processing）和信息服务（information processing）。尽管这些服务看起来好像有很大区别，但其核心特性，即过程性特征是基本相同的。因此，同一类服务组织的管理者很容易相互学习，进而对本组织的服务内容和过程、形式进行创新。

（1）人体服务：远古时期，人们就开始寻求满足或改变自己的服务，如旅行、吃饭、住宿、保持健康，或者是让自己变得更漂亮。为接受这些服务，人们需要将身体作为服务要素投入。

（2）所有物服务：很多情况下，顾客想要组织提供的是针对他们的所有物的一些有形服务，例如，帮助顾客为房间除虫，修剪树篱，修理电梯，维修摔坏的智能手机屏，邮寄包裹，或者是帮助治疗生病的宠物，等等。

（3）精神服务：精神服务的目的是矫正人的态度或影响人的行为，例如，教育、咨询服务及宗教活动等。精神服务需要顾客投入时间和精力等。

（4）信息服务：服务提供者可以利用信息与沟通技术对信息进行处理。当然，专业人员也可以利用他们的大脑来处理信息。作为服务结果的信息通常是无形的，但通过各种方法，可以将这些信息转化为有形的"物"，如信件、报告、书籍或者是各种格式的文件。有些服务高度依赖信息收集和加工，如财务、法律、市场调查及管理咨询和医疗诊断服务。

1.1.3 服务的特征及其营销挑战

关于服务作为一种无形产品的特征或特性，营销学界包括格罗鲁斯、科特勒、佩恩、艾格里尔、兰吉尔德等在内的学者发表了不同的观点，但将无形性、差异性、不可分离性和不可储存性（易逝性）作为服务的特征，已经得到国内外营销学界的广泛认同。其中，无形性被认为是服务的最基本特征，其他特征都是从这一特征衍生而来的。事实上，正是服务的无形性，才使得生产与消费不可分离，而差异性、不可储存性在很大程度上是由无形性和不可分离性两大特征所决定的。商品与服务的特征比较如表 1-1 所示。

表 1-1 商品与服务的特征比较

商　品	服　务	服务的特殊性
有形性	无形性	服务不可储存 服务不能申请专利 服务不容易展示和沟通 服务难以定价
标准化	差异性	服务的提供与顾客的满意取决于员工的行动 服务质量高低取决于很多不可控的因素 无法确认提供的服务是否与计划或推广相符
可分离性	不可分离性	顾客参与并影响交易 顾客之间相互影响 员工影响服务的结果 难以进行大规模生产
可储存性	不可储存性	服务的供应与需求难以同步 服务不能转售或退货

1. 无形性

无形性又称"不可感知性"，这是服务的最主要特征。与有形的消费品和产业用品比较，有形产品是一个物体，而服务则表现为行为、过程和效果。服务的特质及组成服务的要素很多时候都是无形的，因此，它是一种不能预先被看见、感觉、触摸、品尝或嗅到的特殊价值。例如，银行提供的存贷、银行卡、结算业务等服务鲜有有形的产品，难以通过陈列、展示等形式供客户比较、挑选、评价，客户无法预先感知到使用的效果。

当然，说服务产品是无形的，并不是说服务提供过程中不存在任何有形的物体或要素。事实上，就很多服务的提供来说，有形物体是不可缺少的要素或条件。在绝大多数情况下，企业向市场提供的服务是有形物品和无形服务的结合。

无形性的营销挑战：服务不能储存，因此很难管理需求的波动。服务不能依法申请专利，因此新的服务概念可以轻易地被竞争对手模仿。服务不容易向顾客展示或轻易地沟通交流，因此顾客难以评估其质量。“一个单位的服务”的实际成本难以确定，价格与质量的关系也非常复杂；服务的无形性也不利于企业与客户的沟通。

由于服务无法事先用样品展示给消费者，服务提供者在提供服务时必须注意以下几点。

（1）形象化宣传，即找出一个能代表服务的实体进行宣传，将无形服务有形化。例如，宣传企业自身、榜样、服务提供者及企业硬件设施、环境、先进人物形象等。

（2）服务企业可以为自己建立一个服务品牌，以强化顾客对服务的认知和偏好。

（3）为顾客提供保证或承诺以增强顾客信任。

2. 差异性

差异性又称可变性，是指服务是由服务人员表现出的一系列行为，而这些行为的效果会因时、因人、因地而异，服务无法像制造商品一样做到流水线生产，这就使得服务很难像有形产品一样用统一的质量标准来衡量。另外，由于没有两个完全一样的顾客，每个顾客都会有独特的需求，或者以一个独特的方式体验服务，因而会产生异质性。不同服务人员的服务经验不同，同一服务人员在为不同对象服务及在不同时间为同一对象服务时的心理、情绪等也可能有很大差异，不同顾客享用某种服务的经验及对服务的期望不同，因而服务的提供过程、顾客对服务的评价等都可能会因为时间、空间等因素的变化而产生差异。

差异性的营销挑战：服务因时间、组织和个人的不同而具有差异性，因而，要保持服务的标准化十分困难。实际上，质量取决于服务提供者不能完全控制的许多因素，例如，顾客清楚表达其需要的能力、员工满足这些需要的能力和意愿、其他顾客的到来（或没有其他顾客）及对服务的需求程度。由于这些复杂的因素，服务人员无法确知服务是否按原来计划和宣传的那样提供给顾客。有时，服务可能会由第三方提供，从而会加大服务的差异性。

针对服务的差异性，服务企业可采取如下措施保持服务质量的稳定性。

（1）加强服务产品的过程化质量控制。

（2）有的环节用机器代替人。

（3）实行顾客参与的自助服务。

（4）提供个性化服务，注重顾客的体验。

3. 不可分离性

大多有形商品是首先生产，然后进行销售和消费，但大部分无形服务却是先销售，然后同时进行生产和消费。有形的产品或消费品在从生产流通到最终消费的过程中，往往要经过一系列中间环节，而服务却不同，它具有不可分离的特征，即服务的生产过程与消费过程同时进行以产生服务价值。由于服务本身不是一个具体的物品，而是一系列的活动或过程，因此在服务过程中，顾客和服务提供者必须直接发生联系，从而生产过程也就是消费过程。服务的这种特性表明，顾客只有而且必须加入到服务的生产过程中才能最终消费到服务。例如，患者必须向医生陈述病情，接受医生的检查，医生才能做出正确诊断，对症下药。顾客的直接参与及其在服务过程中与服务人员的沟通和互动行为，无疑向传统的产品质量管理及营销理论提出了挑战。

不可分离性的营销挑战：由于服务通常是生产和消费同时进行的，因而很难大规模生产。服务质量和顾客满意度将在很大程度上依赖于“关键时刻”发生的情况，包括员工的行为、员工和顾客之间的相互作用。生产与消费的同步性也意味着不太可能通过集中化提供来获得显著的规模经济效益。然而，由于服务消费与生产的同步性，顾客加入生产过程中并且能观察生产过程，这可能会影响服务交易的体验结果。

针对服务的不可分离性，企业可以采取以下措施。

（1）选拔和培训优秀服务人员，增加服务网点。

（2）对服务人员进行技术培训，提高服务提供的效率。

（3）提高服务质量，增强服务特色，注意服务环境的改善，使顾客感到愉快。

4. 不可储存性

不可储存性是指服务产品无法保留、转售及退还的特性。服务的无形性及生产与消费同时进行的特性，使得服务不可能像有形的消费品和工业品一样被储存起来，以备未来出售或消费。由于不可储存，也就无法预先储存服务以满足高峰时期顾客的服务需要。顾客为消费某种服务而来，服务产品供不应求时，则也可能使顾客失望而归。有鉴于此，如何妥善处理供求矛盾，是服务营销过程中的一个重要难题。

不可储存性的营销挑战：营销人员面临的一个基本问题是服务不可储存，因而为充分利用生产能力进行需求预测并制订有创造性的计划就成为重要的和富有挑战性的决策问题。服务不能被退回或重售的事实也表明必须制定有力的补救策略，以防服务失败的出现。

针对服务的不可储存性，服务企业可采用以下对策。

（1）加强服务供给管理。

1）需求高峰时，只提供主要服务。

2）高峰期招聘临时工作人员。

3）高峰期实行顾客自助服务。

4）开始经营时就为以后的业务扩展留下空间。

（2）加强服务需求管理。

1）实行服务预售，有计划地调节需求。

2）运用差别定价，即高峰期高价、平时低价的方法，以引导消费、调节需求。

1.2　服务业与现代服务业

1.2.1　服务经济

经济形态的演进是人类社会经济发展水平的标志，服务经济特征的出现是一个国家或地区经济生活进步的表征。英国经济学家约翰·邓宁在对经济社会的演进进行了深入研究之后，将社会经济发展分为三个逐渐演进的阶段：第一阶段是以土地为基础的农业经济时代（17 世纪初至 19 世纪）；第二阶段是以机器或金融为基础的工业经济时代（19 世纪至 20 世纪末）；第三阶段是以金融或知识经济为基础的服务经济时代（20 世纪末至今）。美国学者派恩、吉尔摩等人进一步提出了体验经济时代的观点。

派恩和吉尔摩（1998）在《哈佛商业评论》上发表了题为《体验经济时代来临》的文章，以他们的远见卓识描述了人类经济历史演变的几个阶段：农业经济、工业经济、服务经济和体验经济，并且简要概括了不同经济形态的特点，如表 1-2 所示。

表 1-2　不同经济形态的特点

特　　点	经济形态			
	农业经济	工业经济	服务经济	体验经济
经济的提供物	产品	商品	服务	体验
提供物性质	可替换的	有形的	无形的	记忆深刻的
最重要属性	自然的	标准化的	定制的	个性化的
卖方	交易商	制造商	提供者	展示者
买方	市场	用户	客户	客人
需求的要素	特色	特色	利益	突出体验与感受

1. 经济形态的演进改变了企业的生产方式和消费者的生活方式

工业经济时代，企业是以市场为导向进行产品创新的，最终生产出的产品能否满足顾客的需求，企业只能到了销售阶段才能加以验证。服务经济时代，企业的运行是以企业提供各种服务、消费者被动接受为表现形态，在此过程中，服务解释了企业创造和提供了什么，消费者仍然没有自我决定的权利。而在体验经济时代，企业的运行首先考虑到的就是消费者，消费者需要哪种产品或服务由其自己决定，企业的任务就是按照消费者的需求提供，这个过程同样是企业与消费者的互动和沟通过程。

经济形态的演进同样改变了消费者的生活方式。现代消费者不再满足于被动地接受企业的操控，而是主动地辨别和选择企业及其产品，主动地提出自己对产品或者服务的要求，并积极参与产品或服务的价值创造，使自己变成了自己所要产品的设计者和使用者。

2. 服务已成为制造企业获取竞争优势的重要手段

随着社会经济的发展与文明的进步，顾客的期望提高了，他们不但希望买到好的商品，还希望获得企业提供的系统的售后服务方案，并且在整个购买过程中都能享受优质的服务。同时，技术的发展和市场竞争的白热化，使制造企业很难只通过实体商品来保持持久的竞争优势。一些有远见的制造企业意识到优质服务对顾客和企业的重要性，于是不断提高服务水平，甚至进军服务领域。例如，海尔、联想十几年前就倡导优质服务，并将自己定位为现代服务企业，通过提供系统、优质的服务来增强自己的市场竞争优势，获得用户和业界好评。

现在，越来越多的传统制造商，如家电、汽车、计算机、办公用品、手机等行业制造商，正在将它们的业务拓展到服务领域，通过提高系统支持服务水平获得了新的收益来源；同时它们也把服务作为企业实施差异化战略的手段，通过服务提升打造独特竞争力，获得持久的市场竞争优势。

3. 服务经济时代正来临

20 世纪 60 年代以来，主要发达国家的经济重心开始向服务业转变，产业形态呈现由工业经济向服务经济转型的发展趋势，全球服务业产值占 GDP 的比重不断攀升并逐渐成为欧美发达国家的主导产业。服务经济时代有其显著特征和标志：首先，服务经济时代的到来表现为服务及服务机构在工业经济中的地位和作用不断提高，主要是用服务业在整体经济产出中的比重来衡量。目前我国服务业对经济增长的贡献从 2010 年的不足四成上升到如今的接近六成，服务经济已成为我国经济的未来方向。其次，服务经济的兴起表现为产品提供中服务重要性的增加，也被称为“产品的服务化”。“互联网 +”国家战略正是产业服务化最好的例子，因为互联网、TMT（科技、媒体和通信）本身就代表现代服务业。当今代表中国经济活力与发展方向的已不再是钢铁、汽车等制造企业，而是以 BAT 为代表的互联网服务企业。同时，不少领先的制造企业也正在进行服务化的升级与转型，以适应现代服务经济大潮。最后，服务经济时代，经济增长的引擎由投资导向切换为消费导向。服务业的轻资产特性使得投资对服务业产能的拉动十分有限，而通过提供满足消费者需求的产品及对消费端的刺激才能有效拉动经济增长，目前国家扩大内需、促进内循环的战略正是如此。

让 • 詹姆克在其著作《服务经济：让顾客价值回到企业舞台中心》中谈到：在当今世界，第三产业的发展水平已经成为衡量现代社会经济发达程度的重要标志。其实，服务经济的发展水平也是一个国家或地区经济水平、经济文明的标志。业界普遍认同，一个国家或地区服务业的 GDP 贡献达到或超过该国家或地区 GDP 总量的 60%，就可以认为该地区进入了服务经济时代。我国 20 世纪 80 年代实行改革开放和发展市场经济，服务经济发展起步较晚，但在近年来经济结构转型日益加快的背景下，我国服务经济正保持着持续增长的态势。根据国家统计局的数据，2021 年我国的服务业增加值已达 GDP 比重的 53.3%。随着供给侧结构性改革深入和产业结构转型升级，以及国家大力发展现代服务业战略的实施，我国即将迈向服务经济时代。

1.2.2 服务业

服务业有狭义和广义的不同理解。狭义的服务业仅指商业、餐饮业、修理业等传统的生活服务业。广义的服务业是指为社会提供各种各样的服务活动，生产和经营各种各样的服务商品的经济部门和经济组织。

服务业的概念源于“第三产业”，在一般经济研究中，服务业与“第三产业”具有同等的意义。因此，服务业又称第三产业，是国民经济中除了第一产业（农业、林业、渔业等）、第二产业（采矿业，建筑业，制造业，电力、燃气及水的生产和供应业等）以外的产业。经济合作与发展组织和世界银行对三大产业的划分如表 1-3 所示。

表 1-3　经济合作与发展组织和世界银行对三大产业的划分

产业划分	产业范围
第一产业	农业、林业、畜牧业、渔业、狩猎业
第二产业	制造业，建筑业，电力、燃气及水的生产和供应业，采矿业，等等
第三产业	商业、餐饮业、仓储业、运输业、交通业、邮政业、电信业、金融业、保险业、房地产业、租赁业、技术服务业、职业介绍、咨询业、广告业、会计事务、律师事务、旅游业、娱乐业、装修业、美容业、修理业、洗染业、家政服务业、教育、医疗卫生、文化艺术、科学研究、新闻传媒、出版业、体育、环境保护、宗教、慈善事业、政府机构、军队、警察等

当今社会服务业的边界正在消失。根据汤姆·彼得斯在《追求卓越》一书中的说法，在当今世界，服务业已成为涉及范围最广的产业之一，它早已不再局限于传统的餐饮业、修理业、零售业之类，甚至“不论其基本业务是机械制造、高科技，还是汉堡，它们都以服务业自居”。其实，纯粹的制造业已经难以找到了，IBM 就将自身定位为服务企业而不是制造企业，主要为顾客提供信息管理解决方案。

在现代服务业这个广阔的领域中，有相当一部分关系到国计民生，比如，金融服务业事关国民经济命脉，也事关人民生活；信息服务业不仅事关国家安全和人民生活，而且已成为各国参与未来全球竞争的重要武器。从当前的国际经济发展趋势看，服务业有可能成为全球第一大产业和推动世界各国经济不断发展的持续动力。随着改革开放的深化，我国已进入经济结构战略调整的重要时期，大力发展服务业具有深远的战略意义。

在服务营销管理活动中，基于人们对复杂服务业的管理需要，通常将其分类予以简化，形成简便、通行的服务业分类方法，具有代表性的一般服务业分类如表 1-4 所示。

表 1-4　一般服务业分类表

分　类	具体行业
公用事业	煤气、电力、自来水生产和供应
运输与通信	铁路、公路、海运、空运、邮政、电信、信息业

（续）

分　类	具体行业
分销流通业	批发、零售、经销、代理、直销、物流
金融、保险、银行业	金融业、保险业、银行业、产权业务
工商服务、专业服务	广告、咨询策划、市场研究、会计事务、法律事务、医药、专业医疗服务、教育服务、科学研究
娱乐、休闲业	电影、剧院、体育、娱乐、宾馆、旅游服务、俱乐部
其他杂项服务	修理、洗理、家政、洗衣、餐饮

此外，国际标准化组织制定的 ISO 9000 标准中对服务的分类按以下序列展开。

- 接待服务，即餐馆、饭店、旅行社、娱乐场所、广播、电视和度假村。
- 交通与通信，即机场、空运、公路、铁路和海上运输、电信、邮政和数据通信。
- 健康服务，即医疗所、医院、救护队、医疗实验室、牙医和眼镜商。
- 维修服务，即电器、机械、车辆、热力系统、空调、建筑和计算机。
- 公用事业，即清洁、垃圾管理、供水、场地维护、供电、煤气和能源供应、消防、治安和公共服务。
- 贸易，即批发、零售、仓储、配送、营销和包装。
- 金融，即银行、保险、生活津贴、地产服务和会计。
- 专业服务，即建筑设计、勘探、法律、执法、安全、工程、项目管理、质量管理、咨询、培训和教育。
- 行政管理，即人事、计算机处理和办公服务。
- 技术服务，即咨询、摄影和实验室。
- 采购服务，即签订合同、库存管理与分发。
- 科学服务，即探索、开发、研究和决策支持。

1.2.3 现代服务业

1. 现代服务业的界定

现代服务业是相对于传统服务业而言的，它是信息技术和服务产业相结合的产物，因此，现代服务业也称知识服务业、新兴服务业或高端服务业。现代服务业区别于传统服务业，具有“高人力资本含量、高技术含量、高附加价值”的特征，呈现出“新技术、新业态、新方式”的发展态势。现代服务业主要包括金融、信息、物流、旅游、会展、零售、科技教育、房地产、商务服务等产业。

2. 现代服务业的分类

按照诺贝尔经济学奖获得者乔治·斯蒂格勒的观点，“在服务行业的界限或分类上，都不存在任何权威性的一致意见”。美国经济学家辛格曼、布朗宁等（1978）根据服务的性质、功能特征把服务业分为流通服务、生产性服务、社会服务和个人服务四大类。

后来，西方学者将辛格曼、布朗宁的分类法进行综合，提出了生产性服务业、分配性服务业、消费性服务业和社会性服务业的四分法。

我国一些学者根据服务对象把现代服务业分为生产性服务业和消费性服务业。前者主要是指为满足生产的需要中间投入的各种服务，如现代物流、金融保险、交通运输、技术创新、信息服务、商务服务等；后者主要是指为提高市民生活质量和能力扩展所需要的服务，如旅游、餐饮、教育、医疗、文化娱乐、房地产、商品零售及社会公共服务等。生产性服务业的经营对象主要是企业组织，消费性服务业的经营对象主要是消费者个体。其中消费性服务业是为满足人们追求生活质量、精神享受的行业，其发展可以体现为市民生活水平、生活内容的丰富和完善以及城市生活品质提高的民生效应。另有学者从服务创新的角度把服务业分为五类：高技术性服务业、高智力性服务业、高网络性服务业、高关怀性服务业、高关怀与高智力结合的服务业。

综上所述，本书将现代服务业分为生产性服务业、消费性服务业和社会性服务业三个大类。

（1）生产性服务业，即为社会生产经营活动提供支持的服务行业或企业，如现代物流、金融保险、交通运输、技术创新、信息服务、商务服务等。

（2）消费性服务业，即为广大居民的物质文化生活消费活动提供支持的服务行业或企业，如旅游、餐饮、教育、医疗、文化娱乐、房地产、商品零售等。

（3）社会性服务业，即为国家公共事业活动提供支持的服务行业或服务机构，如军队、警察、消防、卫生防疫、民政等社会公共服务。

这里需要说明的是，在现实经济实践中，生产性服务业和消费性服务业存在一定程度的交叉和重合，有些服务产业往往很难进行明确的归类细分，如金融、信息服务、交通运输等，它们既具有生产性服务业的性质，又带有消费性服务业的特征，关键看其提供服务的对象是组织还是个人，依具体情况而定。本书是以营利性的服务企业作为研究对象来构建服务营销的知识与方法体系的。

◎ 延伸阅读 1-1

国家“十四五”服务业发展规划

近十年来，我国大力推进产业转型，每年都将“大力发展现代服务业”写入政府工作报告中，目的是促进我国经济持续健康发展。2021 年 3 月 11 日，第十三届全国人民代表大会第四次会议通过了《中华人民共和国国民经济和社会发展第十四个五年规划和 2035 年远景目标纲要》，进一步明确了促进我国服务业繁荣发展的战略：聚焦产业转型升级和居民消费升级需要，扩大服务业有效供给，提高服务效率和服务品质，构建优质高效、结构优化、竞争力强的服务产业新体系。具体举措包括：推动生产性服务业融合化发展，特别是推动生产性服务业向专业化和价值链高端延伸，同时推动现代服务业与先进制造业、现代农业深度融合；加快生活性服务业品质化发展，以提升便利度和改善服务体验为导向，推动生活性服务业向高品质和多样化升级；深化服务领域改革开放。

我国目前正处于全面建设社会主义现代化国家的新发展阶段，实施供给侧结构性改革、实现经济结构的转型与提升、提高经济发展质量是我国现阶段的经济发展目标。因此，重视服务、大力发展现代服务业以满足人们日益增长的美好生活需要、提高百姓的生活质量是当下我国产业发展的大趋势，也是国家关注的重要民生问题。

3. 现代服务业的特征

现代服务业注重的是为顾客提供更多的精神层面的服务，如文娱活动、个人理财、保险、教育服务等，脱离了传统服务业吃、穿、住、行等物质含量较多的层面和领域。现代服务业在整个社会经济中处于较高的战略位置，可以通过资本的周转甚至是虚拟经营来发挥作用，而传统服务业则处于社会经济生活的基础性地位，行业操作的实务性较强。

服务业的发展水平是一个国家发达程度的标志。现代服务业具有以下显著特征。

（1）知识密集性强。随着市场需求个性化趋势日益增强，知识型的新兴服务业得到了迅速发展，原因主要有两方面：首先，知识含量高的新兴服务业适应了社会经济发展的需求。面对新型需求不断增加的市场，知识资本的融入形成了社会经济发展中必不可少的一环，尤其是技术上的进步及科研服务的发展给社会经济带来了强大的推动力。其次，知识含量的提高促进了新兴服务业管理方式的革新，并随之带来了高效率和快发展。以目前发展较快的策划、咨询、培训等新兴服务业为例，这些行业都是在知识与市场不断融合的过程中产生和发展起来的，都是通过"知识＋资本"的发展模式而迅速发展壮大的。

（2）资金密集性高。国家大力发展战略性新兴产业，而金融、保险等行业作为资本吸纳和市场运作的主体行业在工业化后期的发展中，呈现出很强的资金流调配能力。从初期的银行业信贷到后来的证券及现在的创业板市场，金融业呈现出越来越强的资源配置力。正因为如此，金融、保险业这类资本高度密集的新兴服务业始终被看作是经济发展中的战略性行业。

（3）产业延展性强。由于新兴服务业自身处于社会经济发展的前沿，因而对其他行业的带动作用也较为显著。新兴服务业的延展方式可以分为横向延展和纵向延展两类。横向延展主要包括金融、保险等产业的跨行业服务，其所形成的延展产业之间并不存在链接关系；纵向延展则主要包括信息服务、旅游、文化、房地产等行业，其产业链的前向和后向的延伸较为显著，范围大，涉及的行业多，一般会由具体的区域特色发展成为各地区的基础性产业。

◎ 案例 1-1

我国电子商务的标杆：淘宝网

淘宝网是阿里巴巴旗下的购物网站，致力于成就全球最大的个人网上交易平台，也是我国电子商务行业企业的突出代表。淘宝现已成长为中国网购的龙头企业，使得像eBay、亚马逊等国外网购网站在中国难以望其项背。

淘宝网有800多万个商品目录，每天有超过150万人访问。淘宝网上涉及的商品种类繁多，从个人洗护到服装，从食品酒水到家电家具，甚至是话费、网费等充值服务都涉及，就像淘宝网自己所说的使命一样——“没有淘不到的宝贝，没有卖不出的宝贝”。淘宝网的终极战略目标是交易量超越沃尔玛，成为全球零售业的巨头。

淘宝网业绩增长非常迅速。2012 年 11 月 11 日“光棍节”，淘宝网单日交易额就达 191 亿元，2013 年“光棍节”交易额 305 亿元，2014 年“光棍节”交易额 540 亿元，2015 年“光棍节”交易额 700 多亿元，2016 年“光棍节”交易额超过 900 亿元，2017 年“光棍节”交易额突破 1 400 亿元大关，引起世界范围的轰动……近年来消费者网购热情不减，2020 年“双 11”淘宝、天猫的全球交易额更是突破 4 900 亿元的天量，有 25 万个品牌、500 万个商家参与。11 月 11 日，一个没有任何实质意义的日子，被阿里巴巴做成了一个消费者疯狂、卖家狂欢的营销节日。

淘宝网的广告市场份额也是其他网购网站望尘莫及的。淘宝网和天猫占据了绝大部分的市场份额，这些都得益于它超大的访问量。

淘宝网作为一个网购网站，它的产品提供者有商家、个人，无论是商家还是个人都可以在淘宝网上提供想要出售的商品。而淘宝网对于个人所开的网店不收费用，轻松捕获了两年超过 60% 的市场份额。淘宝网与银行合作，创新性地推出第三方支付平台——支付宝来保障网购用户的利益，提高了会员购物的信心，有信誉的网上支付使得用户大胆地在网上购物。

淘宝网的服务也是很人性化的。阿里巴巴独创的阿里旺旺——一款用于买家和卖家在线相互交流商品信息、查看购物信息、时时查询物流等的沟通软件，其特殊亲昵用语和友好的使用界面更增添了网上购物的愉悦感和便利性。

淘宝网在身份认证方面的诚信服务也是很让人信任的。为了维护电子商务市场的安全和稳定发展，淘宝网规定淘宝卖家在成为淘宝网注册会员后，必须通过淘宝网的身份认证方可在淘宝网交易或出售商品。淘宝网身份认证分为个人认证和商家认证两类，目的是提高个人认证的准确性和交易的安全性。

淘宝网为了保障用户的账户财产安全，还配有“网络警察”。为了给建设安全诚信的网络交易平台提供一个坚实后盾，淘宝网专门成立了网络安全部。这个部门特意聘请了原公安系统具有多年刑事侦查经验的高手负责，其团队由富有网络技术和反网络诈骗经验的人员组成。淘宝网的网络交易十分安全，一旦发现存在网络交易欺诈等不诚信的犯罪行为，淘宝网会立即与各地公安网监部门一起进行严厉打击，绝不姑息。

问题思考：从淘宝网的发展看现代零售业的未来趋势。

1.3　服务营销与服务营销组合

1.3.1　服务营销的产生与发展

1. 服务营销的产生

服务营销学于 20 世纪 60 年代兴起于西方营销界关于有形产品与服务产品的争论

中。1966年，美国的约翰·拉斯摩教授首次对无形服务与有形产品进行区分，提出要以非传统的方法研究服务的市场营销问题。1974年，由拉斯摩撰写的第一本论述服务营销的专著在美国出版，标志着服务营销学的诞生。但直到70年代中后期，美国及北欧才陆续有市场营销学者正式开展服务营销学理论的研究工作。以格罗鲁斯和赫斯科特为代表的北欧诺丁学派，北美以PZB（Parasuraman、Zeithamal和Berry）[㊀]为代表的北美学派对该学科的发展起到了巨大的推进作用，他们有关服务质量及服务营销管理的理论构成服务营销学的理论支柱。

◎ 延伸阅读 1-2

北欧诺丁学派代表人物：克里斯廷·格罗鲁斯简介

克里斯廷·格罗鲁斯，芬兰瑞典语经济与管理学院教授，服务管理研究中心主任。芬兰瑞典语经济与管理学院始建于1909年，是北欧成立最早的商学院之一。该校的市场营销，特别是服务营销与关系营销学科在世界上享有盛誉。

格罗鲁斯教授曾在《欧洲市场营销学学报》《工业营销管理》《国际服务管理学报》《营销管理学报》等世界一流的学术刊物上发表上百篇文章，并先后出版了《服务营销学》《工业服务营销学》《战略管理与服务业的营销》《如何销售服务产品》《服务营销：诺丁学派的观点》《公共部门的服务管理》《全面沟通》《服务管理与营销》等数十部著作。其中，《服务管理与营销：服务竞争中的顾客管理》成为国际各大一流商学院“服务营销”课程的教材。

格罗鲁斯教授亲手创办了两家服务咨询公司，同时兼任10多家公司的营销顾问，并长期为世界著名的美国电话电报公司、沃尔沃公司、杜邦公司、联合电信公司、斯堪的纳维亚航空公司等企业提供咨询服务。

由于在营销学领域的突出贡献，格罗鲁斯教授荣获欧洲最有影响的阿塞尔（Ahlsell）营销学研究奖，受聘为美国斯坦福大学、亚利桑那州立大学的客座教授和美国第一洲际服务营销中心特邀研究员，并多次前往澳大利亚、加拿大、美国、西欧及中国的高等学院访问讲学。作为全球权威管理学家，格罗鲁斯教授被国际学术和实务界誉为“服务营销理论之父”“世界CRM大师”。

具体来讲，芬兰瑞典语经济与管理学院的克里斯廷·格罗鲁斯教授在20世纪80年代初第一次提出了顾客感知服务质量的概念，奠定了服务营销与管理学科的理论框架。其后，美国的PZB研究小组通过一系列卓有成效的工作，使服务营销与管理研究上了一个新台阶。他们创建了服务质量差距模型（gaps model），构建了服务质量的SERVQUAL测量体系，从而丰富和完善了服务营销管理理论。

根据国内服务营销学者韦福祥的研究，到目前为止，服务营销在西方世界基本呈现出北欧诺丁学派和北美学派双峰对峙的研究格局。北欧诺丁学派代表人物格罗鲁斯教授

㊀ 即帕拉休拉曼、泽丝曼尔、贝里三位学者。

的专著《服务营销与管理》，对全球服务营销学者的理论研究影响深远，而北美学派旗帜性人物泽丝曼尔等人所撰写的《服务营销》对全球服务营销实践者和教育者意义重大，成为全球最为广泛采用的服务营销参考书和教材。这两本代表性著作实际上反映了两个学派在服务营销领域的一些差异：格罗鲁斯更注重思想性，注重外部环境变革对服务营销理论的影响，从而力图反映时代特征，反映服务营销理论的历史变迁，而泽丝曼尔等人则更注重服务营销理论研究的规范性和实证性，注重其实践价值，其理论框架更加严谨和符合现实逻辑，当然，其时代特征也更加鲜明。除此之外，美国的洛夫洛克、菲茨西蒙斯，荷兰的卡斯帕尔等在服务营销理论研究领域也具有相当大的影响力。

◎ 延伸阅读 1-3

北美学派代表人物：瓦拉瑞尔 · A. 泽丝曼尔简介

瓦拉瑞尔 · A. 泽丝曼尔是北卡罗来纳大学 Kenan-Flagler 商学院教授、市场营销学系主任。1980 年，她于马里兰大学 Robert H. Smith 商学院获得工商管理硕士及博士学位，从此，她在职业生涯中致力于服务质量和服务管理领域的研究与教学。其著作《服务营销》凝聚了全球服务营销领域的前沿研究成果，形成了完整的服务营销理论体系，迄今已经出版到第 6 版，成为全球服务营销教学最为广泛采用的教材，对全球服务营销理论和实践的发展影响深远。

泽丝曼尔是《传递优质服务：平衡顾客感知与期望》的作者之一，该书已出版到第 17 版，她还与人合著了《驾驭顾客资产：顾客终身价值如何重塑企业战略》。2002 年，《驾驭顾客资产：顾客终身价值如何重塑企业战略》一书赢得了第一届 Berry – 美国市场营销协会图书奖，该书被评为 1999—2002 年最佳营销类图书。2008 年，泽丝曼尔获得了美国市场营销协会授予的 Paul Do Converse 奖。该奖每四年评选一次，以感谢那些为市场营销学科发展做出卓越贡献的人。她及其团队在服务质量方面里程碑式的研究成果，尤其是其中两篇文章，即《市场营销》杂志上刊登的《服务质量概念模型及其在未来研究中的应用》和《零售》杂志上刊登的《 SERVQUAL ：一个测量服务质量的多项目量表》，对服务营销学术研究产生了深刻的影响。泽丝曼尔教授还获得了由营销管理协会授予的营销创新贡献奖及由营销科学学会授予的杰出营销教育奖。2001 年，她获得了美国市场营销协会授予的服务学科教育贡献奖。她不但为全球服务营销学科教育做出了卓越的贡献，还曾为 50 多家服务和产品公司提供咨询服务，是兼具理论与实践的知名营销学者。

2. 服务营销理论重心的转移

服务营销在其几十年的发展过程中经历了以下几个阶段理论重心的转移。

（1）在 20 世纪 60 年代，人们普遍关注的是服务的定义。这一阶段重点集中在服务的相关内容、服务与商品的区别以及服务的准确定义方面。例如，人们普遍认识到服务行业的持续增长，探讨了服务与商品之间的主要区别，认为服务是一种过程，其主要收益是通过服务过程所创造的价值。

（2）在20世纪70年代，人们普遍关注的重心转移到服务营销观念上。这一阶段所强调的主要是把服务区别于商品的典型差异转化为针对服务的市场营销观念，并提出了服务营销的基本架构和服务机构的整合营销。同时，新的营销观念——关系营销也开始在服务营销中被重视。

（3）在20世纪80年代，服务营销的重心开始转移到服务质量的测量上。这一阶段开始强调服务质量这一概念，而且开始将其作为服务企业的主要挑战。其中，比较典型的代表就是应用最为广泛的服务质量差距模型和SERVQUAL测量体系。同时，也有学者强调服务接触是服务质量管理的核心，并提出了“真诚瞬间”的概念，诸如关键事件法和服务蓝图法等工具应运而生。

（4）在20世纪90年代，服务营销的重心逐渐转移到服务的生产或服务运营上来。这一阶段的企业开始越来越关注服务的收益率和服务成本，在剖析服务生产过程中的投入与产出关系的基础上提出了服务生产力的概念，并开始探讨如何基于对服务要素的分析与管理，来提高服务生产力。同时，这一阶段也开始关注服务技术、服务人员和内部营销实践及顾客的参与。

（5）在21世纪初，服务营销的重心则转移到服务价值上来。其中，一个非常重要的概念就是顾客感知服务价值，即从顾客视角来分析服务企业为顾客创造的价值。同时，学者也开始关注顾客能够给企业带来的价值，顾客终身价值和顾客资产的概念开始受到关注。

（6）在21世纪的今天，服务营销在强调服务价值的同时，更是强化了服务体验和对顾客价值的管理。其中，如顾客抱怨、顾客投诉处理、顾客参与、顾客便利、体验营销、内部营销、服务承诺、服务补救、顾客关系管理和顾客创新管理等主题，也日益受到学界的重视。

3. 现代服务营销的发展趋势

随着“制造业服务化”和“服务业体验化”，服务营销正在成为当代营销的主旋律，当代服务营销呈现出以下发展趋势。

（1）产品和服务之间的边界正在消失。

1）产品服务化。所谓产品服务化就是企业从市场和顾客需求出发，围绕产品的设计、工艺、加工制造及售后服务的全过程，不断改进，以优良的产品质量和高附加价值去不断满足顾客的需求，从而赢得顾客。美国营销专家西奥多·莱维特指出：“未来竞争的关键，不在于工厂能生产什么产品，而在于其产品能提供多少附加价值。”这里提到的附加价值就是指产品服务化。产品的含义已经从单纯的有形产品扩展到基于产品的增值服务，有形产品只是作为传递服务的媒介或平台。

2）服务产品化。所谓服务产品化就是把一种技术、服务、思想等非物质形态的产品，通过标准化、规范化的流程形成一种可以复制、生产和发展的能力，具体地说，就是将组成各种服务的流程、动作、角色等要素进行分离和标准化，融入硬件和软件的设计中，全面实现“产品化”的服务。服务产品化不是把服务变成产品，而是在降低用户风险的同时节约服务成本，使服务型企业可以更多地投入到解决用户个性化需求这一高难度的工作中去。21 世纪初，IBM 提出了服务产品化的概念并开始实施。随着服务产品化的发展，该公司的服务产品化也由最初的 IT 行业扩展到咨询、金融等其他服务业。

（2）服务电子化正在成为时代潮流。随着互联网的兴起，人们可以通过门户网站、搜索引擎、电子邮件、微信等各种社交媒体获取服务信息和获得便利服务，电子服务正在普及并成为服务创新潮流。此外，服务电子化还能够增强服务效用并提高顾客的服务价值。首先，电子服务有时间效用，顾客可以不出门就享受服务，企业可以全天候提供服务。其次，电子服务有地点效用，顾客可以通过各种途径进入，甚至通过手机进入。再次，电子服务有内容或形式效用，根据顾客提供的信息数量和细节，电子服务在内容上可以做到十分丰富。最后，电子服务还有价格效用，服务企业可以与顾客共享成本降低优势，获得利益的双赢。

（3）服务国际化。随着信息、交通的全球化发展，“地球村”成为一种现实，服务的国际化成为一种必然。服务国际化是伴随着货物贸易的发展而出现的，并随着技术的进步不断发展，其实质就是提供跨越国界的服务。从目前全球服务贸易和服务业对外直接投资看，服务国际化已经成为一种趋势。服务国际化主要表现为服务交易的国际化和服务经营的国际化两个方面。

（4）服务外包。服务外包是指企业将价值链中原本由自身提供的具有基础性的、共性的、非核心的业务和业务流程剥离出来后，外包给企业外部专业服务提供商来完成的经济活动。服务外包中涉及的服务性工作（包括业务和业务流程）可以通过计算机操作完成，并采用现代通信手段进行交付。服务外包使企业通过重组价值链、优化资源配置，降低了成本并增强了企业核心竞争力。服务外包兴起于 20 世纪 80 年代后期，由美国逐渐蔓延到欧洲等国家及日本，此时的外包主要是制造业的外包，到 90 年代，随着信息技术和经济全球化的发展，服务外包作为降低成本、提高竞争力的一种经营战略被跨国公司广泛采用，并成为一股潮流。

1.3.2 服务营销组合

1. 服务营销的内涵及特点

服务营销主要包含两层含义：一是对服务产品的营销，二是对有形产品的顾客服务营销。在传统的有形产品的市场营销活动中，顾客服务只是作为附加价值而引入的，如购买汽车赠送的保养服务。服务经济时代的到来摧毁了这种关系，服务将是核心的营销价值所在，有形产品只是作为实现服务价值的一种工具而已，如电信公司预存话费赠送手机等，营销的是通信服务。

服务产品的营销比有形产品的营销要复杂，这既有服务产品本身特性的原因，也有服务产品影响要素较多的原因，如服务设施、服务过程、服务人员的素质、顾客及服务人员的心情等。因此，服务营销更注重顾客服务理念的建立及服务营销组合的构成。

与传统市场营销相比较，服务营销具有以下几个方面的特点。

（1）研究对象不同。市场营销是以产品生产企业的整体营销战略分析、制定、实施和评估作为研究对象，服务营销则以服务企业的行为和产品营销中的服务环节作为研究对象，具有产品对象和营销行为的特殊性。

（2）对待质量问题的着眼点不同。市场营销所强调的产品质量观是静态的概念，在理论上强调收益 / 成本比，在企业操作上强调产出质量的标准化、合格认证等，而服务营销的质量管理则是一个企业无法完全控制的互动过程，其服务质量的高低属于由服务双方共同创造、由顾客体验和感知的价值范畴。质量问题之所以成为服务营销区别于市场营销的重要问题之一，就是因为服务质量很难像有形产品那样用统一的标准来衡量，其缺点不易发现与衡量，因而应着重研究服务质量的过程控制。

（3）服务营销强调对顾客的管理。市场营销强调的是以顾客为中心，满足顾客的需要，而不涉及对顾客的管理过程。服务过程是服务生产与服务消费相统一的过程，服务生产过程也是顾客参与的过程，因而服务营销必须把对顾客的管理纳入服务营销的管理轨道。

（4）服务营销强调内部管理。市场营销中涉及的人的因素只是买卖双方，而不是产品本身的构成要素。在服务营销中，人是服务的重要组成部分。服务的生产与消费过程，是服务提供者与顾客广泛接触的过程，服务绩效的好坏不仅取决于服务提供者的素质，也与顾客的行为密切相关。因而，研究如何提高服务员工的素质、加强服务企业的内部管理和内部营销显得十分重要。

（5）服务营销突出强调人员和有形展示。服务的无形性及生产与消费的同时性要求服务营销研究服务中的人员与有形展示问题，这也是服务营销的 7P 范式突破了传统市场营销的 4P 范式的关键点，也是服务营销学科本身的特点。在服务营销 7P 组合中，除了传统的产品（product）、价格（price）、渠道（place）和促销（promotion），服务营销重点突出其他三个重要因素：人员（people）、过程（process）和有形展示（physical evidence）。

2. 服务营销 7P 组合策略

20 世纪 80 年代，服务营销在美国兴起，主要研究解决服务企业、服务产品的营销所面临的问题。由于服务具有其独特性，服务的生产与消费常常是同时进行的，顾客会接触到企业的服务人员，并参与到服务提供的过程中，成为服务质量的评定者。由于服务的无形性，消费者经常依赖有形的线索来理解服务和判断服务质量。人员、有形展示和过程这些要素都会影响顾客对服务的感知和体验。正是基于这样的认识，美国服务营销学者布姆斯和比特纳于 1981 年提出了服务营销 7P 组合理论，在传统市场营销 4P 组合的基础上，加入了人员、有形展示和过程三个要素作为扩展的服务营销组合的核心构成要素，以解决服务企业面临的特殊营销问题。服务营销 7P 组合的构成要素及内容如图 1-2 和表 1-5 所示。

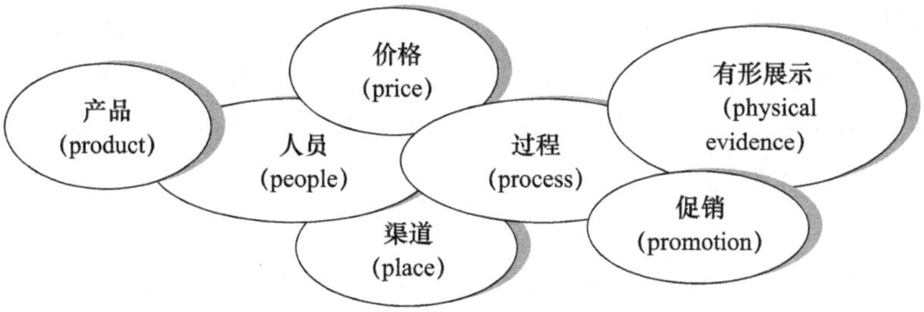

图 1-2 服务营销 7P 组合

表 1-5 服务营销 7P 组合内容

产 品	价 格	渠 道	促 销
实体商品特性 质量水平 附属产品 包装 保证 产品线 品牌	灵活性 价格水平 期限 区别对待 折扣 折让	渠道类型 商品陈列 中间商 店面位置 运输 仓储 渠道管理	促销组合 销售人员 广告 媒介 促销活动 公共关系 互联网 / 全球网战略
人 员	**过 程**	**有形展示**	
员工 顾客	活动流程 （标准化、定制化） 步骤数目 顾客参与	设施设置 设备 招牌 员工服装 其他有形物	

资料来源：泽丝曼尔，比特纳，格兰姆勒 . 服务营销：第 5 版［M］. 张金成，白长虹，等译 . 北京：机械工业出版社，2012.

◎ 案例 1-2

7-Eleven 的 7P 组合策略

7-Eleven（7-11）创立于美国，是一家著名的 24 小时连锁便利企业，其总部设于得克萨斯州的达拉斯。从服务营销 7P 组合的视角看，7-11 的营销策略如下。

（1）产品：只卖年轻人喜爱的热门商品。值得一提的是 7-11 的单品管理，它根据 POS 机的数据决定采购的品类和数量，从而将库存降至最低。

（2）价格：作为一家不以平价为噱头的连锁便利店，7-11 的价格比一般的超市要高一些，但基本在消费者可以接受的范围内。

（3）渠道与促销：7-11 采取实体店分销，门店遍及全球超过 18 个国家和地区，我国的上海、广州、天津等城市都有多家分店。7-11 每年都开展大量的促销活动，商品会随季节变换，给顾客新鲜感，销量不好的商品会下架。

（4）过程：7-11 已经实现一日三次配送制度，实现小量、多次、快速、按需物流配送。其中包括一次非凡配送，即当预计到第二天会发生天气变化时对追加商品进行配送。这些措施使 7-11 能够及时向其所有网点店铺提供高鲜度、高附加值的产品，从而为消费者提供了更便利、新鲜的食品，实现了与其他便利店的经营差异化。

（5）有形展示与人员：不管在哪个城市，7-11 的门店都有醒目的、一致性的店面布置，如明亮整洁的店堂，新鲜的商品，一如既往的优质，还有形象一致和提供热情服务的员工，给人以精品店的感觉。

（1）服务产品。服务产品是指服务企业向目标顾客提供的有形与无形要素的结合体。尽管服务产品也包括有形要素，但无形要素主导了服务产品的价值创造。服务产品包括核心产品与附加性服务。例如，旅馆的核心产品是住宿服务，附加性服务包括房间预订、客房服务、用餐服务、娱乐休闲等。

服务产品是服务营销组合的基础。在服务产品策略中，要考虑提供服务的范围、服务品牌、服务质量和服务水准等因素。服务产品也是服务营销组合的核心，如果服务产品本身出现问题，其他一切营销努力皆可能是“沙滩上建大厦”——一切枉然。

（2）服务价格。服务价格体现了服务企业向消费者提供服务所获得的回报，也是消费者购买服务产品而支付的货币成本。通过合理定价，服务企业可以与顾客实现有效价值交换。服务企业利用价格策略可以回收成本，从而实现盈利。对于顾客来说，货币成本只是他们支付的一部分。在购买服务时，消费者除了考虑货币成本，还会考虑时间成本、精力与体力成本等非货币成本。非货币成本通常会影响顾客的购买决策。

顾客难以评价服务质量，使得购买服务充满了风险，顾客将价格作为判断服务质量的依据，因此，服务企业要灵活、合理地使用价格策略，使价格成为传递服务质量的有效信号。

（3）服务渠道。服务渠道是指服务产品价值传递的方式或过程。服务产品的分销可以通过传统的实体渠道，如直销、代理，也可以通过新兴的电子渠道或自主服务方式来完成。电子渠道主要是通过互联网向目标市场提供可利用的服务产品，包括通过智能手机、计算机、网络电视和互动媒体等所有服务提供形式。从目前的情况看，电子渠道逐渐成为传统实体渠道的有力补充或替代性选择，越来越多的企业综合使用实体渠道与电子渠道来分销服务产品。

与有形商品的分销渠道相比，服务的分销渠道较短，企业可以直接将服务传递给顾客，也可以通过中间商向顾客提供服务。部分服务产品可以通过中间商分销，但需要加强对中间商的管理，如宾馆、机票的订购，车票、门票的销售代理，服务企业的连锁经营等。

（4）服务促销。服务促销是指服务企业传递服务产品或品牌并教育和引导顾客的各种信息沟通活动。如果企业与顾客之间缺乏沟通，顾客可能不了解该服务企业，更不可能知道该服务企业能提供什么特色的服务产品。通过广告、人员推销、销售促进等促销方式，服务企业可以向顾客传递服务产品和品牌信息，吸引新顾客购买，并使其产生消费偏好。通过服务促销与沟通可以树立良好的企业形象，以增加顾客的安全感和信任感。

开展服务促销活动时，服务营销人员特别需要考虑到服务的特性，并注意以下方面：利用有形的要素来向顾客传达无形服务的特征与利益，教育和引导顾客使其能参与到服务的过程体验之中，通过促销调节服务需求使服务的供需达到平衡。

（5）服务人员。广义的服务人员指参与服务提供并因此而影响购买者感觉的全体人员，即企业员工、顾客及处于服务环境中的其他顾客。所有参与到服务提供过程中的人都为顾客认识服务本身的性能提供了重要线索，服务提供者或与顾客接触的人员尤为重要，他们的着装、态度、行为和外表都会影响顾客对服务的感知。实际上，对于某些服务，如顾问、咨询服务、教练及其他基于关系的专业服务，提供者本身就是服务。在其他情况下，与顾客接触的人员可能在服务提供中发挥相对较小的作用，如电话安装人员、航空行李包搬运工或设备发运人员。然而实践表明，这些提供者也可能成为对服务机构而言很关键的服务接触点。

在许多服务情景中，顾客本身也能影响服务的提供，从而影响服务质量和他们自己的满意度。例如，一家咨询公司，通过提供顾客所需的服务信息并促使顾客将咨询公司提出的建议付诸行动，从而影响他所接受的服务的质量。相似地，患者能否执行医疗服务提供者制订的健康方案，也会严重影响他们所接受的医疗服务的质量。此外，顾客不仅会影响他们自己需要的服务产出，也会影响其他顾客。在剧院里、球场内或课堂上，观众表现会影响其他人接受的服务的质量——强化或削弱其他顾客的体验。基于员工、顾客和其他顾客在服务质量和服务提供中的巨大影响作用，我们把他们纳入服务营销组合的人员要素中。

（6）服务过程。服务过程是指服务提供的实际程序、机制和作业流，即服务的提供和运作系统。顾客体验到服务提供的实际程序，或者服务的运作流程，也是顾客判断服务质量的依据。有的服务比较复杂，需要顾客采取一系列复杂的行动来完成整个过程。高度程序化的服务一般遵循这个模式，但服务过程中所涉及的逻辑步骤常常忽略顾客。向顾客提供服务的过程的另一个明显特征是服务提供是否遵循定制化 / 标准化方法，或者过程是不是授权与赋能的。服务的这些特征在本质上并没有好坏优劣之分，关键在于这些特征是顾客用来判断服务质量的依据。

（7）服务有形展示。服务有形展示是指服务企业提供的环境、服务企业与顾客相互接触的场所以及任何便于服务开展和沟通的有形要素。服务有形展示包括服务的所有有形表现形式，如小册子、公司信笺、名片、报表、招牌、服务设备及服务窗口。当顾客无法判断服务的实际质量时，他们会依靠这些有形物的线索辅助判断。有形展示为企业提供了关于组织目标、希望进入的目标细分市场及服务性质、服务质量方面的信息和线索。

关键术语

服务　服务业　现代服务业　服务营销

测试题

一、选择题

1. 服务的特征包括无形性、差异性、不可分离性和不可储存性，已经得到国内外营销学界的广泛认同，其中________被认为是服务的最基本特征。

A. 差异性　B. 不可分离性　C. 无形性　D. 不可储存性

2. 美国学者________（1998）在《哈佛商业评论》上发表了题为《体验经济时代来临》的文章，描述了人类经济历史演变的几个阶段：农业经济、工业经济、服务经济和体验经济。

A. 让·詹姆克　B. 瓦拉瑞尔·A. 泽丝曼尔

C. 派恩和吉尔摩　D. 施密特

3. 现代服务业也称知识服务业、新兴服务业或高端服务业，区别于传统服务业，具有“高人力资本含量、高技术含量、________”的特征。

A. 高投入成本　B. 高知识层次　C. 高附加价值　D. 高行政级别

4. 现代服务业分为生产性服务业、消费性服务业和________三个大类。

A. 传统性服务业　B. 先进性服务业　C. 社会性服务业　D. 民生性服务业

5. 迄今服务营销已经形成了北美学派和北欧诺丁学派两个主要的理论流派，前者注重实践性，以泽丝曼尔为代表；后者以理论研究为特征，代表人物是________。

A. 贝里　B. 瓦拉瑞尔·A. 泽丝曼尔

C. 克里斯廷·格罗鲁斯　D. 让·詹姆克

6. 美国学者布姆斯和比特纳于1981年在传统4P营销组合的基础上，加入了人员、过程和________要素，提出了服务营销7P组合理论。

A. 竞争环境　B. 价值链　C. 有形展示　D. 顾客价值

二、简答题

1. 服务产品具有哪些显著特征？

2. 简述现代服务业的内涵及分类。

3. 简述服务营销7P组合的内容及特点。

三、论述题

1. 怎样看待企业服务营销中人的地位和作用？

2. 请分析现代服务经济及服务营销的发展趋势。

训练设计

1. 设计一组有形产品和一组无形服务，要求学生就其特征进行比较。

2. 要求学生比较传统市场营销与服务营销的差异，并分别举例加以说明。

综合案例

丽思卡尔顿的高标准服务

丽思卡尔顿是全球知名的五星级酒店。对于奢华酒店的目标客户群而言，对服务体验的需求要远远超过对酒店设施和价格的需求，成为他们入住首先考虑的因素。为此，丽思卡尔顿确立了自己的高标准服务管理目标与规则。

1. 高起点定位酒店服务

在丽思卡尔顿酒店管理集团的《服务管理黄金准则》中写道："我们承诺为客人提供最完善的个性化服务及设施，让客人时刻享受温馨、舒适而又优美的环境。"丽思卡尔顿酒店定位于通过承诺为客人提供最完善的个性化服务及设施的高起点，要求员工明确酒店的定位并努力使客人获得心理上的愉悦满足感。

2. 建立准确完整的客人档案

在丽思卡尔顿酒店，每一位员工身上都会带着一份"顾客喜好表"，主要是方便员工把在工作中发现的客人的一些喜好或其他的特点及时记录下来，交给酒店工作人员输入"丽思卡尔顿成功秘诀"系统中，从而在客人下次入住本酒店或者其他地区的丽思卡尔顿酒店时为其提供个性化的服务，给客人创造意外的惊喜。

3. 鼓励员工提供"满意＋惊喜"的高品质服务

丽思卡尔顿酒店在员工随身携带的《服务管理黄金准则》中这样写道："我们的服务信条——承诺为宾客提供细致入微的个人服务……丽思卡尔顿以客人得到真诚关怀和舒适款待为最高使命；丽思卡尔顿之行能使您愉悦身心、受益匪浅，我们甚至还能心照不宣地满足客人内心的愿望和需求。优质服务三步骤：①提前预期每位客人的需求并积极满足；②敏锐察觉客人明示和内心的愿望及需求并做出迅速反应；③能够为客人创造独特难忘的亲身体验。"

丽思卡尔顿酒店就是以上述三步骤要求并鼓励员工为客人提供"满意＋惊喜"的高品质服务的。丽思卡尔顿在平时的培训中不但重视对员工业务技能的培训，更重要的是在培训中注重强化员工在服务过程中为客人提供"满意＋惊喜"的服务意识。为此，丽思卡尔顿有一项"独门绝技"，即每天组织员工聚在一起分享丽思卡尔顿酒店的经典服务实例。分布全球的70多家丽思卡尔顿酒店，讲述的服务故事里的员工，从礼宾员工到行政管家，从侍应生到大堂经理，他们提供的"满意＋惊喜"的服务给酒店客人留下了深刻的印象，为酒店留住了忠实的回头客，其贡献获得了酒店的认可和称赞。

4. 适当授权员工灵活处理问题并鼓励员工创新服务

丽思卡尔顿在其《服务管理黄金准则》中这样写道："不断寻求机会创新与改进丽思卡尔顿的服务；勇于面对并快速解决客人的问题。"为了把这些服务准则不折不扣地贯彻到服务过程中，丽思卡尔顿的另一门"独门绝技"就是给予员工2 000美元的授权。员工在使用2 000美元的授权时不需要上报主管，全凭员工当时自己判定是否应该为客人提供这些额外服务。丽思卡尔顿酒店的管理者相信，对客人而言，物质上的增值服务并不是最重要的，真正打动他们的是员工贴心的关怀和不懈的努力。

总之，丽思卡尔顿酒店的高标准服务是一种基于人性化和个性化的服务，其宗旨是希望能够为客人在酒店打造一个温馨的"离开家的家"，把客人当作自己的家人一样对待，使其在酒店受到尊重和重视，从而给客人带来身心愉悦和难忘的服务体验。

问题讨论：你怎样看待丽思卡尔顿的高标准服务及其管理准则？

第2章 CHAPTER 2

服务营销核心概念

汤姆·彼得斯等在其《追求卓越》一书中提出，“服务营销是顾客导向（追求顾客价值最大化）的营销观念和策略体系，能够激发强大的工作动力”。服务营销作为营销学发展的一个独立分支，其核心概念包括服务质量、顾客满意、顾客忠诚、顾客价值、顾客份额、顾客资产、服务管理等，它们构成服务营销学的主体框架并遵循“服务利润链”的实践逻辑。

学习目标

- 了解服务营销三角理论。
- 了解服务利润链的构成及其内在逻辑。
- 了解服务质量的内涵及其维度。
- 掌握服务质量的测量与服务质量改进策略。
- 理解顾客满意、顾客忠诚与顾客价值之间的转换关系。

开篇案例

服务如何创造价值

某地商界掀起了一股前所未有的低价倾销风，各路商家纷纷亮出低价格，以期抢得市场。漫步街头，一些降价名词不时冲击着市民的耳鼓、眼睛，如“醉价”“错价”“箱价”“冲撞价”“地价”“本价”“平价再平价”等，令人颇感新奇却又难以弄懂。“折起售”“全场三折”“买一送一”“买什么送什么”“买200送60”“逢200送80”等广告更是铺天盖地，令人眼花缭乱。然而一番激烈的“火拼”过后，不少商家却发现，自己的销售额虽有上升，利润却下降了10个百分点左右，自身的形象在某种程度上也打了折扣。商家大叹利润微薄，正常经营受到冲击，精明的消费者也抱有持币观望的心理。

面对如此窘境，被价格大战折腾得精疲力竭的商家共同发出了“再也不能这样过，再也不能这样活”的感叹。于是，精明的商家一番苦思冥想之后，不约而同地选择了“优质服务”。打响当地商界“服务战”第一枪的是中南商业大楼。它抢先推出“不满意就退货”“顾客投诉有理”“商家礼貌接待”“为投诉者准备礼品”等活动，同时将每年创利 30 万元的橱窗广告撤掉，代之以商场四名模范员工的塑像，并为其配备专线电话，推出“买微波炉找刘某某，买床上用品找王某某，买服装找杨某某，维修家电找姜某某”四个“个人服务品牌”，利用其技艺、业务专长、商品知识去带动全柜人员，共同为顾客服务。

其他商场、超市、连锁店等也纷纷打出“把烦琐的家务劳动留给商家，把方便、卫生、节时、省力等实惠留给消费者”的服务口号，甘当市民家庭厨房的帮工，推出了净菜系列，满足了一些因工作繁忙而没有时间上街买菜的双职工家庭的需求。某商场将鲜花业务引进大商场后，随即推出了电话购物、送货上门服务，并针对部分消费者闲暇时间不多和花卉养护知识缺乏的实际，推出了免费进行花木栽培和养护技术培训，请专业人士根据买花人的喜好和家居环境提供专业搭配等服务，为爱花人排忧解难。与此同时，一家百货公司开展了“星级员工、文明信誉柜组”竞赛。各大商场也在服务上下足功夫，积极开展以优质服务为主题的推广活动，通过完善服务功能赢得了消费者的信任，生意也日渐红火起来。

问题思考

根据本案例信息分析服务如何创造价值。

2.1　服务营销三角理论

比特纳（1994）提出的服务营销三角理论，又称服务营销三角形，用于反映服务营销三组利益相关者之间的相互转化及其关系。服务营销与承诺有关——向顾客做出承诺和信守承诺，被称为“服务营销三角形”的战略框架。服务营销三角理论形象地强调了人员对于企业信守承诺并成功建立顾客关系这一能力的重要作用。该三角形显示了三个相互联系的群体一起工作以开发、宣传和传递服务。三角形的三个顶点分别表示三个关键的参与者：服务企业、顾客、服务提供者。服务提供者可能是企业的员工、分包服务商或者资源外部提供者，他们实际向顾客传递服务。在三角形三个顶点两两之间，成功的服务企业必须有效地执行三种类型的营销活动：外部营销、内部营销和交互营销，如图 2-1 所示。

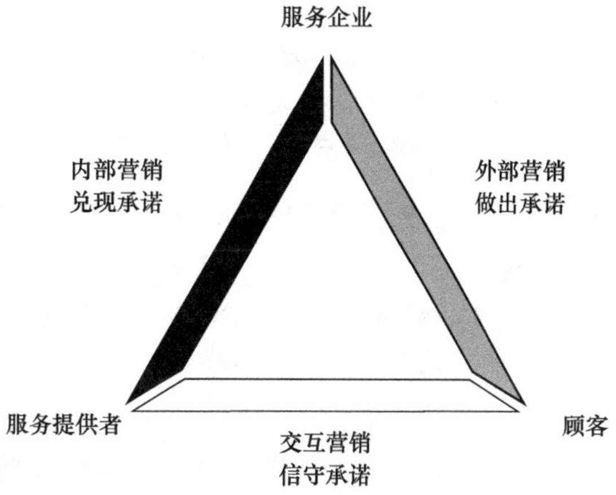

图 2-1　服务营销三角形

该三角形的右边属于外部营销，企业进行外部营销是对所传递的服务设定顾客期望，并向顾客做出相应承诺。在服务传递前与顾客沟通的任何事物或任何人员都可以被看作外部营销的一部分。但是，外部营销只是开启服务营销者的工作，而服务提供者必须信守所做的承诺。三角形的左边表明内部营销所扮演的重要角色。在内部营销活动中，管理者帮助服务提供者提高传递所承诺的服务的能力，包括招聘、培训、激励、薪酬及提供设备和技术。如果服务提供者没有能力或不愿意传递所承诺的服务，企业不可能取得成功，而服务营销三角形也将坍塌。三角形的底边是所谓的交互营销或关系营销。在这里，企业员工、服务分包商、代理人或者信守了向顾客所做的承诺，或者违背了这一承诺。在这一环节中，服务提供者是关键。如果服务提供者没有受到激励，没有积极地投入热情，可能会导致顾客不满，甚至会导致顾客流失。

服务营销三角形的三条边是整体不可缺少的部分，而且三条边应该保持一致或平衡。也就是说，外部营销所做的承诺应该与所传递的服务一致，服务企业的内部营销应该与顾客对服务提供者的期望一致。三角形三条边平衡的战略，应该成为服务企业有效开展服务营销的长期战略。

比特纳（1995）进一步构建了营销传播与服务营销的新三角模型，如图 2-2 所示。

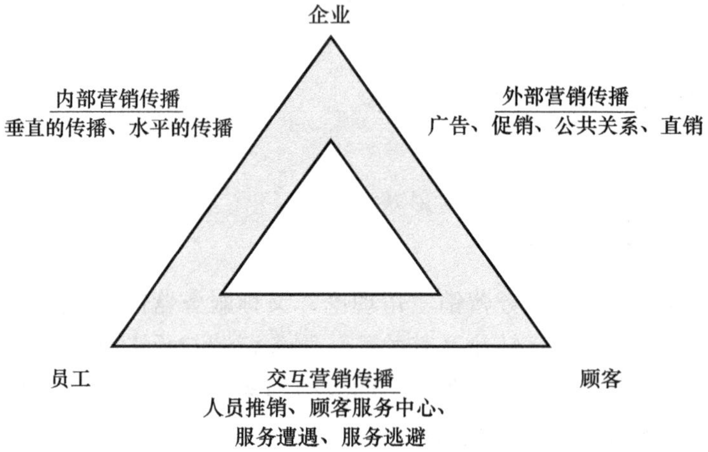

图 2-2 比特纳的营销传播与服务营销的新三角模型

资料来源：泽丝曼尔，比特纳，格兰姆勒. 服务营销：第 7 版［M］. 张金成，白长虹，杜建刚，等译. 北京：机械工业出版社，2019.

其实，服务营销三角形也预示着今后服务营销理论与实践的创新发展方向，具体包括以下内容。

（1）体验营销——有效解决服务企业与顾客之间的关系与价值创造问题。

（2）内部营销——有效解决服务企业与员工之间的关系与文化建设问题。

（3）关系营销——有效解决服务人员与顾客之间的关系与顾客满意问题。

（4）口碑营销——以上三者融合解决服务信息传递与服务品牌塑造的问题，表现为口碑营销传播。

2.2 服务利润链理论

詹姆斯·赫斯科特等人于 1994 年在《哈佛商业评论》上发表文章，从价值链的视角提出了“服务利润链”概念，有效解释了员工满意度、忠诚度与顾客满意度、忠诚度及其企业最终的利润影响之间潜在的逻辑关系，如图 2-3 所示。

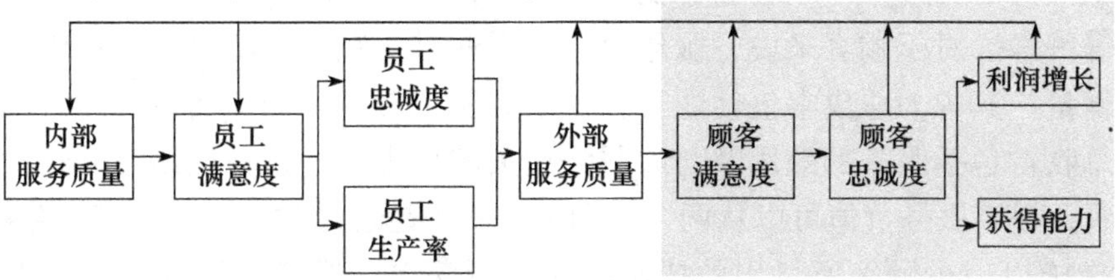

图 2-3　赫斯科特的“服务利润链”模型

资料来源：泽丝曼尔，比特纳，格兰姆勒. 服务营销：第 7 版［M］. 张金成，白长虹，杜建刚，等译. 北京：机械工业出版社，2019.

服务利润链就是解释服务、服务质量、顾客满意等服务要素之间的关系及其与企业利润增长、业绩提升之间内在联系的关系模型。根据赫斯科特的服务利润链模型，服务价值是由满意的、具有能力的员工创造的，而员工满意取决于较好的内部营销和内部质量管理。但他也指出，这一模型并不意味着必然的因果关系，只是说明它们之间相互影响、相互依赖，如员工满意未必一定促成顾客满意，只是更可能带来顾客满意；顾客满意未必一定促成顾客忠诚，只是顾客满意更可能带来顾客忠诚。

服务利润链（价值链）的内在逻辑关系表明：

（1）内部服务质量驱动员工满意。内部营销的结果体现为内部服务质量。内部服务质量是指员工对工作、同事和企业的满意度，反映了员工对工作环境好坏的评价。内部服务质量取决于员工对工作本身的满意度及员工之间的关系和谐程度两个方面。当员工感觉工作环境和谐、愉快时，就会因目标完成顺利而对工作感到满意，进而对企业满意。此外，员工之间的关系和谐程度也在很大程度上决定了企业内在关系质量的高低。员工关系又包含人际关系和工作关系两个层面，如果同事间维持一种和谐、平等、互相尊重的良好人际关系，员工的工作满意度和工作效率就会提高。此外，员工之间的相互合作和服务方式也对员工之间的关系质量产生影响。在相互服务过程中，如果存在良好的团队精神与友好的合作态度，员工的满意度也会提高。

（2）员工满意带来员工忠诚和生产率的提高。员工满意是指员工对现在的工作及其工作环境满意，表明员工对企业未来的发展有信心，为成为企业中的一员而感到骄傲，并自觉地承担起一定的工作责任，为企业的发展而努力地工作。员工满意能有效提高员工工作效率，降低员工流失率。在服务企业中，员工由于不满意而跳槽造成的损失不仅仅是重新招聘、雇用和培训所产生的费用，更主要的是生产率的下降和客户满意度的降低导致客户流失的损失。

（3）员工忠诚促进服务价值的提升。员工的工作是服务价值产生的必然途径，其工作效率直接决定他们所创造的价值高低，只有忠诚度高的员工才能有高的工作效率。赫斯科特等在对美国西南航空公司进行的研究中发现，几乎在每次评比中，西南航空公司都是准点到达率最高、投诉量最少、每 1 000 名乘客行李报失数最低的。当将这些出色的指标同西南航空公司低廉的票价结合起来分析时，我们就能看出该公司的员工为客户创造了更高的价值。

（4）服务价值提升带来顾客满意度的提高。顾客满意度取决于其接受的服务质量和服务价值等因素。对于顾客来说，服务价值可以通过比较服务所付出的总成本与得到的总收益来衡量。其中，总成本包括顾客获得服务所耗费的时间、精力、体力及所交付的资金等，总收益包括服务的效用及与此服务相关的如生理、精神层面等的收益。从企业的角度来看，提高服务价值可以从两个方面入手：一是通过改进服务提升服务的总价值；二是采取措施以减少顾客所付出的成本。顾客所获得的服务价值越大，其满意度也就越高。

（5）顾客满意带来顾客忠诚。顾客满意是指顾客的需求被满足后的一种愉悦感。满意的顾客才可能成为忠诚的顾客，顾客忠诚是由顾客满意决定的。对于任何企业而言，只有满意的客户才会持续产生购买行为，最终成为忠诚客户。施乐公司在一次调查中发现，对其产品“非常满意”的顾客再次购买施乐产品的可能性是“满意”顾客的6倍，这充分反映了顾客满意度与忠诚度之间的线性关系。

（6）顾客忠诚带来企业获利与可持续发展。很显然，有了忠诚的顾客就会给企业带来利润，忠诚的顾客越多，企业的获利能力就越强，企业就越有可能实现可持续发展。因为忠诚的顾客会改变那些不接受企业产品和服务的人的看法，间接地带来订单；不满意的顾客则会带来负面口碑，对企业造成伤害。有学者研究指出，对于服务企业，顾客忠诚度的小幅度提高能促进企业利润的大幅度上升，忠诚顾客每增加5%，所产生的利润增幅可达25%～85%。因此，忠诚顾客的多少在很大程度上决定了市场份额的“质量”，它比基于顾客总数的市场份额更有价值。

综上所述，服务利润链理论不仅仅适合于服务企业，对于制造企业也是很有价值的。一般认为，服务企业中员工与顾客的接触程度高，因此需要有较高的员工满意度才能使顾客满意。事实上，员工的态度与行为会直接感染顾客，所有企业都只有在员工满意的基础上，才更可能带来顾客满意，才能给企业带来高的生产率和利润。由此，有学者提出了服务利润链的“两个循环”的思想。

（1）“顾客忠诚循环”：优良的服务价值促使顾客满意，强化顾客忠诚，获得长期“关系价值”；顾客忠诚能强化满意度，更好地创造价值。

（2）“员工能力循环”：员工满意促进员工忠诚度和服务效率的提高，从而会创造更多顾客价值；员工满意激发员工内在潜力，实现员工的能力提升，有助于提高服务企业运营效率。

根据服务利润链理论，服务企业也要“不忘初心、牢记使命”，坚持顾客导向。现代服务企业的经营要兼顾顾客利益、企业利益、员工利益的平衡，实现共同发展，在追求顾客满意的同时兼顾员工满意，要本着自由、平等、诚信、友善的原则，既尊重顾客又关怀员工，服务企业与顾客、员工三方协作，共同创造美好的服务体验，共同营造美好的生活。

◎ 案例 2-1

民营医院靠什么打造优势和提升业绩

著名营销专家、蓝哥智洋国际行销顾问机构CEO于斐认为，医院要发展，要壮大，要赢利，关键要从“以治疗为本”转型为“以患者为本”。医院上下应转变观念，面向社会，面向社区，通过打服务牌，想患者所想，急患者所急，以树立良好口碑，打造竞争优势。

比如，山东某医院开展“同样的医德比医风，同样的技术比效率，同样的质量比信誉，同样的效果比费用，同样的条件比便捷，同样的优质比满意”的“六比”活动，就对同行很有启发。该医院对每月前来就诊住院的患者实行免费接送，加强医后、术后跟踪回访服务，将对患者的关心延伸到院外，从而在全院创造出“关爱关心患者，全心全意为患者服务”的氛围，有效改善了医患关系，使患者满意度持续提升，业绩得到保证。又如，南京某医院创造性地提出魅力“5S”服务标准，即smile（微笑）、speed（速度）、sincerity（诚信）、security（安全）、sostenuto（跟踪），简称“5S”，自推广以来得到了患者的普遍好评。

随着医疗行业管理日趋规范化，医疗行业广告的限制政策力度加大，民营医院更多的是依靠服务质量和专业特色积攒口碑，而不能靠广告来吸引病源。因此，对民营医院来说，向患者提供更加实惠的优质服务已成为同行业竞争的焦点。

问题思考：你认为民营医院遵循什么样的服务利润链？

2.3 服务质量及其测量

2.3.1 服务质量

1. 学界对质量的界定

对于质量，目前还没有一个能概括质量研究所有范畴的定义，采用较多的是美国质量学会对质量的定义：质量是一个产品或服务的特色和品质的总和，这些特色和品质将影响产品满足各种明显的或隐含的需要的能力。

美国哈佛商学院教授戴维·加文对质量概念进行了深入的研究，总结出五种典型的质量观。

（1）基于产品的质量观。质量是对产品中的成分或特征数量与标准值的比较。这些变量是可以进行准确测量或衡量的，比较得到的数字差异反映了质量的高低，如使用寿命、成分含量等。这类定义客观、准确，但没有考虑顾客的品位和偏好，定义假定所有的顾客对变量的评价标准是一致的。

（2）基于用户的质量观。该定义认为质量是顾客的满意程度，满足顾客的需求，其质量就是好的，否则就是不好的。这里主要强调主观质量，只要是顾客希望的，我们就认为是质量好的。如对于老年人，餐馆的菜品少盐少油他们就认为好，年轻人则不一定这样认为。企业在使用这种定义时应注意：一是如何决定产品或服务的属性以适合更多的人群；二是如何区分保证满意和保证质量，因为顾客满意一定是质量好，但质量好不一定顾客满意。

（3）基于生产的质量观。以生产视角来定义是将质量作为工程和生产过程的产出，产出与顾客的需求一致，质量就是好的。这种观点将质量与生产过程，甚至与设计过程联系起来，因为设计与生产决定了产出，也就决定了产品质量。企业采用这种定义实施质量管理可能会演变成企业内部质量控制问题，导致重视客观质量，对客户的需求则关注不够。

（4）基于价值的质量观。该定义把价值和价格融为一体，认为价格是价值的真实体现，质量是经营结果与顾客可接受的价格之间的平衡，好的质量就应该表现出高的价格。

（5）出类拔萃的质量观。这种观点认为质量是顾客通过反复接触或在产品的使用过程中获得的经验而做出的评价，这种质量观可以应用于某些与艺术鉴赏相关的服务中，如文艺演出等。这种界定只说明了一种产品或服务的卓越程度，无法对其进行准确的度量。

上述质量观实际代表了不同的界定视角，如基于用户的质量界定代表了营销人员的观点，基于生产的质量界定代表了生产管理人员的观点，基于产品的质量界定代表了设计人员的观点等。就服务而言，作为无形产品，需要采用特殊的方式来界定质量，因为服务质量实质上是顾客感知服务质量，具有显著的主观性。

2. 感知服务质量

服务质量是服务企业向顾客提供的服务产品或服务过程能否满足顾客期望的程度。因此，服务质量实际上是感知服务质量。

20 世纪 80 年代初，北欧诺丁学派代表人物、芬兰瑞典语经济与管理学院的格罗鲁斯教授提出了顾客感知服务质量这一概念并对其构成进行了详细的研究。他将感知服务质量界定为顾客对服务期望与实际服务绩效之间的比较。实际服务绩效大于服务期望，则顾客感知服务质量是良好的，反之亦反。同时，他还界定了顾客感知服务质量的基本构成要素，即顾客感知服务质量由技术质量（即服务的结果）和功能质量（即服务过程质量）构成，从而将服务质量与有形产品的质量从本质上区别开来。

（1）感知服务质量的特点。

1）顾客感知服务质量的核心是顾客感知，具有极强的主观性，也具有极强的差异性。不同的时间、不同的服务提供者所提供的服务是不同的，即使同一个服务提供者在不同的时间提供的服务质量也存在差异，不同的顾客乃至同一个顾客在不同的时间对服务质量的感知也不相同。

2）顾客感知服务质量由顾客所追求的“结果质量”（技术质量）和“过程质量”（功能质量）两个方面组成。顾客对服务的消费，不仅仅是对服务结果的消费，更重要的是对服务过程的消费。服务结果与服务过程相辅相成、不可或缺。

3）顾客感知服务质量是在服务提供者与服务接受者的互动过程中形成的。

◎ 案例 2-2

柠檬和牛奶的故事

在一个高级酒店的西餐咖啡茶座，有一位可能是不太懂西餐饮食习惯的客人点了一杯红茶。服务员按照菜单端来后，这位客人看到红茶碟边配有新鲜的柠檬和牛奶，想也没想就把新鲜的柠檬和牛奶一同倒进红茶里，搅拌后，他发现杯中的红茶竟然起了一小块一小块的东西。他高声地喊起来，满脸微笑的服务员马上来了，客人指着面前的杯子，生气地说："看看！你们的牛奶是坏的，把我这杯红茶都糟蹋了！""真对不起！"服务员抱歉地说道，"我立刻给您换一杯。"新红茶很快就准备好了，碟边跟之前一模一样，放着新鲜的柠檬和牛奶。服务员将东西轻轻地放在顾客面前，又轻声地说："我是不是能建议您，如果放柠檬，就不要加牛奶，因为有时候柠檬酸会造成牛奶结块？"客人一下子红了脸，匆匆喝完茶，走了出去。其他在场的客人笑问服务员："明明是他老土，你为什么不直说呢？他那么粗鲁地叫你，你为什么不还以一点儿颜色？"服务员答："正因为他粗鲁，所以要用婉转的方法对待；正因为道理一说就明白，所以用不着大声！"

问题思考：服务员的做法会让顾客满意吗？

（2）影响感知服务质量的关键要素。

1）服务态度。服务人员对待顾客的态度或情绪，包括是否热情、周到、友好、认真。例如，一名医生，尽管其医术尚可，但其对待患者态度冷淡，不够耐心，也许就会影响患者对其医疗质量的整体评价，患者也许就不再找其看病。服务行业往往是人对人的服务，服务提供者的主观态度是影响服务质量和顾客满意度的首要且重要的因素，因此服务人员只有具备热情、友好、积极、认真的职业态度，才可能做好服务工作。

2）服务水平。服务人员在服务顾客过程中体现出来的专业素质和能力。例如，某医生，尽管对待患者态度非常热情、耐心，不厌其烦，但就是判断不准病因，患者久治不愈，这样也会导致患者对其医疗质量的糟糕评价，患者以后也不再找其看病。可见，要做好服务工作，没有良好的态度不行，只有良好的态度而没有过硬的专业服务水平也不行。其他服务行业如教育、信息、金融、物流、交通运输甚至餐饮行业都是如此。

◎ 案例 2-3

不同的导游带出不同的"风景"

这些年每年暑假我都出去旅游，去感受祖国的大好河山。两年前我去新疆旅游，这次旅游给我留下了诸多难忘的印象，让我真正感受到了新疆的"壮美"——夏天巍巍连绵的壮丽雪山，郁郁葱葱的草原，肥壮的牛羊和马儿，浩瀚的戈壁和荒漠，还有那甜蜜的瓜果和异域风情……但有一件事让我久久不能释怀。

我们在乌鲁木齐的中国国际旅行社加入了一个北疆旅游十日团，先向西飞伊犁，前五日由中国国际旅行社伊犁分公司的人负责接待，包括游览那拉提草原、巴音布鲁克草原、赛里木湖等，然后坐大巴经一天跋涉到达乌鲁木齐与伊犁之间的奎屯。这五日的负责人是一名回族女导游，30来岁，皮肤黝黑，长得并不算漂亮，但性格温和、善解人意，特别是对老人、小孩很是关照，旅途中嘘寒问暖，很有职业素养，处处为游客着想，也不乱收费和强制购物，一个团30多个人玩得很开心。这五天过得很快，游客觉得处处是风景，分别时还对导游有依依不舍的感觉。

从奎屯市换车换人，转由中国国际旅行社布尔津公司负责，往北经过魔鬼城等戈壁地带，又经过一天的颠簸到达北部的布尔津，准备游览喀纳斯湖、禾木村等经典景区。这一天路途中有几个自费项目，如戈壁滩纵深区捡石头项目，每人150元。这次这名女导游与之前的导游不同了，面相凶巴巴的，对游客毫不客气，包括老人和小孩，一路都在吼叫。特别过分的是，有几个从浙江来的团友，不愿意掏钱去“捡石头”，导游就把他们放在了公路边的戈壁滩上等候，说三个小时后回来接他们。试想想，没有水，没有树，大夏天的多残忍。这件事引起了团友的不满，纷纷指责这名导游，导游不理会。我们说要到中国国际旅行社投诉她，她说北疆旅游期短，不好招导游，她不怕。因此，我们都和导游闹得很不愉快。无奈，在这名导游冷漠的安排下我们完成了后五天的行程，与导游没有什么交流，她的介绍我们也听不进去。喀纳斯湖、禾木村虽然很美，那里的牛羊、马儿也很壮，但团友似乎都没有多少心情去欣赏。看来，真是不同的导游带出不同的“风景”。

问题思考：你如何看待这两名导游的职业行为？

（3）服务质量不同视角的细分。

1）客观质量与主观质量。客观质量就是技术质量，是指可以通过技术手段测量的质量。例如，咖啡店所提供的咖啡的纯度、浓度，电信公司信号的好坏、赠送的通话时长等，它们决定和影响服务质量。主观质量就是顾客感知的质量。在服务实践中我们发现，客观质量是顾客满意的基础，但不绝对，因为顾客个性偏好不同，其对质量的判断存在差异，如咖啡浓度高，有的顾客嫌太苦；咖啡放糖多，有的顾客嫌太甜。每个顾客心中都有一个质量标准，这正是服务质量难以把握和管理的所在。因此，服务企业的一项重要工作就是调研、了解目标顾客的服务期望与偏好，在保证客观质量的基础上，尽量做到投顾客所好。

◎ 案例 2-4

一家电梯维修企业的服务质量调查

这是一家全球化的规模庞大的电梯维修公司，由于顾客关系管理方面出了点儿问题，有一段时间顾客意见很大，公司也一直亏损。

为了找出顾客流失的真正原因，公司进行了一次大规模的顾客调查。调查结论是这家公司的服务质量低劣，而且服务价格过高。无论是高层的管理人员、销售人员，还是营销人员，对这个结论都难以接受。因为作为一家最重要的电梯维修公司，它们的员工接受了最好的培训，它们拥有最好的检测设备及最好的维修工具，维修所需的配件种类也是最为齐全的。公司中的人都认为他们的服务是一流的，不明白顾客为什么会对公司服务质量形成如此印象。于是，公司进行了第二次调查。虽然调查结论得到了一些修正，但是流失顾客所表述的意见却基本一致："我们非常清楚贵公司拥有一流的设备和一流的员工，也知道大多数情况下你们的工作是令人满意的，但是我们对你们提供服务的方式感到不舒服，也无法相信贵公司的维修人员能像你们承诺的那样开展维修工作，虽然公司的某些维修人员能够对顾客所关心的问题表示关注，但大多数维修人员却态度冷漠，甚至扔下未修完的东西扬长而去。对这些行为我们无法忍受，做贵公司的顾客让人感觉很累、很复杂。"

问题思考：本案例说明了什么问题？从案例中你能得到哪些启示？

2）过程质量与结果质量。顾名思义，过程质量就是服务过程中体现出来的服务内容、流程及水平，而结果质量是对项目服务最终的要求和判断。因为服务的生产与消费同时进行，服务具有显著的过程性特征，因此，只有注重服务过程每个关键接触点的质量管理，才能保证整体质量的提高，而其中任何一个环节的失误都会影响服务的整体质量评价。例如，餐饮行业，从迎客、点单、上菜、异议处理到结账，每个环节都影响质量评价。因此，服务企业要赢得顾客满意，不能只强调结果质量，还要注重过程质量，这是服务管理本身的特征。

◎ 案例 2-5

"真功夫"的流程标准化

同样的食材，不同的人会烧出不同的味道。即便是同一个人，在不同时间、地点、心情，甚至不同的烹饪火候下，也会烧出不同的口味。为此，中式菜点只有实行中心厨房大生产，提高机械化、数控化生产能力，才能保证其产品的同一性、统一性。"真功夫"经过摸索建立起三大标准运营体系：后勤生产标准化、烹制设备标准化、餐厅操作标准化。

（1）后勤生产标准化。通过将后勤与店面分离管理，打破中餐厅前店后厨的传统，所有的原材料采购、半成品加工、冷藏、配送都由后勤独立完成，从而保证了从选料、加工到配送等各道工序的标准化。目前，"真功夫"已在全国设立现代化后勤中心，通过科学严密的流程管理，实行统一采购、加工与配送，达到后勤生产标准化，为实现中餐操作标准化提供有力支持。

（2）烹制设备标准化。目前，我国生产的中式快餐机械产品很少，有的需要进口，而进口设备与中式快餐的实际生产要求又有差距，再加上很多服务机构不想或没能力进行机械化改造，影响了中式快餐质量标准的稳定性。"真功夫"烹制设备标准化是通过独创计算机程控蒸汽柜，巧妙地利用了蒸汽控压控温原理，使烹饪过程能保持一个统一的标准：1～2个标准大气压[⊖]、101℃及统一的蒸制时间，保证烹饪过程同压、同时、同温，从而解决了中华美食无法量化烹饪的难题，能做到和洋快餐一样工业化生产，保证食物品质的绝对一致。烹制设备的标准化，保证了食物一致出品，实现了中式快餐“80秒”取餐、“千份快餐一个口味”的梦想。“真功夫”量化快餐制作的标准，保证了质量的稳定和口味的纯正。

（3）餐厅操作标准化。“真功夫”通过其10本运营手册对餐厅的每个岗位制定了操作标准，使餐厅运营变得更加标准有序并大大简化了整个生产及运营的流程管理，使“真功夫”开连锁分店更加高效、迅速。蔡达标说，“真功夫”的10本运营手册是“最完善的中餐标准化宝典”。

以上标准化的实施特别是烹制设备的标准化使“真功夫”在中式快餐中脱颖而出并保持持续稳定的增长。

资料来源：苏朝晖.服务营销与管理［M］.北京：人民邮电出版社，2019.

2.3.2 服务质量的测量

顾客普遍认为质量不是一个单一维度的概念，也就是说，顾客对质量的评价包括对多个要素的感知。美国服务管理研究小组的三位学者（PZB）对顾客感知服务质量进行了深入的研究，确定了五个适用于复杂服务情境的具体测量维度。

- 有形性（tangibles）：以有形设备、设施、工具、人员外观等昭示服务特性、质量。
- 可靠性（reliability）：企业准确、可靠地执行所承诺的服务的能力。
- 响应性（responsiveness）：积极主动地帮助顾客及提供便捷服务的自发性。
- 保证性（assurance）：专业知识和职业态度及其能使顾客信任的能力。
- 移情性（empathy）：企业给予顾客的关心和个性化的服务产生的美好联想。

以下是测量服务质量的五个维度的具体内容。

1. 有形性：以有形物来昭示服务

有形性被界定为有形设备、设施、工具、人员外观等。所有这些都展示给顾客，特别是新顾客经常用它来预测、评价未知服务的可能质量。强调有形展示的服务行业主要包括顾客到服务企业所在地接受服务的一些行业，如餐馆、酒店、零售商店和文化娱乐公司等。尽管有形物经常被服务企业用来提升形象及向顾客标示服务质量，但是大多数公司还是把有形性和质量维度结合起来建立服务质量战略。

2. 可靠性：按照承诺行事的能力

在五个测量服务质量的维度中，可靠性被消费者一致认为是服务质量感知最重要的决定因素。可靠性被定义为准确、可靠地执行服务企业所承诺的服务的能力。从更广泛的意义上说，可靠性意味着公司有能力按照其承诺行事，包括送货、提供服务、问

⊖ 1标准大气压＝101.325kPa。

题解决及定价方面的承诺。顾客喜欢与信守承诺的公司打交道，特别是那些有能力保障顾客核心服务内容的公司。例如，某物流公司组建了自己的车队，承租了专列，承包了货运车站和码头，建立了货物分发中心等，这些都显示出该公司物流效率的可靠性。

3. 响应性：提供及时主动的服务

响应性是积极主动地帮助顾客及提供便捷服务的自发性。该维度强调在处理顾客询问、要求、投诉和问题时的准确与快捷。响应性表现为顾客获得服务的时间效率。为在响应性方面做到优异，公司应站在顾客角度而不是公司角度来审视服务传递过程的效率，考虑时间成本和精力成本。有时，公司内部要求的速度和快捷的标准可能与顾客对速度与快捷的要求有差异，需要了解顾客相关需求，尽量满足顾客意愿。为此，公司除了需要在所有顾客接触点配备能做出积极响应的一线服务人员，还需要有一个强有力的顾客服务部来调度和监理。

4. 保证性：激发顾客的信任感

保证性被界定为员工的专业知识和职业态度及其能使顾客信任的能力。在顾客感知的服务包含高风险或其不能确定自己有足够能力评价服务的产出时，如银行、保险、证券交易、医疗和法律服务，该维度可能特别重要。对于投资经纪人、保险代理人、旅游公司、房产代理、律师及商业顾问等行业，树立客户信任和信心很关键，这一点可以通过公司服务人员良好的专业知识和职业态度得到保证。

5. 移情性：良好的服务产生美好联想

移情性是企业给予顾客的关心和个性化的服务产生的美好联想。移情性的本质是通过个性化的良好服务，使每个顾客感到自己是唯一的和特殊的，自己的需求能得到理解，进而联想到以前的某种美好经历或感受，增加对服务提供者的好感。如小服务公司的人员通常知道每个用户的姓名，并且与用户建立了密切联系以了解用户的需求和偏好，在与大公司竞争时，小公司可能获得移情性的优势。

PZB 小组根据上述五个维度，开发出服务质量的测量量表，即 SERVQUAL 量表，如表 2-1 所示。这个量表为全球服务营销界广泛认可和使用。

表 2-1　SERVQUAL 测量量表

测量要素	具体考察内容
有形性	● 有现代化的服务设施 ● 服务设施具有吸引力 ● 员工有整洁的服装和外表 ● 公司的设施与它们所提供的服务相匹配
可靠性	● 公司对顾客所承诺的事情都能及时地完成 ● 顾客遇到困难时，能表现出关心并提供帮助 ● 公司是可靠的 ● 能准时地提供所承诺的服务 ● 正确记录相关的服务

（续）

测量要素	具体考察内容
响应性	• 告诉顾客提供服务的准确时间 • 提供及时的服务 • 员工总是愿意帮助顾客 • 员工立即提供服务，满足顾客的需求
保证性	• 员工是值得信赖的 • 在从事交易时顾客会感到放心 • 员工是有礼貌的 • 员工可以从公司得到适当的支持，以提供更好的服务
移情性	• 针对不同的顾客提供个别的服务 • 给予顾客个别的关怀 • 员工会了解顾客的需求 • 优先考虑顾客的利益 • 公司提供的服务时间符合所有顾客的需求

2.3.3 服务质量差距模型

既然服务质量是一种顾客感知服务质量，它与顾客的服务期望必然存在差距，因此必须弄清楚这些差距表现在哪些方面，以便为服务企业改进和提高服务质量提供参考依据。为此，PZB 小组在深入研究服务质量要素及测量的同时，建立了服务质量差距模型，如图 2-4 所示。

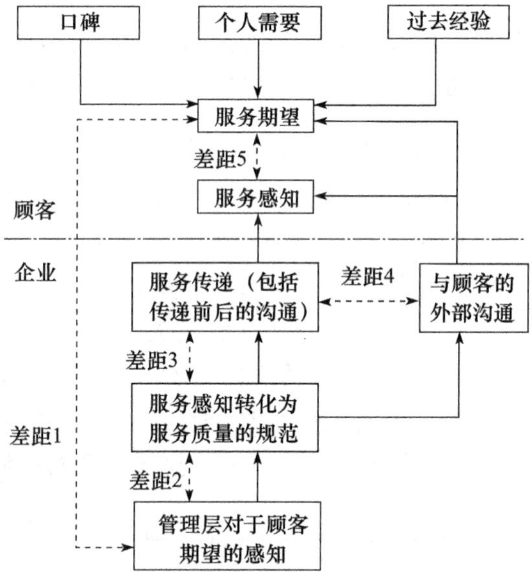

图 2-4 服务质量差距模型

从模型中可以看出，服务期望与服务感知之间的差距（差距 5）是由其他四个差距的大小和方向所决定的。

差距 1：反映管理层对顾客期望的了解程度，即顾客期望与管理层对这些期望的感知之间存在的差距。减小差距的方法是管理层通过各种途径了解顾客的期望，如市场调研、多与顾客交流等。

差距 2：是在管理层把对顾客的了解转化为服务质量规范时形成的差距，产生的原因有目标不明确、计划安排不周、内部员工意见不统一等。减小差距的方法是建立正确的服务质量标准，加强员工与管理层间的协调。

差距 3：反映服务的绩效，即服务传递者对服务质量规范的执行与服务质量规范之间的差异。该差距形成的原因很多，主要有服务角色不明确、流程设计不合理、缺乏团队精神、技术支持不够、服务理念没能很好地贯彻等。减小差距的方法主要是在人员、技术、制度及机制等方面加强管理，构建良好的服务环境和氛围。

差距 4：实际传递的服务与对外宣传的服务之间的差距。原因主要有两个方面：一是内部沟通不够，员工对相应的服务承诺了解不多；二是对外宣传中承诺过度，实际效果低于承诺的效果。减小差距的方法是尽量使承诺的服务与实际的服务效果相匹配，既不过大宣传，也不有意隐瞒。

差距 5：由上述四个差距综合而成，缩小差距 5 是服务质量管理的终极目标及全部内容。

◎ 延伸阅读 2-1

顾客容忍区

因为服务具有异质性，不同的服务提供商、同一服务提供商的不同服务人员，甚至相同的服务人员，服务绩效都会存在差异。1991 年，PZB 小组重新对感知质量进行了界定，引入了“容忍区”这一概念，为深入研究服务质量管理奠定了基础。根据 PZB 小组的研究，按期望水平的高低，将服务期望分为理想服务、适当服务和容忍区服务。

1. 理想服务

理想服务定义为顾客想得到的服务水平——希望的绩效水平。理想服务是顾客认为“可能是”服务与“应该是”服务的混合物。例如，去海边度假酒店度假，顾客希望酒店设施是一流的，服务人员态度是亲切的，并且拥有干净的海滩。期望反映了顾客的希望和愿望，如果没有这些可能被满足的期望和愿望，顾客也许不会购买这项服务。但因为支付能力的限制，而且并不是所有酒店都能满足不同顾客的不同兴趣，在这种情况下，对期望达到的预期，顾客也常常承认这是不可能的。考虑到这个原因，顾客对可接受的服务的门槛有另外一个低水平的服务期望。

2. 适当服务

适当服务是顾客可接受的服务水平。适当服务是顾客在理想服务情况下愿意接受的较低的服务期望。这是顾客在理想与现实之间的一个选择，适当服务代表了“最低可接受的期望”，即对于顾客来说，可接受的服务绩效的最低水平，同时反映了顾客相信其在服务体验的基础上可得到的服务水平。如果顾客感受到的服务水平落在适当区域，顾客会因服务水平低感到不满意，不过还能勉强容忍和接受；如果感受到的服务水平落在适当区域的下方，那么顾客会感到难以容忍，不能接受该低水平的服务。

3. 容忍区服务

顾客承认并愿意接受该服务差异的范围叫作容忍区，如图 2-5 所示。

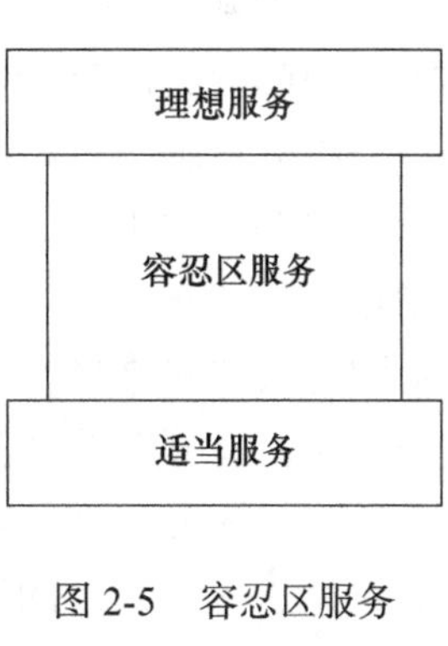

图 2-5　容忍区服务

假如服务绩效降到适当服务水平之下——被认为可接受的最低水平，顾客将感受到挫折并降低对公司的满意度。假如服务绩效超过了容忍区的上限——超过理想服务水平，顾客会非常高兴并可能非常吃惊。可以认为，容忍区是这样一个区间，在这里顾客并不特别注意服务绩效，但在区间外，该项服务就以积极或消极的方式引起顾客的注意。

以顾客登记入住酒店或退房为例，大多数顾客对该项服务持有一个可接受的时间范围为 5 ～ 10 分钟，假如服务在这段时间内完成，顾客也许就不会有由等候所引发的烦躁情绪，在容忍区（如 10 分钟）外等的时间越长，他们就会越烦躁。

（1）不同的顾客具有不同的容忍区。一些顾客的容忍区较窄，使得服务提供商提供服务的范围也较窄，而其他顾客允许一项范围宽松的服务。例如，繁忙的顾客有可能时间紧迫，因此一般想少等一些时间，并且对可接受的等候时间长度有一个紧迫的范围。

（2）不同的服务要素导致不同的容忍区。因素越重要，容忍区有可能越窄。一般来说，顾客对不信赖服务（破灭的承诺、服务的出错）比其他服务失误有更低的容忍度，这意味着他们对该因素有更高的期望。

2.3.4 服务质量改进策略

服务质量的改进与提高是一个复杂而长期的过程，也是一项艰巨的工作，服务企业可以采取以下措施改进和提高服务质量。

（1）创造良好的服务环境。服务环境对顾客感知的整体服务质量有很大影响。在服务消费过程中，顾客不仅会依据员工的仪表和行为给服务打分，同时也会受到服务环境的影响，环境因素影响顾客心中对服务质量的判断。因此，服务企业应根据目标细分市场的需要和要求，做好每项服务工作，为顾客创造良好的消费环境，以提高顾客感知中的整体服务质量。

（2）树立良好的服务形象。树立和提高服务企业的良好形象也能提高顾客对服务的感知。提高服务企业形象，就是要靠诚信、热情、周到的服务行为，在顾客心中留下美好的印象，以增强顾客对公司的信任感。服务企业为树立形象而做的广告、人员推销、公共宣传等沟通要真诚才能持久。另外，服务企业要尽量用顾客真实的体验来强化自己的形象。

（3）满足顾客个性化需求。服务企业在为顾客服务的过程中如果能够重视和适应顾客个性化的、特殊的需求，那么很容易使顾客获得正面的感知并产生愉悦感。但是，要做到适应顾客的个性化需求是不容易的。在一般情况下，大多数服务人员会对提出个性化需求的顾客很反感，而且会拒绝满足顾客的个性化需求，因为这样做会违反公司规定。因此，要想更好地满足顾客的个性化需求，服务企业在制定服务规范和对服务人员培训时应当协调规范性与适应性之间的矛盾。

（4）主动提供服务。如果服务人员在为顾客服务中能够积极主动地为顾客提供一些创造性的“额外”服务，或者满足顾客某种潜在的和不好意思开口表达的需求，那么会使顾客获得非常愉悦的感知。其实，海底捞成功的关键就在于它的员工有很好的自主服务意识，能够在顾客提出需求之前为顾客提供最完善的服务，超出顾客的期望。

（5）标准跟进策略。学习和超越竞争对手能使企业在市场竞争中立于不败之地，标准跟进是一种有效的策略。标准跟进策略是指企业将自己的产品、服务和市场营销过程与竞争对手尤其是最强劲的竞争对手进行对比，在比较和检验的过程中，逐步从策略、经营和业务管理等方面确立自己的奋斗目标。值得注意的是，采取标准跟进策略也需要考虑自身的实际，包括企业的战略、实力、市场需求等因素，不可盲目跟进，否则会导致失败。

（6）蓝图技巧策略。蓝图技巧策略是服务改进的一种有效方法和技术。它借助流程图的方法来分析从后勤到前台服务传递过程的各个方面，特别是分析服务人员同顾客的各个接触点，并把服务接触的若干个“关键时刻”情景质量要求细化，将此绘制成服务蓝图，作为服务人员的行动纲领，主管跟进对照检查，从各个关键环节把握质量、改进服务质量。

（7）及时补救策略。服务企业在为顾客服务中难免有疏漏或过错，在发生服务过错时，如果服务企业能诚恳地认错并及时采取补救措施复原顾客所需的服务，就可能化解顾客的怨气，转“危”为安。例如，某航空公司因故超售机票使某位旅客所订的经济舱没有了座位，公司服务人员及时向旅客道歉，并按经济舱的票价给他安排了一个头等舱的座位，旅客原来一肚子的怨气消失了，进而对航空公司的服务留下了良好的印象。

2.4　顾客满意、顾客忠诚与顾客价值

除了服务质量，顾客满意、顾客忠诚与顾客价值也是服务营销的核心概念。服务营销的核心价值观就是要追求顾客满意、培育顾客忠诚和挖掘顾客价值，进而获取顾客终身价值，从而实现服务企业的经营绩效提升，其逻辑关系如图 2-6 所示。

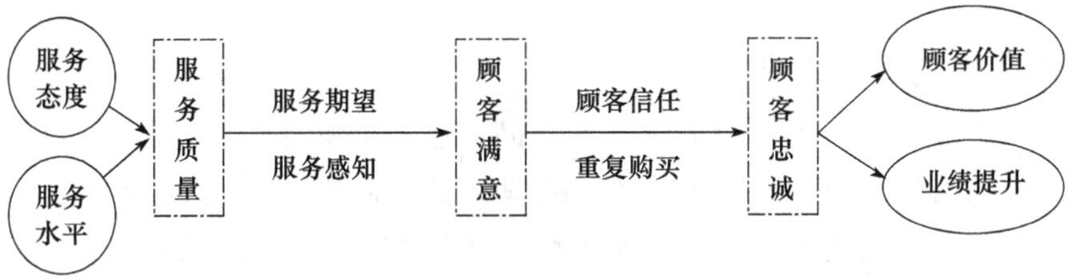

图 2-6　服务营销核心概念逻辑关系图

2.4.1　顾客满意

1. 顾客满意的概念

泽丝曼尔认为，满意就是顾客根据其需要或期望是否被满足而对产品或服务进行的评价，没能满足需要和期望的产品或服务被假定导致了不满意。满意还可以是一种消费者因享受良好服务而产生的愉悦或者快乐的感觉。除了顾客实现需求而产生的满足感外，满意还可根据特殊情境或服务种类与其他类型的感觉相关。

满意可被看作一种满足——更多的是顾客对自己未多加考虑或日常时刻接受的服务所做的一种消极反应。对于那些令顾客惊喜的服务，满意即意味着高兴。在因排除消极

因素而形成满意的情况下，顾客可能会把这种满意当作一种放松感。

菲利普·科特勒认为，顾客满意“是指一个人通过对一个产品的可感知效果与他的期望值相比较后，所形成的愉悦或失望的感觉状态”。亨利·阿塞尔也认为，当商品的实际消费效果达到顾客的预期时，就形成了满意，否则会导致顾客不满意。从上面的定义可以看出，满意水平是可感知效果和期望值之间的差异函数。如果可感知效果低于期望值，顾客就会不满意；如果可感知效果与期望值相匹配，顾客就会满意；如果可感知效果超过期望值，顾客就会非常满意、高兴甚至特别欣喜。综上所述，顾客满意是一种心理活动，是顾客需求得到满足后的愉悦感或满足感，其中：顾客感知，是顾客对产品质量、服务质量、价格水平、环境因素、人员因素的感觉状态；顾客期望，是顾客在购买决策前对所需求的产品或服务所寄予的希望或预期；顾客满意度，是可感知效果和顾客期望之间的差异函数。

◎ 延伸阅读 2-2

有人认为，顾客满意度的衡量标准应该是：

- 顾客重复购买次数及重复购买率；
- 产品或服务购买的种类、数量与购买百分比；
- 顾客购买时的挑选时间；
- 顾客对价格的敏感程度；
- 顾客对竞争产品的态度；
- 顾客对产品质量事故的承受能力。

2. 影响顾客满意的因素

顾客的满意评价是一个综合的过程，产品或服务的具体特性、顾客对质量的感知、服务价格、服务品牌等因素都会影响顾客的满意度，而且一些个人特征，如顾客的情感状态、价值偏向及家庭成员评价等情境因素，也都会影响顾客的满意度。根据服务营销大师泽丝曼尔的研究，以下因素会影响顾客的满意评价。

（1）产品或服务本身的特性。顾客对产品或服务的满意度会受到他们对产品或服务特性评价的直接影响。对于服务企业来说，如一家餐厅，顾客主要看重的是菜品的质量如何、口味是否正宗、卖相好不好以及服务人员的态度、素质如何等。研究发现，大多数公司会通过焦点小组讨论等手段明确地找出其服务有哪些重要的特征和属性，然后衡量顾客对这些特性的感知及对服务整体的满意度。研究结果显示，顾客将依据其对服务类型的评价和对服务特性的评论，在服务的各种不同特性（如价格、质量、人员的态度等）之间寻找平衡，产品或服务本身的品质是顾客满意的关键。

（2）顾客的情感原因。顾客的情感同样可以影响其对产品和服务的满意的感知。这些情感可能是稳定的、事先存在的，如情绪状态和对生活的态度、价值观等。试想那些生命中让你感到非常愉快的时刻（如生日、聚会、旅游、晋升等）、乐观的情绪和积极的思考方式，这些都会影响你对服务的情感体验。反之，当你处在一种恶劣的情绪当中时，消沉的情绪将影响你对服务的享受和评价，会使你对服务人员的任何小的失误都反应过激或极度失望。此外，消费过程本身引起的一些特定情感反应（如一次小的服务失误）也会影响顾客对整体服务的满意度，而服务人员的情感在展示和服务过程中也会直接影响顾客的情感。

（3）顾客对服务成功或失败的归因。归因——事件感觉上的原因，也影响顾客对满意的感知。当顾客被一种结果（服务比预期的好太多或坏太多）震惊时，他们总是试图寻找原因，而他们对原因的评定能够影响其满意度。例如，减肥公司的顾客没有按希望的那样减轻体重，她就很可能在判定对这家减肥公司满意或不满意的程度之前，先去寻找原因：是因为节食计划无效，还是本人没有执行为其制订的节食计划。归因前者表现为失望，归因后者则不会感到不满意。

（4）顾客对平等或公正的感知。顾客的满意度同样会受到对平等或公正的感知的影响。公平理论也是一种激励理论，早就有“不患寡而患不均”的古训。顾客希望得到公平对待，他们会经常问自己：与别的顾客相比，我是不是被平等对待了？别的顾客得到更好的待遇、更低的价格、更优质的服务了吗？与我花费的金钱和精力相比，我得到的服务足够好吗？顾客总是喜欢比较，能否获得公正的对待是影响顾客对产品或服务满意的感知的关键，特别是在服务补救时。

（5）其他顾客、家庭成员的影响。人大都具有从众的心理，因此，除产品或服务特性以及顾客的个人情感与信念外，他人的评价也常常影响顾客的满意度。例如，对一次家庭旅行来说，满意度会受到旅行过程中每个家庭成员的反应和表达的影响，家庭成员之间对旅行情节的重述和对事情的选择性记忆又会影响其对旅行满意度的表达。又如，对某培训机构的满意度评价，在很大程度上也受经历过该培训的其他同学、朋友或亲戚的看法的影响。

（6）其他影响因素。比如，可以从服务营销 7P 要素的角度进行分析，如服务产品与品牌本身、服务价格、服务渠道的便利性、服务促销、服务人员、服务过程、服务有形展示等。

◎ 延伸阅读 2-3

顾客满意十戒

1. 绝不、永不欺骗顾客。
2. 绝不要按毛利的百分比给员工支付薪水。
3. 绝不要告诉顾客没法完成顾客提出的服务。
4. 绝不夸口许诺，要始终出色地工作。
5. 永不为利润额而担心，顾客的满意会使你得到回报。
6. 永远从顾客的需要出发。
7. 永远公平地对待每位客人。

8. 永远在绝对最低的管理阶层关照顾客。

9. 永远努力使事情一次办成。

10. 接受偶尔失败，不要因偶尔失败而沮丧。

——摘自鲍勃·塔斯卡《蓝色绶带》

3. 提高顾客满意度的策略

现代服务企业实施顾客满意服务战略的根本目标在于提高顾客对企业经营的满意度。而要真正做到这一点，企业必须制定和实施切实可行且有效的策略。

（1）塑造以顾客为中心的经营理念。以顾客为中心的企业经营理念是服务营销的根本理念，也是为顾客服务的最基本动力，同时又是引导公司服务决策、维系公司所有部门共同为顾客满意而努力这一目标的动力。麦当劳成功的关键就在于始终重视顾客，让顾客满意。它的经营理念就是一流的产品质量（quality）、周到的服务（service）、卫生的就餐环境（cleanness）、物有所值（value）。

（2）开发令顾客满意的产品。顾客满意策略要求企业的全部经营活动都以满足顾客需求为出发点，把顾客需求作为企业创新服务的源头。因此，企业必须熟悉顾客，全面调查、研究他们的消费趋向，深入分析他们的购买动机、行为偏好、购买能力和季节性特征。只有这样，企业才能科学地顺应顾客需求变化，提供有效的、满意的服务。

（3）热情、真诚、为顾客着想的服务才能带来顾客的满意。企业必须不断完善服务系统，以方便顾客为原则，用热情、真诚的服务魅力和一切为顾客着想的顾客导向意识去感动顾客。售后沟通是服务企业接近顾客的直接途径，它比通过发放市场问卷来了解顾客意见有效得多，因此，企业的行为必须以顾客利益为首要着眼点。

（4）科学地倾听顾客的意见。现代企业要实施顾客满意策略，必须建立一套顾客满意评价与分析处理系统，用科学的方法和手段检测顾客对企业服务的满意度，并及时反馈给企业管理层，以不断改进服务过程质量，及时、准确地调整政策以满足顾客的需要。

2.4.2 顾客忠诚

随着竞争日趋激烈，企业的顾客基础变得更加脆弱。因此，如何与顾客建立更稳固的关系、培养忠诚顾客就成为企业日益重视的主题。

1. 顾客忠诚的概念

顾客忠诚（customer loyal）是指顾客对某一企业或品牌的产品或服务形成偏爱并长期重复购买的消费行为。顾客忠诚可以是一种心理状态，像有些顾客非常忠诚于某家公司或品牌，却可能只是偶尔购买；顾客忠诚也可以是一种行为，像有些顾客可能经常购买某家公司的品牌，却频繁地变换服务提供者。

我们可以从行为层面和态度层面来理解忠诚的含义。根据学者奥立弗的观点，顾客忠诚可以划分为认知忠诚、情感忠诚、意向忠诚和行为忠诚。

（1）认知忠诚。这是顾客建立在品牌信念基础上的忠诚，是根据顾客之前的、关于替代品的信息，或者最近的消费经历而建立起来的某种认知。因此，这种忠诚是针对某种特定品牌的。如国内大多数消费者认为最权威的外语培训机构是“新东方”。

（2）情感忠诚。往往在第一次使用满意之后，顾客就会形成对某种品牌的偏好。这时，即使受到负面信息的影响，顾客对于该品牌的情感也不会轻易地发生改变。因此，这个阶段的忠诚就是情感忠诚。例如，肯德基不止一次出现负面新闻，虽然各种传言铺天盖地，但是仍有许多消费者在店内用餐，并且表示他们对肯德基的态度不会改变。

（3）意向忠诚。意向是重复购买某特定品牌的承诺。意向忠诚就是顾客承诺购买的一种深度忠诚。但这只是一种购买的意愿，而没有变成实际的购买行为。有学者研究过顾客有多忠诚的问题，发现顾客对某类产品或服务的忠诚不一定是唯一的，其意向忠诚存在波动和轮回。

（4）行为忠诚。顾客将意向忠诚转化为实际的购买行为，就进入到行为忠诚阶段。如果企业能够兑现承诺，顾客就会形成一种购买或消费惯性，从而变成重复购买、对该产品或服务产生依赖。

上述四类顾客忠诚中，认知忠诚强调的是品牌的绩效，情感忠诚强调的是顾客对品牌的偏好，意向忠诚强调的是顾客对特定品牌的某种特殊承诺，而行为忠诚强调的则是顾客的重复购买行为。

2. 顾客满意与顾客忠诚的关系

研究表明，只有满意的顾客才可能发展成为忠诚的顾客，顾客满意与顾客忠诚存在正相关的关系，但是这种关系并不是线性的。也就是说，顾客满意是顾客忠诚的前提，但顾客满意不一定必然带来顾客忠诚。可是，对企业所提供的服务非常满意的顾客会为企业传播好的口碑，并且更有可能成为企业的忠诚顾客。

研究发现，顾客多忠诚的情况实际上是存在的，即一个顾客对多个服务产品或品牌有好感、有依赖感，并且同时或轮流购买、消费该服务企业的产品。顾客多忠诚的情况也是可以理解的，可以用顾客需求的个性化、差异性、变动性来解释。

3. 促进顾客忠诚的营销策略

西方学者研究发现，开发一个新顾客的成本是维持一个老顾客的 8 ～ 12 倍，可见留住老顾客对于服务企业的生存和发展至关重要。服务企业可以通过以下举措促进顾客满意、培育顾客忠诚。

（1）坚持“以顾客为中心”的经营理念：如如家开发经济型酒店，满足了许多经济型私人旅行者和经济型商务旅行者的需求，获得顾客青睐。

（2）不断开发新产品或创新服务：如肯德基中国公司推出油条、米饭，引进凉茶王老吉，契合中国的饮食文化。

（3）提高服务过程质量的稳定性：重点从培育服务人员的职业态度和专业水平入手。

（4）建立健全顾客服务保障体系：包括加强服务需求的研究和与顾客的沟通，强化服务过程的监督管理，完善服务分销网络以提供高质量、稳定的服务，等等。

2.4.3 顾客价值

企业之所以重视顾客的满意度，并且将他们转化成忠诚的顾客，就是因为顾客本身具有无形价值，顾客可以为企业带来价值。而顾客之所以购买企业的服务或产品，是因为顾客在消费过程中能够获得某种价值。因此，我们可以从顾客感知价值和顾客终身价值两个角度来理解顾客价值。

1. 顾客感知价值

顾客感知价值就是在关系发展过程中对产品或服务进行消费时，顾客对服务、产品、信息、接触、服务补救和其他要素的一种自我评估过程。用公式来表示，即

顾客感知价值 =（核心产品 + 附加服务）/（价格 + 关系成本）（2-1）

顾客感知价值 = 核心价值 +/– 附加价值（2-2）

顾客感知价值 =（长期收益 – 支持成本）/（价格 + 关系成本）（2-3）

顾客感知价值 = 交易价值 +/– 关系价值（2-4）

顾客价值通过顾客关系而被感知。在式（2-1）中，价格是个短期概念，原则上在核心产品送达时交付。但是，关系成本则是随着关系的发展而发生的，而且边际成本呈递减趋势。核心产品和附加服务的效用也是在关系发展的过程中体现出来的。

式（2-2）中也包含了一个长期概念——附加价值。附加价值也是随着关系的发展而显现出来的。而且，附加价值并不都是有益的，它有可能损害核心价值，如拖延交货。

式（2-3）与式（2-1）相同，它说明的是企业的经济收益与企业为此付出的成本之间的比较。从管理的角度来看，这是顾客对价值的一种很重要的计算方法。

式（2-4）表示，当顾客和企业建立起关系后，关系收益和付出才会发生。实际上，总的感知价值就是由两部分组成的：交易价值和关系价值。

总之，顾客感知价值是在顾客使用或消费过程中产生的。企业的职责就是使用服务资源，并与顾客发生互动，促进顾客价值的产生。因此，学术界提出了价值共创的概念，认为顾客价值是企业与顾客共同创造的结果，强调服务过程的互动性。

2. 顾客终身价值

顾客终身价值就是顾客在与企业保持业务关系期间，企业可以从顾客那里获得的未来利润的贴现。一方面，这表明顾客是企业的价值来源，是长期利润的源泉，因而是企业的宝贵资产，所以企业要注重对顾客价值的识别、区分、吸引、保持和开发。另一方面，上述分析也可以为企业的营销决策提供重要依据。企业可以依据顾客终身价值的大小来细分市场，根据不同的顾客盈利模式制订相应的营销方案，及时识别非盈利的顾客并终止顾客关系，或者开发有效的营销组合将无盈利的顾客尽快转化为盈利的顾客等。企业还可以通过仔细识别特定顾客群所具有的价值，如具有较强的口碑宣传倾向的顾客，来帮助企业进行品牌宣传。

顾客终身价值的分析表明：

（1）不同的顾客会有不同的价值和利润及相应的利润形成模式，这是由他们的购买

力、习惯和忠诚度不同等因素所决定的。因此，企业在开发顾客过程中，应深入分析顾客的潜在价值、特征和其背后的影响因素。

（2）潜在顾客价值是存在的，需要加以挖掘。现在无盈利的顾客将来可能会盈利，因为随着交易次数的增多，亏损有可能转化为利润；而现在盈利的顾客将来也可能变为无利可图的顾客，因为他们的购买力可能发生变化。

（3）顾客关系期越长，盈利性越大，所以保持顾客十分重要。企业在开展营销活动时，既要注重吸引合格的新顾客，又要注重发展与老顾客的关系。这样就能带来合格顾客数量不断增长的规模效应和顾客人均消费增长的效应，像滚雪球一样。当然，并不是所有的顾客都能给企业带来利润并值得保持，企业要仔细地区分不同类别的盈利性顾客，然后进行理智的选择、保持，培育重点客户，才能收获最佳的关系价值。

◎ 延伸阅读 2-4

顾客资产

顾客资产（customer equity）就是将企业与顾客的关系视作企业的一项可经营的资产，并认为企业的顾客资产就是企业所有顾客终身价值的折现现值的总和。顾客资产包括公司与顾客、分销商和合作伙伴所形成的相互信任、合作的关系，是一种能为公司运用、产生长期现金流量的风险资产。

问题思考：你怎样理解顾客资产这一概念的内涵及其现实意义？

3. 如何有效创造和提升顾客价值

（1）注重顾客知识的获取。企业必须获取顾客知识，即了解顾客的价值内容，从而建立系统、持续的顾客学习机制，发展有效获取顾客知识的技能、工具和信息系统。这是顾客价值创造活动的前提。通过顾客知识共享机制，提高顾客信息资源的利用率和准确性，确保顾客价值创造和传递的顺畅性。

（2）创造出超越竞争对手的顾客价值。要创造出超越竞争对手的顾客价值，一方面通过改进企业的产品、服务、企业和员工形象以提高顾客的感知价值，另一方面通过降低顾客的货币、时间、体力、精力消耗以减少顾客的感知利失。同时，在激烈的市场竞争中，企业还要在顾客价值上进行不断创新，通过顾客价值创新获得竞争优势而不是形成企业与竞争对手的直接对抗。企业通过为顾客创造更具价值的产品或服务，超越现有竞争区域，从而成为新的市场的主导力量。

（3）通过内部营销提高员工满意度。根据顾客终身价值的观点，企业与顾客建立的关系越持久，顾客的满意度和忠诚度越高，它所带来的顾客价值也会越多。因此，在价值传递过程中，所有影响因素都是企业考虑的内容，尤其是与顾客接触的员工，他们承担着理解、传达并满足顾客需求的重任。员工的满意度对于顾客价值感知、顾客忠诚及企业成长都起着重要作用。因此，企业应开展内部营销，建立切实有效的激励机制，提高员工满意度和忠诚度，进而提升顾客价值。

（4）构建基于顾客价值创造的企业文化。企业文化虽然不像企业制度那样对员工具有强制约束力，但作为企业全体成员共同遵循的价值观和行为观，每个成员都必然沉浸其中，受其潜移默化的影响。服务企业要成功创造和提升顾客价值，必须要有与之相匹配的企业文化支撑，作为员工行为的精神力量。因此，成功的服务企业需要从经营模式、管理制度、企业愿景、职业情操、工作态度等方面实施文化变革与创新，构建基于顾客价值的积极的企业文化。

关键术语

服务质量　顾客满意　顾客忠诚　顾客感知价值　顾客资产

测试题

一、选择题

1. 服务营销三角理论用于表现服务营销的三组利益相关者（服务企业、________和顾客）之间的相互转化及其关系。

A. 投资者　　B. 服务提供者（公司员工）

C. 金融机构　　D. 政府管理部门

2. ________等人于1994年在《哈佛商业评论》上发表文章，从价值链的视角提出了“服务利润链”的概念。

A. 派恩和吉尔摩　　B. 詹姆斯·赫斯科特

C. 让·詹姆克　　D. 泽丝曼尔

3. 影响感知服务质量的关键要素包括________和服务水平。其中前者属于主观要素，后者属于客观要素。

A. 服务产品　　B. 服务态度　　C. 服务环境　　D. 服务价格

4. 美国服务管理研究小组的三位学者（PZB）提出了对顾客感知服务质量的五个测量维度，包括可靠性、响应性、有形性、保证性和________。

A. 差异性　　B. 移情性　　C. 无形性　　D. 不确定性

5. 根据PZB小组提出的顾客容忍区理论，按顾客期望水平的高低，可将服务期望分为理想服务、________和介于其中的容忍区服务。

A. 个性化服务　　B. 适当服务

C. 自助服务　　D. 品牌服务

6. ________是指顾客对某企业或品牌的产品或服务形成偏爱并长期重复购买的消费行为。

A. 顾客满意　　B. 顾客忠诚

C. 顾客资产　　D. 顾客终身价值

二、简答题

1. 简述服务营销三角理论。

2. 简述服务利润链中“两个循环”的内容。

3. 哪些关键要素影响感知服务质量？

4. 什么是顾客资产？

三、论述题

1. 怎样看待“顾客永远是对的”这句话？

2. 怎样理解服务质量、顾客满意、顾客忠诚之间的关系？

训练设计

1. 要求学生以某项具体服务为背景，以 SERVQUAL 测量量表为基础，设计服务质量的测量量表并进行模拟测量。

2. 要求学生针对某项具体服务，描述适当服务、理想服务及容忍区服务的具体内容，并绘制顾客容忍区细化图形。

综合案例

海底捞：让我们的服务超过顾客期望

四川海底捞餐饮股份有限公司成立于 1994 年，是一家以经营川味火锅为主，集各地火锅特色于一体的大型跨省直营餐饮民营企业。截至 2021 年 12 月 31 日，海底捞在全国开设了 1 300 多家直营餐厅。公司在张勇董事长确立的服务差异化战略指导下，始终秉承“服务至上、顾客至上”的经营理念，以创新为核心，改变传统的标准化、单一化的服务，提倡个性化的特色服务，将用心服务作为基本经营理念，致力于为顾客提供“贴心、温心、舒心”的服务，赢得了顾客良好的口碑，公司业务也得到迅速发展，成为我国服务业经营之典范。其服务战略特点主要体现在以下几个方面。

1. 海底捞的品牌主张

海底捞始终高举“绿色、健康、营养、特色”的大旗，致力于火锅技术的开发与研究，在继承川、渝餐饮文化原有的“麻、辣、鲜、香、嫩、脆”等特色的基础上，不断创新，以独特、醇正、鲜美的口味和营养健康的菜品，赢得了顾客的一致推崇并在众多的消费者心目中留下了“好火锅自己会说话”的良好口碑。

2. 让顾客体验“超值服务”

尊重顾客，把顾客当家人看待，海底捞特别注重顾客就餐的体验感受。点餐时，员工会为顾客送上围裙和热毛巾，会为长发女顾客送上发夹和皮筋，会为戴眼镜的顾客送上眼镜布，还会送上其他如烟嘴、小礼物、口香糖、果盘等。海底捞重视点餐提醒，顾客可以点半份，员工还会提示顾客点餐的数量，避免浪费。特别是在等候区提供的贴心服务让人感动，有免费水果、小吃、棋牌、杂志、美甲、擦皮鞋等，让顾客乐于等待。海底捞提供的贴身又贴心的“超值服务”，经常会让人流连忘返，被誉为“变态的服务”。

3. 员工比顾客更重要

海底捞认为，员工才是企业的核心竞争力，他们的重要性远超过利润，甚至超过了顾客。海底捞把员工当家人看待，为员工准备了舒适的宿舍，一般离工作地点近，在正式的住宅小区，配备空调、电脑，专人负责保洁，给夫妻提供单独的房间。仅住宿一项，一个门店一年就为此花费50万元。海底捞为员工每月寄400～500元给家中的父母，让员工的家人也分享到这份荣耀。在员工激励方面，海底捞设立金点子奖励排行榜，还设立奖项奖励个性化服务，如奖励流程执行力强、奖励主动接电话、奖励化淡妆等员工严格的自我约束行为，这让海底捞的员工都非常有归属感，他们心怀感激，从而能够在工作中报以发自内心的微笑。由此，满意的员工才能带来满意的顾客。

4. 顾客满意度的累积带来忠诚度

根据“服务利润链”理论，服务行业的利润主要取决于由顾客持续不断的满意度而带来的顾客忠诚度。海底捞的经营实践证明：员工的满意是基础，发自一线员工内心的个性化“超值服务”，才是能够留住顾客人心的秘密武器。这正是海底捞管理和营销成功的秘诀。有人总结海底捞的成功公式：张勇内行的决策＋比其他企业略高一筹的商业模式＋管理团队不假思索的执行力＋以家乡人为骨干的员工队伍＋双手改变命运的企业文化＋海底捞“变态服务”的经营模式。

问题讨论： 1. 你怎样评价海底捞的服务营销理念？

2. 你同意“员工比顾客更重要”这个观点吗？

CHAPTER 3 第3章

服务营销创新观念

创新是人类社会发展的主旋律。服务营销也要从理论上不断深化，从观念上不断推陈出新。现代服务营销正在向两个主要方向深化和拓展：一是对于外部顾客的体验营销，二是对于内部顾客的内部营销。与此同时，服务企业与外部顾客、内部顾客及员工与顾客之间通过建立、维持和发展关系（关系营销）获取利益也已成为服务企业竞争制胜的有效方式。有效的体验营销、内部营销和关系营销都会引发口碑传播，形成服务品牌效应。

学习目标

- 了解体验营销及其相关策略。
- 了解内部营销及其相关策略。
- 了解关系营销及其相关策略。
- 了解口碑营销及其相关策略。
- 理解上述四种服务营销创新观念之间的关系。

开篇案例

宜家家居：体验营销

宜家家居是全球知名的家具和家居零售商。其卖场拥有造型奇异的家具、手感舒适的床上用品，还有舒缓的音乐，人们在这里购物简直是一种享受。正因为这样，很多来宜家的人其实都不是纯粹来购物的，他们已经习惯把它当作一个休闲的场所。

首先，每个宜家店从入门开始就为消费者配发了尺子、铅笔、纸张等物品，该意图很明显，即让消费者参与到个人家居的设计和规划过程中，这是消费者“参与的环节”。

其次，在每个宜家店中，消费者都可以亲身到床、沙发等物品上体验，宜家希望通过消费者亲身的感受来影响其购买决策，这是消费者的“感受环节”。

再次，消费者在具体决定自己所要购买的家居产品时，既可以向宜家提出明确的需求，也可以自己对现有产品的不同部件进行创意性的组合，形成自己喜欢的产品，让消费者体验亲自设计产品的感觉。

最后，宜家家居还增设了很多人性化的设施，像餐厅、儿童乐园等设施除了给予消费者便利的服务，还解决了一些家长顾客的后顾之忧。另外，尽管宜家让顾客自己体验、自由选择，但售货员会在顾客有需要的时候及时出现。

总的来说，宜家销售的绝不是产品本身，而应是为消费者提供一种价值和服务。

问题思考

宜家家居的做法与国内家居销售模式相比较有什么特色?

3.1 体验营销

1998 年，美国战略地平线 LLP 顾问公司的创始人派恩和吉尔摩在《哈佛商业评论》上发表“ Welcome to the Experience Economy”一文，引起了学界对体验营销、体验经济的关注，同年，其《体验经济》(*The Experience Economy*)[㊀]一书的出版更是激发了学界对体验经济问题的探索。作者在书中强调，社会上存在产品、商品、服务和体验四种经济提供物，据此可以将社会经济发展分为产品经济、商品经济、服务经济、体验经济四种经济形态。体验经济时代已经逐渐成为继服务经济时代之后的又一个经济发展阶段，而体验营销的出现正是这种经济形态演进的市场要求。

3.1.1 体验与体验营销的内涵

1. 体验的概念界定

“体验”概念最初是由美国著名未来学家阿尔文·托夫勒 1970 年在其《未来的冲击》一书中提出的。他首先把体验作为经济价值来看待，认为体验是商品和服务心理化的产物，并指出“体验产品中的一个重要品种将以模拟环境为基础，让客户体验冒险、奇遇、感性刺激和其他乐趣”。随后，美国学者派恩和吉尔摩在 1998 年提出，“体验是从服务当中分离出来的一种经济提供物”“体验事实上是当一个人达到情绪、体力、智力甚至是精神的某种特定水平时，他的意识中所产生的美好感觉”，如果“一个公司有意识地以服务作为舞台，以商品作为道具来使消费者融入其中，体验就出现了”。他们进一步提出了“体验剧场”理论，认为“在任何企业中的每个层次，员工需要理解在体验经济中，每项业务都是一个舞台，因此工作就是剧场”，由此建构了“体验剧场”模型，成为体验营销的理论基础。他们还将其“体验王国”划分为娱乐体验、教育体验、审美体验和逃避现实体验。

美国学者施密特（1999）在其《体验营销》(*Experiential Marketing*) 一书中进一步将体验分为感官体验、情感体验、思考体验、行动体验和关联体验五个方面，并由此构

㊀ 本书中文版机械工业出版社已出版。

建了体验战略模型。服务营销专家泽丝曼尔在其《服务营销》著作中则提出，其实“服务就是体验”，无论是出售商品还是提供服务的企业都在致力于打造令顾客难忘的体验。

◎ 案例 3-1

星巴克卖的不是咖啡，而是一种体验

当今世界，星巴克可以说是高品质咖啡的代表。星巴克从西雅图一家小小的咖啡豆零售店发展成为全球咖啡连锁企业，在众多品牌中脱颖而出，独受消费者的青睐，原因何在？

星巴克的员工认为：他们卖的不是咖啡，咖啡只是一种载体，他们卖的是一种顾客体验、一种生活方式。星巴克的成功在于，在消费者需求重心由产品转向服务，再由服务转向体验的时代，星巴克把一种独特的体验传送给顾客，成功地创立了一种以创造“星巴克体验”为特点的“咖啡宗教”，这种顾客体验主要来自以下三个方面。

（1）情境体验。星巴克通过情境尽力去营造一种温馨的家的和谐氛围。与其说星巴克是在出售咖啡，不如说是在出售一种顾客体验、一种生活方式，让奔波在家庭与办公室之间的现代年轻人，有了另一个自由自在、可以随意畅谈的“第三空间”，即另外一个享受生活的、精神自由的地方，一个舒适的社交聚会场所。

（2）产品体验。产品是顾客价值的核心部分，既然是咖啡店，星巴克的咖啡必有过人之处。为保证星巴克咖啡具有一流的醇正口味，星巴克设有专门的采购系统，它们对产品质量的要求几乎达到了偏执的程度，将每一粒咖啡豆的风味发挥到了极致。

（3）服务体验。咖啡只是一种载体，星巴克经营成功的关键是服务。“认真对待每位顾客，一次只烹调顾客那一杯咖啡。”这句取自意大利老咖啡馆工艺精神的企业理念，贯穿星巴克的服务体系。星巴克对于咖啡知识及制作咖啡饮料的方法都有一致的标准，为了保证服务的高质量，对星巴克咖啡店的所有雇员都进行了严格而系统的培训。星巴克使顾客除了能品尝到口味纯正的咖啡之外，还能享受到星巴克优雅、温情的服务。

2. 体验与产品、服务的区别

从以上对“体验”的概念界定可以看出，体验作为一种特殊的经济提供物，与传统产品、服务有着显著的区别，如表 3-1 所示。

表 3-1　产品、服务与体验的比较

项　目	产　品	服　务	体　验
商品形态	一种物品	一种活动或过程	一个过程、一种影响、一种感受
商品属性	同质	异质	完全个性化
商品传递过程	生产、分销与消费过程分离	生产、分销和消费过程同时发生	生产、分销和消费过程同时发生，并可延续到消费过程以后
商品特征	有形的	无形的	难忘的
商品价值实现途径	工厂生产	买卖交互过程中实现	买卖的交互过程中及交互过程后实现
商品所有权	交换牵涉所有权的转移	不牵涉所有权的转移	不属于体验营造者，只属于每个消费者

从商品形态来看，产品是一种有形的物品，服务本身或附加在商品上的服务往往是无形的活动或过程，而体验是一种过程、影响和主观感受的综合体。当然，许多服务本身也是一种体验过程，但体验更多地强调顾客的难忘经历与感受，强调被感知的效果。

从商品属性来看，企业所提供的产品往往具有同质性，服务往往由于服务提供者的不同而表现出异质性，体验作为从服务中分离出来的一种提供物，因顾客或消费者个人的背景、经历、理解、认识等的不同而是完全个性化的。

从商品传递过程来看，产品是企业生产出来供消费者选择和消费的，其生产、分销与消费过程是分离的。在服务提供的过程中，服务的生产、分销和消费过程是同时发生的。从这个意义上讲，体验与服务很类似，其生产、分销和消费过程也是同时发生的。不同的是，体验过程中形成的各种感受并没有因为消费的结束而结束，而是延续到消费之后。

从商品特征来看，产品是有形的，服务是无形的，体验是一种难忘的心理感受和过程。

从商品价值实现途径来看，产品在工厂生产出来以后就具有了价值，通过交换而实现了价值转移；服务的价值是在买卖交互过程中实现的；体验的价值是在买卖交互过程中及交互过程后实现的。

从商品所有权来看，产品的交换是有形物品从生产者手中转移到消费者手中，其过程涉及所有权的转移。服务是生产者或中间商提供给消费者的一种活动或过程，不涉及服务所有权的转移。体验是消费者在生产者或中间商所搭建的消费平台中的所见、所感和所思，因人而异，属于每个消费者。

总之，体验是远远超越产品或传统服务，但又必须以产品或服务为媒介（以服务为舞台，以商品为道具）的完全无形化的一种过程、影响和主观感觉，始于体验营造者（服务企业）与体验主体（顾客）的互动过程，并可一直延续至互动过程结束之后。

3. 体验营销的概念界定

体验营销（experiential marketing）作为新经济时代一种创新的商业模式，自从20世纪末21世纪初在美国诞生以来，已经得到了广泛的研究与应用，并被广泛用于软件、网络、电影电视、金融、餐饮、商品零售、旅游、房地产等多个行业和领域。

施密特（1999）最先界定了体验营销的概念，认为体验营销是“一种为体验所驱动的营销和管理模式”，是企业“以满足顾客体验需求为目标，以营销空间为舞台，以产品或服务为载体，利用文化、艺术和科技等手段来增加产品内涵，更好地满足人们的情感及审美等多种体验需求，在给人们的心灵带来震撼的同时达到促进产品销售目的的一种全新的营销模式”。施密特利用“战略体验模型”（感官、情感、思考、行动、关联）和“体验媒介”（沟通、视觉与语言识别、产品、联合品牌塑造、空间环境、电子媒体与网站、人员推销等）相匹配构建了体验矩阵（experiential grid），还构建了一个完整的顾客体验管理（CEM）框架，其步骤包括：①分析顾客的体验世界；②建立顾客体验平台；

③设计品牌体验；④建立与顾客的接触；⑤致力于不断创新。

体验营销模式于 21 世纪初引入我国，也引起了我国营销学界的关注，并在企业界得到广泛应用。

可以说，现代营销更加关注顾客体验价值而不是产品或服务的功能价值，顾客体验已经从一个饶有兴趣的概念进化为一种成功的商业模式，而体验营销已经被看作是现代企业生存发展的有效战略，成为现代服务企业竞争制胜的有力武器。

4. 体验营销与传统营销的差异

从以上对体验营销的分析界定可以看出，体验营销与传统营销比较具有显著的特色，如表 3-2 所示。

表 3-2　体验营销与传统营销的比较

项　　目	传统营销	体验营销
理论基础	顾客是理性的	顾客更多情况下是感性的
关注焦点	产品和服务的特色、质量和服务的水平	顾客的体验感受
传播方式	企业到顾客的单向活动	注重企业与顾客的双向互动
顾客角色	接受者（被动、一定程度参与）	主动参与者、主角（主动性）

首先，理论基础不同。传统营销认为顾客是“理性的”，顾客购买产品、服务是为了满足某种物质需求；体验营销打破了传统的“理性人”假设，顾客兼具理性和感性，更多情况下是感性的，体验营销侧重于满足顾客的情感和个性需求。

其次，关注焦点不同。传统营销注重产品和服务的特色、质量和服务的水平，希望通过这些策略与竞争对手区别开来，从而打造企业的竞争优势；体验营销的重点是为顾客提供难忘的体验经历，强调营造消费过程中由体验所产生的乐趣、愉悦、感受等消费情境，从而使顾客为这种“体验”支付让渡价值。相比较而言，前者侧重于消费结果的满足，而后者侧重于消费过程的满足。

再次，传播方式不同。传统营销的营销传播活动是信息流从企业到顾客的单向流动，强调产品的价格、质量与功能的推广，企业在整个营销传播过程中发挥主导和控制作用；体验营销强调企业与顾客的双向互动，强调消费氛围的整体营造，在互动中实现营销信息的整合和再传播。

最后，顾客角色不同。传统营销中的顾客是产品或服务的接受者或参与者，尽管存在一定程度的互动，但往往是经济提供物的被动接受者；体验营销强调顾客的主动性，只有在顾客主动参与到体验活动过程中的时候，作为经济提供物的体验才能够产生并被让渡给顾客。

◎ 小案例

“麻烦”为何能创造价值

北欧的瑞典是一个人口只有 1 000 多万的国家，但拥有不少国际性的品牌，比如丹尼尔惠灵顿手表、宜家家居等。其中宜家是全球最大的家居用品零售商，遍布全球近40个国家和地区，截至2020年3月，在中国大陆有33家商场。

我们都有这样的体验，如果是去一般国内家居商城购买家具，商家会帮你把家具免费送到家并组装好，但是如果去宜家买家具就没那么轻松了。宜家的家居产品全部采用平板包装，消费者需要自己提货、自己安装。人们要拿着扳手和螺钉，对着说明书研究怎样组装椅子、桌子或者是折叠沙发，每次都可能要花费大量的时间和精力才能完成，有时候不小心拧错了几个螺钉，装错了几块木板，就得从头来过。但是这些麻烦并不妨碍人们喜欢宜家。

2019财年宜家的零售销售额达到了2 800亿元人民币，同比增长5.0%。其中来自中国大陆的宜家商场销售额达到了157.7亿元人民币。此外，2019财年宜家商场的访客数量达到了8.39亿人次，宜家官网的访问量达到了26亿次。我们不禁感到疑惑，宜家为什么如此受消费者青睐？随着现代生活的节奏越来越快，所有发明几乎都是为了让生活更方便，那为什么如今有这么多人不去买现成的家具而是乐此不疲地跑进宜家，把一堆半成品的家具搬回家，自己动手来安装呢？

其实这背后存在着一个商业逻辑。20多年前，哈佛大学商学院邀请了一些学生和折纸专家来折纸鹤，折完纸鹤，所有参与者都可以出价来购买纸鹤。结果发现，大家愿意花高于其他人作品5倍的价格来买走自己的作品，甚至认为自己折的纸鹤和折纸专家的相比一点儿也不逊色。这个5倍的溢价是什么呢？是一个人对自己劳动成果的犒赏。当你把自己的血液、汗水、情绪和想法倾注到一件物品上时，这件物品就拥有了额外的价值。

换句话说，一个人在某件物品上付出的努力越多，他就会越喜欢这个东西，并赋予它更高的价值。这个现象叫作宜家效应。尽管宜家当初卖半成品的初衷只是为了降低库存，薄利多销，但是却出现了一个意外的惊喜，让越来越多的消费者在付出自己的劳动后，爱上了这些DIY的家具。于是商业上就出现了一个有趣的课题，就是如何让消费者投入更多的精力到产品中，让他们产生情感上的依赖和成就感。一句话，让体验创造出价值。

问题思考：宜家的DIY为何能得到消费者青睐？

3.1.2 体验营销的理论工具

1. 体验剧场与角色理论

派恩和吉尔摩1998年在其《体验经济》一书中说道："在任何企业中的每个层次，员工需要理解在体验经济中，每项业务都是一个舞台，因此工作就是剧场。"他们提出了体验剧场的概念，并据此建立了模型，同时认为，在这个剧场当中，每个人都在扮演不同的角色，而角色挑选这一步骤一直都在发挥着核心作用，任何商业的成功明显地依赖于挑选合适的人扮演恰当的角色。

施密特发扬光大了派恩和吉尔摩的体验剧场理论，并在自己的《体验营销》一书中进一步论述了体验剧场及角色理论的思想，并构建了自己的体验剧场模型（见图 3-1），阐述了体验营销的要素构成。施密特提出，企业就是表演者，职场就是剧场。体验好比一场戏剧，体验剧场模型拥有与舞台产品一样的要素构成。在服务体验过程中，顾客和体验营销人员都在体验剧场中扮演着一定的角色，发挥着各自的功能。同时，角色的扮演是可以后天习得的，对体验效果的评判与角色期望相关联。

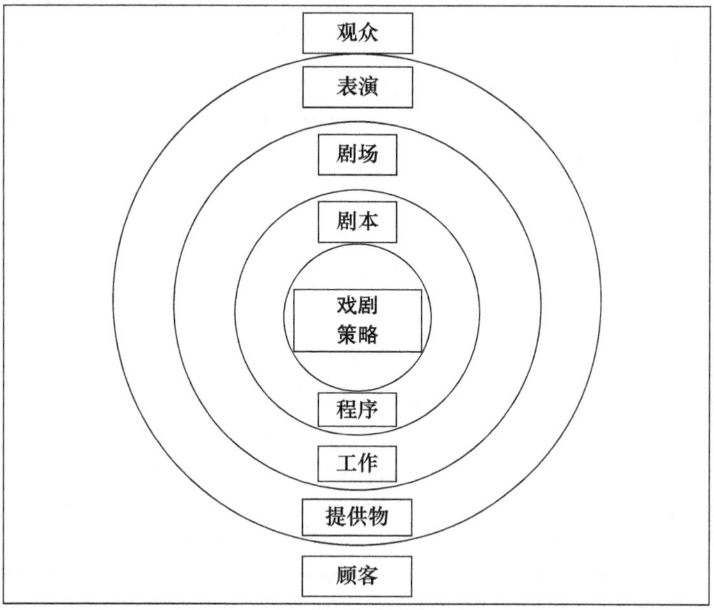

图 3-1 施密特的体验剧场模型

施密特的体验剧场模型表明，体验演出的整体表现是演员、观众、设施之间动态互动的结果，员工的专业水平、能力甚至服饰、风度与态度行为，都会影响顾客的体验评价，其影响丝毫不亚于演员的舞台着装与角色扮演，体验设施的场景、道具、设备、照明、温度、色调等，都会影响顾客对体验的期望及其对体验质量的评价，而且前台的成功体验表现必须依赖后台的大力支持。总之，企业的体验产品和服务都具备多种戏剧特征，诸多戏剧要素影响整体展示，改变或重新设计任何一种要素都可能赢得和营造不同的体验表现。施密特还进一步将体验营销的构成要素区分为设施、产品、服务和互动体验过程，认为是这四个要素的有机结合共同营造了顾客的体验过程，共同创造了顾客的体验价值。

2. 战略体验模型与体验矩阵

施密特于 1999 年在其《体验营销》一书中提出了战略体验模型和体验媒介的概念。

战略体验模型包含五种类型的顾客体验——感官体验、情感体验、思考体验、行动体验和关联体验。其中，感官体验是顾客在视觉、听觉、触觉、味觉和嗅觉几个方面的体验；情感体验是顾客内心的感触和感情的体验；思考体验是顾客认识问题、解决问题的体验；行动体验是顾客的身体体验、生活方式体验及与企业互动的体验；关联体验是顾客与理想自我、他人或是文化产生联想的体验，包含了前四种体验。企业进行体验营销就是在这五种战略体验模块上进行营销，即进行感官营销、情感营销、思考营销、行动营销和关联营销，激发和创造顾客这五个方面的体验。

体验媒介是体验营销的执行工具，也就是实现战略体验模型的媒介，包括沟通、视觉与语言识别、产品、联合品牌塑造、空间环境、电子媒体与网站、人员推销。这里仅介绍前五种。沟通包括广告、宣传册、年报、公共关系活动等；视觉与语言识别包括名称、徽标等；产品包括设计、包装、品牌个性与展示等；联合品牌塑造包括活动营销、赞助、产品演示等；空间环境包括建筑、办工场所、工厂、零售地点、公共场所等。

施密特将战略体验模型和体验媒介进行匹配构建了“体验矩阵”，作为企业体验管理，特别是体验传播管理的有效工具，管理者可以通过“体验矩阵”决定采用哪种体验媒介来传播和创造哪种体验模块，如表 3-3 所示。

表 3-3　施密特的“体验矩阵”

	体验媒介						
战略体验模型	沟通	视觉与语言识别	产品	联合品牌塑造	空间环境	电子媒体与网站	人员推销
感官	√	√	√		√		√
情感	√				√		√
思考				√		√	
行动	√		√			√	√
关联				√	√	√	

资料来源：施密特．体验营销［M］．刘银娜，译．北京：清华大学出版社，2004.

3. 体验营销的运行机理

体验营销是企业通过开发体验产品和营造体验情景，吸引顾客参与互动，从而形成体验价值并加以实现，以达到企业经营目标的一种创新商业模式。

企业体验营销的运行机理在于顾客体验价值的形成与实现，主要依赖两条路径实现盈利：一是通过“免费”方式让顾客参与某种体验，二是通过“收费”方式让顾客消费某种体验，二者最终都能够通过促成顾客购买行为与口碑传播，达到直接盈利或间接盈利的效果。企业通过顾客参与体验促成有效销售实现利润，同时通过口碑传播开发潜在顾客和培育顾客忠诚，如此循环，以达成顾客价值目标和企业利润目标，如图 3-2 所示。

3.1.3　体验营销管理

1. 体验营销的实施模式

体验需求既是体验营销的起点，又是体验营销的终点，顾客需求的研究和把握，是开发体验产品和选择体验营销方式的前提；体验场景的布置其实就是体验舞台的搭建；体验产品、舞台、演员等要素借助一定的主题开展及体验信息传播，生成体验感觉，体验活动其实就是演员表演，有演员也有观众；体验感觉生成以后需要释放，即形成销售，这是体验营销的目的所在；实现以后体验并没有完结，还需要维护保持并继续拓展，由此会激发形成新的体验需求，产生新的体验循环，体验营销就这样不断延展。由此形成体验营销实施模式的 9s 模型，如图 3-3 所示。

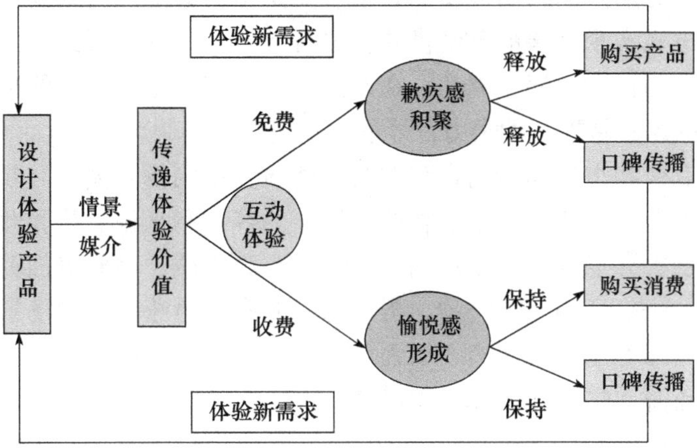

图 3-2　企业体验营销盈利模式模型

资料来源：本书作者研究整理。

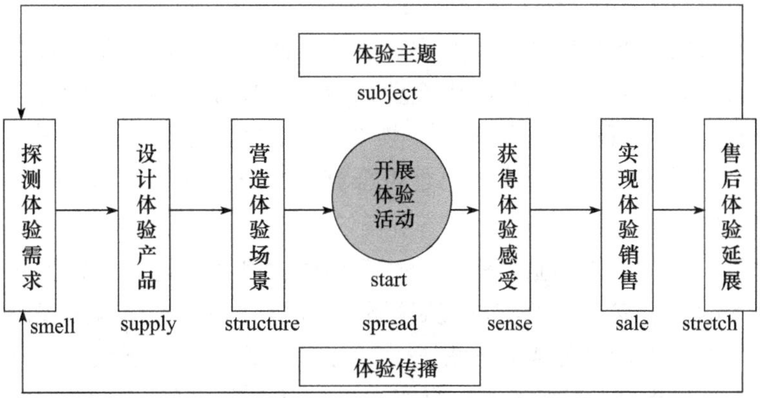

图 3-3　体验营销实施模式的 9s 模型

资料来源：本书作者研究整理。

（1）做好顾客需求的调研与体验定位。现代市场营销遵循“顾客导向”，强调“以顾客为中心”，根据顾客需求去开发产品和推广产品，因此，体验营销必须关注顾客的体验需求，研究顾客的体验心理和感受，才能击中顾客的心灵。为了正确把握顾客的体验需求，必须先进行目标消费群的细分定位，可以依据性别、年龄、收入水平、文化程度、社会阶层等诸多变量进行划分归类，只有这样才能准确识别目标消费群的体验特性并进行个性化的体验定位和体验产品设计。

（2）开发具有体验特征的产品与主题。体验产品与体验方式是体验营销的核心价值，能否开发出具有浓厚体验特征的产品载体和具有冲击力的体验主题，是企业体验营销模式成败的关键。这里有必要首先区分一下“体验营销”与“体验式营销”的概念，应该说，二者都包含在体验营销模式的内涵中。笔者认为，体验营销主要指体验产品的营销，是指产品本身内含浓重体验色彩，或者是通过体验才能消费的产品，如旅游产品、服务产品等无形产品；而体验式营销主要是指产品的体验式销售，是指有形产品通过顾客体验的方式实现销售的营销模式。二者都包含体验的形式和内容，二者不能分割，共同构成体验营销的内涵。因此，在产品开发环节和主题设计的过程中毫无疑问都要重视追求要素的体验特性与冲击力，才能吸引消费者的眼球。

（3）营造具有亲和力的体验场景和舞台。体验就是剧场表演，需要场景和舞台，它是体验营销得以实施的载体，也是顾客获取体验的客体和来源。体验营销着意创造令顾客愉悦难忘的感受，并期望由此驱动购买行为和品牌忠诚，因此更加关注场景的亲情与美学设计，温馨的、舒适的、轻松的、美观的、充满人情味的体验场景能够有效激发顾客的热情，拉近与顾客的心理距离，增强信任感。因此，尽可能地将体验场景和舞台布置得亲近一些、和谐一些，对于顾客体验感觉的形成与体验价值的提升是有帮助的。

（4）选择合适的体验传播媒介和方式。为了达到体验目标，必须借助一定的媒体来传播体验信息，通过影响潜在顾客而形成体验效应。施密特把这种用来创造体验的工具称为体验媒体。作为体验营销（或体验式营销）执行工具的体验媒体包括即时沟通、电视广告、包装识别、场景营造、口碑传播、产品演示、品牌展示、户外媒体、印刷媒体、电子媒体与网站、人员推广、终端促销、公共关系以及产品说明书、POP、纪念品、吉祥物、新闻发布会、产品推介会、知识讲座等。而体验传播媒介和方式的选择不能强求一律，要因时而异、因产品而异、因企业而异。选择什么媒体比较合适，主要考虑媒介的有效性、经济性、可信度和影响力。媒介的有效性是指能否集中击中目标消费群，媒介的经济性是指媒体投入与效益产出是否合算，媒介的可信度和影响力是指其美誉度特征及权威性表现标准。

（5）组织与开展有效的体验营销活动。正如体验剧场理论所说，体验营销好比剧场表演，体验剧本的实现需要借助演员表演过程的开展。在这个体验过程中，整体的策划协调必不可少，前台、后台的支持与配合也很重要，多种体验要素（体验产品、体验服务、体验舞台、员工表现、体验品牌、体验文化、体验传播等）能否整合协调成为关键，只有成功地策划组织并有序地整合开展，整场表演才可能成功，体验者才可能从中享受到体验活动所赋予的某种提供物。在体验营销活动的组织实施过程中，首先，要开展内部体验，提高员工的参与度，让员工精神饱满、热情洋溢并富有专业水平和专业精神，因为员工表现的好坏直接影响体验顾客的体验感觉生成及体验满意度评价；其次，有效的体验营销活动有赖于顾客的积极参与，因此要注意提高顾客的参与度，特别要兼顾体验主题内容的新颖性与体验成本的问题，体验过程的新颖、简单易操作与低成本是吸引顾客积极主动参与的内在动因，这里的成本包括货币成本、时间成本与精神成本。

（6）顾客体验实施的延展与客户保持。从服务营销的角度考察，体验作为一种无形产品，必然存在“售后服务”的问题，一次完美的体验活动应该延续到此次体验之后，甚至需要有一个不断强化的过程，才能使业已产生的美好体验固化成为习惯，并由此形成顾客的信任和忠诚，因此，体验实施必须延续到体验之后，这就需要引进客户关系管理（customer relationship management，CRM）。CRM 是一种后续的营销管理策略，它的目标是通过与客户的交互式沟通，建立持久稳固的客户关系，创造顾客忠诚。

2. 顾客体验管理的原则

（1）适用性原则。这个原则主要指向体验营销模式的适用范围和行业选择。不是所有行业都适合体验营销，体验营销要求产品本身具备一定的体验特性，消费需要一个明显的过程，才能有体验产生的时间和空间。如卖大米的、卖农药的、卖儿童服装的、卖书的、配眼镜的、看病的就极少采用体验营销，而旅游、餐饮、房地产、IT、电信、医疗器械、家用电器、汽车、美容化妆品等行业则广泛或必将广泛采用体验营销的模式。

（2）合法性原则。合法性的问题主要指向法律法规标准的执行。在一个法治国家，任何经营行为都要受到国家法律法规的约束，体验营销本身、体验营销实施过程中具体的操作环节和内容，都应该在国家政策和法律允许的范围内，不能违反国家和地区的法律法规。我国企业在体验营销活动中需遵循的有关法律法规包括《中华人民共和国消费者权益保护法》《中华人民共和国反不正当竞争法》《中华人民共和国商标法》《中华人民共和国广告法》《中华人民共和国劳动法》《中华人民共和国公司法》《中华人民共和国民法典：合同编》《直销管理条例》《禁止传销条例》等。

（3）适度性原则。这个原则主要涉及社会伦理规范、社会道德标准、社会文化要求的软约束的问题。一项体验营销活动能否被当地顾客接受，各地差异很大，因为每个国家和地区因为风俗习惯和文化的不同，价值观会有差异，因此价值批判的标准不同，评价的结果当然会不一样。对此有人提出营销道德、道德营销甚至过度营销的问题，目的都是探讨营销执行的道德尺度和道德标准问题。任何事情都有一个"度"，超过这个"度"就是超过顾客的心理承受界限和心理标准，事情的性质就会改变，如服务过程中热情是好事，但过于热情则会令人生厌，正所谓"过犹不及"。

（4）经济性原则。这个原则很显然，就是指向投入与产出、经营效率与效益的问题。企业的职责首先是要盈利，然后才是管理与创新，盈利才能使企业有能力不断地为社会创造价值，这是一个良性的循环。因此，企业关注财务指标、关注投入产出的经济性指标，这是天经地义的，任何只追求效率考核而忽视效益测量的做法都是偏颇的。但这里要强调一个问题，经济性的追求、投入产出的测量不能成为企业追求眼前利益和短期收益的借口，企业要做好短期核算、短期收益与长期投资、长期回报之间的平衡，不能因为眼前利益的"经济性"而牺牲企业的长期发展和远大前景。

3.2　内部营销

"内部营销"（internal marketing）产生于 20 世纪 80 年代初的美国服务产业领域，是为了构建和提升服务业竞争能力而引入的一种管理理念。内部营销的对象是企业内部员工，主要思想是如何运用营销的思维激发员工的工作热情、挖掘员工的潜能，因此，有人认为，内部营销是营销学与人力资源管理两门学科的"交叉点"。20 世纪 90 年代以来，随着人本管理思想的兴起，内部营销在企业管理变革中日益显示出重要的价值，不少企业特别是服务型企业开始将其运用于自身的管理实践，目前主要集中在医疗服务、法律服务、金融保险、民用航空、旅游文化等领域。

3.2.1 内部营销的概念及内涵

1. 内部营销的界定

内部营销作为一种改善服务质量的方法，由克里斯廷·格罗鲁斯在 1981 年率先提出。它从一个全新的角度看待服务机构与员工的关系，认为服务机构与员工是平等的交换关系。其发展经历了员工激励和员工满意、顾客导向及变革管理这三个相互独立并紧密联系的阶段。

格罗鲁斯认为，内部营销就是把公司推销给被看作是“内部消费者”的员工，并指出员工的满意度越高越有可能建成一个以顾客和市场为导向的公司。格罗鲁斯将内部营销界定为：“在服务意识驱动下，通过一种积极的、目标导向的方法为创造顾客导向的业绩做准备，并在服务机构内部采取的各种积极的、具有营销特征的、协作方式的活动过程。”在这种过程中，处于不同部门和过程中的员工的内部关系得以巩固，并共同地以高度的服务导向为外部顾客和利益相关者提供最优质的服务。因此，在营销导向和为顾客提供满意服务的服务机构中，每个部门都必须具备顾客导向和服务顾客的意愿。

随后，贝里（1985）在研究服务企业如何有效提高服务质量时进一步指出：“内部营销是指将雇员当作顾客，将工作当作产品，在满足内部顾客需要的同时实现服务机构目标。”因为内部营销的思想其实起源于这样一个观念，即把员工看作企业最早的内部市场，企业提供的服务首先必须能让内部员工满意。

随着服务产业的发展和人们对服务营销的研究兴趣的兴起，现在越来越多的服务机构认识到他们需要内部营销。内部营销是成功进行外部营销的先决条件。作为“激励员工提供持续、高质量服务的一种手段”，内部营销正在成为服务营销的重要主题，逐渐受到企业的重视。

2. 内部营销的目的

贝里和帕拉苏拉曼等学者认为，内部营销“将雇员当作顾客”，是为了激励雇员并使其满意，提高服务质量，进而使顾客满意；而格罗鲁斯等则强调内部营销的重要目的是激励雇员，使其具有“顾客导向”观念。还有一些学者提出内部营销的目的是消除部门间的矛盾和冲突，向内部员工营销自己的产品和服务。其实，企业实施内部营销的最终目的是提高企业内部绩效。

我们可以将内部营销划分为理念性内部营销与战术性内部营销，以此考察实施内部营销的目的。从理念层次上看，内部营销的目标是通过制定科学的管理方法、企业文化的方针、明确的规划程序，创造一种内部环境，使员工具备“顾客导向”观念，激发员工主动为顾客提供服务的意识；从战术层次上看，内部营销的目标是向员工推销、宣传企业文化及企业产品和服务，并激励员工进行营销工作。

3. 内部营销的内涵

伴随着内部营销理论的不断发展，学者们在内部营销的以下四个内涵上达成了共识。

（1）内部营销作为一种经营观念和哲学，从一个全新的角度看待员工和服务机构。

内部营销从一个全新的角度看待员工和服务机构，即把员工当作顾客，把服务机构视为市场。同时，内部营销是企业发展战略和经营战略的重要组成部分，它要求内部供应者强化服务“内部顾客”的意识，在“内部顾客”满意的基础上，使企业中的每一个员工又都具备顾客意识和市场导向意识。在这里，内部顾客的含义是员工，内部供应商的含义是管理者（包括服务机构的高层管理者、人事经理或部门经理等）。这种观念要求服务机构中人人都应具有顾客意识、市场意识，同时主张把通常用于外部市场营销的概念和技术用于服务机构内部。

（2）内部营销是一种人力资源管理的思维，目的是根据员工的需求设计“工作产品”。

内部营销被贝里和帕拉苏拉曼等学者认为是根据员工的需要设计更好的工作产品，以使员工感到满意和受到激励，从而更好地服务他们的顾客的过程。内部营销实际上是对传统人力资源管理理论的发展，其目的是使服务机构更好地吸引、开发、保留所需的人力资源。

（3）内部营销是一种管理工具，主张在研究服务机构内部市场时，可以运用外部营销的技术和方法来开展内部营销活动，并进行相应的内部营销管理，以提高管理效率。内部营销作为一种管理工具，主要包括态度管理和沟通管理两项内容和技术。

（4）内部营销是一种管理过程。内部营销是一项系统工程，其开展必须建立在系统思考的基础上。要在企业内部顺利推行内部营销，就必须在分析内部市场环境的基础上，制订出周密的营销计划，然后采取一系列手段执行营销计划，包括员工招聘、员工培训、员工激励、员工授权、员工沟通及员工内部服务补救等一系列管理活动。

企业内部营销的机理如图 3-4 所示。

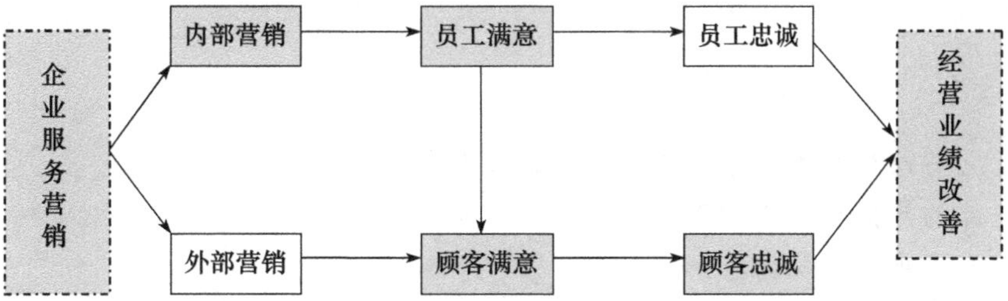

图 3-4　企业内部营销的机理

资料来源：本书作者研究整理。

3.2.2　内部营销的前提与核心内容

1. 企业实施内部营销的前提

事实上，当企业面临以下三种现实的管理需要时，内部营销是非常有效的。

（1）企业要创造服务文化并在员工中建立服务导向。因为当服务导向和员工对顾客的兴趣成为服务机构中最重要的规范时，服务文化就在服务机构中生根发芽了。而内部营销的目标指向便是营销服务导向。值得注意的是，在管理的真空环境下，内部营销不可能促进服务文化的形成。只有在其他活动的配合下，内部营销才能成为发展服务文化的有力手段。一般而言，内部营销的具体目标表现为以下几点。

1）让管理人员、营销人员和服务人员能够理解和接受企业的使命、战略、战术以及服务、服务过程和营销活动。

2）在服务管理中发展服务导向的管理风格和领导风格。

3）向员工传授服务导向的沟通与互动技巧。

（2）企业希望在员工中维持服务导向和保持服务文化。服务文化一旦形成，就必须积极地保持下去，否则员工的态度和企业规范就可能会恢复到原先的状态，而企业在前一阶段为实施内部营销所付出的管理费用和管理精力也将付诸东流。具体而言，有助于保持服务文化和顾客导向的内部营销目标包括以下几点。

1）确保管理方法能够鼓舞士气，提高员工的服务理念和服务导向。

2）确保员工可以不断得到信息和反馈。

3）在向外部市场推出新服务和营销活动前，先对员工进行培训。

（3）企业向员工介绍新产品和营销活动。新产品、新服务和新的营销活动的推行本身就是一项内部营销任务。不仅如此，它们还有助于建立和保持服务文化，这个层次上内部营销的具体目标表现为以下几点。

1）让员工认识和接受企业推出的新服务。

2）让员工认识和接受为新服务导入的传统营销活动和行为，这些活动和行为大多是大众营销活动。让员工重温熟悉的营销活动，也是不断强化顾客意识的过程。

3）让员工认识和接受为营销活动采取的新措施。让他们熟悉这些措施，并理解其中的顾客导向内涵，会使员工对企业与顾客的关系有更加深刻的认识，并能对互动业绩产生影响。

◎ 延伸阅读 3-1

山姆·沃尔顿总结的沃尔玛十大成功法则如下。

1. 以全部的热忱投入你的工作。
2. 与所有同事分享你的利润。
3. 想办法激励你的伙伴们。
4. 和你的同事交流任何可能的事。
5. 赞赏你的同事为公司所做的事情。
6. 放松庆祝你们的成功。
7. 认真倾听每位员工的意见。
8. 服务超出顾客的预期。
9. 比对手更好地控制费用。

10. 力争上游，不断创新。

问题思考：你对此有何感想？

2. 内部营销管理的核心内容

内部营销的基本思路是使营销内部化，把员工当成顾客，把服务机构视为内部市场，即以营销的手段来发现员工的需求，并针对员工的不同特点，运用营销组合满足员工的需求，提高员工对服务机构的满意度和忠诚度，进而使员工全身心地投入工作中，提供高质量的服务，提高服务机构的整体竞争力。

开展内部营销包含两个要点：机构的员工是内部顾客，机构的高管、部门经理等是内部供应商；所有员工一致地认同机构的任务、战略和目标，并在对顾客的服务中成为机构的忠实代理人。

在此基础上，学界一致认为，内部营销管理主要包括两个方面的核心内容。

（1）态度管理。态度管理即有效管理员工的态度，提高员工服务顾客的意识，并对自觉进行服务的行为给予激励。必须对所有员工的态度及他们的顾客意识和服务意识产生的动机进行管理，这是一个致力于在服务战略中占得先机的服务机构实施内部营销的先决条件。对一个志在赢得竞争优势的服务机构而言，态度管理是内部营销的关键组成部分。服务机构需要具备超前的管理意识，要创造未来而不是适应未来。

（2）沟通管理。沟通管理即指经理、一线员工和后勤人员以高度的责任感来完成他们的职位所承担的工作，为内部和外部顾客提供服务。经理、主管、与顾客接触的员工和支持人员需要各种信息以完成他们的工作，包括工作规定、产品和服务特征及对顾客的承诺等。同时，上述人员需要就他们的要求、改进工作的意见及他们发现的顾客需要进行沟通，也需要与管理层就其对提高业绩的看法及顾客的个性化需求等内容进行沟通。

因此，如果企业想要获得成功，这两种类型的管理都是非常必要的。但人们往往只认识到了沟通管理而忽视了态度管理，忽视了态度就是忽视了方向、战略和经营哲学，就会使企业的努力失去明确的方向和积极的动力。况且，沟通中的信息常常是单向的。在这种情况下，内部营销通常以活动或行动的形式出现：向员工分发内部手册，在员工会议上向参加者提供书面和口头的信息，而真正的沟通则很少。而且，经理和主管往往对他们的下属不感兴趣，也没有认识到下属需要得到反馈的信息、双向的沟通和鼓励。员工只是接到大量的信息却没有得到精神上的激励，这当然会影响内部营销的效果。

◎ 案例 3-2

阿里巴巴：员工第一，客户第二

阿里巴巴成为全球知名的电子商务企业，与其重视人的因素密切相关。从始至终，阿里巴巴都将其员工当朋友看待。

当企业都在强调“顾客是上帝”的时候，阿里巴巴宣称：“员工第一，客户第二。

没有他们，就没有这个网站，也只有他们开心了，客户才会开心。而客户那些鼓励的言语，又会让阿里巴巴的员工充满热情地去工作，这也使得我们不断地发展。”阿里巴巴认为，只有员工才是企业发展、创造财富的直接动力，所以它能够站在员工的角度思考问题，也因此能够使员工产生认同感和归属感。阿里巴巴管理层深知，只有设身处地为员工的基本需求和难处着想，员工才会热爱企业并努力工作。

企业文化只有以人性为本，员工的积极性与创造力才会被激发出来，从而与领导者形成良性互动，推动企业向前发展。在对员工诉求的理解上，当出现员工拖沓、要求加工资这样一系列问题时，阿里巴巴认为原因不在员工身上，而是在企业身上。企业没有珍惜员工，员工自然不会热爱企业。“企业永远要明白，你的价值和产品不是你创造出来的，而是你的员工创造出来的，你要让员工感受到——我不是机器，我是一个活生生的人。如果员工基本的生活需求都得不到满足，他在这儿工作没有得到荣耀，没有成就感，没有很好的收入，要他为你而骄傲，不可能！所以问题出在企业身上，企业真心服务好员工，员工就会真心服务好客户。”这就是阿里巴巴的用人之道。

问题思考：怎样评价阿里巴巴的“员工第一，客户第二”理念？

3.2.3 内部营销的操作策略

内部营销的起点是员工，员工是服务机构的内部市场及其顾客。如果服务产品、营销传播计划、新技术和运营系统无法让内部目标群体接受，那么企业就不能让最终的外部顾客感到满意。因而，对服务机构的内部员工进行人力资源规划管理，就必然成为内部营销操作层面的首要任务。此外，保持服务机构内部信息的通畅和各个主体间的沟通对话、向员工提供合理授权及针对内部顾客的内部服务补救也是有效实施内部营销的重要策略。

1. 营造内部营销的大环境

内部营销实质上是使用营销手段进行的管理，管理层是内部营销的轴心，因而管理人员应当成为理解和实施内部营销的倡议者和推动者。此外，各级管理人员还应身体力行，给企业普通员工做示范，为企业正确理解和实施内部营销做出表率。为了吸引、发展、激励和保留高水平的员工，企业还需要支持性的人力资源管理政策与计划和控制政策。

招聘时，企业应制定高目标，不惜成本地从多渠道以多种方式吸引优秀人才。聘用后，允许内部员工参与计划制订和控制程序，以利于员工理解企业规划，自己认识到不足之处，进行自我控制并改进工作方法。企业应建立客观、简单、恰当和适时的评估标准，经常衡量员工的工作业绩和贡献大小，能让员工在评估、奖励和人事变动中知道什么是重要的，实现企业的策略目标，树立企业的良好形象和建立企业文化。

2. 优化人力资源管理流程

成功的内部营销是从招聘开始的，构建内部营销系统需要把企业人力资源管理的相关管理活动纳入进来。格罗鲁斯认为，服务机构可以用工作描述、招聘程序、员工培训、员工职业生涯规划、工资与红利系统、激励机制以及其他人力资源管理工具实现内部营销的目标。其中，员工培训、员工职业生涯规划与激励机制显得尤为重要。员工培训是保证员工具备基本服务技能的基础，培训内容包括服务营销观念和顾客导向意识的培育、服务接待、传递或支持服务工作的营销技巧与态度、员工处理突发事件的行为准则，以及员工自我学习成长的能力等。

此外，员工培训是一项持续的工作，要求服务机构管理者给予持续关注与重视。一项完整而成功的人力资源管理方案，必然需要包括员工职业生涯规划管理的内容。事实上，员工不仅关注其眼前的收益，也关注在企业中的期望收益，后者往往更为员工所看重。员工职业生涯规划管理，要求结合员工需求与期望，为服务机构员工规划其在服务机构内的发展路径，并积极地让员工明晰自身的发展状况与提升渠道。

这一系列管理活动的开展，有利于培育员工对服务机构的归属感和忠诚度。对员工的服务绩效进行考核，并依据考核结果进行必要的奖惩，以激励员工提高服务绩效，是人力资源管理的重要内容。员工绩效考核以科学的绩效标准为基础，以激励员工改善服务水平为目的，并以考核结果作为员工培训、员工技能改进和员工薪酬发放的依据。而员工激励旨在提高员工工作热情和服务状态，必须以公平、科学、可信为指导原则，否则将适得其反。

3. 促进服务机构内部沟通

保障服务机构内部信息的通畅、促进各层级主体积极沟通与对话，并在此基础上展开协作行动，是内部营销管理的重要内容。在一定程度上，内部沟通与对话既是内部营销沟通管理的主要内容，又是整个营销过程的重要工具。对于大多数服务企业而言，外部大规模沟通对企业营销职能的影响已被充分认识，但内部沟通与对话的作用显然被服务机构管理者忽视了。

本书认为，在服务机构内开展大规模的内部沟通与对话，是保障服务机构服务文化观念在服务机构内部传播与渗透，确保员工积极践行顾客导向与服务意识的有力工具。同时，它也可以有效消除各层级主体对服务标准的认知偏差，为顾客提供优质的感知服务。内部沟通与对话是一项涉及各层级主体的活动，它包括服务机构管理者与服务员工的沟通、一线员工与支持员工的沟通，以及外部营销人员与内部服务提供人员的沟通等。例如，在企业的广告活动、宣传手册及海报对外发布之前必须先介绍给员工，以保障员工能在服务传递过程中兑现承诺。

4. 实行员工授权管理

向员工授权是指给予与顾客接触的员工做出决策并采取行动的权力。在服务营销过程中，顾客最初对服务交互质量的感知，是通过一线员工的服务行为来传递的。同时，虽然服务机构可以预见部分关键事件而事先对员工行为提出要求，但服务过程中随机性和不确定性因素的存在，必然要求员工在服务传递过程中做出合理决策，及时响应顾客需求。

作为内部营销过程的一部分，如果授权实施得当，会对员工工作满意度产生决定性影响，并通过留住更多顾客和实现交叉销售而增加利润。授权要求管理层与员工之间持续地培育信任关系，经理必须表现出尊重员工分析环境和进行决策的权力，创造和维护授权需要的条件，以使员工感到自己有权力并可以在顾客服务中运用这些权力。

我们不能否认服务企业向服务员工授权的益处，如快速响应顾客需求和应对服务补救，提高员工工作满意度并激发员工创造性地开展工作，提高顾客留存率和顾客忠诚，等等。事实上，在员工授权管理中，还需要考虑成本因素，如授权员工的培训成本、决策失误风险成本及员工报酬奖励成本等。一个合理的解决方案就是恰当地聘用、谨慎地授权，毕竟不是每一个员工都有必要或有能力获得授权。

5. 实施内部服务补救

内部服务补救是指企业对在顾客抱怨和补救过程中员工产生的失落、缺乏信心等心理感受所采取的补救措施。服务补救可以有效地解决员工的抱怨和精神状态问题，保障员工情绪的稳定和良好服务的提供。与外部服务补救有所区别，服务企业的内部服务补救主要由服务机构管理者来承担，经理和主管在处理内部服务补救问题时，有决定性作用。

内部服务补救是引用外部服务补救的概念而出现的，与外部服务补救不同，它针对服务机构的内部顾客（员工）对服务机构提供的服务条件及服务要求产生理解偏差或不满的情况。从情绪上看，顾客有时会感到不安、受挫甚至愤怒，内部顾客也经常出现这种情况。这时需要对员工的服务状态进行疏导和调节，把他们从服务营销的精神压力中解脱出来，以保证服务机构员工具有良好的工作状态，外部顾客获得优质的服务质量。

3.3 关系营销

20 世纪 80 年代，新型商业组织不断涌现，它们非常重视公司间的合作伙伴关系，强调关系管理而非市场交易，公司之间的关系从“单纯的竞争关系”演变成为“竞争与合作的关系”。在此背景下，美国学者贝里（1983）最早提出了“关系营销”的概念。1985 年，巴巴拉・本德・杰克逊强调了关系营销学，提出了企业应该开展“关系营销”的新主张，营销学的发展进入到“关系营销”阶段。

3.3.1 关系营销的概念界定

对于关系营销，学界存在多种不同界定。对关系营销的概念，普遍认为北欧诺丁学派的代表人物、芬兰学者格罗鲁斯于 1994 年对关系营销的定义较为全面。他提出：“关系营销是为了满足企业和利益相关者的目标而进行的识别、建立、维持、促进同消费者的关系，并在必要时终止关系的过程，只有通过交换和承诺才能实现。”

服务营销北美学派的代表人物贝里（1991）将关系营销定义为“关系营销就是吸引、发展和保留顾客关系。优质的服务是建立顾客关系的必要条件。吸引新顾客仅仅是营销过程中的第一步，将新顾客转化为忠诚的顾客，像对待主顾一样为顾客提供服务”。

摩根（1994）则认为，“关系营销是指建立、发展和保持一种成功的交换关系”。摩根将企业面临的关系分为供应商合伙关系、购买者合伙关系、内部合伙关系和隐性合伙关系，将企业与内外部利益相关者的关系都纳入关系营销中，扩展了关系营销的范围。这是一个广义的关系营销概念。

3.3.2　关系营销的内涵理解

综上所述，关系营销是指企业为实现各方目标而识别、建立、保持并发展与利益相关者之间的关系的过程。关系营销的目标是追求利益相关者的多赢。根据上述定义，我们可以从以下几个视角理解关系营销的内涵。

（1）关系营销是一种经营理念。关系营销是一种谋求企业与顾客合作、共同创造价值的经营理念。这种经营理念非常重要，它决定了企业与顾客的关系及企业如何管理顾客关系。从交易营销转变为关系营销，实质是一种营销理念的转变，即以交易为中心到以关系为中心的观念的变化。在交易营销中，顾客被当作企业要征服的对手，企业竭力说服顾客购买其产品；而在关系营销中，企业将顾客视为一种创造价值的资源，与之建立并保持相互信赖的互动关系，双方共同创造价值，实现双赢。

（2）关系营销的核心是谋求与顾客的合作双赢。关系营销要求企业与各个利益相关者建立长期的关系，这些利益相关者包括顾客、员工、供应商、中间商、竞争者、政府和其他相关组织，其中，顾客是最重要的利益相关者。顾客与企业的关系是关系营销的核心，最重要的是如何与顾客建立起长期互动的关系，处理好企业内部的员工关系和外部的供应商、中间商、竞争者及其他利益相关者之间的关系，从而获得持久的关系价值。

（3）关系营销的重点是保持和发展现有顾客。关系营销包括建立新的关系、维持和发展现有的关系，以及中止与某些不恰当顾客的关系。顾客是企业最重要的资源，吸引新顾客仅仅是关系营销的第一步，营销的重点在于保持与增进现有顾客关系。根据服务营销的研究，开发一个新顾客所花费的货币、时间、精力成本是保持一个老顾客的 8 ～ 12 倍。通过关系营销实现顾客价值是企业持续发展的需要，建立和发展良好的顾客关系是企业保持和提高业绩的有效途径。

◎ **延伸阅读 3-2**

营销水桶理论

假日饭店市场部执行副总裁詹姆斯·肖尔在一次采访中打了一个比方，他认为，营销可以被看作是一只大水桶，所有的销售、广告和促销计划都可以看作从桶口往桶里倒水，只要这些计划是有效的，水桶就可以盛满水。然而，如果桶上有一个洞，即使饭店按照服务承诺提供服务，顾客也会像水一样从桶里流失。当生意较好时，这个洞很小，只有很少顾客流失，但当运营管理不善，顾客对服务感到不满意时，顾客关系脆弱，他们就会大量地流失，当流失的水比倒进去的水多时，企业就会面临生存危机。这就是著名的“营销水桶理论”。

营销水桶理论形象地表明了为什么通过关系营销，即关注堵住桶上的漏洞会有如此大的意义。由于以前市场人员过多关注获得顾客，所以向保持顾客的转变代表着关系营销于思想上、组织文化上和员工奖励系统上的根本转变。

3.3.3 关系营销与交易营销

20 世纪 80 年代以来，营销学的发展进入到“关系导向”的时代，企业注重发展与顾客的关系，以此促进顾客满意和顾客忠诚，获取长期的顾客关系价值。今天的顾客关系扩展到了企业与供应商、中间商、竞争者、政府、社区等的关系，今天的关系营销也已从顾客市场扩展到了供应商市场、内部市场、竞争者市场、分销商市场、其他相关者市场等，因此扩大了现代关系营销的范畴。企业实施关系营销的核心是建立和发展与这些利益相关者的良好关系。关系营销与交易营销存在显著的区别，如表 3-4 所示。

表 3-4 关系营销与交易营销的区别

关系营销	交易营销
强调顾客满意度、忠诚度、顾客保持	强调市场占有率
着眼于顾客利益满足	着眼于单次交易
顾客利益导向	产品特色导向
注重长远利益	当期利润最大化
高度重视顾客服务	不太重视顾客服务
高度的顾客承诺	有限的顾客承诺
密切的顾客接触、重视客户关系管理	一般的顾客接触
综合质量观：产品、服务、其他利益	质量主要涉及产品
认为非常有必要了解顾客（文化背景等）	认为没有必要了解顾客（文化背景等）

资料来源：郭国庆. 服务营销管理［M］. 3 版. 北京：中国人民大学出版社，2013.

关系营销中企业与顾客的关系的建立是极为重要的，这种关系既是一种利益关系，也包括人际关系、情感关系。顾客与企业的关系不是企业建立了一个数据库、简单地发送一张卡片或是送上一份礼物就可以了，而是通过交易与沟通，顾客对企业的产品和服务感到满意，从而对企业有了忠诚心才算完成。

关系营销的本质特征可以概括为以下几个方面。

（1）双向沟通。在关系营销中，沟通应该是双向而非单向的。只有广泛的信息交流和信息共享，才可能使企业赢得各个利益相关者的支持与合作。

（2）合作。一般而言，关系有两种基本状态，即对立与合作。只有通过合作才能实现协同，因此合作是双赢的基础。

（3）双赢。关系营销旨在通过合作增加关系各方的利益，而不是通过损害其中一方或多方的利益来增加其他各方的利益。

（4）亲密。关系能否得到稳定和发展，情感因素起着重要作用。因此，关系营销不只是要实现物质利益的互惠，还必须让参与各方能从关系中获得情感需求的满足。

（5）控制。关系营销要求建立专门的部门，用以跟踪顾客、中间商、供应商及营销系统中其他参与者的态度，由此了解关系的动态变化，及时采取措施消除关系中的不稳定因素和不利于关系各方利益共同增长的因素。此外，有效的信息反馈，有利于企业及时改进产品和服务，更好地满足市场的需求。

3.3.4　关系营销的实施策略

顾客是企业最重要的资源，通过关系营销建立良好的顾客关系是企业保持和提高业绩的有效途径，通过关系营销实现顾客满意、顾客忠诚和顾客价值是企业持续发展的内在需要。关系营销不单是一种企业经营理念，还是一种可操作的现代服务营销策略。

（1）将企业定义为服务企业。关系营销要求制造商、批发商、零售商、供应商都将自己定位为现代服务企业，以了解顾客长期的需要和愿望，而且能够在有形产品的基础上为顾客提供更好的服务。现代顾客需要的不只是产品或服务，更多的是全面的解决方案，包括信息、送货、安装、维修、保养、金融等，并且要求企业友好、及时地满足他们的服务要求。可以说，现代企业单纯地依赖有形产品的竞争是远远不够的，现代企业间的竞争日益表现为服务的竞争。从这个意义上讲，所有行业的企业都可以说是服务企业。

（2）树立过程管理理念。过程管理是西方一种重要的管理理念，也就是项目过程中每个环节都处理好，结果是意料中的事情。关系营销要求服务企业将各部门、各环节整合为一个有机的管理流程，为了共同的目标，协调各方利益关系，共同为顾客创造价值。

（3）建立合作关系。关系营销是建立在平等、互利、合作基础上的企业之间、企业与顾客之间的利益共赢关系。企业之间不再是单纯的竞争关系，而是互利合作的伙伴关系；企业与顾客之间也不是单纯的交易关系，而是互利共赢的利益关系。互利、合作、共赢是关系营销的前提。

（4）创建顾客数据库平台。顾客数据库是企业开展关系营销的基础。顾客数据库除了用于保持顾客关系，还可用于市场细分、顾客分类管理和市场拓展。因此，建立顾客数据库可以帮助我们寻找潜在顾客、识别重要顾客、了解目标顾客需求和实施精准服务营销，有力地支持关系营销活动的开展，还可用于分析不同关系营销策略实施的效果。

（5）建立顾客导向的服务体系。顾客、员工、技术、时间是建立成功服务体系的四大要素。顾客是核心作用最大的，要始终坚持顾客导向；员工的理念、态度、行为及对机构的忠诚度和服务绩效也很重要，如果员工不能以顾客为导向履行职责，关系营销则不能成功；现代信息技术是关系营销实施的技术保障；时间也是一种非常重要的资源，时间管理不善会增加关系成本，也会影响企业实施关系营销的绩效。

3.3.5　顾客关系管理过程

随着现代信息技术的发展，关系营销也与时俱进，发展成为另外一门新的学科，即顾客关系管理（CRM），也称客户关系管理。顾客关系管理的特点是建立顾客数据库，通过数据分析与聚类，发现目标顾客和重点顾客，对顾客实行分类管理和分层管理。服务企业实施顾客关系管理能够实现精准营销和有针对性地开发管理决策，能够有效提高企业效益。顾客关系管理的实施是一个过程，包括以下几个重要环节。

（1）发现顾客。企业顾客包括老顾客、新顾客、潜在顾客等，企业要想方设法发现顾客，并与之建立和发展关系。比如，通过活动、发放宣传资料、发送促销短信等拓展顾客，通过顾客数据库挖掘、锁定来拓展顾客群，等等。

（2）顾客筛选。企业可以根据自身需要基于顾客数据库中顾客的购买潜力、盈利能力、顾客终身价值（CLV）、顾客新颖度、顾客契合度和接受服务频率等指标要素筛选目标顾客或潜在顾客。

（3）发展顾客关系。企业可以通过“推”“拉”和“疏导”策略发展与顾客的关系。“推”是指通过在特定的地域内为顾客提供特别的服务产品，将顾客推向某个特定的商店或服务提供商；“拉”是指根据某些顾客的服务需求，通过提供差异化、定制化的服务黏住顾客；“疏导”是指鼓励顾客错峰使用服务消费，以保障服务供求的平衡。

（4）顾客保留。关系营销本质上是建立、保留顾客关系并获取关系价值的管理过程。因此，保留顾客是企业关系营销的要义。因为保留一个老顾客比开发一个新顾客的成本要低得多（包括时间成本、货币成本和精力成本），回报要高得多（包括顾客长期关系价值、顾客终身价值）。

要想有效地保留顾客，必须建立关系“壁垒”。一是建立转换壁垒，很多服务企业会采用建立退出壁垒的方式来争取顾客，其实质是加大顾客退出服务的成本以捆绑顾客，如有的宽带公司与电视运营商联合实行捆绑业务；二是奖励与企业长期合作的顾客，通过折扣、让利优惠及提供超值附加服务等方式加固业务关系，如中国人保车险就通过年终促销政策绑定了老客户的车险业务。

（5）顾客关系的断裂与再续。留住顾客、维持良好的顾客关系并获取关系价值是企业关系营销的目标，但有时顾客关系会遇到麻烦与挑战，会出现关系矛盾、关系冲突或关系终止的情况。企业的某些失误或负面信息往往是导致顾客不满意甚至关系断裂的主要原因，一些强势品牌企业也不能幸免。但关系的断裂并不意味着企业与顾客之间就永远分道扬镳而没有了机会，这个时候需要企业纠正自己的错误，脚踏实地做好自己的事情，用行动、诚意唤回顾客的芳心，寻找机会、创造机会与老顾客再续前缘。

3.4 口碑和口碑营销

口碑是历史最悠久的营销工具之一，在很早以前就被认为是影响人们理解、感觉和行为的一个主要因素。随着大众传媒的迅速发展，各种媒介成为营销传播的主要工具，口碑似乎被营销者忘却了。营销手段的复杂化，带来的是成本上升，效果下降，可信度减弱和信息传递收敛不足，传统的营销方式已经表现出了其局限性。随着信息技术的发展，口碑得以以各种电子产品和信息平台为载体，其蓬勃的发展态势让人们开始重新认识价值。

3.4.1 口碑

“口碑”可以说是人类历史上最原始、最古老的营销方式。口碑一词出自宋代诗词

《五灯会元·卷一七·永州太平安禅师》："劝君不用镌顽石，路上行人口似碑。"而企业意义的口碑可以理解为顾客对企业产品、品牌、服务或信息等一种个人的看法、评论或意见，"酒香不怕巷子深"就是传统口碑的真实写照。

《口碑营销》的作者伊曼纽尔·罗森认为：口碑是关于品牌的所有评述，是关于某个特定产品、服务或公司的所有的人口头交流的总和。口碑可分为正向口碑和负向口碑，正向口碑会提高企业产品或品牌的知名度、美誉度，增加企业的盈利能力，而负向口碑是一种破坏力。

◎ 延伸阅读 3-3

口碑的源头

口碑营销专家罗森认为，一些产品能自然产生口碑，人们愿意谈论的产品包括：

（1）令人激动的产品；

（2）发明创造性产品；

（3）个人体验型产品；

（4）复杂的产品；

（5）价格昂贵的产品；

（6）能唤起个人情感反应的产品；

（7）用后能够留下回味的产品；

（8）其他新奇的产品。

3.4.2　口碑传播

研究发现，星巴克、宜家家居等企业在体验营销上的成功就是依赖于口碑传播，它们几乎没有进行过铺天盖地的广告轰炸和强势促销，而是通过开发富于体验特征的产品，通过服务好每一位顾客和把握好每一个细节来塑造良好口碑的。互联网技术给当代"口碑传播"装上了翅膀，于是，口碑营销这种古老却新颖的营销方式，作为当今诚信营销的典型，重新登上了学术界和企业界的舞台。

1. 口碑传播的概念

口碑传播既是一种双向互动的人际传播行为，也是一种信息传递渠道或媒介，同时还是一种营销和管理工具，这在营销学界已经达成共识。

尤金·W. 安德森将口碑传播定义为："个体之间关于产品和服务看法的非正式传播，包括正面的观点和负面的观点，但不同于向公司提出正式的抱怨或赞赏。"彼得·W. 肯尼迪认为，"口碑传播指的是消费者之间的任何信息交流，从朋友或邻居之间的闲谈，到咨询公共出版的消费者调查结果"。而国内知名营销学者郭国庆认为，口碑传播指的是"借助顾客与某企业、产品、品牌或服务发生关系时，将自己对某种产品或服务形成的口碑，通过顾客之间相互交流和传颂，传递给其他顾客的过程"。

2. 口碑传播的特点

（1）口碑传播信服度高。因为口碑经常是依靠亲友、同事或者自己信任的人之间面对面地传播，所以让人信服的概率很高。口碑传播是建立在消费者对产品、服务及观念满意的基础之上，如果缺乏基本的品质保证，就根本谈不上口碑，即使有再好的设计也不能形成口碑。因此，能够被人们广为传颂的产品或服务，一般来说都形成了较高的消费者满意度。此外，人际传播中的双方，如家庭、朋友等参照群体，在文化、观念、意见和价值判断上都相当接近。因此，在消费观念上双方易于理解和认同，信息的传播者所传播的信息对接收者来说比较容易相信和接受。

（2）口碑传播具有自发性。口碑具有强大的可信度，且传播者之间存在某种信任关系，以至在人群中形成自发、主动向外界扩散的效果。例如，许多人购买电子产品的时候喜欢向身边信赖的人进行咨询。

（3）信息的传播者也是接收者。口碑传播往往是借助社会公众之间的人际传播方式而进行的。在这种信息传播的过程中，每个人都是信息的发出者，也是信息的接收者，即在影响别人的同时，也受到他人的影响。互动的个体之间交换信息迅速，来往传递几乎随心所欲，一方发出信息后，不断有机会获得反馈信息，不断有机会检验效果，加以改正，做出解释，答复对方，最终较好地完成传播活动。

（4）口碑传播能够给消费者以深刻的印象。口碑传播大多不是以技术性的讲解开头的，都会带有传播者的某些主观的看法，同时传播者一般会把自己的亲身感受以故事的形式告诉消费者，这样容易给消费者留下深刻的印象。

（5）口碑传播是与消费者交流互动的过程。口碑传播可以针对消费者的具体情况，选择适当的传播内容和形式。同时，消费者通过积极的交流回应也能及时地知道自己所关心的消费品种类、品质、价格、市场供给状况及变动趋势等信息。而对传播者来说，不仅省去了越来越高昂的媒体购买费用和广告制作费用，而且传播到达率和投资回报更高。

表 3-5 是各种主要传播媒介的优劣势分析，从中可以看出口碑媒介的特点及优势。

表 3-5 主要传播媒介的优劣势分析

媒　介	优　势	劣　势
报纸	灵活性、时效性；好的当地市场覆盖；广泛接受；高可信度	生命周期短，较差的印刷质量，相对较有限的受众
电视	图像、声音、动作的有效结合；诉诸感觉；高关注度、高到达率	绝对高的价格，高分散性，稍纵即逝的展示，较少受众选择
杂志	高地理区域和消费群选择性，可信度和声望高，高印刷质量，生命周期长，好的可读性	很长的广告导购时间，一些无用的发行，缺乏定位保证
户外媒体	灵活性，高重复展示性，低价格，低竞争	有限受众选择，创新有局限
电话	用户很多，给予私人接触的机会	相对高成本（除非使用志愿者）
互联网	高选择度，互动特性，相对低成本	在一些国家使用者相对较少
口碑	高可信性，相对低成本，显著的互动性，传播的指向性和有效性突出	传统口碑影响力有限，存在负面口碑威胁

资料来源：科特勒，凯勒．营销管理：第 13 版［M］．戴维智，应斌，译．北京：清华大学出版社，2011.

3.4.3 口碑营销

现代口碑营销借助互联网这个平台，具有强大的影响力。因此，现代口碑营销又被称为病毒营销（viral marketing）、蜂鸣营销。

1. 口碑营销的界定

有人认为，口碑营销就是把口碑的概念应用于营销领域的过程，即吸引消费者、媒体及大众自发注意，使之主动谈论你的品牌或你的公司及产品，并且在谈论的基础上，能够起到引人入胜的良好效果，同时得到消费者的认可，从而升华为消费者谈论的乐趣。它是具有自发性和主动性的，因而也为媒体提供了报道的价值，由此形成良好的品牌效果。随着信息技术的发展，现代口碑营销（特别是网络口碑营销）作为一种主动的营销技术，越来越受到企业的青睐，并正在为众多企业创造价值。

国内学者郭国庆研究认为，所谓口碑营销，是指由生产者、销售者以外的个人，通过明示或暗示的方式，不经过第三方处理加工，传递关于某一特定产品、品牌、厂商、销售者以及能够使人联想到上述对象的任何组织或个人信息，从而使被推荐人获得信息、改变态度甚至购买行为的一种双向互动的传播行为。

口碑营销专家马克·休斯认为：口碑营销，就是要吸引消费者和媒体的强烈关注，强烈到谈论你的品牌或你的公司已经变成乐趣、引人入胜、有媒体报道价值的程度。

综上所述，本书提出：口碑营销是企业有意识或无意识地生成、制作、发布口碑题材，并借助一定的渠道和途径进行口碑传播，以传播产品和品牌形象、实现商品交易、赢得顾客满意并提升经营业绩的营销行为及过程。

◎ 案例 3-3

《海角七号》的口碑营销

曾经热映的一部台湾电影《海角七号》，其导演本身是新人，没有什么知名度，也没有多少资金，为了拍这部电影，他把自己的房子都抵押出去了，贷款 3 000 多万元。在电影拍完后，他遇到了一个最大的困难，就是如何向台湾民众宣传推广这部新片。后来有个营销专家跟他说，其实在宣传上最重要的是口碑，建议他做试映。之后他免费请了 1 万多人来看片子，这个人数的影响面在台湾已经算不小了。这些观众在看完了影片后都被感动了，通过口口相传，再经过各类媒体的推波助澜，影片的知名度大涨，很多观众都掏钱去电影院观看。

2. 口碑营销的价值

口碑营销是以满足顾客需求、赢得顾客满意和顾客忠诚、获得正向口碑、与顾客建立起良好的关系以及提高企业知名度和品牌形象等为目标的。口碑营销的价值如下。

（1）口碑传播是消费者获取信息的重要渠道。口碑是一条比商业化大众沟通更加可靠（reliable）、更加可信（credible）和值得信赖（trustworthy）的信息渠道。

（2）口碑信息会对消费者的购买行为产生巨大的影响力。口碑在让消费者知晓创新产品、促使消费者试用新产品方面，比广告更有效果。

（3）口碑的影响力还体现在它的两面性上，即口碑不但能够传递正面信息，也能传递负面信息。正所谓“好事不出门，坏事传千里”。

（4）口碑营销是企业非常有效的营销方式。满意的顾客不仅会重复购买企业产品或服务，而且会为企业做免费的宣传。

（5）从长期看，口碑营销还是企业推动诚信营销、打造诚信品牌的有力工具。

3. 启动口碑营销的关键按钮

在企业“过度传播”的今天，特别在互联网普及的环境下，现代口碑营销的作用不可低估。然而，怎样才能有效激发口碑传播？口碑营销专家马克·休斯在其《口碑营销》一书中提出了启动“口碑营销”的六大按钮思想，认为品牌故事、禁忌、争论、新事物、奇闻趣事、隐私等往往成为口碑传播的原动力。

口碑营销特别强调两个要素：注意力和公信力。一是要引起个人注意并谈论，二是要引起媒体注意并报道，其中媒体报道比谈论更具公信力。同时，为了更加有效地开展口碑营销，企业应该：①优化产品体验特性以改善口碑传播的理由；②激发意见领袖热情以创造良好的口碑信源；③加强顾客间关系强度以唤起顾客间的口碑传播。

3.4.4 现代网络环境下的口碑营销

随着互联网的兴起，网络经济已经成为当今社会最显著的时代特征。“互联网的交互性能为很多公司提供为消费者创造体验的理想空间，在一些行业里，电子媒体正在逐步取代现场体验并带来新的体验”（施密特，1999），互联网的出现为消费者获取产品信息和获得消费体验提供了便利条件，也为现代口碑传播创造了理想的平台。以互联网为平台的网络口碑正深深地影响着人们的生活，左右着年轻一代消费者的购买行为。

实际上，互联网的出现颠覆了传统面对面的人际传播，重新构建了一种借助互联网媒体的间接的人际传播方式。如今，消费者已经越来越习惯于通过互联网获取口碑信息。而随着互联网的发展，传统的面对面、口耳相传的口碑模式已经有所改变，消费者现在可以通过电子邮件、即时通信工具（如 MSN、QQ）、新闻组、电子邮件列表服务、在线论坛、门户网站讨论区等网络形式进行传播，“鼠碑”一词应运而生，消费者从此置身于新的信息环境中。

借助互联网进行传播的现代网络口碑，有效地克服了传统口碑传播固有的效率低、范围小、信息失真等缺陷，并因其显著的及时性、互动性、指向性、经济性和影响力越来越受到商家的青睐，成为现代企业开展体验营销的重要工具，并正在发展成为新时期的强势媒介。可以说，是互联网的发展为现代口碑传播装上了翅膀，赋予了现代口碑以新的内涵。

关键术语

体验营销　内部营销　关系营销　口碑营销

测试题

一、选择题

1. 美国学者________将体验分为“感官体验、情感体验、思考体验、行动体验和关联体验”五个方面，并由此构建了战略体验模型。

A. 托夫勒　　B. 派恩和吉尔摩

C. 泽丝曼尔　　D. 施密特

2. 派恩和吉尔摩在其________一书中提出“工作就是剧场”，进而提出了体验剧场与角色的概念，并据此建立了体验剧场模型。

A.《服务经济》　　B.《体验营销》

C.《顾客体验管理》　　D.《体验经济》

3. 根据贝里（1985）的定义，“内部营销是指将雇员当作________，将工作当作产品，在满足内部顾客需要的同时实现服务机构目标”。

A. 服务提供者　　B. 合作伙伴　　C. 利益相关者　　D. 顾客

4. 内部营销的基本思路是使营销内部化，而内部营销管理的核心内容主要包括两个方面：态度管理和________。

A. 能力管理　　B. 质量管理

C. 品牌管理　　D. 沟通管理

5. 口碑营销专家________认为：口碑营销，就是要吸引消费者和媒体的强烈关注，强烈到谈论你的品牌或你的公司已经变成乐趣、引人入胜、有媒体报道价值的程度。

A. 伊曼纽尔·罗森　　B. 格罗鲁斯

C. 贝里　　D. 马克·休斯

二、简答题

1. 什么是体验营销？

2. 什么是内部营销？

3. 什么是关系营销？

4. 什么是口碑营销？

5. 简述体验剧场理论的主要观点。

6. 口碑传播具有哪些显著特点？

三、论述题

1. 运用营销水桶理论分析说明保持和发展顾客关系的意义。

2. 尝试分析网络环境下现代口碑营销的作用及其发展趋势。

训练设计

尝试为某服务企业或某服务项目设计口碑营销方案，包括对目标消费群接收信息和传播信息习惯的调查，设计口碑素材（创作产品故事、品牌故事等），设计传播的路径与步骤，编制传播预算，预测传播效果，启动口碑传播的策略，等等。主要考察创意与思路。

综合案例

玛莎百货：塑造全面关系营销典范

玛莎百货集团（Marks & Spencer）是英国最大且盈利能力最强的跨国零售集团，以每平方英尺㊀销售额计算，伦敦的玛莎百货每年都比世界上其他零售商赚取更多的利润。玛莎百货在世界各地有200多家连锁店，“圣米高”牌子的货品在30多个国家出售，出口货品数量在英国零售商中居首位。《今日管理》曾评论说：“从没有企业能像玛莎百货那样，令顾客、供应商及竞争对手都心悦诚服。”

1. 围绕“满足顾客真正需要”建立企业与顾客的稳固关系

有人把关系营销的基本原理简单理解为“与顾客建立良好的关系，有利的交易自会随之而来”。实际上为建立关系而建立关系，并不是真正意义上的关系营销。关系营销倡导建立企业与顾客之间长期的、稳固的相互信任关系，实际上是企业长期不断地满足顾客需要，实现顾客满意的结果。

准确地把握顾客的真正需要是建立与顾客的良好关系的第一步，而能否长期有效满足顾客的需要则是这种关系建立和存在的基础。玛莎认为顾客真正需要的是质量高而价格不贵的日用生活品，而当时这样的货品在市场上并不存在。于是玛莎建立起自己的设计队伍，与供应商密切配合，一起设计或重新设计各种产品。为了保证提供给顾客的是高品质货品，玛莎实行依规格采购的方法，即先把要求的标准详细定下来，然后让制造商依循标准来制造。

玛莎要给顾客提供的不仅是高品质的货品，而且是人人力所能及的货品，要让顾客因购买了“物有所值”甚至是“物超所值”的货品而感到满意，因而玛莎实行的是以顾客能接受的价格来确定生产成本的方法。为此，玛莎把大量的资金投入到货品的技术设计和开发上，而不是广告宣传上，通过实现某种形式的规模经济来降低生产成本，同时不断推行行政改革，提高行政效率以降低整个企业的经营成本。

此外，玛莎采用“不问因由”的退款政策，只要顾客对货品感到不满意，不管什么原因都可以退换或退款。这样做的目的是要让顾客觉得从玛莎购买的货品都是可以信赖的，而且对其物有所值不抱有丝毫的怀疑。由于玛莎把握住顾客的真正需要，并定下满足顾客需要的严格标准，且又能切实贯彻这些标准，自然受到顾客青睐，不知不觉中就形成了与顾客的长期信任关系，保持企业长久的可见业绩。

㊀ 1平方英尺 = 0.093 米 ^{2}。

2. 从“同谋共事”出发建立企业与供应商的合作伙伴关系

零售企业要想有效满足顾客的需求，自然离不开供应商的协调配合。一般来说，零售商与制造商的关系多建立在短期的相互利益上，玛莎则以本身的利益、供应商利益及消费者利益为出发点，建立起长期紧密合作的关系。玛莎把其与供应商的关系视为“同谋共事”的伙伴关系。

玛莎非常明白，如果供应商不能生产出顾客所需的质优价廉的产品，便无法满足顾客需要，所以玛莎非常重视同供应商的关系。玛莎为了提供“顾客真正需要”的货品而给供应商制定了严格、详细的制造和采购标准，为了有效贯彻这些标准，玛莎也尽可能地为供应商提供帮助。如果玛莎从某个供应商处采购的货品比批发商处的更便宜，其节约的资金部分，玛莎将转让给供应商，作为改善货品品质的投入。这样一来，在货品价格不变的情况下，零售商提高产品标准的要求与供应商实际提高产品品质取得了一致，最终顾客获得“物超所值”的商品，增加了顾客满意度。同时，货品品质的提高增加了销售业绩，玛莎与其供应商共同获益，进一步密切了合作关系。

3. 以“真心关怀”为基础建立企业与员工的良好关系

企业与顾客建立长期信任关系时是作为一个整体出现的。企业内部管理者与员工之间相互信赖和支持的关系是企业作为一个整体与外部顾客建立长期信任关系的基础，离开了前者，后者的建立是不具有操作性的。玛莎向来把员工作为最重要的资产，同时也深信，这些资产是成功压倒竞争对手的关键因素，因此，玛莎把建立与员工的相互信赖关系、激发员工的工作热情和潜力作为管理的重要任务。在人事管理上，玛莎不仅为不同阶层的员工提供周详和组织严谨的培训，而且为每名员工提供平等优厚的福利待遇，做到真心关怀每一名员工。这种关心通过各级经理、人事经理和高级管理人员真心实意的关怀而得到体现。例如，一名员工的父亲突然在美国去世，第二天公司已代他安排好赴美的机票，并给予他足够的资金；一名未婚的营业员生下了一个孩子，她同时要照顾母亲，为此，她两年未能上班，公司却一直发工资给她。玛莎把这种细致关心员工的价值观转化成公司的哲学思想，不因管理层的更替而有所变化，由全体管理人员专心致志地持久奉行。这种对员工真实、细致的关心必然激发员工对工作的热情，使得玛莎得以全面而彻底地实施其品质保证制度，而这正是玛莎与顾客建立长期稳固的信任关系的基石。

问题讨论：玛莎的全面关系营销给我国企业什么启示？

第4章 CHAPTER 4

服务市场营销战略

服务营销战略又称STP战略，是营销学的方法论战略。服务市场营销战略要确定企业服务对象、服务领域、服务内容、服务方式等，它包括服务市场细分（segmentation）、服务目标市场选择（targeting）、服务市场（或品牌）定位（positioning）等重要内容。其中，服务市场细分是基础，服务市场定位是灵魂。服务营销强调顾客导向，关注人们的愉悦感、幸福感与获得感，重视服务品牌建设，不但有助于产业结构转型升级，还有助于创造人民群众美好生活，助推我国经济的高质量发展。

学习目标

- 了解服务市场细分的思路。
- 了解服务目标市场战略选择。
- 了解服务市场定位的思想。
- 掌握服务市场定位的策略。

开篇案例

香港银行的特色化经营

在弹丸之地的香港，金融业非常发达，“银行多过米铺”成为常见现象，数千家各类银行散落在各个角落，竞争达到白热化程度。在这一狭小而竞争过度的市场空间中，如何才能生存，并把自己的业务做大，各银行使出了浑身解数，走出了一条细分市场、差异化定位的优势发展道路。以下是香港各大银行的不同定位。

恒生：定位于充满人情味的、服务态度最佳的银行。通过走感情路线赢得顾客的心，突出服务这一点，也使它有别于其他银行。

渣打：定位于历史悠久、安全可靠的银行。这一定位树立了渣打银行可信赖的“老大哥”形象，传达了让顾客放心的信息。

中国银行：定位于有强大后盾的银行。它直接面向有民族情结的目标顾客群，同时暗示它提供更多更新的服务。

廖创兴：定位于助你创业兴家的银行。它以中小工商业者为目标对象，为它们排忧解难，使它们赢得事业的成功。香港中小工商业者是一个很有潜力的市场，廖创兴敏锐地洞察到这一点，并且看准它们想出人头地、大展宏图的心理，将自身定位于专为这一目标顾客群服务，给予它们在其他银行所不能得到的支持和帮助，从而牢牢地占据了这一市场。

问题思考

香港银行的特色化经营为企业和顾客带来了什么利益？

4.1　服务市场细分

市场细分的概念是 20 世纪 50 年代中期，由美国市场营销学家温德尔·史密斯提出来的，是买方市场环境下顾客需求导向的一种现代营销新观念。

4.1.1　市场细分的概念

市场细分是指营销者依据消费者的需求、购买行为和购买习惯等方面的差异性特征，把某一产品的整体市场划分为若干个子市场（消费群）的过程。每一个消费群就是一个细分市场，每一个细分市场都由具有类似需求倾向的消费者群体所构成。因此，分属于同一细分市场的消费者，他们的需求具有共性特征；分属于不同细分市场的消费者，他们对同一产品的需求存在显著的差异。

服务市场同样需要进行细分。例如，我们可以使用产品 / 市场方格图法，对旅游市场进行细分，旅游企业由此可以对旅游群体和旅游产品进行分类与选择性经营，如表 4-1 所示。

表 4-1　旅游市场细分

旅游群体	旅游产品					
	观光游	休闲游	文化游	商务游	体验游	探险游
学生						
商人						
作家						
白领						
退休者						

4.1.2　服务市场细分的意义

市场细分的理论基础是消费者需求的多样性、企业资源的稀缺性和企业竞争的残酷性。服务市场细分的意义主要体现在以下几个方面。

（1）有利于发现市场机会，开拓新市场。通过市场细分，服务企业可以对每一个细分市场的购买潜力、满足程度、竞争情况等进行分析对比，探索出有利于本企业进入的市场机会，使企业及时做出投产、营销决策或根据本企业的情况制订新产品开拓计划，以便掌握产品更新换代的主动权，以更好地适应市场的需要。

（2）有利于选择目标市场和制定营销组合策略。市场细分后的子市场比较具体，容易把握消费者的需求，服务企业可以根据自己的经营思想、方针及生产技术和营销力量，确定自己的目标市场服务营销策略。较小的目标市场便于企业制定特殊的营销策略。同时，在细分的市场上，企业容易了解和处理信息，一旦消费者的需求发生了变化，企业可迅速改变营销策略，制定相应的对策，以适应市场情况的变化，提高企业的应变能力。

（3）有利于集中企业的人力、物力投入目标市场经营中。任何一个企业的人力、财力、物力等资源都是有限的，通过市场细分，服务企业选择了适合自己的目标市场，就可以集中人力、财力、物力等资源，采取集中化的经营策略，以争取局部市场上理想的利益回报。

（4）有利于提高企业经济效益和增强企业竞争力。上述三个方面的作用都能使服务企业提高经济效益。此外，服务企业通过细分市场，可以面对自己选择的目标市场，提供适销对路的服务，既能满足市场需求，又能提高服务质量，降低成本和增加企业的收入，从而全面提高服务企业的经济效益和市场竞争力。

4.1.3 市场细分的标准

服务市场上的顾客需求差异性非常大，受外界因素影响也十分深远，因此没有一个绝对的方法或者依据对服务市场进行细分。各服务行业、企业应该根据自身及外部环境采取不同的划分依据。一般而言，服务市场同样可以从地理因素、人口因素、心理因素和行为因素四个方面进行细分，每个方面又分别包括一系列细分变量，如表4-2所示。

表4-2 市场细分的标准分类表

标　　准	具体因素
地理细分	地区、气候、地理位置、城市规模（人口）
人口细分	年龄、性别、家庭收入、家庭生命周期、职业、家庭人口、教育程度、宗教、民族、国籍
心理细分	社会阶层、生活方式、人格特征、购买动机
行为细分	购买时机与购买频率、追求的利益、使用者情况、使用率、品牌忠诚度、购买态度

（1）地理细分。地理细分（geographical segmentation）就是按消费者所在的地理区域、气候、地理位置、城市规模（人口）等变量来细分市场，如表4-3所示。因为处在不同地理环境下的消费者，往往会有不同的服务需要与偏好。例如，以饮食的口味偏好来说，云、贵、川地区的人喜爱吃辣椒，经营辣味饮食较合适，因为这些地区冬季阴冷、潮湿，辣椒有活血、祛风之功效。

表 4-3　地理因素细分标准表

地理因素	具体地理因素市场细分
地理区域	东北、华北、西北、华南等
气候	温带、亚热带、热带、寒带等
地理位置	都市、郊区、乡村等
城市规模（人口）	小城市（城区常住人口 50 万以下）、中等城市（城区常住人口 50 万～ 100 万）、大城市（城区常住人口 100 万～ 500 万）、特大城市（城区常住人口 500 万～ 1 000 万）、超大城市（城区常住人口 1 000 万以上）

（2）人口细分。人口细分（demographic segmentation）就是按年龄、性别、民族、职业、家庭收入（年）、家庭人口、家庭生命周期、宗教、种族、国籍等人口变量，将服务市场划分为不同的细分群体，不同人群具有不同的服务需求，如表 4-4 所示。由于人口因素特征显著，又比其他变量更容易测量，且适用范围比较广，因而人口因素应该是服务市场细分的主要标准和思路。

表 4-4　人口因素细分标准表

人口因素	具体人口因素市场细分
年龄	婴儿、学龄前儿童、学龄儿童、少年、青年、中年、老年等
性别	男、女
民族	汉族、满族、维吾尔族、回族、蒙古族、藏族、瑶族、土家族、白族等
职业	职员、教师、科研人员、文艺工作者、企业管理人员、私营企业主、工人、离退休人员、学生、家庭主妇等
家庭收入（年）	1 000 元以下、1 000 ～ 10 000 元、10 000 ～ 20 000 元、20 000 ～ 30 000 元、30 000 ～ 50 000 元、50 000 元以上等
家庭人口	1 或 2 人、3 或 4 人、5 人以上等
家庭生命周期	年轻单身；年轻已婚无小孩；年轻已婚，小孩 6 岁以下；年轻已婚，小孩 6 岁以上；已婚，儿女 18 岁以下；中年夫妇；老年夫妇；老年单身等
教育程度	小学以下、小学、初中、高中、大学、研究生及以上
宗教	佛教、道教、基督教、天主教、伊斯兰教、犹太教等
种族	白色人种、黑色人种、黄色人种、棕色人种等
国籍	中国人、美国人、英国人、加拿大人等

（3）心理细分。心理细分（psychographic segmentation）就是将消费者按其生活方式、人格特征、社会阶层、购买动机等心理变量细分成不同的群体。具有不同心理特征和消费心态的群体往往会有不同的服务需求，如表 4-5 所示。

表 4-5　心理因素细分标准表

心理因素	具体心理因素市场细分
生活方式	平淡型、时髦型、知识型、名士型等
人格特征	外向型或内向型、理智型或冲动型、积极型或保守型、独立型或依赖型等
社会阶层	上上层、上中层、上下层；中上层、中层、中下层；下上层、下层、下下层等
购买动机	求实型、求新型、求优型、求美型、求廉型、求名型等

（4）行为细分。行为细分（behavioral segmentation）就是按照消费者的购买时机与购买频率、追求的利益、使用者情况、使用率、品牌忠诚度、购买态度等行为变量来细分服务市场，如表 4-6 所示。

表 4-6 行为因素细分标准表

行为因素	具体行为因素市场细分
购买时机与购买频率	日常购买、特别购买、节日购买、规则购买、不规则购买等
追求的利益	廉价、时髦、安全、刺激、新奇、豪华、健康等
使用者情况	从未使用者、曾经使用者、潜在使用者、初次使用者、经常使用者等
使用率	很少使用、中度使用、大量使用
品牌忠诚度	完全忠诚者、适度忠诚者、无品牌忠诚者
购买态度	狂热、喜欢、无所谓、不喜欢、敌视等

这里需要说明的是，不管采用什么标准进行服务市场细分，都应考虑细分的有效性或效益性，防止过度细分，由此，服务市场细分应该遵循可进入性、可衡量性、可盈利性、稳定性等细分原则。

◎ 延伸阅读 4-1

重点顾客

美国运通公司负责信息管理的副总裁詹姆斯指出，重点顾客与其余顾客消费额的比例，在零售业约为 16 ∶ 1，在餐饮业约为 13 ∶ 1，在航空业约为 12 ∶ 1，在旅店业约为 5 ∶ 1。从某国旅客特征调查结果来看，经常旅客只占所有旅客的 11.47%，但这些旅客每年要旅行 20 次以上，他们对航空公司旅行次数的贡献远大于其人数比例。调查显示，这些经常旅客为航空公司贡献的旅行次数大约占 49%，即航空公司将近一半的运输量是由经常旅行的旅客贡献的。这样的经常旅客就是航空公司的重点顾客。

4.2 服务目标市场选择

服务目标市场是服务企业打算进入的目标地域或希望服务的目标顾客群体。服务企业通过评估细分市场，将决定进入哪些细分市场，即选择目标市场。

4.2.1 细分市场评估

不同细分市场往往具有不同的市场潜力与特征，服务市场细分揭示了服务企业面临的潜在市场机会，因而需要在目标市场选择和定位前对各细分市场进行评估。

（1）细分市场的规模和发展潜力。潜在的细分市场必须具有一定的市场规模和发展潜力，才能为企业提供生存和持续发展的空间。一方面，服务型企业的市场细分需要在差异化和规模化之间寻找平衡，确保细分市场既有个性化的服务需求，另一方面，又具有较为稳定的规模。除了考虑细分市场的存量规模，还要考虑细分市场的增量潜力。

（2）细分市场的获利水平。好的细分市场不但需要具备理想的规模和增长潜力，还要能提供理想的获利水平。细分市场的竞争状况、经济发展水平、居民消费特征、购买力、顾客的议价能力、当地经济发展政策等，决定着该细分市场的获利水平。

（3）企业的经营目标与资源优势。根据资源基础理论，企业的发展目标和资源水平是决定该服务企业进行细分市场选择的关键内部条件，企业必须选择与自身发展目标相匹配且自身资源能力可以达到要求的细分市场进入，才能确保经营成功。

4.2.2 目标市场模式选择

服务企业在选择目标市场时，有五种可供考虑的市场覆盖模式：市场集中化、产品专业化、市场专业化、选择专业化、市场全面化。

（1）市场集中化。市场集中化是一种最简单的目标市场模式，即企业只选取一个细分市场，只生产一类产品或只提供一种服务，供应某个单一的顾客群，进行集中营销，如天津的麻花、狗不理包子等。

选择市场集中化模式一般基于以下情况：限于资金能力，只能经营一个细分市场；企业具备在该细分市场中从事专业化经营或取胜的优势条件；该细分市场中没有竞争对手；准备以此为出发点，取得成功后向更多的细分市场扩展。

（2）产品专业化。产品专业化是指企业集中生产一类产品或只提供一种服务，并向各地区各类顾客销售这种产品。例如，高露洁只生产牙膏、牙刷等一个大类的口腔清洁用品，向全球若干个国家和地区销售。

产品专业化模式的优点是：企业专注于某种或某类产品或服务的生产，有利于形成和发展产品优势，在该领域树立专业形象。其局限性是：当该领域被一种全新的技术与产品代替时，产品销售量有大幅度下降的风险。

（3）市场专业化。市场专业化是指企业专门经营满足某特定顾客群体需要的各种产品或服务。比如，有的贸易公司专门经营酒店用品，专注于为大酒店、快捷酒店、招待所等酒店服务机构提供床上用品、洗漱用品、成人用品、方便食品等酒店必需品。

市场专业化经营的产品类型众多，能有效地分散经营风险。其局限性是：由于集中服务于某类顾客，当这类顾客的需求下降时，企业也因此会面临收益下降的风险。

（4）选择专业化。选择专业化是指企业选取若干个具有良好的盈利潜力和结构吸引力，且与企业的经营目标和资源情况相匹配的细分市场作为目标市场进行选择性经营。其优点是：可以有效地分散经营风险，即使某个细分市场盈利情况不佳，也可在其他细分市场取得回报。当然，采用选择专业化模式的企业应具有较丰富的资源和较强的经营实力。

（5）市场全面化。市场全面化是指企业生产多种产品或提供多种服务去满足各类顾客群体的多种需要。一般来说，这种模式对公司资源与能力形成巨大的挑战，只有实力雄厚的大型企业选用这种模式才能收到良好效果，一些大型跨国集团（如通用公司、联合利华等）就采取了这种战略。

◎ 案例 4-1

西部假期：西部线路旅游专家

广州有一家知名的旅行社叫南湖国旅－西部假期，很受当地旅游者青睐。南湖国旅－西部假期是一家集旅行社、航空服务公司、旅游风景区、度假村、酒店、车队于一体的大型综合旅游集团，凭借着专业、专注、大胆创新，打造出旅游精品“西部假期”品牌，专营云南、贵州、四川、陕西、甘肃、宁夏、青海、新疆等西部地区旅游线路，成为广东市场上最早专注于西部线路且运营最成功的旅游品牌。它用短短十年时间，就从一个只有十几人的小旅行社发展成为中国旅游企业前 30 强。

我国更多的旅游资源在西部，该旅游集团专注西部线路旅游产品的营销，抓住了重量级旅游产品市场，能够提供更专业的西部旅行指导并配备导游，能够拿到更低的西部旅游项目消费折扣，是名副其实的“西部线路旅游专家”。一句话，它更专业、更实惠，当然更受欢迎。

4.2.3 服务目标市场营销决策

服务企业为选定的目标市场制定相应的营销决策时，也有三种典型的方案可以选择，这三种目标市场营销决策的选择思路是迈克尔·波特三大基本竞争战略思想在营销领域的应用或拓展，如图 4-1 所示。

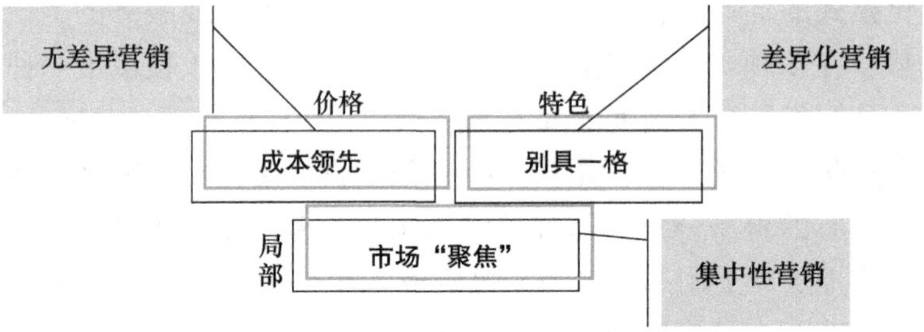

图 4-1　三种目标市场营销决策选择示意图

1. 无差异营销

无差异营销是把整体服务市场看作一个大的目标市场，不进行细分，用一种服务、统一的服务解决方案对待整体服务市场。比如，麦当劳、必胜客、星巴克、沃尔玛等就是在全球实行无差异营销模式，即使有差异也是局部的、细微的差异。

实行无差异营销的一种情况是：从传统的产品观念出发，强调需求的共性，忽视需求的差异，强调服务企业为整体市场生产、提供标准化的服务产品，并实行无差异的市场营销。比如，考研培训、考公务员培训，以及学前体检、入职体检等，都属于无差异的服务产品提供。实行无差异营销的另一种情况是：服务企业经过市场调研之后，认为某些特定服务的消费者需求大致相同或差异较少，因此可以采用无差异市场营销策略，如幼教、零售连锁经营等。

采用无差异营销的优势：①最大的优势是成本的经济性，大批量的生产销售能够降低单位产品成本；②无差异的广告宣传可以减少促销费用；③不进行市场细分，也相应减少了市场调研、产品研制与开发，以及制订多种市场营销、战术方案等带来的成本开支。

采用无差异营销的局限：无差异营销对市场上绝大多数服务产品都是不适宜的，因为消费者的需求偏好极其复杂且有差异，服务产品或品牌能够受到市场普遍欢迎的情况是很少的，缺少了服务或经营的创新必然没有市场活力。

2. 差异化营销

差异化营销是把整体服务市场划分为若干细分市场，然后根据服务企业的资源与营销实力选择部分细分市场作为目标市场，并为各目标市场制定不同的市场营销组合策略的经营模式。差异化营销可以通过服务产品、品牌定位、分销渠道和人员等方面的差异来体现。

（1）服务产品差异化：提供与众不同的服务，如海底捞的免费增值服务等。

（2）品牌定位差异化：提出不同的品牌主张，如“美特斯邦威，不走寻常路”等。

（3）分销渠道差异化：通过不同的渠道分销服务，如服务定制、安利的直销等。

（4）人员差异化：使用不同形象、不同素质的员工塑造差异，如某餐馆全聘用下岗女工。

差异化营销的最大优点是：可以有针对性地满足具有不同特征的顾客群的个性化服务需求，能够提高服务产品的市场竞争力和顾客的满意度。

差异化营销的最大缺点是：由于服务种类、分销渠道、广告宣传的扩大化与多样化，市场营销费用也会大幅度增加。因此，无差异营销的优势基本上成为差异化营销的劣势。同时，采用该策略在成本和销售额上升时，市场效益并不一定同步上升，因为存在新技术应用、新服务开发和新市场培育的风险。

◎ 案例 4-2

“茶颜悦色”的差异化营销

1. 选址有“魔力”

茶颜悦色是长沙一家非常火爆的专营茶饮的连锁企业。在长沙，如今，茶颜悦色的门店实现了各种街巷、景区、购物中心、机场、高铁的全覆盖，整个城市一共有 300 多家门店。茶颜悦色门店甚至可以一个美食街门口左边一家，右边一家。更可怕的是，尽管门店分布如此密集，但排队的人流密度丝毫不减。每一家店都在排队，每次排队都需要 1 ～ 2 小时才能取。而一条路上要是开了茶颜悦色基本上其他奶茶品牌的生意就会受到很大影响，就连红遍大江南北的喜茶与它相比都处于弱势。如今各种品牌跨界经营，营销方式五花八门，尤其是在饮品界，而茶颜悦色在林林总总的茶饮品牌中却仿佛一股清流，拥有一种“让别人主动帮我宣传”的神奇魔力，看似低调却自带热搜属性。

2. 与顾客互动沟通

如今饮品品牌层出不穷，但越来越大的饱和度和跟风严重使得大部分品牌看似不同实则大同小异。相似的风格、相似的色彩、相似的装潢，让受众越来越感到视觉疲劳。在此现况下，茶颜悦色独树一帜，选择饮品界中国风市场的空白并进行深耕。此时恰逢国潮兴起，茶颜悦色借着这股东风，瞬间变得“显眼”。而与其他品牌不知疲倦的外向型营销不同，茶颜悦色一副“我不想火，我只想安心做好产品”的云淡风轻的态度，也让很多人被它的“佛系”吸引。之前茶颜悦色直接在官方微博上“咨询”起粉丝对自己品牌线上运营情况的意见，这种“深入群众，听取顾客粉最直接的想法”的做法十分可取。也正是因为这种与众不同，它收获了一波好人缘。

3. 市场集中化

比起一些动不动就加盟、全国遍地开花的饮品品牌，茶颜悦色可以说吊足了国民胃口。到目前为止，茶颜悦色只在长沙开店，并且直接在微博的简介里写道：“说可以加盟茶颜悦色的都是大！骗！子！”和其他品牌不断挤破头想要抢占一线城市市场的经营思路不同，茶颜悦色反其道而行，稳扎稳打扎根长沙，把地域局限转化为自身的特色，将劣势转化为优势。甚至有不少人为了能喝到一杯茶颜悦色专门去了长沙，茶颜悦色成为一个品牌带动地区经济发展的典型。

4. 打磨产品品质

产品品质是一个品牌立足的基础。在这一点上，茶颜悦色的用心收获了大众的认可。首先，在原材料方面，茶一定选新鲜的，奶油则选择天然的动物奶油。而且在奶油上又加了坚果，这样顾客先吃坚果，就可以吃掉一些奶油，进而可以自行控制茶中奶的比例，充分考虑到了用户体验。其次，在口味的研究上，茶颜悦色不断推陈出新，给予了顾客更多的选择。最后，比起其他动辄就二三十元的饮品品牌，茶颜悦色的价格只需十几元，性价比高使得它被更多的受众选择，因此喝过茶颜悦色的顾客纷纷主动帮忙宣传和推广。

5. 颜值高

作为一家中国风的茶饮品牌，茶颜悦色内部的装潢坚持中式感。这种古朴又简洁的新中式风格，使其在视觉上区别于其他饮品品牌。不仅店铺整体设计贯彻了新中式风格，茶颜悦色也将中国风带到了杯身设计中，将精致的中国古代名画印在了杯身包装上。还有各类历史故事、古典美女、传统元素等杯身包装，设计都十分精美。

除此之外，茶颜悦色还推出了自己的子品牌——知乎茶业和许多周边产品，如杯子、茶叶、明信片……这样的品牌延伸增加了品牌的厚度，使得品牌形象越来越饱满和深入人心。尤其是之前的“妖精”款帆布包，大道至简的风格使其在粉丝中引起热烈的反响，甚至挖掘了部分潜在客户。还有购买琉璃系列茶品即可获赠的夏日凉扇，也是因为其设计的出彩和活动的结合，带动了一定的茶品销售。

不得不说，在如今遍地开花的饮品行业，茶颜悦色能够另辟蹊径，锁定年轻消费群体实施差异化营销取得了显著成效。它坚持一贯的特色——“佛系”成长，通过亲民化的策略，保持与粉丝间的黏性，打造适合自己调性的包装形象，并且重视对外的公关互动，从而使得品牌形象深入人心。茶颜悦色实施如此与众不同又富有魅力的营销策略，确实十分明智。

资料来源：改编自“创业商链”百度号文章《茶颜悦色的小心思》，2020-10-16。

问题思考： 1. 茶颜悦色的差异化营销主要体现在哪些方面？

2. 你认为茶颜悦色的主要成功要素有哪些？

3. 集中性营销

集中性营销是指服务企业集中所有力量，以一个或少数几个特征相似的子市场作为目标市场，力图在较少的子市场上占据较大的市场份额和形成竞争优势，如美甲店、奶茶店、洗车店、打印复印店、鲜花店、面包店的经营都属此类。

实行集中性营销的企业，一般是资源有限的中小服务企业，或是初次进入该市场的服务企业。由于服务对象比较集中，服务企业对一个或几个特定子市场有较深入的了解，而且在服务的生产和经营方面容易实行专业化，可以比较容易地在这一特定市场中取得有利的地位。如果子市场选择得当，服务企业实行集中性营销就可以获得较高的投资收益率。

但实行集中性营销也面临较大的风险，因为目标市场范围比较狭窄，一旦服务市场情况突然变坏，企业可能陷入极端困境，即可能“在一棵树上吊死”。

4.3　服务市场定位

定位理论曾被誉为“有史以来对美国营销影响最大的观念”，它对世界营销理论和实践都产生了深刻的影响。在今天的服务市场上，同质化竞争越来越严重，提供物增多，视觉混乱，加上信息大爆炸和信息泛滥，使得消费者的注意力分散而具有显著的选择性，因此，在当今“眼球经济”的环境下，服务市场定位对于增强服务企业的竞争力尤为重要。

4.3.1　定位理论

1. 定位的概念

定位理论在 20 世纪 70 年代由艾・里斯和杰克・特劳特提出。里斯和特劳特在其《定位》一书中的界定是：市场定位就是确定产品或品牌最终要在顾客心智中建立的位置，显示出与竞争对手不同的特性。

具体来讲，市场定位就是企业根据目标市场上同类产品竞争状况，针对顾客对该类产品某些特征或属性的重视程度，为本企业产品塑造强有力的、与众不同的鲜明个性，并将其形象生动地传递给顾客，求得顾客认同。事实上，定位作为一种营销战略，主张优势定位和差别化定位，以与竞争对手形成区隔和建立优势，从而在顾客心智中占有特殊的位置。

里斯和特劳特认为，“在这个传播过度的丛林里，获得大成功的唯一希望是要有选择性，缩小目标，分门别类。简言之，就是定位”，其实，“定位并不是要你对产品本身做什么事情，定位是你对产品在未来的潜在顾客的脑海里确定一个合理的位置，也就是把产品定位在你未来的潜在顾客的心目中”，因为“营销是一场战争，竞争对手是我们的敌人，我们要占领的阵地是消费者的头脑”。而“定位是一种观念，它从产品开始，可以是一种商品、一项服务、一家公司、一个机构，甚至是一个人，也许是你自己……定位适用于政治、战争和商业，甚至追求异性”。

2. 定位的依据

在营销实践中，服务企业可以根据其服务产品的属性、利益、价格、质量、使用场合、使用者、产品档次、竞争情况等多种因素或其组合进行市场定位。具体来讲，服务市场定位的依据主要有以下几个。

（1）属性特色定位。构成服务产品内在特色的许多因素都可以作为市场定位的依据，这种定位方法是将服务产品或品牌与其用途、应用情况相联系而进行定位。例如，如家的“经济型酒店”、西部假期的“西部旅游专家”都属于此类定位。

（2）顾客利益定位。产品提供给顾客的利益是顾客最能切实体验到的，也可以用作定位的依据。例如，沃尔玛连锁超市强调“天天平价”“顾客满意、一站式购物”的经营理念，吸引了很多精打细算的顾客。7-11“24 小时便利店”的定位方便了一些有特殊购物需求的顾客。顾客利益定位包括：①功能性利益定位，如佳洁士的“预防蛀牙”；②情感性利益定位，如“爱她，就请她吃哈根达斯”；③自我表现利益定位，如中国移动的“我能”等。

（3）使用者定位。使用者定位就是针对不同的服务消费者进行定位，从而把服务引导给某一特定顾客群，如家政市场中的“月嫂”，医疗市场中的男科医院、女子医院、儿童医院等。

（4）使用场合定位。为老产品寻找一种新用途是为产品创造新的市场定位的好方法，这种定位方法是将服务产品或品牌与其使用场合联系起来，如婚嫁公司、婚纱摄影、演出服装经营等。

（5）竞争情况定位。这种定位方法是突出本企业服务产品与竞争者同档服务产品的不同特点，通过评估选择，确定对本企业最有利的竞争优势并加以开发，如拔火罐减肥等减肥市场中的不同方法、特色定位。

◎ 延伸阅读 4-2

典型的服务市场定位

服务市场定位是服务企业就其服务产品（品牌）的功能、服务人群、档次、范围及服务方式的选择。典型的服务市场定位如表 4-7 所示。

表 4-7　典型的服务市场定位

服务机构名称	行业类型	典型定位策略
如家	酒店	经济型酒店、连锁经营
麦德龙	零售	批发型大卖场、连锁经营
沃尔玛	零售	天天平价、顾客满意、连锁经营
苏宁电器	家电零售	连锁经营、主打服务牌
7-11 便利店	连锁零售	24 小时便利店、连锁经营
肯德基	餐饮	西式快餐食品、连锁经营
星巴克	餐饮	咖啡等时尚饮品、体验营销
宜家	家居	家居产品的体验式营销、连锁经营
某男科医院	医疗	专注男科疾病治疗
南方都市报	文化	都市休闲类报纸、“办中国最好的报纸”
深圳万科	地产	专注住宅类地产、追求品质
大连万达	地产	专注商业地产、“大连万达就是城市中心”
阿里巴巴	电子商务	构建网络信息与商品交易平台
西部假期	旅游	专注经营中国西部旅游线路

由上述资料可以发现，成功的服务企业大多有自己独特的市场定位或品牌定位，以形成自己的优势，且大多采用连锁经营的模式实现扩张，这是一种趋势。

3. 定位的步骤

市场定位的关键是服务企业要塑造自己的服务产品或品牌相对竞争者更具有竞争优势的特性。服务企业市场定位可以通过以下三大步骤来完成。

（1）确立本企业的竞争优势。其中心任务是要回答以下三大问题：一是竞争对手的产品定位如何；二是目标市场上足够数量的顾客欲望满足程度如何及顾客还需要什么；三是针对竞争者的市场定位和潜在顾客真正的利益诉求，企业应该做什么、能够做些什么。通过回答上述三个问题，服务企业就可以从中确定自己的竞争优势。

（2）选择相对竞争优势。相对竞争优势表明的是企业优于竞争者的现实和潜在能力。准确地选择相对竞争优势是一个企业各方面实力与竞争者的实力相比较的过程。服务企业通常需要分析、比较自身与竞争者的比较优势与劣势来准确地选择相对竞争优势作为定位的落脚点。

（3）明确显示独特的竞争优势。其主要任务是通过一系列宣传促销活动，将服务企业独特的竞争优势准确地传递给潜在顾客，并在顾客心目中留下深刻印象。为此，首先，企业应使目标顾客了解、熟悉、认同和偏爱本企业的市场定位。其次，企业应通过加倍努力保持目标顾客的认同态度和加深目标顾客的偏好感情。最后，企业应时刻关注目标顾客对其市场定位的理解可能出现的偏差或由其他原因造成的认识混乱或误会，及时纠正与市场定位不一致的认识偏误。

4.3.2　服务市场定位的层次

事实上，定位有好几个层次，服务企业提供的产品或服务的定位只是其中之一，即产品层次的定位，而作为一个系统的服务市场定位组合一般包括以下几个层次。

- 服务行业定位，即把整个行业当作一个整体进行定位。
- 服务企业定位，即把服务企业作为一个整体进行定位。
- 产品组合定位，即对组织提供的一系列相关产品或服务进行定位。
- 个别定位，即定位某一特定的产品或服务。

1. 服务行业定位

在考虑企业位置及产品位置之前，服务企业必须首先考虑自己要选择什么样的行业进入，这是企业经营的大前提，然后再确定自己在整个服务行业中的位置，这是服务企业营销定位的逻辑。如可以根据服务的现代性（传统服务业、现代服务业）、服务的科技含量（高、低）及服务特色，将各个典型服务行业放在适当的位置，以便企业进行战略选择。也就是说，服务企业首先要选择经营什么服务，之后才可能进行服务企业及服务产品组合的定位。服务行业定位图如图 4-2 所示。

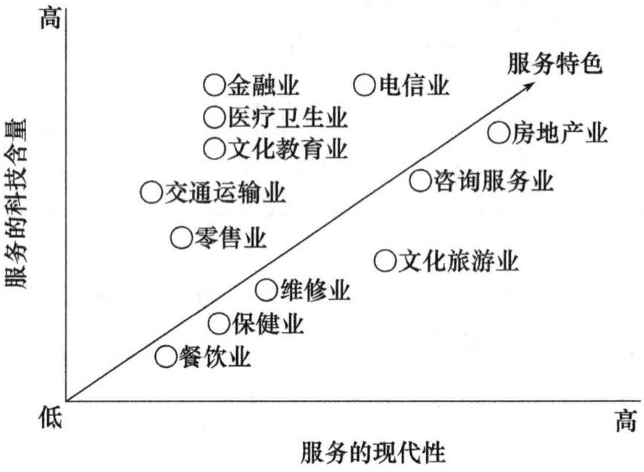

图 4-2 服务行业定位图

2. 服务企业定位

服务企业定位与它的产品定位是相辅相成的，企业定位处于产品定位的上层，企业定位对产品定位起着强化作用。一旦企业定位成功，获得了良好的社会声誉，则企业的产品定位也会相应得到巩固，并为企业带来长期效益。一般而言，根据自身的资源状况和市场中的竞争状况，服务企业可在以下定位中进行选择。

（1）市场领导者，即在行业中处于领导地位。这样的企业既是市场竞争的主导者，也是其他企业挑战、效仿或回避的对象，如零售业中的沃尔玛、快餐业中的麦当劳等。

（2）市场追随者，即在市场上处于次要地位，一时不能成为行业领导者的企业。根据其追随领导者的程度可以分为紧密跟随者、距离跟随者和选择性跟随者三种定位。

（3）市场挑战者，即首先定位在同行业中居于次要地位，但准备随时发起与领导者的竞争并迅速后来居上的企业。

（4）市场补缺者，即在市场中某些细分市场实行专业化、差异化经营，以避免与重要企业发生冲突，仅为市场提供某些有效的专业化服务的企业。这种定位属于拾遗补阙、在夹缝中生存，一般适用于那些实力较弱的中小企业。

◎ 案例 4-3

7-Eleven 的服务市场定位

7-Eleven（7-11）是美国一家著名的连锁便利商店，其总部设于美国得克萨斯州的达拉斯。7-11 以特许经营起家，是全球最大的便利店连锁公司。其服务市场定位表现在以下方面。

（1）作为服务领先者的定位。7-11 营业员的服务态度很好，店内的各种细节也体现出对顾客的关怀。例如，中午的便当，饭和菜会装在一起，而晚上的便当，饭和菜是单独装的，是考虑到顾客可以拿回家和爱人分享。7-11 还有便捷的自助缴费机等。

（2）作为质量领先者的定位。7-11 以食品、日常生活必需品为主，卖高鲜度、高品质、高附加值的商品。在食品安全事故频频发生的现在，它让顾客放心，对于到了期限的商品，全部报废，虽有硬指标，但对各种机器的清洗从来都不含糊，绝不会忽悠顾客。

（3）作为连锁便利店的标杆。不管在哪个城市，7-11 都有类似的店面布置、类似的商品和一如既往的商品品质。7-11 选址的出发点是便捷，在消费者日常生活行动范围内开设店铺，比如办公商圈、高校、人流集中的住宅区和交通枢纽。中小规模店铺只有 50 ～ 100 米^2，却经营着 3 000 多种商品。7-11 尽最大可能为消费者提供便利与安全感。

3. 产品组合定位和个别定位

服务可以是有形的东西，如饭店的各种饭菜、酒水等，也可以是无形的东西，如美发、音乐会等。服务企业定位的目的就是让这些有形、无形的东西在顾客心目中留下深刻的印象，因此，产品的各个要素都要与企业定位相符合。

服务企业必须先定位它们的产品，然后才能在公众心目中树立起良好的企业形象。产品组合定位和个别定位是将某个具体产品定位在顾客心目中，只要顾客产生了相关需求，就会自然而然地想到这种服务，从而达到先入为主的效果。服务企业产品组合定位需要明确，企业主要提供哪几类产品，什么档次、特色的产品，主要为哪一部分消费群体服务等。例如，如家酒店集团旗下就有如家、和颐等酒店品牌，品牌差别定位、错位经营。其中，“如家”定位快捷酒店，瞄准的是追求价廉物美的居家出行者、一般商务出差人群；“和颐”定位商务酒店，瞄准的是追求体面舒适的旅行者、中高端商务人士。

这里需要说明的是，企业并不需要在上述所有层次上进行定位。例如，出租车公司和饭店，只需在服务企业层次和个别层次定位即可，而且定位决策也相当简单。但对于一些规模大、开展多项业务的服务机构，上述几个层次的定位都是必要的。

这里有两点需要明确：①服务企业定位和个别定位必须有清晰的相关性并有内在的逻辑关联；②品牌既可以产生于产品组合层次，也可以产生于个别产品层次。服务市场定位的逻辑（以某商业银行为例）如表 4-8 所示。

表 4-8 某商业银行的市场定位

服务企业定位	某商业银行（金融业、市场追随者）											
产品组合定位	贷放产品和服务			交易产品和服务			保险产品和服务			投资产品和服务		
个别定位												

4.3.3 服务企业成功定位的原则

企业在确立自己的市场位置之后，应当努力维持或提升其相对于竞争者的市场优势。成功的市场定位应具备以下特征。

（1）定位应当是有意义的。企业不应该只将定位看作是一种华丽的口号，还应当让其具有实际意义。例如，苹果公司一直把自己定位成一个年轻的、具有自由和创新精神的、立志于改变世界的高科技公司，这种形象使其在家庭和教育市场上颇受欢迎。又如，“至真至诚，苏宁服务”“IBM 就意味着服务”的定位都很好地传达和诠释了企业的经营理念。

（2）定位应当是可信的。许多公司声称能为所有的人提供所有服务，这显然是难以令人信服的。即使是那些行业中的领先者，也不可能无所不能。好的定位应该是集中于某特定服务领域做一个可信任的服务企业。虚假夸大的定位往往会适得其反，给企业带来不利影响。

（3）定位应当是独特的。定位的目的是让自己的服务或品牌与竞争对手的相区别，以吸引消费者的眼球和赢得消费者的青睐。因此，服务企业应当在既定的目标市场上发掘能使自己保持领先地位的市场定位。市场上存在许多不同的差异化途径能够使企业赢得消费者和成为领先者，服务企业可以通过独一无二的特色定位打造自己的竞争优势，如表 4-9 所示。

表 4-9 服务企业独特的定位选择

定位选择	具体含义
市场份额领先者	最大的规模
质量领先者	最好的或最可信的产品或服务
服务领先者	最迅捷地为顾客解难
技术领先者	最早发现新技术
创新领先者	在技术应用上最具创造性
灵活领先者	最具适应性
关系领先者	最致力于顾客的成功
特权领先者	最具排斥性
知识领先者	最好的功能和技术
全球领先者	在国际市场上占据最佳位置
折扣领先者	最低的价格
价值领先者	最好的价格 / 性能比

4.3.4 服务市场定位的策略

从服务企业发展战略的视角，有以下三种主要市场定位策略。

（1）迎头定位。迎头定位意味着服务企业与强势的竞争对手进行“针锋相对”的较量，以强对强。虽然这种策略风险较大，但是能够激励企业时刻用较高的目标要求自己奋发向上，一旦成功，企业就可获得巨大的市场份额和竞争优势。例如，肯德基与麦当劳就采用迎头定位策略，一个推出香辣汉堡，另一个马上推出麦香汉堡，良性竞争，共同发展。

但采取这种定位策略的服务企业务必要充分认识到自己的实力和潜力，做到知己知彼，没有必胜的把握不可盲目行事。迎头定位的服务企业必须关注以下三点：

1）市场容量能否足以承载两大服务商的服务供应；

2）企业的服务是否具有区别于其他服务商的特色，如式样更新、流程更便利、人员更专业、环境更幽雅、实力更强劲等；

3）这种定位与本企业的资源、实力、声望、战略目标和应变力是否相匹配。

（2）避强定位。避强定位意味着服务企业避开强大的竞争对手，转而去抢占市场的薄弱空间。服务企业采用这种策略可以避免激烈的正面冲突，能够获得较好的市场回报，有利于巩固企业当前的位置，在市场中站稳脚跟和形成差异化竞争优势，也会给顾客留下较为明确的印象，因此，避强定位在服务企业竞争中被广泛认可和采用。例如，中国邮政储蓄银行提供小额贷款服务，不仅避免与多家大银行的直接竞争，而且在顾客的脑海里树立了企业在贷款服务方面的独特形象。

避强定位的服务企业必须具备以下三个条件：

1）服务商要具备提供高品质的特色服务的技术、设备和人员条件；

2）要能在低价进入的前提下，仍能实现最低限度的利润目标；

3）通过宣传能够有效地传达这样的市场信息——本企业服务的“性价比”要高于其他服务商。

（3）重新定位。重新定位就是企业根据市场变化的需要进行企业定位的改变或调整，包括产品、品牌或经营性质、领域等方面。当市场环境发生变化，服务机构的原有定位不正确或不能达到企业营销目标，需要发展新市场或要满足企业的竞争新需要时，企业就需要重新进行市场定位。但企业进行重新定位具有一定的风险，这不仅需要企业在内部达成共识，还需要重新获得顾客对定位的认可。顾客需求和环境的变幻莫测要求企业必须定期进行重新定位，以顺应市场的变化。

服务企业重新定位的前提如下：

1）原来的定位不准确或没有体现出服务产品或品牌的特点而需要重新提炼；

2）服务企业经营环境、竞争对手或目标消费群发生了变化需要进行定位调整；

3）由于科技、经济的发展或进入别的竞争领域的需要，且找到了更有意义的新定位。

◎ 案例 4-4

珠海机场的重新定位

由于地理位置的原因，珠海机场旅客较少，曾因欠下巨额工程款而面临巨大的财政危机。经过美国营销专家的咨询策划，珠海机场抓住商品生产与供应的全球化发展推动物流全球化的发展机遇，将珠海机场重新定位为国际航空货运枢纽港。传统的航运是“重客轻货”，而珠海机场周围拥有大量满足货运枢纽需要的仓储等配套设施，其每年10万架次的营运保障能力也足以使其成为大规模的货运机场，旅客少的劣势反而变为了优势。珠海机场的重新定位既避免了与珠江三角洲其他客运机场的正面竞争，也可与其他机场形成互补，使珠海机场赢得了生存空间。现在的珠海机场已发展成为东南亚地区国际化物流航空港。

问题思考：珠海机场为什么要进行重新定位？

从为消费者提供利益的视角，定位策略有以下三类。

（1）功能性利益定位。服务产品在功能上的创新，主要从功能上吸引消费者、为消费者进行重新定位，这也是服务企业常用的定位策略。例如，四川成都大熊猫生殖培育基地由原来单纯的生物科研机构转变为教育基地和旅游基地，不仅普及了关于国宝熊猫的基础知识，也吸引了一大批国内外游客前去观光游览，带动了当地旅游业的发展。

（2）情感性利益定位。在服务和产品都日趋同质化的今天，越来越多的服务组织依靠情感性利益（亲情、友情、爱情）与竞争者形成差异。例如，许多酒店都由原来的“豪华”定位转变为“居家感觉”的市场定位，中国人家庭观念浓厚，让顾客感觉在酒店入住就像在家一样随意自在，这不仅消除了顾客内心的疲惫，拉近了酒店与顾客之间的距离，而且节省了大量的服务成本。

（3）自我表现利益定位。当服务品牌成为消费者表达个人价值观、财富、身份、地位、自我个性与生活品位的一种载体与媒介的时候，服务产品、服务企业就具有了独特的自我表现型利益。例如，中国移动为在校学生量身打造的“动感地带”就定位于“我的地盘，我做主”，迎合了现代青少年群体以我为主、追求时尚、崇尚个性的价值需求，受到学生一族的追捧。

关键术语

服务市场细分　服务目标市场　服务市场定位　重新定位

测试题

一、选择题

1. 市场细分的概念是20世纪50年代中期，由美国市场营销学家________提出来的。

A. 温德尔·史密斯　　B. 杰克·特劳特

C. 菲利普·科特勒　　D. 艾·里斯

2. 服务市场可以从地理因素、人口因素、心理因素和________四个方面进行细分。

A. 行为因素　　B. 文化因素　　C. 宗教因素　　D. 生活方式

3. 服务企业为选定的目标市场制定营销战略时，有三种典型的战略可以选择，包括无差异营销战略、差异化营销战略和________营销战略。

A. 集中性　　B. 综合性　　C. 个性化　　D. 全球性

4. ________曾被美国市场营销协会（AMA）誉为“有史以来对美国营销影响最大的观念”。

A. 定位理论　　B. USP 理论　　C. 文化营销　　D. 网络营销

5. 定位是营销战略的核心内容，有效的市场定位应当是有意义的、可信的和________。

A. 独特的　　B. 具有普适性　　C. 复杂的　　D. 本土化的

二、简答题

1. 服务市场营销战略的制定主要包括哪些步骤或内容？

2. 为服务企业或服务品牌定位有哪些主要思路？

3. 服务企业重新定位的理由有哪些？

三、论述题

1. 服务企业或服务品牌的定位对于企业的发展有什么意义？

2. 在服务目标市场营销决策的三种选择中你倾向哪种选择？为什么？

训练设计

寻找一个定位不是很清晰的服务企业或服务品牌，尝试为其进行重新定位。首先要分析其定位不成功的地方，调查了解相关的经营竞争环境和目标消费群的需求特点，确立它的主要竞争对手并分析其定位特征，提出自己独特的重新定位的主张。

综合案例

如家酒店集团：靠精准定位赢得市场

1. 集团简介

（1）如家酒店集团创立于 2002 年，作为中国酒店业海外上市第一股，如家始终以顾客满意为基础，以成为“最值得信赖的专业住宿业管理平台”为愿景，向全世界展示着中华民族宾至如归的“家”文化服务理念和民族品牌形象。如家酒店集团旗下拥有如家快捷酒店、和颐酒店等品牌，截至 2020 年底已覆盖 600 多个主要城市，拥有连锁酒店 6 000 多家，形成了遥遥领先业内的最大的连锁酒店网络体系。

（2）企业文化。

如家愿景：成为最值得信赖的专业住宿业管理平台。

如家理念：把快乐的微笑、亲切的问候、热情的服务、真心的关爱献给每位宾客和同事。

如家使命：用专业知识和精心规划，使我们的服务和产品的效益最高，从而为客户提供“干净、温馨”的酒店产品；让我们的员工得到尊重，工作愉快，以在“如家”而自豪；使业主能够获得稳定而有竞争力的投资回报；创造“如家”品牌。

指导思想：如家酒店的目标是为顾客提供快捷简便、标准化、一致性的服务。

2. 集团经营战略

（1）精准的市场定位。创连锁酒店名牌，提供标准化、干净、温馨、舒适、贴心的酒店住宿产品，为海内外八方来客提供安心、便捷的旅行住宿服务，传递适度生活的简约生活理念，这就是如家集团对自己的定位。

豪华的星级酒店价格偏高，廉价的旅馆又不够舒适，因此满足高端商务需求的五星级以下酒店大多处于亏损状态，而面向低端消费人群的小旅店则始终得不到消费者的认可。价格、舒适对顾客来说同样重要，找到合适的平衡点，就能提升酒店服务的性价比，更好地满足客户的需求，如家就是通过精准的市场定位找到了这个点。

如家把主要目标顾客定位为中小企业客户，并为其提供质优价廉的服务。房价介于159～299元，远低于星级酒店，同时为了保证高质量、低价格的服务，如家剔除了豪华酒店当中的桑拿、KTV、酒吧等设施，装修风格简单温馨，不追求奢华。其所倡导的“五星服务、四星大堂、三星品质、二星价格”深深吸引了大批消费者，且忠诚度极高。

（2）将低成本原则应用于组织管理。作为一个经济型商务酒店品牌，如家在成本控制方面有着非常高的要求，也积累了丰富而独到的经验。为了能够在二星的价格下提供高品质服务，如家可谓“锱铢必较”。如家硬件的标准化、低成本已经为业界和消费者所熟悉，然而，如家的另一个法宝却并不广为人知，那便是贯穿于人力资源管理全程的、具有如家特色的员工关系建设。从某种意义上说，硬件上的节省都是容易做到的，并且只要标准化便能够实现快速复制。但人工成本如何节省，节省人工成本之后如何做好人力资源管理，如何通过人的因素支撑如家的高速扩张，这些问题却不容易解决。如家的第一个秘诀是削减组织层级。这一做法不仅仅是为了打造一个“经济型”的组织结构，同时是如家企业文化的体现。

（3）以情感营销取胜。如家的情感营销不仅体现在品牌命名上，也渗透到每个服务细节中。如家的营销宣传语：净洁似月，温馨如家。“如家”就是要让顾客感受到“家”的温馨、整洁与舒适，这种命名容易使顾客产生积极的品牌联想。同时，如家对细节的关注，也让顾客时时感受到被重视与关怀。例如，如家推出“书适如家”服务，在客房摆放精心挑选的经济管理类畅销书，顾客可以随意翻看，如果喜欢还可以购买，如此贴心、周到的服务特别容易获得顾客的认可。再比如，卫生间的毛巾、牙刷等洁具是两种不同的颜色，这使得同时入住的两位顾客能够轻易区分，避免混用。如此用心，能不动心？

（4）连锁经营快速扩张。酒店业的特殊性使得连锁的价值更大。连锁扩张方式可以提高企业的竞争优势，充分发挥连锁品牌效应。如家采取的正是多样化连锁形式，如直营店、管理合同、加盟连锁、特许经营四条路线齐头并进。经济型连锁酒店的门店数量决定了企业销售网络的成熟程度，也直接关系着营业收入的增长速度。实际上，创立于1997年的锦江之星是国内第一家经济型酒店，如今如家的门店扩张速度已远远超过锦江之星，后来者居上。为了保证酒店连锁品牌形象的一致性和竞争优势，如家制定了一套符合实际操作的、标准的服务手册，以规范如家的过程管理。

（5）利用网络营销。相比 7 天连锁和汉庭，如家可以算是中国快捷酒店网络营销的先行者之一。如家早在 2002 年诞生之初，就充分利用携程的网络资源迅速发展壮大，借助网络的力量使如家的名字迅速响彻中国。“如家 + 携程”的模式曾经创造了中国快捷酒店史上发展速度的奇迹。如家现在的网络营销活动主要包括借助独立的官网直销、手机端小程序等。经过多年的网络推广，如家已经占据了消费者心目中“经济型酒店”的最显要位置。

问题讨论： 1. 如家是怎样界定自己的经营范围和特色的？

2. 你认为如家的成功要素主要有哪些？

第5章 CHAPTER 5

服务产品及品牌

《回归营销基本层面》一书中提到，“营销最终会回归到基本层面”，即产品、品牌、渠道等。产品是营销的基石，任何先进的营销技术，离开了高品质的、符合顾客需要的产品，都将成为空中楼阁。品牌实际上是构成整体产品的无形部分，显示产品的价值品质。

学习目标

- 了解服务产品的整体概念。
- 了解服务包与服务之花。
- 了解服务新产品的开发策略。
- 掌握服务品牌的管理策略。

开篇案例

菜鸟裹裹

菜鸟裹裹是一款可供查快递、寄快递的应用软件，主要适用于全网包裹查询，支持淘宝、天猫、京东、苏宁等网购包裹自动跟踪，同时覆盖国内外141家快递公司，包括顺丰速运、圆通快递、中通快递、申通快递、极兔速递、宅急送等，可实现各快递公司的订单查询，且查询结果自动跟踪。其主要服务如下。

（1）扫码查件：扫码录入单号，支持包裹备注，一目了然。

（2）寄件服务：免费预约上门取件、寄件，北上广深等城市承诺寄件，未按时揽收，可获得相应赔付。

（3）附近快递员：一键查找附近快递员直接联系，寄快递、查快递效率高。

（4）菜鸟驿站：网购包裹免费代收，包裹全程跟踪、到站点自动提醒，取货操作简便，同时驿站还提供便捷的寄件服务。

此外，菜鸟裹裹还支持上门取件，十分方便快捷，省时间，受欢迎。

问题思考

尝试用产品整体概念思想分析菜鸟裹裹的服务产品。

5.1　服务产品

现代产品概念具有泛化的趋势，包括有形商品、无形服务、体验、事件、人物、地点、财产权、组织、信息、观念等。有时，提供物、供应品、解决方案或成为产品的代名词。

5.1.1　服务产品的整体概念

服务产品是指以提供某种形式的服务为核心利益的整体产品。服务整体产品由许多服务要素组成，从管理的角度看，一个完整的服务产品由核心产品、便利产品、支持（附加）产品三个层次所组成。

例如，一个旅馆的整体产品概念包括核心产品，即核心利益，是顾客真正需要的基本服务或利益，如旅馆——休息与睡眠，空调——热、冷；便利产品是实现核心利益所必需的基础产品或载体，如旅馆的床、浴室、毛巾、衣柜、厕所等；支持（附加）产品，即提供超过顾客期望的服务和利益，以便把本公司的提供物与竞争者的提供物区别开来，如电视机、网络接口、洗衣服务、结账快捷、美味的晚餐等。

理解服务整体产品需要把握三个层次。

（1）服务产品往往依附于有形的物品，有形物品中也包含服务的成分，而服务在服务产品里处于绝对的核心地位。

（2）对服务产品作为整体的理解必须建立在学习其三个层次内涵的基础之上。

（3）狭义的服务产品包括服务业的服务项目，广义的服务产品还包括实物产品市场营销活动中的服务。

树立服务产品整体概念的意义如下。

（1）它向企业昭示明确和满足消费者所追求的核心利益是十分重要的，也是最基本的。

（2）它提醒企业可以围绕核心服务适度扩大服务的范围，拓展便利性服务，以突出自身服务的差异性，进而利于与对手展开竞争。

（3）它可以提示企业在多个层次上展开竞争，尤其通过增加附加服务（支持性服务）来创造差异，提高价值，赢得服务竞争优势。

5.1.2　服务包

1. 服务包的内涵

“服务包”的概念是由格罗鲁斯提出来的。服务包其实表达的是服务产品的整体概念，一个有形服务或无形服务的集合。所谓服务包，是指服务作为一种产品，被认为像是一个包裹，它包括三个层次的内容，即核心服务（core service）、便利性服务（facilitating service）和支持性服务（supporting service），如图 5-1 所示。

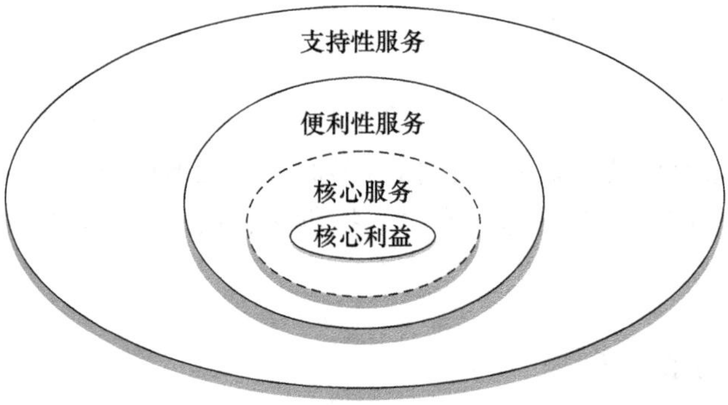

图 5-1　服务包的层次

核心服务体现为服务企业为顾客提供的最基本服务功能或顾客希望得到的核心利益，也是企业进入市场并得以存在的原因。如酒店提供住宿，银行吸收存款、提供贷款等。一个企业可以有多种核心服务，如航空公司既可以提供旅客运送服务，也可以提供货物运输服务。

便利性服务是方便核心服务使用的活动，如果没有这种服务，顾客将不能方便地使用核心服务。如酒店提供停车服务，银行的银行卡业务、网上银行、手机银行等。

支持性服务是增加服务的价值或者使企业同其他竞争者的服务区分开来的一系列活动。例如，酒店提供顾客旅游用的地图，酒店帮助提供租车公司信息，银行的查账业务，等等。

便利性服务同支持性服务之间的区别有时并不十分明显。一些服务在某些场合是便利性服务，在某些场合则为支持性服务。二者的区别主要如下：便利性服务是不可或缺的，是必要条件，而支持性服务的缺少只会导致服务缺乏竞争力，也就是说，便利性服务缺少时对服务的影响更大。

◎ 案例 5-1

四川航空公司的“免费接送”服务

2019 年夏天，我们去云南大理、丽江、香格里拉旅游，折腾近十日后从丽江出发到成都，碰巧买了四川航空公司的机票，价格还比较合理。飞机飞抵成都双流机场，出了出站口我们正准备搭乘机场巴士去成都市区，突然看见一个佩戴“四川航空公司”绶带的礼仪小姐在向客人介绍“免费接送”业务。当时我们将信将疑，因为以前没见过其他航空公司这么做，但出于好奇，还是决定去探个究竟。我们去停车场一看，有几台喷绘着“四川航空公司免费接送”字样的巴士排列于此，正在根据顾客到达目的地的不同安排拼车，我们也顺利地坐上免费车安全到达了市内的酒店。这件事让我久久不能忘怀。2021 年暑期我又有机会到成都出差，我有意买了四川航空公司的机票去享受“免费接送”服务，出了双流机场，还是有四川航空公司贴心的“免费接送”。在车上，我跟师傅了解了四川航空公司的“免费接送”。四川航空公司考虑到外地人来到成都人生地不熟，坐车不是很方便，本地人赶飞机很麻烦，因此决定提供该项服务，凡是购买四川航空公司五折以上机票的客人都可享受这一服务。如果从市内目的地到机场，需要先预约，公司合理安排接送。四川航空公司免费接送客人的服务获得客人的广泛好评，有利于培育顾客忠诚。

问题思考：从服务包视角看，四川航空公司的“免费接送”属于什么服务？

2. 服务包的规划

服务企业在制定战略规划时，首先要回答一个问题：企业要用什么样的服务来满足目标市场的需求？服务包决策将使这一问题得到全面、系统的回答。服务包决策要解决服务是什么的问题，所以必须将服务抽象地分为不同的层次。如对一个有形产品而言，我们可以描述它的包装、款式、规格等外在形象，也可以描述它的性能、功用、内容结构等。遵循这一思路，服务包决策可以分为两大模块：服务包规划和服务形象规划。

（1）服务包规划。服务包规划涵盖了两方面的内容：一是服务整体统筹，即认识顾客感知质量的各个触发点，从整体的角度加以把握，不断扬长避短，力图从整体上提升服务质量或促进服务更新换代；二是服务包确定，即根据服务企业自身的经营能力（包括资金、技术，尤其是人员、设备、商誉）和服务市场的需求，寻求适合本企业和市场需要的组合宽度、长度、深度和关联度，并根据市场环境的变化不断进行调整，在全面考虑且兼顾自身长期发展和眼前利益的基础上完成服务的更新换代和深度开发。

（2）服务形象规划。由于不存在有形产品的包装、款式及规格等硬件问题，可以说，制定服务形象规划要比制定有形产品的形象规划简单一些。但从软件方面看，由于服务自身的特性，服务品牌、服务标准都无法附着在服务提供上，因此服务形象的塑造、服务品牌的树立要比有形产品复杂得多。服务形象规划要克服服务的无形性，又要借助一些有形载体和媒介。

经过全党全国各族人民持续奋斗，我国全面建成了小康社会。“小康”反映了人们对美好生活的向往和追求，在此背景下，服务企业应该与时俱进，着力开发、提供老百姓喜闻乐见的有益于健康生活的服务产品，如旅游、文化、医疗保健、科技智慧产品，丰富人们的精神生活，提升百姓的生活品质，使百姓获得更多的幸福感与满足感。

◎ 案例 5-2

马蜂窝的服务包规划

马蜂窝是一家从事旅游服务的企业，它提供的旅游服务产品主要有以下三种。

第一，旅游攻略。旅游攻略是马蜂窝的核心产品。打开马蜂窝网站的主页，可以看到一篇篇个性化的游记，以及按照主题、地点等整理好的精美的旅游攻略。游记是旅游爱好者分享和交换旅游信息与心得最方便的途径，是最具时效性、分享性的旅游信息分享渠道。马蜂窝网站每天、每时甚至每一分钟都会出现大量最新更新的游记，每篇游记下面也都会有其他旅游爱好者的跟帖和评价。相较于游记，旅游攻略则是马蜂窝网站精心编排和整理的综合性、指导性更强的专业旅游指导手册。马蜂窝旅游攻略除包含旅行中基本的吃、住、行等信息外，还包括如何办理签证、如何退税及当地风情等信息。攻略中所有的信息都来自游客的真实体验与原创总结分享。每天都有许多游客在马蜂窝分享旅行见闻，因此网站及攻略的信息也是实时更新的。马蜂窝的旅游攻略除了按目的地分类外，还按不同的旅行主题进行分类，如台北美食攻略、亲子游攻略、北京郊区春游赏花攻略、音乐节攻略、啤酒节攻略等，为顾客提供方便的筛选方法与多种选择方式。在旅行之前，阅读旅游攻略可以帮助游客全方位、系统性地了解目的地。

第二，包括酒店、机票、签证办理等在内的综合旅游信息查询服务。马蜂窝为方便游客出行也配套提供一系列旅游基本信息的查询服务。其中旅游攻略、目的地、社区、酒店、机票和旅游服务等信息位于网站首页，门票和线路等信息位于“目的地”栏中，保险、签证等信息则位于“旅游服务”下拉栏中。马蜂窝与国内的同程、携程、艺龙、途牛等网站都已展开了合作，马蜂窝并不从事直接的在线交易，只是提供相应服务的链接和比价，如果需要订购，则会自动跳转到与马蜂窝展开合作的其他旅游网站页面。

第三，可供手机端顾客使用的“旅行翻译官”“旅游攻略”“旅行家游记”“旅游氛评”等手机应用服务。“旅行翻译官”能够帮助出境游客解决语言障碍问题。该应用内含可供免费下载的30多种真人发音语言包，覆盖常用外语语种，并且几乎包含旅行中的所有应用场景，帮助游客轻松走遍世界的每一个角落。“旅行翻译官”长期位居App应用商店旅行类排行第一的位置，也是众多出境游客的优先选择。“旅游攻略”应用由马蜂窝网站原创打造，定期更新，将其免费下载到手机后便不受网络的限制。“旅游攻略”几乎覆盖国内外所有常见目的地，内有详细的吃、住、行、景点、线路等实用信息，还有网友分享的照片和感受，每天指导着20万人的旅行。“旅行家游记”应用中的游记是从马蜂窝网站数十万精彩的游记中精选而出的，由热爱旅行的“旅行家”们倾情分享，包括精美的旅行照片、在路上的旅行感受、翔实的旅行信息，游客除了将其作为旅行的参考外，还能和“旅行家”们一同体验在路上的风景、人文及难以忘怀的故事。这些精彩的游记每天更新，下载后可离线阅读，下载的每篇游记会自动生成一个相册，精美的旅行照片亦可当作个人手机壁纸。“旅游氛评”应用中目前点评的范围包括目的地308个、景区旅游氛围79 000个、旅店98 000个、餐厅48 000个，点评数量有300 000个。只要在手机上定位到当前目的地，游客就可通过区域、星级、分类、顾客点评数等项目智能筛选景点、住宿、美食等点评信息并可将点评信息分享到新浪微博、微信朋友圈、人人网等平台。

资料来源：苏朝晖.服务营销与管理［M］.北京：人民邮电出版社，2019.

3. 服务包的扩展

格罗鲁斯认为，基本服务包由三种要素构成，即核心服务、便利性服务和支持性服务。Fitzsimmons J A 和 Fitzsimmons M J（2013）深化了服务包的含义，认为服务包是一个由有形和无形要素组成的集合，它包括支持性设施（supporting facility，SF）、辅助物品（facilitating good，FG）、显性服务（explicit service，ES）、隐性服务（implicit service，IS）四个要素。

（1）支持性设施是指在提供服务前必须到位的物质资源，一般是指服务发生的场所、设备、耐消耗物品等。SF 在建立之前就有明确的目的性，为特定服务提供支持，如酒店、机场、学校、运输工具等。SF 一旦设立其结构就不容易改动。SF 为服务生产提供了必要的场所和设备，可视为生产服务产品的平台。评价支持性设施优劣的标准包括地理位置、设施布局、内部装潢、结构适当性等。

（2）辅助物品是指顾客购买和消费的物质产品，是服务依托的载体。FG 一般表现为易耗物品，在服务过程中将被消耗掉，如美容院用到的护理产品、酒店提供的餐饮等。相对于 SF 来说，顾客在接受服务时对 FG 的选择性更为灵活，而顾客的选择性越强，越表现出服务的定制化属性。评价辅助物品优劣的标准包括可选择性、物品质量、一贯性等。

（3）显性服务是指那些可以用感官察觉到的和构成服务基本或本质特征的利益。ES 所代表的意义是多方位的，如医疗服务使患者的病痛消除或缓解，舞台上的表演所带给观众的愉悦感，干洗店所洗衣物的效果，等等。ES 是顾客消费最主要的目的，也是影响顾客满意度最直接的因素。ES 的质量主要是由服务人员的技能或服务设备的先进性决定的，因此，ES 可以被认为是无形的“硬件”，其知识含量和技术含量最高。

（4）隐性服务是指顾客能够模糊感到服务带来的附加感觉或非本质特征。IS 所代表的意义也是多方位的，如顾客到达的便利性、服务环境的舒适性、服务人员的态度、个人隐私与安全感等。与 ES 的“硬件”特征相比，IS 只能算是“软件”。即便如此，IS 在决定顾客满意度中的作用也不可小视，有的时候 IS 比 ES 更重要。例如，酒店为顾客提供一桌丰盛、可口的宴席能够极大地满足顾客的食欲，但是如果服务人员态度恶劣，顾客的满意度就大大降低。

4. 服务包的管理

（1）扩大服务包。该策略包括拓展服务包的宽度和加强服务包的深度。前者是指在原服务包中增加一条或几条服务线，扩大经营范围；后者是指在原有服务线内增加新的服务项目。一般而言，扩大服务包，可使企业充分利用人、财、物资源，分散风险，增强竞争力。

（2）缩减服务包。当市场不景气或原材料、燃料供应紧张时，收缩服务线反而能使总利润提升。这是因为从服务包中剔除了那些获利能力差的服务线或服务项目，使企业可集中有限的资源发展获利多的服务线或服务项目。例如，近年来不少航空公司（天津航空等）取消了机上餐食饮品，减少了乘客随身携带的行李量，试图向低价航空发展。

（3）服务包的定位延伸。服务包的定位延伸包括向下延伸、向上延伸、双向延伸三种方式。

1）向下延伸。这种策略是把原来定位于高档市场的服务项目向低档市场延伸，目的在于利用高档服务的声誉来吸引购买力水平低的顾客光顾新设的低档服务项目。采取向下延伸的策略虽然比较容易成功，但存在一定的潜在风险。如新的低档服务项目也许会蚕食公司原有的较高档的服务市场，因为低档服务项目可能会吸引原有的高档市场客户。公司向低档市场延伸可能会激发竞争者反而将服务重心转移到高档市场，使公司的高档服务项目陷入被动。更为可怕的是，向下延伸还可能降低服务品牌的顾客认知价值，影响服务企业的形象与持续发展。

2）向上延伸。这种策略是指原来定位于低档服务市场的服务企业，在服务线内增加高档服务项目。向上延伸同样存在风险：管理者和服务人员可能会因能力不足，不能很好地为高档市场的客户服务；在低档市场上赢得的声誉可能无法吸引高档市场的客户等，竞争力不足。

3）双向延伸。这种策略是指定位于中档服务市场的企业在获得中档市场优势后，同时向高低档两个方向延伸，以增加销售额和扩大市场份额。

（4）服务包现代化。在某些市场条件下，虽然服务包的宽度、长度和深度都十分合适，但服务包在生产形式和服务理念上已全面落后于竞争对手或顾客期望，这时就必须与时俱进，引进新技术、新工艺，通过服务创新或技术改造适应新的竞争形势。

5.1.3 服务之花

近年来，一些学者又提出在服务策略选择之前应当先进行服务整体统筹，即从整体的角度加以把握，力图从整体上提升服务质量或促进服务更新换代。通常认为一个完整的服务组合应当涵盖以下八项内容，即美国学者洛夫洛克提出的“服务之花”，如图 5-2 所示。

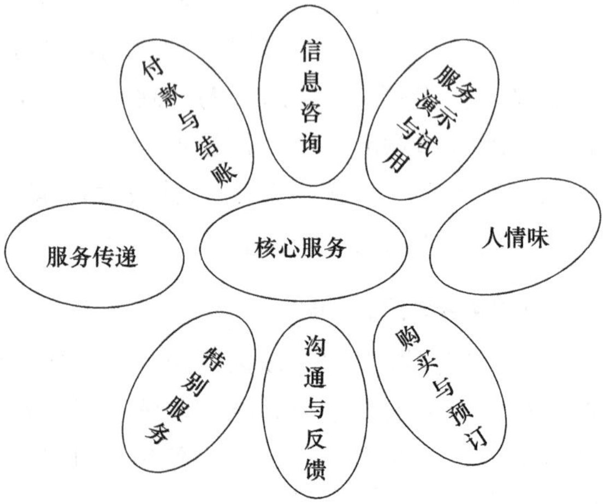

图 5-2 服务之花示意图

资料来源：黎开莉，魏锦.服务市场营销［M］.大连：东北财经大学出版社，2011.

服务竞争已不再是单纯的核心服务竞争，而是服务的整体竞争。从图 5-2 可以看出，核心服务与八个边缘服务之间相互依托、相互汲取力量。成功的服务整体统筹能使“花瓣”与“花心”相得益彰，并使八种边缘服务成为利润和感知质量的双重触发点。

“服务之花”的内容具体如下。

（1）信息咨询。在一般情况下，顾客只有得到他们认为足以克服感受到的购买风险的服务信息后（如服务的特点、服务销售地的路线指示、服务的时间、服务价格等信息），才能在内心形成消费安全感，进而实施购买行为。

（2）服务演示与试用。大多数顾客都非常希望在通过服务演示提前目睹服务流程和服务效果后再去消费该服务。即使无法做到这一点，他们也希望通过低成本的部分或全部服务试用来确认服务品质。

（3）人情味。人情味指的是服务人员对顾客表示欢迎和关心的行为。一些关怀行为，如雨天为顾客提供雨伞或热情地向老顾客打招呼，都会刺激服务购买。

（4）购买与预订。在现代网络经济和信息技术的大环境下，轻松、快捷、准确地完成订购服务，尽可能地让顾客少花时间和精力是提前带给顾客满意感的有效手段。

（5）付款与结账。服务是一种过程性的产品，包括售前服务与售后服务。如果服务企业认为服务售出后的付款与结账无关紧要，那就大错特错了。例如，由于员工疏忽而使顾客拿到了错误的账单，顾客的不满可想而知；排队等候结账或结账的不愉快同样影响着服务效用。

（6）服务传递。服务传递指的主要是服务网点的易进入性、服务环境的舒适性及服务设施布局的高效性。有时，这些会被顾客看作核心服务的重要组成部分，影响顾客满意。

（7）沟通与反馈。服务销售后主动与顾客沟通，并对顾客提出的问题做出及时反馈，对顾客满意度、忠诚度的提高及对服务关系的维持与发展大有裨益。

（8）特别服务。特别服务是处于常规服务传递过程之外的一组附加服务，或者个性化服务，如帮助顾客照看孩子或宠物，送醉酒的顾客回家，等等。服务提供者应该对特别情况做出预测并制订可变通的应急计划和处理办法，以防顾客在寻求特殊帮助时员工不知所措。

以上八种服务构成了"服务之花"的八个花瓣。要想让服务之花更加灿烂诱人，在服务整体统筹中必须贯彻这样的思维：这八种服务与核心服务是相互联系的，而不是彼此独立的。任何一项服务优势都会强化其他的服务感受，而任何一项服务失误都可能使其他的服务努力付诸东流。因此，用团队精神去塑造整体的服务，把服务看作一项系统的工作才是服务企业应该树立的态度，也是服务竞争力的源泉所在。

5.2　服务产品组合

菲利普·科特勒提出，产品组合又叫产品花色品种配合，是指企业生产经营的全部产品的结构，包括企业提供给市场的全部产品线和产品项目。

一些服务营销学者在参考有形产品组合的基础上提出了服务产品组合的概念，即服务产品组合是服务企业提供给购买者的一组服务产品，这组产品包括所有的产品线和产品项目。因此，服务产品组合类似于有形产品的产品组合，也具有宽度、长度、关联度等要素。以某酒店的服务产品组合为例，如表 5-1 所示。

表 5-1　某酒店服务产品组合的宽度和长度

服务产品组合的宽度	服务产品组合的长度
客房服务	● 单人间　● 标准间 ● 双人间　● 双套间 ● 多套间　● 总统套间

（续）

服务产品组合的宽度	服务产品组合的长度
餐饮服务	• 中餐服务 • 酒吧服务 • 西餐服务 • 咖啡厅服务 • 风味食品服务
会务服务	• 贸易展销会 • 冷餐会 • 化装舞会 • 鸡尾酒会 • 宴会
购物休闲	• 日用品商店 • 沐足店 • 服装、箱包店 • 卡拉 OK • 美容美发店 • 夜总会

1. 服务产品组合的宽度

服务产品组合的宽度是指服务企业的服务产品线总数。服务产品线也称服务大类、服务产品系列，即一组密切相关的服务产品项目。表 5-1 中，客房服务、餐饮服务、会务服务、购物休闲均属于该酒店的服务产品线，也就是说，该企业服务产品组合的宽度为 4。服务产品组合的宽度说明了服务企业的经营范围大小、跨行业经营，甚至实行多元化经营的程度。增加服务产品组合的宽度，可以充分发挥服务企业的优势，使企业的资源得到充分利用，获取范围经济效益。

2. 服务产品组合的长度

服务产品组合的长度是指服务组合中各类服务产品线所包含的服务产品项目总数。表 5-1 中，客房服务、餐饮服务、会务服务、购物休闲各条服务产品线包含的项目分别为 6、5、5、6，所以整个企业的服务产品组合长度为 22。服务产品组合的长度是由企业战略目标所决定的。服务产品组合的最佳长度并不是一个固定的标准，它因企业而异、因时而异。如果某企业能够通过增加服务产品数目反而获得销售额和利润提升，则说明其服务产品线太短，需要对服务产品组合的长度进行延伸；而如果通过削减产品数目反而能提高企业效益，则说明其服务产品线太长，需要对服务产品组合的长度进行削减。

3. 服务产品组合的相关策略

对于广义服务产品组合而言，类似于有形产品的产品组合，也存在服务产品组合策略的选择。

（1）扩大服务产品组合策略。扩大服务产品组合策略，是指对服务组合的宽度进行拓展，即增加产品线的数量。以表 5-1 为例，可以在酒店原有服务基础上增加票务服务及其他旅游代理项目，如酒店可以代售火车票、飞机票、旅游景点门票等。

（2）削减服务产品组合策略。削减服务产品组合，是指根据服务企业自身发展需要，对服务产品组合的宽度进行削减，即减少服务产品线的数量。还是以表 5-1 为例，如果会务服务这条线不赚钱或者为了削减成本，可以考虑去掉会务服务这条服务产品线。

（3）向上延伸策略。向上延伸策略是指服务企业以中低档服务产品向高档服务产品延伸，进入高档服务产品市场。一般来讲，向上延伸可以有效地提升服务品牌资产价值，改善服务品牌形象。此种策略适合一些原来定位于中档服务市场的产品，为了达到上述目的，不惜花费巨资，以向上延伸策略拓展市场。如某连锁超市升级开大卖场或者建购物中心。

（4）向下延伸策略。向下延伸策略，即企业以高档品牌推出中低档服务产品，通过品牌向下延伸策略扩大市场占有率。一般来讲，采用向下延伸策略的企业可能是因为中低档服务产品市场存在空隙，销售和利润空间较为可观，也可能是在高档产品市场受到打击，试图通过拓展低档产品市场来反击竞争对手，或者是为了填补自身产品线的空当，防止竞争对手的攻击性行为。例如，格林豪泰酒店集团就采用向下延伸策略，以二、三线城市为重点目标，出资大力拓展格林豪泰经济型酒店，获得了可观的经济效益。上海联华（大卖场、连锁超市）集团投资发展"联华便利"，覆盖便利店市场，也属于向下延伸的范例。

（5）双向延伸策略。双向延伸策略，即同时向上、向下延伸，服务产品原来定位于中档品牌，随着市场的发展，企业对服务产品做向上和向下两个方向的延伸，以求最大限度地覆盖目标市场。如电信企业、金融服务业通常是一边着力开发高端 VIP 客户，一边大力拓展农村乡镇市场，采用不同的营销组合策略，追求市场份额的最大化。

5.3 服务新产品开发

5.3.1 新产品

创新是人类社会经济发展的必然规律，"不创新，则死亡"。由于服务产品同样存在生命周期，更由于消费者服务需求的变化和服务企业参与市场竞争的需要，服务企业必须与时俱进不断开发新服务，才能有效满足市场的新需要和赢得顾客的青睐。

1. 新产品的概念

市场营销学中的新产品是指产品在功能或形态上得到改进，与原有产品有一定的差异，并为顾客带来新的利益的产品，或者说，是指与旧产品相比具有新功能、新结构和新用途，能在某方面满足顾客新的需要的产品。新产品主要包括三种类型。

（1）全新产品（新材料、新工艺、新发明），如一部新的电影、一首新歌等。

（2）换代产品（升级换代、功能提升），如将电影改编为电视剧、电影翻拍等。

（3）改良产品（在原有基础上适度改进），如老歌翻唱等。

2. 服务新产品的特点

市场竞争的激烈性与顾客的期望在所有服务行业都与日俱增。因此，服务企业要想获得成功，不但要很好地向顾客提供现有的服务，还要不断开发新的服务。对于服务提供商来讲，可以采用多种不同的方式方法进行服务创新，从简单的服务风格变化到主体服务的颠覆性创新。服务新产品体现出以下几个方面的特点。

（1）服务风格变化。这是一种最简单的创新方式，通常不会涉及流程或服务表现的变化。然而，风格变化的影响通常是非常明显的，创造新鲜感能有效激发顾客兴趣，甚至能调动员工积极性。例如，重新装修零售店面、重新设计企业网站或为员工配备新的工作服。

（2）服务质量改进。这是最普遍的服务创新方式，主要是对现有产品进行轻微调整，包括对于核心产品或者现有附加服务的改进。这通常是小事，但是顾客可以体会到。

（3）附加服务创新。这指的是为现有核心产品增加新的支撑性或增强性的服务要素，或大幅革新现有的附加服务。低技术含量的创新较为简单，如零售店增加一个停车场或开始接受一种新的支付方式。

（4）流程线延伸。它通常代表了一种新的服务传递过程。这种延伸的目的是增加便利性，为现有顾客提供一种不同的服务体验，同时也可吸引那些对原有服务不感兴趣的新顾客。

（5）主要流程创新。这类创新主要是指使用新的服务流程，通过能提供额外收益的新模式来提供现有的核心服务，使服务流程更简洁、更高效、更经济。

（6）主体服务创新。这类创新是针对之前尚未确定的市场而创造全新的核心产品，通常包括新的服务特征和崭新的服务流程。企业进行主体服务创新相对来说比较少，更普遍的是运用新技术以崭新的方式向顾客提供现有的服务，增强或者创造新的附加服务，并且通过对服务流程的重新设计提高现有的服务表现。

◎ 案例 5-3

亚朵酒店：以“阅读＋摄影”打造特色主题酒店环境

亚朵酒店主要客户群的年龄集中在35岁左右，他们大多为中产阶层，为生活、为事业忙忙碌碌，奋力打拼，经常出差，生活工作节奏快，压力大，内心向往和追求有品质的生活，也有较强的消费能力。

随着我国经济的飞速发展，中产阶层的队伍在不断壮大，已成为一个庞大的群体，他们尝试通过各种方式来彰显自己的与众不同。早期是炫耀式的奢侈品消费，从名贵首饰、箱包到豪车，这些商品正在逐渐失去标榜社会阶层的功能。今天能区分社会地位的变成了“谈资”，也就是人们身上沉淀的文化资本。基于此，亚朵酒店着力打造属于这个群体的第四空间——“在路上”，这也是继星巴克提出的家（第一空间）、办公室（第二空间）、星巴克（第三空间）的再次延伸，将亚朵酒店打造成人们在外路途中与其陪伴的伙伴、第四空间。亚朵酒店采用跨界思维，除将满足顾客的睡觉、洗澡、上网三大核心需求做到极致外，融入了阅读和摄影两大文化主题，精心设计顾客的人文生活体验。

每个亚朵酒店都有一个超大的阅读会友书吧，名为“竹居”，提供24小时借阅服务。

在亚朵酒店的大堂中，客人也能随手在一面书墙上或书柜中拿起一本感兴趣的读物，可免押金借阅。为了让客人有完整的阅读体验，亚朵酒店也提供异地还书服务。“书”式体验融入亚朵，让顾客内心多了几分宁静与思考。

摄影是亚朵酒店的另一大文化主题。具有“属地文化”的摄影作品展示在亚朵酒店的每一个角落。顾客在每一个城市的亚朵，都能通过摄影作品了解一段不同的历史。入住亚朵酒店，顾客能免费品尝到送到房间的美食，随食物附送的还有一张小卡片，卡片上介绍了美食的制作方法和功效。一杯羹、一张卡片正是亚朵酒店人追求生活品质、认真对待生活、认真体验生活的态度，这也正是其吸引顾客，让顾客产生思考的一种生活方式。

因此，亚朵酒店提供的不仅是一个可休憩的场所，更是一个可学习、可社交、可放松心境的有温度、有颜色的空间。与大部分酒店不同的是，亚朵酒店提供给顾客的不仅是外在的产品和服务，更重要的是内在的体验，所以当这样一个目标群体遇上亚朵酒店时，就神奇地产生了情感的共鸣和归属感，并成功地被引发了对生活方式的思考。

资料来源：李巍 . 服务营销管理：聚焦服务价值 [M] . 北京：机械工业出版社，2019.

3. 服务新产品开发的典型策略

（1）领先策略：企业在其他服务企业未开发前，抢先开发出全新产品，以先入为主，获得丰厚的利润回报和品牌价值，如苹果公司的 iPhone、iPad 当初就属于此类。

领先策略虽然看起来很有魅力，回报丰厚，但不是所有企业都能经常使用。它需要公司有雄厚的实力、优秀的人才做支撑，需要前期投入巨大的新产品（服务）开发的成本，以及市场教育和新产品（服务）推广的成本，而且存在可能的失败风险。

（2）跟随超越策略：技术引进与自行研制相结合，以跟随为先导，以超越为目标。其实质是学习、模仿、创新、超越，是一种具有投资性的新产品开发策略。例如，娃哈哈和统一企业，其创始人就很推崇先跟随然后超越的产品战术。

跟随超越策略看起来没有什么亮点，也可能被对手质疑，但这种新产品策略属于稳健的开发策略，以已有的产品试销为基础，市场风险小，成功率高，节约开发成本。

（3）更新换代策略：在老产品的基础上，采用新技术、新材料、新工艺开发具有更高技术性能的新产品，这是一种传统、稳健的新产品开发策略。例如，微软公司 Windows 产品的升级换代就是典型。它是科学技术进步和市场需求变化的必然要求，市场风险也较小。

（4）系列延伸策略：针对消费者使用某项产品时产生的新需求，推出有针对性的配套产品或服务。系列延伸实际上也是品牌延伸、产品线拓展，在于发挥原有品牌的影响力价值，经营风险较小，因而被企业广泛采用。如商业银行拓展保险业务、基金业务、收藏业务，家政公司从家庭的保姆、保洁拓展到公司、工厂保洁及月嫂、母婴服务等。

◎ 案例 5-4

“车保姆集团”的服务拓展

车保姆集团是天津市专业的汽车维修连锁企业品牌，是一家专业的汽车后市场服务商。该集团以汽车维修起家，目前发展为提供汽车维修、汽车保养、汽车美容、汽车保险、事故救援、特色服务六大方面的服务内容，跨行业整合行业资源，提供“一站式服务”，让广大车主从“烦琐的事故理赔”中解放出来。

车保姆集团旗下有六家维修服务站遍布天津市内六区。该集团还非常重视汽车业主的其他相关需求，大力开展售后服务创新，拓展投保、救援、索赔、咨询等热心、贴心服务，目前已经成为天津市可以为中高档汽车提供维修、保养、救援、索赔、投保、咨询等一站式服务的综合汽车售后服务集团连锁公司。

通过十年的汽车后市场服务拓展，车保姆集团不断追求卓越，以“除了驾驶其他的事情都交给车保姆来做”为企业愿景，践行跨界经营理念，整合了保险公司、维修站、交通队、拖车公司、加油站等多家资源，真正实现了让广大车主从“烦琐的事故理赔”中解放出来的服务价值，深得天津地区车主的欢迎。

问题思考：车保姆集团采用的是哪一种新产品开发策略？

5.3.2 新服务的开发

1. 新服务开发的意义

没有创新，企业就没有发展。新服务开发是服务企业实现差异化营销策略的根本途径。因此，服务企业开发新服务势在必行，其主要原因如下。

（1）保持市场竞争力的需要。为维持现有销售成果及获得足够资金，以适应市场变动的需要，新服务的开发势在必行。

（2）在服务组合中以旧换新，及时取代已经不合时宜且营业额锐减的服务。

（3）利用闲置的服务生产能力。例如，多余的剧院座位或体育中心尚未利用的健身设施等。引入新服务可以创造优势利益。

（4）抵消季节性波动的影响。许多服务业如旅游业可能存在各种季节性销售变动，新服务的引入有助于消除销售上的季节性波动。

（5）降低风险。企业目前的销售形态可能高度依赖于其中极少数服务，新服务的引入可以平衡目前失衡的服务销售形态。

（6）创造新机会。新服务的规划和开发对服务企业而言是一个重要的发展问题，它不仅需要企业建立一个防卫性的竞争地位，而且要向顾客提供搭配均衡的创新服务类别。

虽然目前新服务开发问题还没有引起大多数服务企业的足够重视，更没有建立起正规的新服务开发部门，但是随着服务业的不断发展，市场竞争日趋激烈，服务企业要想取得成功，绝不能过于依靠现有服务，而是必须开发新服务。

2. 新服务开发的策略

服务企业要想在激烈的市场竞争中生存和发展，必须不断地拓展新服务，以适应不断变化的市场需求和参与激烈的服务市场竞争。例如，海尔、苏宁等实际上已经投入电子商务，万达投身文化产业，阿里巴巴开创娱乐宝，优酷 - 土豆自制生态圈，等等。如今，各行各业的精英们都在服务市场寻找新的突破口，寻找尚未充分开发的“蓝海”。

根据新产品理论，新服务开发或者说服务创新包括以下多种类型。

（1）完全创新的服务，即采用全新的方法来满足顾客的服务需求，给他们更多的选择。采用这种方式风险较大，但回报也会很高，企业需慎重采用。

（2）进入新市场的服务，即一些已有的成熟服务项目进入新的市场销售。

（3）服务扩展，即增加现有服务的品种、内容。如某个商业技能培训学校里增设一个新的培训班，美容店增加美甲、美眉项目，餐饮店增加配送、外卖服务都属此类。这种方式投资较少，技术和营销方式已经具备，但创新效果不会很突出。

（4）服务改善，即用新技术、新工艺对现有服务的功能进行改进和提高，其实质是对服务核心层以外的服务进行改善，以调整产品的期望价值、增加服务的附加价值。

（5）风格变化，即对现有服务的特征进行改进，如对服务场所进行重新装修，改变原有的分销、配送方式，等等。在实践中，服务企业应根据企业经营状况、市场竞争需求及资源优势，与时俱进地进行服务产品及服务策略的创新，以增强竞争力。

◎ 案例 5-5

阿芙精油的服务创新

阿芙精油（简称“阿芙”）在淘宝精油类销售中排名第一，它的成功依靠的是极致的服务体验，真正诠释了什么是“服务即营销”。笔者曾真实地体验过阿芙的服务，他们的服务态度特别好，都会耐心解答顾客的疑问，帮助推荐适合的产品。笔者认为阿芙的成功离不开它们的服务。

客服及配送：娱乐用户

阿芙的客服是 24 小时无休轮流上班，客服人员分为“重口味”“小清新”“疯癫”“淑女”等风格。送货员化装成动漫里的角色为消费者送货上门。想想送货员这么有喜感地站在家门口，这时你有什么感觉？

多样化赠品：吸引用户

在送来的包裹中，不仅有消费者购买的商品，还有大量的小型试用装和赠品，比如“大队长”的“三道杠”、大丝瓜手套、面部小按摩锤……其实小赠品的成本并不高，但能让消费者有超越预期的收获，因而起到了二次营销的作用，吸引用户再次购买。如果快递延误，消费者还会收到“心碎道歉信”。

包邮卡：黏住用户

为了增强用户黏性，阿芙推出了包邮卡，拍下一张全年包邮卡需花费 9.9 元，一年内买任何东西均可免邮费；至尊包邮卡则是一个卡状的 4GB 大小的 U 盘，花费 59.9 元可享受终身包邮的服务。这一服务成功的秘诀在于当你拍下包邮卡时，你会发现不多买几次就亏了。

"首席惊喜官"：给用户创造惊喜

除了购买过程的服务体验，阿芙还设有"首席惊喜官"，他们每天在客户留言里寻找，猜测哪个顾客是潜在的推销员、专家，找到之后，"首席惊喜官"会询问地址并寄出包裹，为这个可能的"意见领袖"制造惊喜，使阿芙品牌获得更大的曝光量和推荐概率。

3. 新服务开发的流程

与有形产品的开发一样，新服务的开发也要遵循科学、合理的流程。一项新服务（这里指完全创新服务）从构思到进入市场，大体要经历七个阶段，其流程如图 5-3 所示。

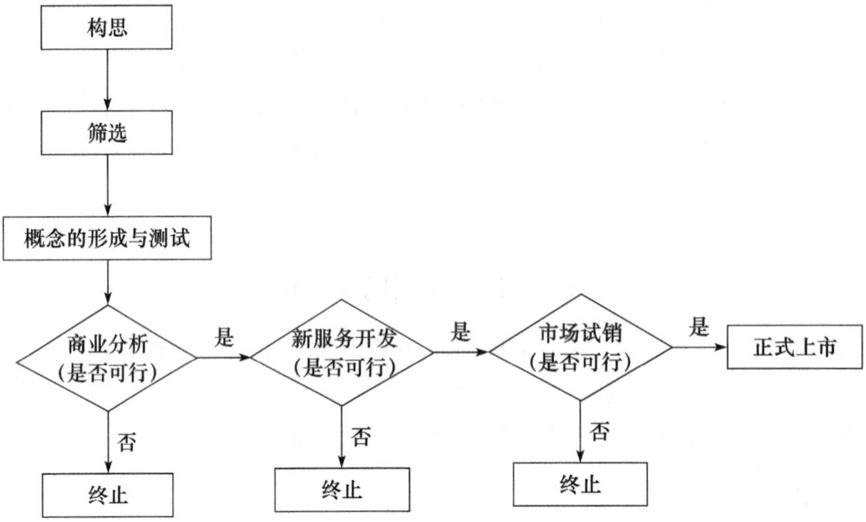

图 5-3　新服务开发流程图

资料来源：黎开莉，魏锦．服务市场营销［M］．大连：东北财经大学出版社，2011.

（1）构思。构思指的是对未来新服务的基本设想，它是新服务开发的基础和起点。这些设想可能通过企业内部也可能通过企业外部获得，既可以通过正规的市场调研渠道也可以借助非正式的渠道获得。从外部看，顾客、竞争对手、科研机构、大学和海外企业的经验等都是企业获得灵感的主要来源；从内部看，企业科研人员和市场营销主管是主要的创意来源。

（2）筛选。对所获得的产品构思进行筛选，考虑企业自身的资源、技术和管理水平等因素。因为有些比较好的构思也许并不一定能付诸实施，通过筛选可以较早地放弃那些不切实际的构思。筛选过程主要包括两个步骤：第一，建立标准以比较各个不同的构思；第二，确定标准中不同要素的权数，再根据企业的实际情况打分。

（3）概念的形成与测试。经过筛选之后的构思要转变成具体的服务产品概念，它包括概念形成和概念测试两个步骤。概念形成阶段，主要是将服务的构思转换成服务概念，并从职能和目标的角度界定未来的服务内涵。然后是概念测试阶段，其目的是测定目标顾客对服务概念的看法和反应。

（4）商业分析。商业分析就是经济效益的可能性分析，即了解这种服务概念在商业领域的吸引力及其成功和失败的可能性。具体的商业分析包括很多内容，如推广该服务所需的人员和额外的物质资源、销售预测、成本和利润预算、顾客对该创新服务的看法及竞争者的可能反应。

（5）新服务开发。在新服务开发阶段，企业要增加对该项目的投资，进行招聘和相关人员的培训，购买各种服务设施，建立有效的沟通运作系统。此外，企业还要建立和测试新服务的有形要素。

（6）市场试销。新产品研制出来之后通常要经过市场试销，检验市场反应。因为顾客对构念的产品与实际产品的评价可能会存在偏差。由于服务的无形性特征，服务企业并无实体产品可供测试，因此更需要通过实际的服务试销检验新服务的优劣、特性。

（7）正式上市。通过了市场试销测试，服务企业开始正式推广新服务，新服务正式上市。企业经营新服务业务可以选择适当的规模，而在新服务上市以前必须做出以下定位决策，即在适当的时间和地点、采用适当的推广方式向适当的顾客推广其新服务。

5.3.3　新服务的外观特征

根据产品整体概念理论，顾客对新产品的外观特征是比较重视的。由于实物产品的有形性，企业不可避免地要在其外观特征设计上花大功夫，以使其产品差异化并吸引更多顾客的目光。恰恰是由于服务产品的无形性，消费者容易把这些外观特征视为服务产品的“核心部分”，因此，服务企业需要更加重视其新服务的外观特征设计。新服务的外观特征表现在以下几方面。

（1）服务产品专利。“专利”这个词似乎在实物产品的领域内使用频率要高一些，而在服务领域比较少见。事实上，贸易名称、新的服务工艺也是受到专利保护的。遗憾的是，除此之外，服务领域的专利问题还没有得到很好的解决。因此，新的服务产品往往被竞争者模仿，生命周期较短。如医疗行业中有些独特的疗法，或者独特的配方，培训机构开发出来的特色课程及相关的培训教材等。

（2）服务品牌创新。服务品牌使消费者感受到更多的服务消费价值，也可以为服务企业创造更大的利润空间。影响品牌的四大因素包括企业所提供的服务、服务质量、服务核心概念和服务的价值。从目前来看，品牌名称是区别品牌的最主要方式，除此之外，设备标记、印刷品、电视广告、网络传播、平面广告以及运货卡车、员工制服等也是传达品牌形象的媒体。事实上，有良好的品牌形象的企业在推出新的服务产品时更容易为消费者所接受。

◎ 案例 5-6

星巴克更换商标图案

星巴克为了在全球拓展其业务，希望突破原来“星巴克就意味着咖啡”的品牌形象，以便经营更多的食品或其他产品，将其商标换成了一个更抽象化的美人鱼的形象。这个商标头像的更换引起了全球广告界的争议，有的人认为此次创新有必要、有新意，而有的人认为，这个创新颠覆或者削弱了其“星巴克就意味着咖啡”的独特咖啡品牌印象，会得不偿失。你怎么看这个问题呢？

a）原星巴克标识　　　　b）现星巴克标识

星巴克新旧标识对比

（3）服务本身的售前和售后服务。售前和售后服务不仅是实物产品的专利，服务产品同样也需要售前和售后服务。例如，酒店通过电子邮件发送一封邀请函和新服务介绍信，并附上打印的赠券或贵宾券，提供订餐服务等。在炎炎夏日，迎宾员为客人撑起一把遮阳伞，直至进入酒店大厅；酒店帮助安排出租车，为顾客打开车门等。售后服务不仅有助于顾客再次消费，与顾客建立起良好的关系，还有利于企业收集反馈信息，不断改进现有服务和开发新服务。

（4）服务产品保证。产品保证由两部分组成，即“隐含性保证”及“明示性保证”。隐含性保证是经由立法程序存在的，无论卖方有无明示都须负责。明示性保证是由卖方标明提供的。服务产品保证经常被用作销售促进和卖方自我保护的手段。例如，餐饮企业提供的食品卫生保证就是隐含性保证，而沃尔玛“天天平价”则是明示性保证。

5.4　服务品牌塑造

随着社会经济的发展和消费者素质的提高，人们的品牌意识普遍增强。由于服务品牌的建立有助于服务新产品的推广，有助于建立顾客偏好和培养顾客忠诚，有助于确立服务企业的市场竞争优势，因此不少服务企业都着力于服务品牌的塑造。而且，品牌建设也是一条兴国、强国之道。我国服务业应当有志于打造一批有国际影响力、吸引力的服务品牌，服务于“国家品牌”强国战略。

◎ 案例 5-7

中国移动品牌的“三驾马车”

中国移动共有全球通、动感地带、神州行三大品牌，其中全球通主要针对高端商务人士设计，动感地带主要针对追求潮流的年轻一代设计，神州行主要为注重经济实惠的普通百姓设计。

当“全球通”的资费超出低端客户的心理上限时，“神州行”应运而生；当眼花缭乱的移动新业务层出不穷时，“动感地带”又精彩亮相。以品牌战略统领企业的所有经营行为，是企业保持市场领先、巩固主导地位的必然选择。中国移动在细分市场的基础上对强势品牌进行整合，开发出面向中低端客户的“神州行”，让这些客户从“全球通”的品牌中自然剥离，主动维护了“全球通”的高端定位，突出了“专家品质，值得信赖”的卓越气质，使产品的溢价能力并没有随价格的变动而降低。

“全球通”突出了国际漫游、网络优越、服务到位、业务齐全并有丰厚的积分回报诸多特点，它占据了相对稳定、忠诚度较高的社会精英市场，伴随着中国移动一起走向成功。一句广告词颇有概括力：成功人士的选择，全球通。

“神州行”的面世，直接原因是受到了来自竞争者的冲击和挑战，免入网费、免入网手续、免月租费的“三免”政策确实达到了让客户省钱、省事、省心的“三省”效果。根据客户需要，“神州行”还可以提供多个亲情号码的通话优惠，在中低端市场上迅速打开了局面。“全球通”与“神州行”高低搭配、相互呼应，对于中国移动巩固市场份额、扩大客户规模贡献卓著。

如果说“全球通”“神州行”是按照业务类别进行的品牌划分，“动感地带”则是以客户诉求点为依据开发的新的服务品牌。“动感地带”的推出标志着中国移动的品牌战略向纵深拓展。它融合了最时尚的增值业务，以更为超值的功能组合直指 15 ～ 25 岁的年轻一代用户。一句“我的地盘我做主”赋予了“动感地带”时尚个性的品牌形象，受到青少年客户的青睐。

问题讨论：怎样理解中国移动的品牌组合设计？

5.4.1　服务品牌及其意义

1. 品牌的概念及内涵

品牌是构成整体产品的一个重要组成部分。根据美国市场营销协会（AMA）的定义，品牌是一个名称、术语、符号或图案设计，或者是它们的不同组合，用以识别某个或某群消费者的产品或服务，使之与竞争对手的产品和服务相区别。

其实，品牌并不只是一个名称或象征，品牌表达了消费者对一个产品或一项服务及其性能、特征的认知和感受，表达了这个产品或服务在消费者心目中的意义。最终，品牌存在于消费者头脑中。因此，建立强势品牌的价值在于获得消费者的偏好和忠诚。

◎ 延伸阅读 5-1

中国画里山水是实云是虚，没有虚的缥缈就无法衬托实的灵性。
产品是实，品牌是虚。只有实没有虚，产品卖不好。
产品好不一定卖得好，产品不好不一定就卖得不好。
产品与产品之间日趋同质化，但贴上品牌的标签，命运就截然不同了。
打造品牌的运作是理性的，品牌所产生的效应却是感性的。
品牌，其实就是一种幻觉，就像音乐、风，看似无形，却又实实在在地存在着。

——摘自《叶茂中营销策划》

问题讨论：你认为品牌是什么？举例说明。

2. 服务品牌的构成要素

（1）品牌名称。品牌名称是指服务品牌中可以用语言表达的部分，它是品牌构成的基础，通常由字词和图像构成，如迪士尼、招商银行、中国国际航空等。好的品牌名称应易于发音、容易识记，同时与服务产品有清晰的内在关联。

（2）品牌标志。品牌标志是服务品牌中可以被顾客识别，但无法用言语进行表达的部分，即品牌中的字样、颜色、符号、图形或其他独特的视觉设计。品牌标志是品牌的“视觉语言”，它能帮助顾客分辨和识别。品牌标志应该有特色、有个性、醒目且便于区别。

（3）品牌联想。品牌联想是指顾客根据服务品牌的名称和标志联想到的特定功能、属性和利益。服务品牌的品牌联想帮助服务企业构建品牌与特定功能及情感利益之间的关联，将品牌与特定属性进行关联，强化服务品牌在目标顾客心目中的形象。例如，当提及顺丰速运或看到顺丰的标志时，顾客便会联想到顺丰高效、便捷的快递服务。

（4）品牌情感。顾客在服务品牌认知过程中会将品牌利益认知转化为一定的情感认同。同时，顾客在服务消费过程中会将服务的功能利益转化为特定的情感属性。服务品牌联想更多与服务的客观属性、效用和利益相联系，而品牌的情感属性则主要与顾客的主观感知、评判与偏好相关联。

（5）品牌个性。品牌个性强调本品牌与其他品牌的特色与区别。品牌的个性形象越突出，顾客对该品牌的认知越深刻，该品牌越可能在市场竞争中占据有利的位置，因此，服务企业在品牌传播与品牌塑造时，不仅要强调品牌自身所具有的功能、利益或情感特性，还应着力赋予服务品牌以鲜明的个性形象（外在形象与品牌价值主张），以增强服务品牌吸引力。

3. 服务品牌的价值意义

服务品牌是服务提供者向购买者长期提供的一组特定的利益和服务。从一个品牌上能辨别出服务提供者，最好的品牌传达了质量的保证。换句话说，服务品牌顾名思义就是服务企业或服务产品的品牌名称和标志，它标示着该服务企业或服务产品的特征及与竞争性的服务企业或服务产品的区别。

正如美国著名调研专家伊丽莎白·尼尔逊所说的那样：品牌像一扇玻璃门，通过这扇门消费者可以感觉到公司的真正价值。一如那些世界著名女装品牌，我们可以领略到一个世界著名品牌所蕴藏的内涵。它代表一定的属性，或高贵，或典雅，或前卫，或古典，当这种品牌的时装被顾客拥有时，顾客感觉他们也同时拥有了品牌背后所隐藏的东西，他们自己也因此而变得或高贵，或典雅，或前卫，或古典。这就是品牌的价值。

服务品牌对于服务企业的价值意义主要体现在以下几方面。

（1）服务品牌能起到展示服务概念、质量和价值的作用。服务的提供、服务质量的高低以及服务价值的大小都将影响顾客对现有品牌的认知。因此，服务企业需要不断创造服务并提高服务质量，以提升企业的品牌形象。

（2）出色的品牌策略能使优质服务更优。虽然良好的品牌形象能帮助服务企业创造新顾客，但不能弥补劣质服务给顾客带来的损失。当顾客实际享受到的服务与公司最初的承诺不相符时，顾客的经历将使他对公司持否定态度，从而使借助品牌策略打开的大门重新关闭。

（3）强势品牌给企业带来市场优势。品牌是一种工具、一种展示形式，它对管理得当的服务企业帮助最大。品牌能突出企业所提供的与众不同但对顾客来说至关重要的服务，从而确立企业的市场优势。实践证明，优质服务会对企业品牌产生良性影响，强有力的服务品牌有助于顾客认识、理解、信任服务提供者，而对于难以评估的服务，它减少了顾客购买时在经济、社会和安全方面的顾虑。

◎ 延伸阅读 5-2

服务品牌建设的意义

[讨论] 服务品牌建设对于服务提供者的意义

- 有助于促进服务销售和占领市场。
- 有助于获得溢价和稳定价格。
- 有助于市场细分和市场定位。
- 有助于新服务开发，节约成本。
- 有助于抵御竞争者攻击，保持优势。

[讨论] 服务品牌建设对于服务消费者的意义

- 有助于消费者辨认、识别及选购服务。
- 有助于维护消费者利益。
- 有助于提供便利服务。
- 有助于避免购买风险。
- 有助于形成品牌偏好，满足精神需求。

5.4.2 服务的品牌效应

品牌效应是指产品或企业创造的品牌所产生的经济或社会等方面的影响。从社会角度讲，品牌可以提高企业在世界范围内的声誉，增强人民的民族自信心和自豪感。从经济角度讲，品牌效应是其因满足社会需要而获得的经济效果，是品牌的信誉、声望产生的影响力。

（1）磁场效应。服务企业所创造的优势品牌具有很高的知名度、美誉度，必然会在现有顾客的心目中建立起较高的品牌忠诚度，使他们反复购买该服务并形成习惯，不容易再转向竞争对手。服务品牌如磁石一般吸住顾客，并使之成为企业的忠实顾客。此外，使用同类服务的其他顾客也会被品牌的名声、信誉所吸引，转而购买该服务。一句话，品牌对顾客的强大吸引力会使服务销量增加，市场覆盖率扩大，市场占有率提高，最终使该服务企业的地位更加稳固。

（2）扩散效应。服务企业的某种服务如果具有品牌优势而成为招牌服务，则会赢得顾客与社会对该服务及企业的信任和好感。如果企业通过巧妙的宣传，将这种信任和好感提升到品牌或企业整体层面，就可以充分利用这种宝贵的无形资源推出同品牌的其他服务或进入其他领域经营。如果策略得当，企业就能利用服务品牌的扩散效应，将人们对该品牌原有的信任和好感逐步延伸到新的服务上，以有效实现服务品牌的延伸。

（3）聚合效应。知名品牌不仅可以使企业获得较高的经济效益，而且是企业不断发展壮大的动力源泉。随着企业实力的增强、品牌影响力的提高，企业可以将许多提供相关业务的供应商牢牢地聚合在自己周围，建立稳固的合作伙伴关系，也可以通过入股、兼并、收购等方式控制其他企业；同时，在竞争中失败的中小企业也会转而依附于名牌企业，促进企业的集团化成长。

◎ 延伸阅读 5-3

品牌资产

品牌资产一词于 20 世纪 80 年代在西方国家被广泛使用。品牌管理大师戴维·阿克认为：品牌资产是这样一种资产，它能够为企业和顾客提供超越产品或服务本身利益之外的价值；同时品牌资产又是与某一特定的品牌紧密联系的；如果品牌文字、图形做了改变，则附着于品牌之上的财产将会部分或全部丧失。品牌资产不是一个空泛的概念，而是由诸多因素所决定和反映的。戴维·阿克关于品牌资产的理论认为，构成品牌资产的重要因素有品牌知名度、品质认知度、品牌忠诚度、品牌联想和其他品牌资产（如专利、商标和渠道关系），如图 5-4 所示。

品牌资产给企业带来的附加利益，归根结底来源于品牌对消费者的吸引力和感召力。品牌资产实质上反映的是品牌与顾客（包括潜在顾客）之间的某种关系，或者说是一种承诺。

全球知名品牌咨询公司 Interbrand 发布了 2022 年度“全球最具价值 100 大品牌”排行榜，苹果以 4 822.15 亿美元的品牌价值位居榜首，微软以品牌价值 2 782.88 亿美元排名第二，进入前十名的还有亚马逊、谷歌、三星电子、丰田汽车、可口可乐、梅赛德斯－奔驰、迪士尼和耐克，其中服务品牌几乎占据一半的席位，品牌价值增长势头强劲。2022 年全球最具价值品牌排行榜（前 10 名）如表 5-2 所示。

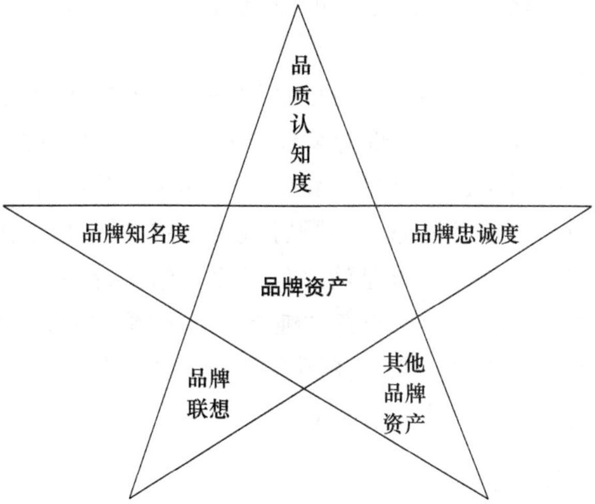

图 5-4　品牌资产五星图

表 5-2　2022 年全球最具价值品牌排行榜（前 10 名）

排名	品牌名称	国家	行业	品牌价值（美元）/ 增长率
1	苹果（Apple）	美国	科技	4 822.15 亿美元 /+18%
2	微软（Microsoft）	美国	科技	2 782.88 亿美元 /+32%
3	亚马逊（Amazon）	美国	零售	2 748.19 亿美元 /+10%
4	谷歌（Google）	美国	科技	2 517.51 亿美元 /+28%
5	三星电子（Samsung）	韩国	科技	876.89 亿美元 /+17%
6	丰田汽车（Toyota）	日本	汽车	597.57 亿美元 /+10%
7	可口可乐（Coca-Cola）	美国	饮料	575.35 亿美元 /+0%
8	梅赛德斯－奔驰（Mercedes-Benz）	德国	汽车	561.03 亿美元 /+10%
9	迪士尼（Disney）	美国	媒体	503.25 亿美元 /+14%
10	耐克（Nike）	美国	服饰	502.89 亿美元 /+18%

问题思考：在全球排名前 10 的品牌中，哪些属于服务品牌？品牌价值增长态势如何？

5.4.3　服务品牌的文化内涵

品牌文化包括两类要素：一类是展现在顾客面前、看得见摸得着的一些表层要素，如品牌名称、品牌标志等；另一类是在品牌表层要素中蕴含的该品牌独特的内层要素，如品牌的利益认知、情感属性、文化传统和个性形象等。因此，服务品牌是服务形象和服务文化的象征，一个具有丰富文化内涵的服务品牌才具有持久的生命力。

1. 品牌文化的表层要素

品牌文化的表层要素是品牌文化的外在表现形式，主要包括品牌名称和品牌标志。

（1）品牌名称。品牌名称是品牌中可以被读出声音的部分，是形成品牌概念的基础。

（2）品牌标志。品牌标志是品牌中可以被识别，但不能用语言表达出来的部分，也可以说是品牌中的图形记号，常常表现为某种符号、图案或其他独特的设计。

品牌标志能引发品牌联想，是品牌文化的集中体现。品牌标志的动人形象能使顾客产生喜爱的感觉，进而萌发情感联系，使顾客成为品牌的忠实使用者。例如，农夫山泉的品牌标志上方是连绵的山脉，下方是清澈的湖水，给人绿色、环保、生态、富有生机的印象，红白绿色彩对比鲜明，给消费者“纯天然、健康”的品牌联想。

品牌标志是品牌的视觉语言。它能使顾客马上识别出该品牌，使顾客成为品牌的忠实用户，并在顾客头脑中产生一种深刻而刻板的印象。

2. 品牌文化的内层要素

（1）品牌利益认知。品牌利益认知是指顾客认识到某品牌产品的功能特征所带来的利益，它是品牌认知的一部分。品牌通过利益认知向顾客传递产品能满足一定需求并在某方面具有较强满足能力的价值信息。

（2）品牌情感属性。顾客在对品牌的认知过程中，会将品牌利益认知转化为一定的情感上的利益。顾客在购买产品的功能利益的同时，也在购买产品带来的情感属性。例如，麦当劳的质量和服务可转化为“在这里感觉到受人尊重、舒适以及开心”。

（3）品牌文化背景。品牌背后是文化，品牌也代表了一种文化传统。文化传统有时会成为品牌的强大力量源泉，品牌因而有更持久的生命力和市场优势。比如，曾经的孔府家企业的广告词“孔府家酒，让您想家”就引起了消费者共鸣，击中了中国传统“家”文化。

（4）品牌个性形象。品牌具有一定的个性形象，因此，宣传品牌时要说出其独特之处，以树立品牌鲜明的个性形象。个性形象更强调品牌与其他品牌的区分，无论顾客是否看到该品牌的标志和文字，都能意识到该品牌所代表的利益和价值主张。

品牌的个性形象越突出，顾客对品牌的认知越深刻，该品牌在市场上的优势就越明显，否则顾客对品牌的认知就会比较肤浅，无法形成深刻、难忘的印象。

◎ 案例 5-8

从“双种子”到“真功夫”

“真功夫”起源于广东东莞长安镇的一家叫“168蒸品”的小店，1997年更名为“双种子”，以做中式快餐为主。它的做法是将所有的主料、配料都准备好，需要时只蒸3～5分钟就可以食用了。这种做法发扬了粤菜爱蒸的特点，很好地保持了营养，而且卫生、快捷，适合中式快餐连锁经营。

尽管有这么好的做法、这么美味具有营养的快餐，但“双种子”的生意就是不好，在东莞地区开的几家连锁店都很不景气，面临倒闭。于是企业负责人北上北京，找到中国知名营销策划人叶茂中。叶茂中果然名不虚传，一出手就将店名“双种子”更名为“真功夫”，取谐音“蒸的功夫”，突出产品特点，开展连锁经营；又绘制了一个中国功夫人的形象图案，作为品牌标识，便于传播、识别又暗示真的有功夫。此标识让人产生功夫联想，令人印象深刻、难忘，也增加了顾客的亲近感和认同感。“真功夫”凭借这一策划得以快速扩张，连锁门店开到国内很多城市，生意非常火爆。

叶茂中的解释是：“真功夫”傍上功夫文化，就会给消费者一种历史的错觉，甚至让消费者自觉地将他们对李小龙的感情投射到这个餐饮品牌上来。“真功夫”做的是中式快餐，傍上功夫文化，从某种意义上透露出企业的野心，即通过“真功夫”打造全球华人餐饮品牌。

《北大商业评论》的评论是：“真功夫”巧傍了中国的功夫文化，强化了消费者的品牌认知和认同，体现了叶茂中的策划功夫。但也有人认为，这个策划虽然很有创意，很神奇，也很成功，但涉嫌侵权，因为一看标志自然会让人想到中国功夫王子李小龙。

问题思考：你怎么评价这一策划？2019 年，李小龙的后代提出商标侵权异议，对此，你怎么看？

5.4.4　服务品牌的管理策略

1. 服务品牌的定位

品牌定位是指确定品牌属性、功能、顾客利益及其市场位置。进行品牌定位的基本原则就是与企业的市场定位相符合，在市场定位的基础上赋予品牌核心理念。品牌的定位并不是宣传产品或服务本身，而是挖掘出包容或兼具其产品或服务的理念和价值主张。

如香格里拉代表幽雅的世外桃源，希尔顿代表家的感觉，这种核心理念往往代表了品牌赋予顾客的核心利益点，并能引起顾客的共鸣，同时还应该注意塑造品牌形象，使品牌人性化。而如家酒店就是定位于一般商务人士、居家旅行的经济型商务酒店，使之与豪华星级酒店和招待所相区别，迎合了特定消费群的需求。

◎ 案例 5-9

星巴克的品牌定位

星巴克从一家小小的咖啡豆零售店成长为一家大型国际咖啡连锁企业的历程正得益于其准确的市场定位。星巴克将自己定位为独立于家庭、办公室以外的“第三空间”，它的目标市场是一群注重享受、休闲、崇尚知识、富有小资情调的城市白领。同是“第三空间”的概念，星巴克在海外和中国的定位有着很大的不同。在海外，星巴克“第三空间”概念的落脚点是“您的邻居”——是其家庭客厅的延伸、价廉物美的社交场所、办公室和家庭之外的第三个最佳去处，而绝非白领阶层的专属。在西装革履的金融区，在花花绿绿的黑人区，都可以看到它的踪影。而在中国，星巴克的目的是为中产阶层提供一个风格清新的时尚社交场所。人们可以关注别人，同时也被人关注。在星巴克，人们在购买咖啡的同时，也买到了时下消费者非常重视的一种东西，即一种体验、一种生活方式。年轻人去星巴克消费就代表了一种时尚的现代生活方式！

2. 服务品牌的命名

品牌名称是品牌中可以用语言文字称谓表达，可以读出声音的部分。一个好的品牌首先要有一个好的名称，才能被消费者接受和喜欢，才能利于传播和形成品牌效应。菲利普·科特勒在其《营销管理》中提出，一个好的品牌名称应该具备以下特点。

（1）表明产品的功能或特征。

（2）易于发音、识别和记忆。

（3）独特、鲜明并便于扩展。

（4）易于翻译成外语。

（5）能够注册并得到法律保护。

根据国内外的相关研究，结合我国服务企业的经营特点，好的服务品牌命名的基本特征如下。

（1）独特性，如电信品牌“动感地带”“全球通”等。

（2）朗朗上口，如外语培训机构“新东方”，家居连锁品牌“宜家”“红星美凯龙”等。

（3）简单易记忆，如 KTV 连锁企业“钱柜”、蛋糕连锁店“好利来”等。

（4）美好联想，如餐饮企业“必胜客”“肯德基”“常湘聚”“川国演义”，商业银行“民生银行”，保险企业“平安保险”“人寿保险”，等等。

（5）习俗法规禁忌，如新的商标法、广告法规定，但凡涉及当地风俗习惯、宗教文化、民族禁忌、封建迷信、色情暴力以及不正当竞争性质的品牌名称皆不予批准注册。

3. 服务品牌的传播

营销的核心在于定位与传播，传播是塑造品牌和产生品牌效应的关键环节。首先要使用整合营销传播的工具和方法提高品牌的知名度。通常的做法是进行媒体分析，了解哪些媒体可能最有效地传递信息给顾客，然后用同一个声音说话，与顾客加强沟通。如果有一个好的品牌广告语，就可以帮助树立服务品牌形象，成为影响大众的力量。例如，柒牌男装的“男人就应该对自己狠一点”，美特斯邦威的“不走寻常路”，动感地带的“我的地盘我做主”，动感地带与麦当劳的整合营销广告语“我的地盘，我喜欢”，全球通的“我能”，等等。

至于美誉度的建立，企业主要应该在服务整体质量上下功夫，最困难的是保持顾客对品牌的忠诚度。人们通常把品牌看作企业的资产，实际上真正的资产是品牌中的顾客忠诚度。要维持顾客的忠诚，就需要满足其不断变化的需求，让他们不断体验新的价值。实践证明，成功的品牌是那些始终牢牢抓住顾客并赢得他们持久忠诚的品牌，因此，忠诚顾客的培育已经成为服务企业提升品牌价值的关键。

4. 服务品牌的改造

一个服务品牌经历了一定的发展后，可能面临改造的问题。品牌改造通过市场营销创新、技术创新、管理创新等手段来进行，如改变视觉形象广告、推出新服务、赋予新价值等，使品牌保持新的活力。一些具有悠久历史的服务企业往往容易忽视这一点。

5. 服务品牌的危机处理

如果企业与顾客发生纠纷，应该按照危机管理程序冷静处理，尽可能化解危机，重塑服务品牌形象。如果品牌在顾客心目中的形象已经无法挽回，或者处理危机的成本超过新建品牌的投资，企业就应该采用品牌放弃策略，重新树立新的品牌。

6. 其他服务品牌策略

以下这些措施可以帮助服务企业建立服务品牌形象和提升服务品牌价值。

（1）注重服务的个性化、特色化。

（2）利用“名人效应”提升品牌声誉。

（3）积极参与服务机构的评级、评奖。

（4）主动参与服务行业的估价、排名。

（5）注重服务品牌的视觉形象塑造与媒介推广。

◎ 延伸阅读 5-4

如何创建一个强有力的品牌

菲利普·科特勒认为，建立一个强有力的品牌包括两个主要方面：一是必须明确价值主张，二是要进行品牌建设。第一步主要是关于如何进行差异化定位，如：①做第一名；②拥有一种属性；③拥有一种传统；④成为某方面的专家；⑤拥有某种独特性能；⑥成为最新的。第二步则包括：①选择品牌名称；②开发品牌名称的丰富联想；③建立该品牌与顾客形成的所有联系，从而使其符合品牌形象并达到或超过顾客的预期；④管理品牌关系。

关键术语

服务产品　服务包　服务品牌　品牌定位　品牌资产

测试题

一、选择题

1. 根据“服务包”理论，基本的服务包可分为三个层次，即核心服务、便利性服务和________。

A. 个性化服务　　B. 本土化服务　　C. 维持性服务　　D. 支持性服务

2. 新产品主要包括三种类型：全新产品、________、改良产品。

A. 高技术产品　　B. 新包装产品　　C. 替代产品　　D. 换代产品

3. 一个完整的服务组合应当涵盖八项内容，即美国学者________提出的“服务之花”理论。

A. 贝里　　B. 里斯和特劳特　　C. 阿克　　D. 洛夫洛克

4. 根据戴维·阿克的品牌资产理论，构成品牌资产的重要因素包括品牌知名度、品牌认知度、品牌忠诚度、________和其他品牌资产（如专利、商标和渠道关系）。

A. 品牌名称　　B. 品牌标识　　C. 品牌满意度　　D. 品牌联想

二、简答题

1. 服务新产品开发包括哪些主要流程？

2. 服务品牌会带来哪些经济效应和社会效应？

3. 服务品牌包括哪些品牌要素？

三、论述题

1. 树立服务产品整体概念对于服务企业经营有什么现实意义？

2. 你更赞同哪种服务新产品开发策略？为什么？

训练设计

1. 描绘你所熟悉的某服务企业的产品组合图，试说明其在市场竞争中的定位、有效性并分析其优势和劣势。

2. 设想并绘制某项服务新产品的开发流程图，并模拟制订一整套新服务推广方案。

综合案例

携程旅行网的服务组合扩展策略

携程旅行网是1999年年初成立的一家吸纳境外风险投资组建的高科技旅游服务公司，总部设在上海，在北京、广州、深圳、香港都设有分公司，并在全国20多个大中城市设有分支机构，是国内最大的旅游电子商务网站。携程旅行网从酒店、机票预订起家，业务逐步拓展到旅游服务、会展服务等泛旅游服务领域。现主要业务如下。

（1）酒店预订。携程旅行网的合作酒店包括境外酒店、优选酒店、民宿客栈等。携程旅行网合作的酒店全部在网站上一览无余，客户可在网上查看酒店的介绍、图片、用户评价及价格，并且进行详细的比较；客户还可在预订页面对自己所住的酒店进行评价，从而实现信息共享。携程旅行网还推出了酒店实景视频，使客户能在网上“亲临”房间。

（2）机票预订。携程旅行网已与国内三大航空集团及主要航空公司和机票代理商建立了良好的合作关系，并建有全国统一的预订服务中心，提供国际、国内所有航线的机票预订服务，并在北京、上海、广州、深圳等 35 个城市开展了送票上门服务。同时，携程旅行网还提供火车票、汽车票、船票预订及专车、租车等交通服务。

（3）休闲度假安排。携程旅行网为客户提供了可以从全国各地出发的各种国内外独家旅游产品，可以按客户的需求设计行程、安排旅馆、组织会议等。携程旅行网还为客户提供优惠门票、目的地攻略、游轮旅行、定制旅行等业务内容。近几年，携程旅行网还拓展了会议、婚庆等会展服务项目，为一些行业机构代理办会业务，为一些个人代理婚庆服务。特约客户可通过奖励升级与直接购买获取携程 VIP 卡，持有该卡的客户可在北京、上海、广州等全国十大城市 3 000 多家特约商户享受 7 ～ 9 折的优惠，内容涵盖餐饮、健身、购物、生活等多个方面。

（4）旅游咨询服务。①目的地指南：携程旅行网目的地攻略栏目涵盖了中国及世界知名旅游景点，内容包括餐饮、交通、住宿、天气等多方面的实用信息。②携程社区：携程社区深受网民欢迎，为旅游者提供了交流和获取信息的场所，这里有许多兼具趣味性和实用性的栏目，如“结伴同游”“有问必答”等。携程俱乐部已在一些主要城市与当地一些著名的户外活动或体育俱乐部合作，推出特色旅行活动。③《携程走中国》：携程还根据网民的需要推出了一套专业纸质旅游丛书《携程走中国》，针对会员执行优惠价格，书中涵盖了全国所有的省、自治区、直辖市的知名景区景点，每一章还收录了众多携程专家和网友的亲身经历，为旅游者出谋划策。

问题讨论： 1. 怎样评价携程旅行网的现有服务组合？

2. 你认为携程旅行网的业务还可以往哪些方向扩展？

第6章 CHAPTER 6

服务定价

价格是营销要素中最为敏感的要素，因为绝大部分消费者都是价格敏感者。而定价是一件复杂而微妙的事情，受到成本、需求、竞争、品牌甚至经济环境、国家相关政策的影响，特别是受消费者心理因素的影响。由于服务的无形性和差异性特征，和有形产品的定价相比，服务产品的定价会更困难和复杂。

学习目标

- 了解服务定价的特殊性及特点。
- 了解服务定价的诸多影响因素。
- 了解成本、需求、竞争导向的定价方法。
- 掌握服务定价的诸多应用策略。

开篇案例

上海航空公司的“常旅客计划”

上海航空公司（简称上航）“请”一位旅客免费打了一次高尔夫球。在某高尔夫球场练习场地，这位旅客痛痛快快地挥杆打了90个球，交通费、打球费均由上航“买单”。上航之所以“请客”，只因为这位旅客乘坐上航航班的飞行里程达到了1 000千米，而他早已注册成为上航“常旅客”，因此得到了这次奖励。

其实，除了免费打高尔夫球之外，假如你是上航的“常旅客”，只要飞行里程数达到一定标准，便可得到免费机票、免费升舱位等级、免费住宿宾馆等待遇。拿上航推出的“常旅客计划”来说，旅客申请十分简单，只要买机票乘坐上航班机，再填写一张申请表格，便可成为上航的“常旅客”。从此，只要你乘坐上航班机，便可获得相应的奖励里程，计入你的账户中累积。当达到一定累积数，你便可享受到各种免费服务。比如，旅客只需乘坐10次上航上海至北京的航班，便可得到一张上海至北京的免费机票。这些累积数不会过期作废，还可转让给他人享用。

“常旅客计划”是与国际民航界惯例接轨的现代经营方式，有助于培育越来越广阔的忠诚消费群体，有助于航空公司与旅客“双赢”。两年多来，上航的“常旅客”已达 5.8 万人以上，还有越来越多的人士加入。

问题思考

上海航空公司的“常旅客计划”有何独到之处?

6.1　服务定价的特点

服务定价，顾名思义就是服务企业为其所提供的服务产品定价。受服务特征的影响，服务产品定价较传统有形产品定价来说具有其特殊性，服务企业在进行服务产品定价决策时，应重视服务产品定价的特殊性，以便合理地为服务产品制定价格策略。

6.1.1　服务定价的特殊性

由于服务大多具有无形性特征，服务的成本无法准确衡量，同时服务提供和服务消费的价值感知又存在差异性，因此，和有形产品的定价相比，服务产品的定价会更困难和复杂。

（1）服务定价表现形式的多样性。由于服务产品有其独特性，因此服务产品价格的表现形式与有形产品有很大不同，在服务业，产品很少用“价格”这个术语，服务供应商采用了不同的价格表现形式，如运费、学费、出场费、医疗费、电话费、房租等。服务行业的复杂性决定了价格表现形式的多元化，同时这种多元化又说明了服务价格市场评价的结果。这些服务价格的表现形式都是在市场交易中约定俗成的，如表 6-1 所示。

表 6-1　常见服务行业定价术语

服务行业	价格名称	服务行业	价格名称
广告业	佣金	酒店住宿	房费、租金
咨询业	酬金	道路使用	通行费
教育业	学费	房地产	佣金、中介费
金融服务业	利息、费用、佣金	证券服务	中介费、手续费、佣金
健身、保健	会费	娱乐服务	门票、入场费
法律	酬金	交通	机票、车票、船票

资料来源：黎开莉，魏锦 . 服务市场营销［M］. 大连：东北财经大学出版社，2011.

（2）服务定价影响因素的复杂性。服务产品定价除了受到服务成本、服务需求和竞争者三个主要因素影响，还受到定价目标、服务营销组合特征、政治法律、人员、时间、地点、过程、气候、季节、便利等众多因素的影响，因此导致服务产品定价难度加大。

（3）服务定价时间的滞后性。由于服务的过程、时间和内容在很多情况下都是不同的，即使是同种服务也是如此，因此服务提供者不可能在提供服务之前就制定出准确的价格，而需要在了解顾客的全部情况、顾客所需要的服务内容后，才能制定价格，有时候甚至要到服务过程结束后，才能制定准确的价格。例如，医疗服务、咨询服务、法律服务、休闲娱乐服务的顾客经常在预先不知道服务的最后价格的情况下进行消费。

（4）服务定价幅度的弹性。服务的无形性特征使得服务产品的定价比有形产品更困难。在购买服务产品时，顾客不能客观地、准确地检查服务，只能猜测服务产品的大概特色，然后同价格进行比较，但对结论没有信心。这就解释了为什么服务产品价格的上限和下限之间的定价区域一般要比有形产品的定价区域宽，且最低价和最高价的差距极大。顾客在判断价格是否合理时，更多的是受服务产品中实体要素的影响，从而在心目中形成一个“价值”概念，并将这个价值同价格进行比较，判断是否物有所值。因此，企业定价时所考虑的就是顾客对产品价值的认识，而不是产品的成本。

一般说来，实物成分越高，定价往往越倾向于使用成本导向方式，而且也越倾向于采取某种标准；反之，实物成分越低，则越多地采用需求导向定价，而且价格也越缺少标准可循。服务的无形性也意味着提供服务比提供实体产品要有更多的变化，服务水平、服务质量等都可以依照不同顾客的需要而调整配合。然而，虽说服务无形，定价可有弹性，但价格应该是价值的货币体现，应该客观、真实地反映所提供服务的价值。诚信是中华民族的传统美德，反映在服务产品定价领域应该坚持公平公正、实事求是、童叟无欺的原则，反对价格欺诈，反对暴利和价格歧视。

（5）服务价格调整的频繁性。服务的不可储存性及服务的需求不稳定性，决定了不同时期的服务产品价格有差别。服务的不可储存性使服务的供求始终难以平衡。当供大于求时，服务企业可能必须使用优惠价及降价等价格折扣的方式，以充分利用剩余的生产能力，从而使差别定价和边际定价策略得到普遍应用。

频繁使用价格折扣最典型的行业当数航空、旅游、零售、商务等。由于顾客对这类服务的需求有明显的季节性，如果不进行降价销售就会导致生产能力的大量剩余，如客机舱位的闲置、景区游乐设施的闲置等，从而影响企业的收入。但是，企业如果频繁使用价格折扣策略往往会增强顾客的期待心理，他们可能会故意不消费某种服务，因为他们预期必然会降价。为了防止产生这种现象，服务企业就要给予提前订购服务的顾客优待性特价。

（6）服务产品价格管制严格。一般而言，越是独特的服务，卖方越可以自行决定价格；反之，如果服务产品是同质性的，那么价格竞争就可能很激烈。因此，服务企业往往想方设法使自己的产品与众不同。在这种情况下，价格成为判断服务质量的标准，当然这里的价格往往高于竞争者的价格。同时，由于服务与服务之间没有统一的质量标准比较，因此服务厂商的价格就有很大的自主性，会出现一些过高的服务价格，在这种情况下，行业协会或政府部门需要出面对价格进行规范和管制。如果服务本身很难实现差异化，企业之间就会展开价格竞争，此时，行业协会和政府部门的价格管制也是非常必要的。

（7）服务的差异性和不可分离性影响服务产品统一定价。服务的差异性及服务与服务提供者的不可分离性，使得服务受到人员因素、地理因素或时间的限制。而且，消费者也只能在一定的时间和区域内才能接受一定人员的服务，这种限制不仅加剧了企业之间的竞争，而且直接影响到服务的定价方式，因此很难采取统一的、标准的定价模式。

例如，有些便捷酒店，尽管是全国甚至全球连锁，但各个地方的消费水平不一，这就必然会影响到酒店在当地的价格，导致各地域的定价有差别，无法做到统一定价。

6.1.2　影响服务定价的因素

根据产品定价的规律，成本因素、市场需求、竞争产品的价格、替代品的价格，以及经济发展水平、购买力、附加服务、服务品牌、经济政策等都会影响到企业服务产品的定价行为。

（1）成本因素。成本是服务产品价值的基础组成部分，它决定着产品价格的最低界限。固定成本——不随产出而变化的成本，在一定时期内表现为固定的量。变动成本——随着服务产出的变化而变化的成本。许多服务行业中变动成本在总成本中所占的比重往往很低，甚至接近于零。虽然服务作为无形产品，成本难以准确测量，但成本要素在定价时还是不能忽视的。

（2）市场需求。市场需求影响顾客对产品价值的判断，进而决定着服务产品价格的上限。服务定价最为显著地受服务需求弹性的影响，因为不同服务产品的需求弹性是不尽相同的。如果顾客对该服务的需求是有弹性的，如旅游品、休闲产品、健身等，那么定低价就特别重要。如果顾客对该服务的需求没有弹性呢？如住房贷款、消防器材及安装等，就可以制定相对较高的价格。而服务作为无形产品，在成本不便核算的前提下，大多参照需求因素实行认知定价。

（3）竞争因素。市场竞争状况调节着价格在上限和下限之间不断波动并最终确定产品的市场价格。服务市场大多是完全竞争市场，竞争日益激烈，服务企业要生存并且应对市场竞争，必须考虑竞争者的价格，才能制定出具有竞争力的服务价格。

（4）其他影响因素。影响服务定价的因素还有很多，如品牌因素、替代品的价格、所在地区的经济环境、目标消费群体的购买力，以及国家或地区相关价格政策等因素。显然，知名服务机构的服务提供品具有品牌效应，可以制定较高的价格；在富裕地区的服务提供品可以考虑制定较高的价格获得高额利润回报；像房地产之类的定价还会受到当地经济发展水平、当时当地政策的显著影响。除此之外，你认为还有哪些因素会影响服务定价呢？

6.2　服务定价的方法

服务企业在为其服务产品定价时通常采取成本导向定价法、需求导向定价法和竞争导向定价法三类基本的定价方法或定价战略。

6.2.1　成本导向定价法

成本导向定价法是指企业依据提供服务的成本，并在成本的基础上通过利润加成来决定服务价格的定价方法。成本导向定价法以成本为定价依据，主要包括成本加成定价法、边际成本定价法和投资回报率定价法等，其特点是简便、易行，在成本容易衡量的领域中被广泛应用。

（1）成本加成定价法。成本加成定价法是以服务产品的单位成本为基础，加上预期利润，结合销售量等有关情况，确定服务产品价格水平。成本加成定价法是按照单位产品成本加上一定比例的利润来制定价格的方法。产品单价计算公式为

$$产品单价 = 单位产品成本 \times（1+成本利润率）\tag{6-1}$$

这种方法的优点是计算简便，而且如果同行业都采用这种定价方法，同行业制定出的价格也相差不大，能够避免出现价格过度竞争的情况，企业都能够获取稳定的利润。但是，这种定价方法是从企业的角度出发来考虑定价问题的，往往忽视了市场需求、竞争情况和消费者的心理因素，所以制定出来的价格可能不一定合适，不利于产品的销售。

（2）边际成本定价法。边际成本定价法又叫边际贡献定价法，是抛开固定成本，仅计算变动成本，并以预期的边际贡献补偿固定成本以获得收益的定价方式。边际贡献是指企业增加一个产品的销售，所获得的收入减去边际成本后的数值。如果边际贡献不足以补偿固定成本，则出现亏损。其定价公式为

$$价格 = 变动成本 + 边际贡献 \tag{6-2}$$

边际成本定价法的实际意义在于：在保持固定成本不变、企业总收入不减少的情况下，可以通过增加服务销售量的办法来降低价格，以低价格策略增强服务的市场竞争力。这是一种稳健的追求薄利多销的服务定价方法。

（3）投资回报率定价法。投资回报率定价法是指服务企业为了确保按期收回投资并获得利润，在总成本中加入预期的投资回报率来确定价格的方法。这个价格在投资回报期内不仅包括单位产品分摊的投资额，还包括单位产品分摊的固定成本和变动成本。

这是一种只站在企业角度设计价格、不考虑消费者需求及市场竞争因素的理想化的服务定价方法，在服务竞争不激烈的情况下可以采用，在激烈的竞争环境下则面临挑战。

综上所述，成本导向定价法是一种比较传统、基本的定价方法。由于服务成本的准确核算较实物产品更为复杂，因此成本导向定价法只是在制造业或者实物性较强的传统服务领域中较为常用，如餐饮、零售等行业。但为什么还有那么多企业仍然坚持采用成本导向定价法呢？理由如下。

1）成本导向定价法的主要优点在于定价简单明了，卖方可以简化它们自己的定价任务；当需求变化时，它们也无须频繁地调整价格，还能保证合理利润的实现。

2）当行业的所有企业都使用这种定价方法时，它们的价格就会趋于相似，因而价格竞争就会减到最小，就可以避免掀起行业的价格战。

3）许多人感到，成本加成定价法对买方和卖方来讲都比较公平。在买方的需求变得急迫时，卖方不利用这一有利条件谋求额外利益，仍能获得公平的投资报酬。

6.2.2 需求导向定价法

需求导向定价法是一种以市场需求强度及消费者的价值感知为主要依据的定价方法，包括理解价值定价法、需求差异定价法、反向定价法等。

1. 理解价值定价法

理解价值定价法又称感知价值定价法，是企业按照消费者在主观上对该产品所认知的价值水平来定价的方法。这种方法不是以产品的成本费用水平来定价，而是一种顾客导向的基于市场需求状况的定价方法。

理解价值定价法的关键在于准确地把握和估算消费者对该产品的理解价值，因为如果估计过高，就会定出偏高的价格，如果估计过低，则会定出偏低的价格，这就需要借助市场调研的方法和技术。比如，婚纱摄影行业、婚庆行业、文化教育行业、咨询培训行业、旅游行业、美容保健行业、心理医生行业、时装定制行业等，大多采用理解价值定价法，因为这些行业很难核定生产成本。

2. 需求差异定价法

需求差异定价法是指服务企业根据市场需求的时间差、数量差、地区差、消费水平差及心理差异等来制定产品价格的方法。这种定价方法，对于同一产品可以制定两个或两个以上的价格，可以最大限度地满足市场需求，促进商品销售，有利于企业获取更多经济利益。

根据需求特性的不同，需求差异定价法主要有以下几种形式。

（1）基于时间差异的差别定价。同一种服务，成本相同，而在不同时间段的效用是完全不同的，顾客的需求强度也不同。在需求旺季时需求价格弹性低，可以提高价格；在需求淡季时，需求价格弹性较高，可以采取降低价格的方法吸引更多顾客。例如，一些旅游景点，在国庆、春节等节假日，门票价格较平时会提高，而在淡季时则会适当降低门票价格；电影院在白天和晚上、平时和周末的票价也会有所不同。

（2）基于不同地理位置的差别定价。由于地区间的差异，同一服务产品在不同地区销售时，可以制定不同的价格。例如，飞机上由于舱位对消费者的效用不同而价格不一样，影剧院或赛场由于不同座位的观看效果不同而价格不一样。

（3）基于顾客差异的差别定价。这是根据不同消费者消费性质、消费水平和消费习惯等的差异，制定不同的价格。如教师、学生、军人与其他顾客的价格差别，新老顾客的价格差别，儿童和成人的价格差别，长期客户和短期客户的价格差别，等等。这种定价方法就是根据不同消费者的购买能力、购买目的、购买用途的不同，制定不同的价格。

（4）基于交易条件差异的差别定价。交易条件主要是指交易量大小、交易方式、购买频率、支付手段等。交易条件不同，企业也可能对服务制定不同的价格。如交易批量大的价格低，零星购买价格高；预付订金、连续购买的价格一般低于偶尔购买的价格。

由于采用需求差异定价法是针对不同的需求采用不同的价格策略，企业可以谋取更多的利润，因而在实践中得到广泛的运用。但是，实行需求差异定价法必须具备一定的条件。首先，要对市场进行细分，即购买者对产品的需求有明显的差异，即需求弹性不同，不会因差别定价而导致购买者的反感。其次，细分后的市场在一定时期内相对独立、互不干扰。

3. 反向定价法

反向定价法是指企业依据消费者能够接受的产品终端销售价格，扣除中间流通环节从事经营的成本和利润后，逆向推算出该产品的出厂价和批发价的定价方法。

这种定价方法不以实际成本为主要依据，而是以市场终端能够接受的价格水平为定价出发点，力求使产品价格能够为消费者所接受，因此这种定价方法也属于充分考虑消费者需求的定价，目前不少具有先进营销理念的公司都采用此种方法，但这种方法的挑战在于准确把握该产品的终端零售价格和各中间环节的利润水平。例如，现在的航空公司、高铁公司就可以使用反向定价法，使其所定的价格能够被目标顾客接受并具有市场竞争力。

6.2.3　竞争导向定价法

竞争导向定价法是一种根据市场竞争状况确定产品价格的定价方法。它通常包括两种方法，即随行就市定价法和投标定价法。

（1）随行就市定价法。随行就市定价法又称通行价格定价法，是指公司根据主要竞争者产品价格或一般市场价格制定自己产品价格的方法。企业按照行业的平均现行价格水平来定价，不太考虑成本或市场需求状况。

此方法常用于下列情形：企业打算与同行和平共处；产品本身难以估算成本；如果另行定价，难以估计购买者和竞争者的反应，或者有可能定价过高也有可能定价过低从而引起价格战。不论市场结构是完全竞争的市场，还是寡头竞争的市场，随行就市定价法都是同质产品企业的惯用定价方法。这种定价方法能够避免因恶性竞争导致的价格战，在保证行业和谐发展的基础上能够保证相当的行业利润和企业利润。

（2）投标定价法。投标定价法是通过投标争取业务的公司通常采取的竞争导向定价法。竞标的目的在于争取合同，因此公司制定的价格应该考虑竞争性，原则上应比竞争者的低。当然，公司必须事先确定一个最低的获利标准来投标：如果价格低于成本将有损利益而不便投标，如果价格高于成本虽然保证了利润但不利于竞争，所以投标价格既要考虑利润又要考虑竞争性。例如，CCTV 的黄金广告段位招标就采用投标定价法，每年 11 月下旬在央视梅地亚宾馆举行，20 世纪 90 年代采用暗标方式，因大肆渲染，引起恶性竞争；后来采用明标，不对外宣传，但媒体价格年年看涨。

竞争导向定价法的最大优点在于考虑到产品价格在市场上的竞争力。其主要缺点是：过分关注价格的竞争性，容易忽视其他营销组合可能形成的竞争优势；容易导致恶性降价竞争，降低行业利润水平并且使公司的利润受损，还容易引起竞争者报复。

◎ 案例 6-1

好又多公文包的“特价促销”

在广州好又多的旗舰店，笔者曾经亲眼见过一个奇怪的特价促销现象。有一天，笔者到该店闲逛，见到一款黑色的公文包在摆堆头搞特价促销。这款包虽然不是名牌，但样子挺耐看，牛筋布料，质感不错，特价 75 元。笔者正想买一个公文包，有些心动，但因为买其他东西，逛着逛着就忘了。

过了大约一个月，笔者又去逛那家店，想起了那个公文包，过去一看，该产品又在摆堆头搞特价促销，不过特价已经变为 150 元，笔者赶紧买了，且很后悔上次没买。

三个月以后的一天，笔者又去逛那家店，想起了那个公文包，想去看看现在什么价，过去一看，情况令人疑惑：还是特价促销，摆大大的堆头，可价格已经变为 198 元。笔者想不明白，为什么特价会总变呢？为什么"特价"会越来越高呢？

问题思考：1. 你认为好又多在三次特价促销过程中采用了哪些定价方法？

2. 从好又多公文包的"特价促销"现象谈谈大卖场的定价组合策略。

6.3 服务定价的主要策略

6.3.1 价格折扣与折让

折扣定价是指对基本价格做出让步，直接或间接地降低价格，以争取顾客和扩大销量，同时也是为了调动各类中间商和其他用户的购买积极性。其中，直接折扣的形式包括现金折扣、数量折扣、功能折扣、季节折扣等，间接折扣指的是提供一些额外的市场支持等。

（1）现金折扣。现金折扣又称为付款期折扣，这是企业给那些当场付清货款或预存费用的买主的一种让价。在允许买主延期付款的情况下，如果买主提前交付现金，可以按照原价给予一定的折扣。这有利于鼓励顾客提前付款，加速资金回笼。例如，一些美发机构、健身会所，办理会员卡充值即可享受一定折扣。一些加油站、汽车维修机构、专业培训机构的预存费用以及物业费、暖气费的提前缴费，都采用现金折扣的定价政策。

（2）数量折扣。数量折扣主要是根据中间商和用户的购买数量，采用不同的价格折让，以鼓励大量订货或者一次性多购买某种服务产品。这种折扣是企业给那些大量购买或消费某种服务的顾客的一种减价，目的是刺激大量购买，具体可用累进折扣和一次性折扣等方法。数量折扣在鼓励终端顾客大量购买时广泛使用。例如，某酒楼实行消费满 100 送 20 现金券的活动，多买多送，一时间顾客盈门，效果很好。此外，某商场某品牌服装店实行一次买两件八折、一次买三件七折的促销，某超市实行会员积分，一定时期累计达到一定积分获得某种优惠，都属于此类。

（3）功能折扣。功能折扣又叫贸易折扣，是企业给某些为服务提供商承担了特殊工作任务（如物流配送、信息收集、市场推广、维护等）的批发商或代理商的一种额外折扣。提供商会根据中间商在市场推广中担负的不同业务功能，给予不同的价格折扣。

（4）季节折扣。季节折扣是企业给那些购买过季商品或服务的顾客的一种减价，目的是使企业的生产和销售在一年四季都能保持相对稳定。饮料、啤酒企业在冬季的促销推广，旅游产品在淡季的大力度让价，都属于典型的季节折扣。

6.3.2 心理定价策略

（1）声望定价。声望定价是指企业利用产品或服务在消费者心目中的声望、信任及其仰慕心理来确定相应的价格，往往把价格定为整数或高价的定价策略。声望定价可以满足某些消费者的优越感，如地位、身份、财富、名望和自我形象等。一些传统的名优产品、特色服务产品，以及高端的服务产品适用这一策略。

（2）尾数定价。尾数定价又称“奇数定价”“非整数定价”，即利用消费者对数字认知的特殊心理制定带有零头的价格，使消费者产生价格便宜的感觉，还能使消费者认为有尾数的价格是经过认真的成本核算才得出的结果。如 99 之于 100，499 之于 500，1 999 之于 2 000，等等，这样就容易使消费者对定价产生信任感。

（3）整数定价。对于那些无法明确看出其内在质量的商品或服务，消费者往往通过价格的高低来判断质量的好坏。这类产品通常是整数定价，常常以“0”做尾数。例如，精品店的服装往往定价为 800 元、2 000 元，而不是 799 元、1 998 元。整数定价策略适用于价值较高的商品或服务。

（4）招徕定价。商家利用部分顾客的好奇心理，特意将某几种商品的价格定得特低或者特高以吸引顾客关注的定价行为就属于招徕定价。值得注意的是，采用招徕定价策略的商品或服务，必须是品种新、质量优的适销商品，而不能是低劣、过时的商品，否则不仅达不到招徕顾客的目的，反而可能使企业声誉受损。

◎ 案例 6-2

老头卖苹果的高招

曾经听人说过这样一个故事：有一个老头在水果一条街卖苹果，平时每斤 3 元钱。由于卖苹果的小贩多，老头的生意并不理想。有一天，老头突发奇想，将自家卖的苹果捡为两堆，一堆是很好的苹果，标价每斤 20 元，另一堆就是普通的苹果，还是每斤 3 元。从此，老头的水果摊人气很旺，顾客奔走相告，老头的生意也好了起来，苹果卖得比以前多了许多。

6.3.3 组合定价

当企业同时经营多种产品时，定价需要着眼于整个产品组合的利润最大化目标，而不是单个产品利润最大化。组合定价策略主要包括以下几种。

（1）选择品定价。许多企业在提供主要产品的同时，还会附带一些可供选择的产品或特征，但对选择品定价却是一件棘手的事。例如，饭店除了为顾客提供饭菜也卖酒水，许多饭店的酒价很高，而食品的价格相对较低，食品收入可以弥补基本成本，而酒水则可以带来利润。

（2）互补品定价。当企业同时生产与主要产品一起使用的附属或补充产品时，企业可以有意识降低弹性大、购买频率低的商品的价格，同时提高弹性小、购买频率高的商品的价格。例如，有的汽车销售店整车销售便宜，但零配件和维修较贵，保养也不便宜，店里主要靠售后业务盈利。

（3）分部定价。服务性企业经常采取分部定价，先收取一笔固定费用，其余实行自由的弹性收费。例如，游乐园一般先收门票费，里面特殊的游玩项目需要再交费，这样一方面照顾了顾客的自由选择，另一方面也使顾客一开始不会感觉价格昂贵。

（4）捆绑定价。捆绑定价又称组合产品定价，是指将一种产品与其他产品组合在一起以一个价格出售的定价或促销方式。企业经常以某一优惠价格出售一组产品，即打包价格，这一组产品的价格往往低于单独购买其中每一产品的费用的总和。例如，化妆品店、计算机厂商、旅游公司等常常对为顾客提供的一系列解决方案或活动方案实行捆绑定价。捆绑定价一方面照顾顾客购买的便利性，为顾客节约时间，还能使顾客获得优惠。虽然这种定价需要公司适度让利，但总利润会随销量的增加而提升。根据捆绑定价的性质，可以将其划分为以下几种形式：同质产品捆绑定价、互补式产品捆绑定价、非相关性产品捆绑定价。

（5）必需附带品定价。必需附带品定价也叫附带产品定价，附带品与主要产品密不可分，并且利润主要来自附带品。例如，软件公司经常运用这种定价策略，将新开发的软件低价卖出甚至免费赠送，但是可以从不断升级的程序中获取高额利润。

6.4　服务产品的特殊定价策略

6.4.1　服务新产品定价

服务新产品定价的难点在于无法确定消费者对于新服务的理解价值，定价高了难以被消费者接受，影响新产品顺利进入市场；定价低了则会影响企业效益。新产品定价要结合产品特点和企业的战略目标。一般来讲，服务新产品定价有以下主要策略可以选择。

（1）撇脂定价。撇脂定价是指在产品生命周期的最初阶段，把产品或服务的价格定得很高，以攫取最大利润，尽快收回投资，然后伺机再降价的定价策略。撇脂定价可以让企业在全新产品或换代新产品上市之初，通过制定较高的价格来提高产品身份，创造高价、优质、名牌的印象，同时还可以在未来有较大的调价空间。

一般而言，对于具有高科技含量的产品、受专利保护的产品、需求价格弹性小的产品、时尚流行产品等，都可以采用撇脂定价策略。目前市场上许多电子产品、服装产品均采用了这种定价策略。对于一些稀有的服务新项目，同样可以采用撇脂定价策略。

例如，某服装店就经常采用撇脂定价策略，对刚到店的新款式，标高价追求高利润回报；待卖一段时间以后调低价格，这时可能成本已经收回，转而薄利多销；再过一段时间，发现还有尾货积压，干脆亏本清仓，即低于成本价甩卖。

（2）渗透定价。渗透定价与撇脂定价相反，是指服务企业把它的创新服务的价格定得相对较低，以吸引大量顾客和提高市场占有率的定价策略。渗透定价采用的是薄利多销的思路，渗透定价只能获取微利，但能收获大的销量和市场份额。渗透定价的好处是：低价可以使产品或服务尽快为市场所接受，并借助大批量销售来降低成本，获得长期稳定的市场地位；薄利可以有效阻止竞争对手的进入，增强自身的市场竞争力。如肯德基、麦当劳就经常采用渗透定价方法推广其新开发的品种。

6.4.2 弹性定价

弹性定价又叫差别定价，是一种“依顾客支付意愿”而制定不同价格的定价策略，主要运用于两种情况：一是建立基本需求，尤其是对高峰期的服务最为适用；二是用以缓和需求的波动，降低服务易逝性的不利影响。

弹性定价的形式包括价格 / 时间的差异（如公用事业及电话服务在假期使用的价格）、顾客支付能力差异（如管理顾问咨询、专业服务、银行贷放利率）、服务产品的品种差异（如使用不同机种电话租用收费）和地理位置差异（如旅馆房间的定价、剧院的座位定价）。

采用弹性定价的条件，在于市场可以根据价格进行细分。使用弹性定价有可能产生下列问题：第一，顾客可能延缓购买，一直等到弹性价格的实施；第二，顾客可能认为采用弹性定价的服务产品属于“折扣价格”，认为是一种例行现象。

由于以上原因，有些服务企业故意拒绝使用弹性定价而干脆采用单一价格策略，不论时间、地点或支付能力，对所有的顾客都制定相同的价格。

◎ 案例 6-3

顾客自主定价：愿给多少给多少

前几年在中国人民大学参加一个学术交流会，笔者听来自美国的学者讲了一个自主定价的故事。纽约曼哈顿金融街某商业大厦楼上有一家饭店，原来经营状况一般。有一天，老板突发奇想，在饭店门口竖立了一块牌子，上边醒目地写着：本店实行自主定价，食客愿给多少给多少。很多人觉得太不可思议，很好奇，也很担忧，从来没有见过这么定价的，这样做能行吗？可是，让人费解的是，自从实行了自主定价，饭店的人气越来越旺，饭店的经营利润也大幅提升，不但没有出现吃完饭不付钱的情况，而且顾客给的往往比以前还多。

该饭店采用自主定价模式的举措也引发了学界的争论和学者的思考：这样做行得通吗？这种模式能够复制吗？

问题思考： 1. 你认为采用自主定价后客人给的会更多还是更少？为什么？

2. 这种模式在什么情境下会有效？为什么？

6.4.3 关系定价

关系定价是一种建立在服务企业与顾客之间有持续接触的基础上的定价思路，是一种把顾客终身价值考虑到，基于价值的、市场导向的定价策略。这种定价策略能够刺激顾客多购买本公司服务而抵制竞争者提供的服务。一般来说，关系定价可以采取长期合同和多购优惠两种方式。

（1）长期合同。服务企业营销人员可以运用长期合同向顾客提供价格和非价格刺激，以使双方进入长期关系之中，或者加强现有关系，或者发展新的关系。这样可以从根本上转变服务企业与顾客之间的关系。它们能将一系列相当独立的服务交易转变为一系列稳定的、可持续的交易。每个交易都提供了有关顾客需求方面的信息，由此企业可获得认识与效率方面的利益。同样，顾客也可随着关系的深入发展而从中获益。来自长期合同的客观、稳定的收入使服务企业可以集中更多资源拉开与竞争对手的差距。

（2）多购优惠。多购优惠的目的在于促进和维持顾客关系，它包括同时提供两个或两个以上的相关服务。价格优惠确保几种相关服务一次购买比单独购买要便宜。服务提供者将从多购优惠策略中获取三个方面的利益。

1）多购能降低成本。大多数服务企业的成本结构，是提供一种附加服务的成本比单独提供第二种服务的成本要少。

2）多购优惠能吸引顾客从一个服务企业购买相关的多种服务，使顾客可以节省时间和金钱。

3）多购优惠能够有效增加一个服务企业与它的服务对象之间接触点的数目。这种接触越多，企业获取顾客信息的途径越广，了解和把握顾客的需要偏好的潜力也会越大。如今，在大数据时代，这类信息如能得到充分利用，将会有助于服务企业的顾客关系管理。

关键术语

理解价值定价　声望定价　招徕定价　撇脂定价　渗透定价

测试题

一、选择题

1. ________因素决定产品价格的最低界限，________因素决定产品价格的最高上限。

A. 竞争、购买力　B. 竞争、竞争　C. 购买力、品牌　D. 成本、需求

2. 服务企业为其服务定价时通常采取成本导向定价法、竞争导向定价法和________定价法三类基本的定价方法或定价战略。

A. 价值导向　B. 心理导向　C. 企业导向　D. 需求导向

3. 随行就市定价法是指公司根据主要竞争者产品价格或一般市场价格制定自己产品价格的方法，它属于________的定价方法。

A. 需求导向　B. 顾客导向　C. 企业导向　D. 竞争导向

4. 反向定价法是指企业依据消费者能够接受的产品终端销售价格，逆向推算制定出厂价

和批发价的定价方法，它属于________的定价方法。

A. 成本导向　　B. 竞争导向　　C. 价值导向　　D. 需求导向

5. 撇脂定价是指前期把产品或服务的价格定得很高以尽快收回投资，然后伺机降价销售的定价策略，它不适合________。

A. 高科技产品　　B. 专利保护产品　　C. 时尚产品　　D. 大众消费品

二、简答题

1. 哪些因素会影响服务产品的定价？
2. 什么是理解价值定价法？
3. 什么是撇脂定价？它适合哪些类别的产品？
4. 什么是招徕定价？它有什么心理效果？

三、论述题

1. 成本定价法有哪些合理的地方？它适用于哪些行业？
2. 怎样理解组合定价的思想？试举例说明。

训练设计

据了解，服装零售企业的定价方式特别多变灵活，要求学生自主调查一家服装零售店（或自选一家其他企业），详细了解其盈利模式及其相关的定价策略，写成调研分析报告，分析其定价策略可能的优势、劣势，并提出合理化改进建议。可安排集中汇报分享。

综合案例

春秋航空公司的低价策略

受大环境影响，我国民航业经营举步维艰，国航、东航、南航三大航空公司均出现了不同程度的亏损情况。当然，在几乎全行业亏损的民航业，也有少数几家凭借着有特色的经营，业绩斐然，春秋航空公司（简称春秋航空）就是其中的代表。春秋航空是我国首家低成本民营航空公司，作为一家新兴的民营航空公司，靠低成本战略不断取得优异的经营业绩。

搭乘春秋航空的飞机遨游蓝天要容忍这样的事实：比老牌航空公司略微狭小的座椅空间；餐食要自掏腰包，只有一瓶330毫升的免费矿泉水；除此之外，行李的重量要格外留意，这里的免费行李额度通常要比其他航空公司低5千克……但也许你仍然会选择它，原因很简单，它能提供与火车硬卧一较高低的票价（如99元、199元、299元）。如果运气好，你还能买到1元钱的飞机票。此外，还有美丽大方的空姐跪蹲式服务，想想看，这是在老牌航空公司头等舱才可能享受到的待遇。

作为国内首家打出低成本概念的民营航空公司，春秋航空通过采取高客座率和高效率、低营销费用和低管理费用、单一机型和单一舱位等策略来体现成本优势。而为了鼓励旅客网上购票，春秋航空在每条航线上都推出了“99”系列特价票，票价相当于 2 折左右，该特价票仅限网上或手机订购。其他舱位网上购票每张也低于门市 30 元。

省钱有道，春秋航空的赚钱秘诀是什么呢？春秋航空总经理王正华说，春秋航空的目标客户定位在三个层面：旅游客户——这是春秋国旅的老客户；自掏腰包的商务旅客——这个群体对价格敏感；年轻的都市白领——他们赚的钱多，但是花钱的地方也很多，而且他们上网购买机票的能力很强。第一部分主要依赖春秋国旅年组团 200 万人次的庞大客源网络，它每年可以为春秋航空贡献 40% 的旅客量；余下的 60% 则依靠春秋航空廉价的机票政策和优质的服务去争取。为了体验乘客的心理，提高服务质量，春秋航空管理团队每次都自己装卸行李包和推行李车。他们认为，“只有离客户近了，才能与竞争对手拉远距离”。

问题讨论： 春秋航空采用低价策略有什么益处和可能的弊端？

第7章 CHAPTER 7

服务分销

根据营销大师菲利普·科特勒的营销思想，营销的本质在于顾客价值的创造与实现（传播与传递）。分销渠道建设就是有效传递产品或服务价值以实现顾客价值和企业经营目标的根本途径。从顾客角度看，渠道的作用在于为消费者购买、消费产品或服务提供场所和机会以解决消费者购买的便利性问题。由于服务产品具有无形性、生产与消费同时性、不可储存性等特性，和有形产品的分销渠道相比，服务产品的分销渠道要求更便捷、更高效，因此几乎总是直接的、短的渠道。

学习目标

- 了解服务分销的类型。
- 分析服务分销的特点。
- 了解服务的特许经营。
- 了解电子渠道分销及其优势。

开篇案例

韵达快递的“主动服务”：积极分销

为了在快递业日趋激烈的市场竞争中打造韵达的品牌优势，韵达快递在“重投资、抓改革、促发展”的同时，进一步在分销服务上下功夫，提出了“主动服务”的理念以提高服务质量。

首先，这种“主动服务”的理念体现在不断丰富和完善的服务产品上。在门到门、桌到桌的服务中，韵达快递根据市场发展趋势和客户需求，先后推出了以同城当天件、区域当天件、国内次晨达、国内次日下午达和电子商务件为主的普通快件系列产品，同时，韵达快递也推出了以到付件、签单返还等为主的增值快件系列产品，方便和满足了消费者对快件产品不同层次的需求。

其次，这种“主动服务”的理念也体现在韵达快递全网络建设上。在快递营业场所建设上，韵达快递从方便客户收寄的角度出发，先后在上海设立 100 余家规范化快递营业场所，并在全国分阶段推进建设万余家标准门店，让韵达快递的营业网点走进生活小区、高校校区和工业园区，并逐级推进到县、乡、镇、村建立营业网点，为各级客户提供贴心的快递服务，以适应现代电商的飞速发展。

最后，这种"主动服务"还体现在每位韵达人的服务意识由被动服务向主动服务的转变上。为此，韵达快递通过强化管理，在内部推行"服务承诺"制度，特别是在快件揽收、中转、运输和派送的每个环节，通过采取手持终端设备和车辆 GPS 监控系统、视频远程监控系统等科技化手段，对快件运行的每个环节进行主动、实时追踪，方便客户查询、咨询。技术和态度的创新帮助韵达快递实现了"主动服务"的目标。

问题思考

尝试分析韵达快递"主动服务"的过人之处。

7.1 服务分销概述

根据知名渠道管理专家伯特·罗森布洛姆的观点，分销渠道的本质是使消费者能够方便地在任何时间、任何地点、以任何方式购买到他们想要的产品与服务，其实质就是解决顾客购买的便利性问题。服务作为一种无形产品，一样有赖于分销渠道的分销以实现其顾客价值。服务企业通过分销建立"与消费者的接触"，渠道充当了其中的"桥梁"和"纽带"功能。

7.1.1 服务分销的特点

由于服务产品具有无形性、生产与消费同时性、不可储存性等特性，因此，和有形产品的分销渠道相比，服务产品的分销渠道几乎总是直接的、短的渠道，如直销、代理、连锁经营、特许经营、自动售货等。其具体表现为由服务提供商直接提供服务给顾客，直接和顾客产生交互作用，如航空旅行、医疗保健、餐饮旅游、零售和咨询服务等。

因为服务是无形的，而且不易持久，因此不存在库存，使得仓储不再是一个必需的功能，又因为服务不能被占有，所以大多数服务的归属权利无法在分销渠道之间转移。总之，服务不能像产品那样生产、存储然后批发销售，许多适合产品生产者的渠道对服务企业来说是不可行的。因为传统分销渠道提供的许多主要功能，如存储、保管及取得商品所有权，在服务分销中没有意义，所以由服务提供商直接提供或通过短渠道提供服务给顾客成为服务分销的主要形式，这是由服务产品本身的性质和特点决定的。

7.1.2 服务分销的主要职能

随着服务需求的不断膨胀和服务业发展要求的不断升级，围绕服务分销职能展开的探讨越来越多。服务分销的主要职能如下。

（1）引入职能。引入职能是指服务出现在顾客更方便购买的时间和地点，将更多的顾客引入服务的销售系统中。这一职能可以由服务的中介机构来完成。中介机构地域分布的广泛性能够使服务在更多的地方、更长的时间内进行销售。例如，在音像店中销售音乐会、歌舞剧的门票及足球比赛的门票等。

（2）信息职能。要使潜在购买者了解服务的特点，仅仅依靠媒体广告是远远不够的，还需要销售人员与顾客直接进行服务沟通。依靠中介机构的参与可以缓解服务提供商人员不足的问题，以便向潜在的购买者提供更全面的信息。

（3）陈列职能。通过分销渠道进行服务的有形展示，能够增强顾客对服务的直观感受，引发顾客的购买冲动，进而促进服务的销售。相对于直销而言，中介机构可以代理多种服务，包括竞争性、互补性的服务，甚至可以将主要服务、附加服务打包出售，从而形成很强的消费吸引力。

（4）承诺职能。服务提供商关于服务质量保证的承诺能够通过分销渠道有效地传递给顾客，并且因为顾客容易接近而增加了质量承诺的可信度。中介机构的介入保证了服务的可靠性。

（5）支持职能。对服务提供商而言，流通环节的外移节约了其固定成本的投入和管理精力，通过中介机构进行销售在某种程度上弱化了服务提供商的市场风险。

（6）后勤职能。对于中介机构而言，在正式服务前的一些准备工作，如旅游团的集合、分组、统一服装等工作可以由它们来进行。

（7）跟踪服务职能。后勤职能通常表现为服务前的准备工作，跟踪服务职能则表现为服务后的一些善后工作，包括解答疑问、取得反馈信息等。中介机构的加入能大幅弥补这一职能的欠缺，如在保险服务中这一点体现得非常明显。

7.1.3 顾客对服务提供渠道的不同偏好

对于服务机构而言，使用不同的渠道来传递同样的服务不仅意味着不同的成本，而且对顾客服务体验的评判具有显著的影响。虽然自助服务的电子渠道比较节约成本，但并不是所有的顾客都喜欢用这种方式。这就意味着要使顾客从原有渠道转换到电子渠道，需要在不同的细分市场上采用不同的策略。同时我们还需认识到，有部分顾客特别是年纪偏大的顾客并不会自愿从他们熟悉的高接触度的服务传递环境转换到新的电子服务渠道，服务提供的渠道设计不得不考虑或兼顾这部分顾客的习惯和偏好。

首先，对复杂与高感知风险的服务，人们倾向于依靠人际渠道传递与获得。如顾客很愿意通过远程渠道完成信用卡的申请，但是在获取购房贷款时则更喜欢进行面对面的业务交易。

其次，对新时代电子渠道传递服务具有更多了解、更多尝试、更多信任的顾客会倾向于经常使用非人际、自助服务的电子渠道，既省时省事又经济高效。

最后，追求服务功能性价值的顾客更看中服务的便利性，也就意味着他们会更倾向于使用非人际、自助服务渠道，而具有社交动机的顾客则更喜欢使用人际渠道。

对于大多数顾客来说，便利性是选择服务渠道时的重要驱动因素。服务的便利性并不是说省钱，而是意味着节省顾客的时间和精力。顾客对于服务便利性的追求不仅仅限于核心服务的购买，还包括附加服务，如时间、地点的便利性追求。

◎ 案例 7-1

中国移动的分销系统

（1）服务热线。10086 是全国统一的中国移动通信服务热线，顾客可以通过拨打 10086 查询或咨询中国移动通信基本政策、业务知识、新业务、计费等问题，对移动网络通信和服务质量提升进行反映，并对服务及业务提出意见或建议。

（2）短信营业厅。短信营业厅是中国移动通过短信向顾客提供服务功能的渠道，移动顾客可以通过发送短信来进行话费查询、业务办理等操作，随时随地，方便使用。

（3）网上营业厅。网上营业厅是虚拟的营业厅，通过中国移动通信的官方网站，向各地顾客提供以互联网为平台的业务咨询和办理服务，顾客可以足不出户就获得和实体营业厅一样的服务与支持，充分享受自由自在的体验。

（4）掌上营业厅。掌上营业厅是将网上营业厅的现有功能不仅在网站上实现，同时也具备以 JZME 技术为基础实现手机营业厅的软件，该软件安装在移动顾客手机终端上，顾客只需在手机上进行简单的操作，就可以随时随地查询、定制最新的移动业务和功能。

（5）实体营业厅。中国移动通信营业厅遍布全国各地，在实体营业厅中，顾客可以通过工作人员充分了解中国移动在当地开通的业务，并随时办理各项业务，同时，实体营业厅还接受顾客投诉、咨询，以及定制终端的销售。

（6）自助服务站。自助服务站是为顾客自主服务提供的场所和设备，主要提供自助式业务查询、信息查询、业务办理、详单打印、购买标准卡、手机充电服务等，满足顾客自助服务的便利性要求。

（7）TD（Test Director）体验厅和自有营业厅。其是由中国移动自主经营、以物理实体网点形式向 TD 测试顾客提供服务的场所，具备 TD 业务咨询、业务办理、顾客体验的主体功能，同时承载服务机构形象宣传和反馈市场服务信息的辅助功能。

（8）合作营业厅。合作营业厅属于移动业务分销渠道中的中间商，是合作者自己投资建立的专门经销各种移动业务的经营场所，合作营业厅的所有者买进移动产品的所有权，然后直接销售给顾客。有的合作营业厅也会得到移动运营商的各种销售支持。一般而言，合作营业厅往往同时经营几家移动运营商的产品。

资料来源：苏朝晖．服务营销与管理［M］．北京：人民邮电出版社，2019.

7.2　服务分销的主要模式

7.2.1　直销

1. 直销的含义

如果制造商不经过中间商环节，直接将产品或服务出售给消费者或最终用户，则这种渠道模式被称为直接销售模式，简称直销模式（也叫直接分销、自产自销或者直接销售）。直销（直营）模式属于“非中间化”的渠道模式。如果制造商经过中间经销商、批发商、零售商，将产品或服务出售给消费者或最终用户，则这种渠道模式被称为间接销售模式。

直销模式的特点是尽量减少中间环节而直接将产品或服务销售给消费者，这种销售模式能够减少中间环节，降低渠道运作费用，提高渠道效率。同时，企业实施直销模式使得渠道信息反馈更快捷、更准确，便于渠道决策，使得渠道服务更方便、更到位，便于增进和维护客情关系，而且便于控制渠道价格和加快资金周转的频率。正因为如此，不少服务企业开始探索和采用直销模式，包括店面直销、人员直销和网上直销。

特别是互联网的普及和网络生活的丰富，使得通过电子渠道的直销成为企业的一种新的销售方式，通过互联网的购买行为也成为普通百姓的一种新的生活方式。通过建立企业网站或建立网店等电子商务平台进行产品分销在企业中变得非常普遍，已经形成一种商务潮流和趋势，可以预料，网络化的直销必将成为未来营销的趋势并主宰未来渠道。

直销的形式表现出广泛的多样化，并不断有新的形式出现，我们将这些形式归纳为两类：有店铺的直销与无店铺的直销，如表 7-1 所示。

表 7-1　有店铺的直销与无店铺的直销

有店铺的直销	无店铺的直销
（1）制造商专卖店 （2）销售门市部 （3）销售陈列室 （4）销售服务部 （5）合资分销店 （6）租赁卖场	（1）人员直销 （2）网络直销 （3）电视直销 （4）电话直销 （5）直接邮购 （6）目录营销（DM） （7）自动售货机 （8）其他媒体营销（手机、电台、报刊）

2. 直销的营销优势

直销有助于企业更好地按照顾客的需求提供产品和服务，并与顾客建立更为密切而牢靠的关系。这种优势主要表现在，直销渠道能够实现生产与消费的紧密结合，使得二者之间的相互理解和依赖关系得到最有效的实现。其具体表现如下。

（1）对服务的供应与表现可以保持较好的控制。若经由中介机构处理，往往会造成失去控制的问题。

（2）以真正个性化的服务方式，在其他标准化、同质化以外的市场中，产生富有特色的服务的差异化。

（3）可以从顾客那里直接了解当前的需求、这些需求的变化及其对竞争对手服务的意见和态度等信息。

（4）能够保证经营原则始终得到贯彻，尤其是在推出新服务时。

（5）能够保证服务组织的利润在内部进行分配，而不需要与其他组织分享。有些投资顾问机构或会计师事务所可能会有意地限制客户的数量，以便能提供个性化服务。

但如果直销是由服务和服务提供者之间的不可分割性（如法律服务或某些家政服务）而决定的，这时服务提供者可能面临以下问题。

（1）在针对某一特定专业个人需求（如著名的辩护律师）的情况下，公司业务的拓展便会遇到种种问题。

（2）直销有时意味着局限于地区性市场，尤其是在人的因素所占比重很大的服务中更是如此，即使使用任何科技手段也无法充当服务机构与客户之间的桥梁。

7.2.2　代理及其他中介

1. 服务代理

代理也是服务产品分销的一种重要形式。代理业务一般在观光、旅游、旅馆、运输、保险、信用、雇佣和工商服务业市场中出现，如机票 / 火车票代理、招生代理等。

代理商的性质与经销商基本一致，都是借助企业产品、服务的销售获利的商业机构，企业也要借助他们以实现其分销的目的。经销商与代理商的根本区别在于经销商在渠道中具有对商品的所有权，可以自由定价，而代理商不具有对商品的所有权，只能执行厂家的价格政策。这也正是代理制的优点，即执行统一价格，不会乱价。如联想、格力等都实行代理制，全国所有店铺统一价格。

虽然经销与代理在功能和作用上有较多相似之处，但它们所获得的回报和承担的风险是不一样的，原因就在于二者在经营性质和工作流程上存在多个层面的差异。经销商与代理商的区别如表 7-2 所示。

表 7-2　经销商与代理商的区别

项　目	经　销　商	代　理　商
双方关系	与厂商是一种买卖关系	与厂商是一种委托代理关系
经营地位	以独立法人的身份签订合同	与第三方签订合同时需以厂商的名义签订
利润来源	获得经营利润（差价）	赚取佣金（提成）
库存	保持适当的库存	多半只有样品而无存货，依订单进货
经营自主性	经营活动过程不受或很少受供货商限制	经营活动完全受供货商指导和限制
所有权	拥有商品的所有权	不拥有商品的所有权
独立性	独立的经营机构	不一定是独立机构
对称性	与供货商责权对等	供货商权力较大
角色	以自己的名义从事销售	以厂商的名义从事销售
售后服务	在售后服务方面，一般是自己承担	在售后服务方面，一般在合同中注明不负责任
售后责任	发生索赔事件时，一般是自己承担	发生索赔事件时，一般在合同中注明不负责任

服务代理的职能相当于服务企业的一线人员，使用代理模式具有以下好处。

（1）比直接销售投资更少，风险更小。

（2）代理可以适应某地区或某细分市场的特殊要求。

（3）通过人熟地熟的代理，更容易打开一个新市场。

（4）在某些国家的某些服务不允许服务的外国生产者与本国顾客直接接触，必须通过某些得到授权的代理人，这类许可经常是发给本国的自然人或法人的。

（5）销售一种性质复杂的服务时，服务企业雇用职业水平高的人员成本太高，使用服务代理可以降低分销成本。

2. 服务中介

随着服务竞争的深化，通过中介机构进行市场扩张，已经成为服务业、服务产品销售的发展趋势。只要服务商和中介机构信誉可靠，那么完全可以由中介机构完成服务的分销职能。服务业市场的中介机构形式很多，常见的有下列几种。

（1）代销：专门执行或提供一项服务，然后以特许权的方式销售该服务。

（2）经纪人：在某些市场中，服务必定要或因传统惯例要经由中介机构提供才行，如股票市场和广告服务。

（3）批发商：服务产品批发市场的中介机构，如投资银行等。

（4）零售商：包括照相馆和提供干洗服务的商店等。

中介机构可能的形式还有很多，在某些服务交易进行时，可能会涉及好几家服务企业。例如，某人长期租用一栋房屋，可能涉及的服务业包括房地产代理、公证人、商业银行、建筑商等。另外，在许多服务业市场，中介机构可能会代表买主或卖主（如拍卖）进行交易。

7.2.3 连锁经营

连锁经营是一种新兴的渠道模式，在全世界发达国家已经取得了巨大的成功，20 世纪 90 年代以来连锁经营在我国逐渐兴起，也成为服务产品重要的经营模式。

1. 连锁经营的界定

连锁经营是指经营同类商品或服务的若干企业，以一定的形式组成一个联合体，通过企业形象的标准化、制度化、专业化实现资源共享，从而实现规模经营。连锁经营是一种商业组织形式和经营制度，一般是指经营同类商品和服务的若干经营单位，以一定的形式组成一个联合体，通过企业形象和经营业务的标准化管理，实行规模经营，从而实现规模效益。

有人认为，连锁经营是指企业以同样的方式、同样的价格在多处以同样的名称命名的店铺里出售某类商品或提供某种服务的经营模式。在我们的文化和常识里，三家以上的名称、形象、经营内容和管理方式相同的具有业务联系的销售门店，就可以称为连锁经营商店。

自 20 世纪 90 年代以来，连锁经营作为一种新兴的零售商业模式，已经在我国各行业蓬勃兴起，如家电零售行业的苏宁、国美，零售行业的华联、联华、华润，IT 行业的联想“1+1 专卖店”、清华同方，服装行业的李宁、雅戈尔，餐饮行业的小肥羊、谭渔头等，其他如美容美发、化妆品、家居、装修、教育、图书、音像制品等行业都大力开展连锁经营，有人说，现在卖牛肉粉都要“连锁经营”，可见连锁经营模式的魅力。

2. 连锁经营的特征

连锁经营的本质是把独立的、分散的商店联合起来，形成覆盖面很广的大规模销售体系。它是现代化工业发展到一定阶段的产物，其实质是把社会大生产的分工理论运用到商业领域里，连锁商店之间分工明确，相互协调，形成规模效应，共同提升企业的竞争力。连锁经营模式具有以下显著的特征。

（1）经营理念的统一。经营理念是一个企业的灵魂，是企业经营方式、经营构想等经营活动的根据。一个成员店作为连锁商店的一分子，无论其规模大小、地区差异，都必须持有一个共同的经营理念。这一经营理念体现在与购物有关的一切物质和精神环境上，要为消费者提供“优雅的购买环境”“快捷的服务”“衷心的关怀”“流行的消费”等。

（2）形象识别系统的统一。连锁商店要在众多店铺中建立统一的企业形象，包括外部视觉形象与内部的装修和商品陈列等。这种统一的企业形象识别系统（CIS）和经营商标不但有利于消费者识别该企业，更重要的是使消费者产生一种深刻的认同感。

（3）商品和服务的统一。连锁经营商店各店铺经营的商品都是精心挑选的统一的产品和规格，按消费者的消费需求而做的最佳商品组合，并不时更新，提供的服务也经过统一的规划，对所有店铺的服务实行标准化，使消费者对连锁商店形成稳定的预期，即消费者无论到哪家店铺，都保证可以享受到连锁商店所提供的一致的商品和一致的服务。

（4）经营管理的统一。连锁经营商店接受总店统一管理，实施统一的经营战略和营销策略，遵循统一的规章制度，包括对员工统一作息、统一着装、统一考核和奖励，各连锁店统一采购、统一配送、统一确定价格、统一调整价格和促销等，以提高管理效率和规范性。

连锁经营商店就是在上述“四个统一”的前提下，实行专业化管理及集中规划，形成协同效应，使企业加快资金周转，增强讨价还价能力，使物流综合配套自成体系，从而取得规模效应的。“四个统一”是连锁经营模式的精髓，它有助于保障连锁企业的产品和服务质量，有助于形成连锁企业的品牌效应，有利于服务产品的快速复制和扩张，有利于服务企业开展规模经营。

3. 连锁经营的优势

连锁经营是当今我国市场产品分销渠道的主流模式，它部分地取代了传统批发市场的功能，并因其巨大的网络覆盖、顾客购买的便利性和体验性，以及成为名牌渠道的品牌效应，越来越受到顾客的青睐，也越来越得到企业的重视（见表 7-3）。

表 7-3 连锁经营的主要优势

主要优势	具体表现
大量采购优势	连锁经营企业大多成立采购中心，统一采购，因为是规模化采购，具有讨价还价能力，可以降低采购费用，降低产品价格
市场覆盖优势	连锁店由若干连锁网点构成，形成一个产品分销网络，具有对目标市场进行占领的功能和强大的市场影响力
品牌影响优势	连锁经营实行标准化经营与管理，具有统一的品牌形象标志，具有强大的品牌形象影响力，能够形成“品牌渠道”
联合促销优势	连锁经营企业的最大资源就是拥有众多的连锁门店，可以利用各门店联合促销，扩大促销效果，获得规模效应
成本分摊优势	连锁经营企业下属若干连锁门店，可以分担总公司的管理费用和经营费用（如采购、人工、物流、市场推广等费用），以降低风险
内部化优势	连锁经营企业各连锁门店之间还可以实现信息共享、资源共享，通过互相沟通、学习和联合，协调解决经营中的困难，共享成果

连锁经营模式具有以上诸多优势，因此特别适合现代服务企业的经营。如餐饮连锁有麦当劳、肯德基、必胜客等，零售连锁有沃尔玛、家乐福、麦德龙、好又多等，家居连锁有宜家、红星美凯龙等，其他如服装、化妆品、美容美发、医疗保健等行业，都纷纷采用连锁经营，获得了显著的规模经济效益和品牌增强效应。

7.2.4 租赁服务

服务经济的一个有趣现象是租赁服务业的增长，这就是说许多个人和公司正在或已经从拥有产品转向产品的租用或租赁。采购也正从制造业部门转移至服务业部门，这也意味着许多销售产品的公司增添了租赁和租用业务。此外，新兴的服务机构纷纷出现，投入租赁市场的服务供应。产业市场中目前可以租用或租赁的品种包括客车、货车、厂房和设备、飞机、货柜、办公室装备、制服、工作服、毛巾等，消费品市场则有公寓、房屋、家具、家用电器、运动用品、帐篷、录像带等。在租用及租赁合同中，银行和融资公司以第三者的身份扮演了重要的中介角色。有些产品是不能租用的，尤其是消耗性物品，如食物、礼品和油脂类产品等。

1. 出租者可以获得的利益

（1）扣除维持、修理成本和服务费之后的所得可能高于买断产品的所得。

（2）租赁可以促使出租者打开市场，否则因为产品成本的因素，出租者根本无法进入市场。

（3）设备的租赁可以使出租者有机会销售与该设备有关的产品（如复印机和纸张）。

（4）了解租赁者的要求及其他信息，有助于企业开发、分销新产品，以及配合客户购买或拥有该产品而引发的各种补充性服务。

2. 租用者可以获得的利益

（1）资金不至于套牢在资产上，因而可以用来从事其他方面的采购。

（2）在产业市场中，租用或租赁可能比拥有产品更有利可图。

3. 租用或租赁可能比拥有更有利

（1）物品如果能够租用，要进入某行业或某市场所需要的资本支出，总比其必须购买的支出少。其实服务也一样。

（2）在某种情况下对于一种产品只有季节性或暂时性需求，租用设备就比拥有设备更为明智与经济。

（3）租用者可以获得新设计的产品或服务，这样就可以规避过时与式样改变的风险。

（4）在大多数租用规定下，服务上的问题都由别人负责，包括维护、修理、毁坏等。

7.2.5　自助服务

随着互联网的全面普及，自助服务的发展空间变得更加广阔，其重要性也日益提升。时至今天，以网络为基础的自助服务已成为电子商务的重要组成部分。从订单发放、存货管理，到实时技术支持以至客户指令修订，互联网自助服务方案都可让客户、业务伙伴及员工随时随地获取所需信息。毋庸置疑，网上自助服务为传统的客户服务注入了新活力，可望在未来数年内成为各种主要应用系统的基础。日常生活中，我们常常可以看到自助服务的使用。例如，银行的自动取款机、公共场所的自动售货机等。

自动售货是通过自动售货机或其他自动售货设备来销售商品的一种形式。例如，自动售货机、自动柜员机、自动售报、机场的自助办理登机卡、地铁的自助售票等，都是典型的自动售货方式。自动售货机一般被放在商店、医院、机场、地铁和其他一些公共场所内，以方便顾客，同时提高渠道覆盖率和销售效率。自动售货主要用于饮料、休闲食品、金融产品等包装比较标准的商品销售，随着信息化水平的提高，这种渠道模式越发普遍。

◎ 案例 7-2

星巴克的自助服务理念

星巴克十分强调它的自由风格，因此采用的是自助式的经营方式，顾客在柜台点完餐，可以先去找个位置稍加休息，也可以到旁边的等候区观看店员调制咖啡，等顾客听到服务生喊自己点的东西后，就可以满怀喜悦地去端取。在用品区有各式各样的调味品，如奶糖、奶精、肉桂粉，以及一些餐具，可以自行拿取。自助服务让顾客摆脱了排长长的队伍的烦扰，减少了等候时间，并给了他们更多的控制权。让星巴克如此吸引人的正是这份自由的体验。

由于采用自助式消费方式，来到店里的顾客不会被迎面一声“请问您需要什么”而弄得失去心情，而是自行走到柜台前，选取自己所需的饮料和其他小食，吸管、糖等也是自取。在完成了点单之后，服务生会迅速端上所需咖啡，并报以一个淡淡的微笑。

可以看出，自助服务就是由获得服务资格的顾客在一定的服务设施条件下，按照一定的服务规则自己独立进行操作，自己生产服务的同时自己消费服务的一种服务形式，并且这种形式跟顾客接受由相应工作人员提供的服务具有相同的效果。随着电子计算机技术和自动化技术的发展，以及经营管理观念的变化，自助服务也逐渐发展起来。自动取款机、自动售货机、航空公司的自助订票系统、电信企业的自助充值系统、旅馆的自助结账系统、金融系统的网上银行等都属于自助服务。

◎ 延伸阅读 7-1

新媒体渠道

新媒体渠道简称“新媒渠”，就是借力传统媒体、移动通信、互联网及服务业媒介，以低成本获取庞大客户资源从而省去实体网络构建成本，媒体利用其庞大的信息受众规模和稳定便捷的渠道网络，充分发挥产品销售渠道“四流合一”（信息流、商流、物流和资金流）的功能，在第三方企业（广告商）与客户之间搭建沟通和贸易桥梁，为第三方企业（广告商）提供市场分析、客户选择、营销策划、活动实施、产品代理、信息告知、交易谈判、货物配送、资金回笼、服务延伸、顾客维护等系列化、专业化渠道服务的新型业务形态。

这里所说的媒体有以下四种类型：第一类是传统媒体，像报纸、电视、杂志、广播等；第二类是互联网；第三类是移动通信；第四类是传统的服务行业，像银行、邮政、酒店、学校、机场、电影院等。这些媒体的核心资源有：①媒体界面；②顾客资源；③遍及全国的销售网点。

“新媒渠”可以作为现代服务有效的传递方式。“新媒渠”作为一种新型的服务业态、一种全新的商业模式，它充当的是一个资源整合者的角色，采用的是“资源整合型的平台化运营的模式”。“新媒渠”的特点是企业媒体化、媒体渠道化、渠道媒体化、渠道平台化。

企业媒体化是指企业本来需要借助媒体推广自己的产品、品牌及形象，而企业特别是知名企业，在运作过程中本身变成了一种媒介，承担着接收信息和传递信息的功能。媒体渠道化是指原来的一些纯粹媒体，现在已经演化为既是媒体，又是有力的销售渠道，如电话推销、电视购物、互联网电子商务、手机终端、114 查号台、携程旅行网等，都是一渠多能。科技的发展使得媒体渠道化成为潮流，媒体平台化，并演变成为销售平台；同时，很多知名的销售渠道承担着新时期信息的接收与传递，甚至品牌推广的功能，渠道也逐渐媒体化，形成产品销售和信息积聚的综合平台，如沃尔玛、苏宁等渠道即是如此。

7.3 特许经营

特许经营是一种最普遍的服务分销方式。特许人准许被特许人使用其品牌名称、业务管理模式，以及独特的产品、服务或商誉，以此收取特许使用费，获得被特许人的忠诚。

特许经营适合于那些可以标准化或者实际上可以被复制的服务，典型的是通过供给过程、服务政策、授权、促销和品牌来实现，如麦当劳、沃尔玛、星巴克等都是理想的适合进行特许经营的例子。然而，服务越复杂和专业化，越不适合特许经营。

7.3.1 特许经营是连锁经营的一种形式

按照所有权构成的不同，特许经营可以划分为正规连锁、自愿连锁和特许连锁。

（1）正规连锁。美国在工业商业普查和统计中所认定的连锁商店均为正规连锁（regular chain，RC），即单一资本经营，有两个或两个以上分店，统一经营管理。而国际连锁商店协会对正规连锁的定义为：以单一资本经营的 10 个以上分店组成的零售业或饮食组织。

正规连锁的主要优势包括规模优势（高度统一、总部拥有全部所有权）、经济优势（批量进货采购，降低管理费用，减少中间环节）和技术优势（总部专业规划和设计，共享技术）。

（2）自愿连锁。美国商务部对自愿连锁（voluntary chain，VC）的定义是：由批发企业牵头，成员在保持资本独立的前提下自愿组成集团。日本则认为：自愿连锁是由许多零售企业自己组织起来的，在保持各自经营独立的前提下联合一个或几个批发企业，建立起总部组织，使进货及其他业务统一化，以达到共享规模效益的目的。

自愿连锁的成员店资产独立，人事安排自理，在经营上也有很大的自主权，但经营的商品必须全部或大部分从总部或同盟内的批发企业进货，而批发企业则需要向零售企业提供规定的服务。

（3）特许连锁。连锁店的分店同总部签订合同，取得使用总部商标、商号、经营技术及销售总部开发的商品的特许权，经营权仍集中于总部。在餐饮、便利店、旅馆等行业，连锁企业通常会在开设了一定数量的正规连锁店后，便用特许连锁（franchise chain，FC）的方式发展加盟店。自 20 世纪 80 年代以来，特许连锁的发展速度已超过其他两种连锁形式。

特许连锁的制度优势是特许者将大大降低投资成本、加快扩张步伐、增加企业知名度、增强市场份额的稳定性；而受许者将减少失败风险、借用促销策略、接受指导和培训、取得稳定的商品供应及财务支持等。

◎ 案例 7-3

7-Eleven 的特许经营

7-Eleven（“7-11”）便利店是借助特许经营的方式实现全球拓展并且发展成为特许经营在零售领域应用的成功典范。在“7-11”服务机构的特许经营体系中，总部不仅向加盟者提供关于销售、经营管理等方面的系统培训和指导，还以其强大的产品开发能力，不断开发出具有独创性、高附加值、差别化的适合便利店销售的产品，使加盟者能够远远领先于竞争对手。“7-11”总部对加盟店的内外装潢、店面设计、标识牌等拥有决定权。店内产品陈列布局都由总部统一规定、设计。

“7-11”虽然拥有数量庞大的门店，但配送货物却是及时、迅速、有条不紊的，这有赖于先进的物流系统。为了使卖出的货物得以及时补充，“7-11”采取了及时制进货，即频繁而小批量的进货方式，依靠门店之间建立的网络系统所收到的最快订货信息及顾客订单所要求的货物来收集产品。同时，“7-11”委托配送货物的批发商接受来自不同制造商的产品并与制造商签订协议，这样“7-11”无须背负任何投资重担就能为其门店建立起一个有效的分销系统，二者各取所需，达到双赢的目的。

“7-11”与供应商共建的高效率的共同配送体系也使加盟者可以将产品库存和进货价格都压到最低，而且不必担心缺货，充足而适合消费需求的产品既吸引了回头客也提高了经营者的利润。而加盟者的资金、人力、场地、自我扩张意识和在当地市场的各种关系，也得到“7-11”总部的有效利用，在更大的范围内拓展了特许经营网络。

“7-11”总部注重对加盟店人员的培训和训练，首先让店主在“7-11”训练中心接受为期 5 天的课堂训练，以了解“7-11”系统和便利店经营的基本原理；其次让他们到“7-11”训练店进行为期 5 天的实习演练。总部为每 2 ～ 4 个门店配备 1 名有丰富经验的指导员进行跟踪指导。另外，总部应店主的要求，为提高店员、临时工的经营能力，还可针对产品运营和产品管理、顾客接待等经营项目进行短期的集中训练。

资料来源：苏朝晖.服务营销与管理［M］.北京：人民邮电出版社，2019.

7.3.2 特许经营模式及其特征

1. 特许经营的含义

特许经营是指特许者将自己拥有的商标（包括服务商标）、商号、产品、专利和专有技术、经营模式等以合同的形式授予受许者使用，受许者按照合同规定，在特许者统一的业务模式下从事经营活动，并向特许者支付相应的费用。合作、动力和团队精神是特许经营成功的重要条件。

2. 特许经营的本质

（1）特许经营是利用自己的专有技术与他人的资本相结合来扩张经营规模的一种商业发展模式。因此，特许经营是技术和品牌价值的扩张而不是资本的扩张。

（2）特许经营是以经营管理权控制所有权的一种组织方式，受许者投资特许加盟店铺拥有所有权，但该店铺的最终管理权仍由特许者掌握。

（3）成功的特许经营应该是双赢模式，只有让受许者获得比单体经营更多的利益，特许经营关系才能有效维持。

3. 特许经营的操作模式

特许经营的操作模式如下：①必须订立包括双方同意的所有条款的合同；②特许者必须在企业开张前，给予受许者各方面的基础指导与训练，并协助其开展业务；③业务开展之后，特许者必须在经营上持续提供有关事业营运的各方面支持；④在特许者的控制下，受许者被允许使用特许者所拥有的商业名称、定型化业务或程序以及特许者所拥有的商誉，并且以此作为相关的经营资源；⑤受许者必须用自有资源进行实质的资本性投资；⑥受许者必须拥有自有的企业。

特许经营过去基本上与制造业业务相关，通常以代理机构形态出现，如汽车代理商。一般熟知的垂直特许经营机构是由两种或多种经销层次构成的，而最近新发展的水平特许经营，通常是产品或服务的零售商和其他在同一分销渠道的机构间有特许经营关系，这种形态又被称为“服务主办者零售特许经营”。最近这方面的增长相当快速，在发展上方兴未艾，如干洗服务、劳动就业服务、工具和设备租用及清洁服务。目前，许多服务企业都在积极利用特许经营模式，将其作为企业的扩张、增长策略。

4. 特许经营的优势

（1）对特许者的益处如下。

1）可以突破资金和时间限制，能够迅速扩张规模。

2）可激励经理人在多处所营运，复制成功模式。

3）特许经营是控制定价、促销、分销渠道和使服务产品内容一致化的重要手段。

4）充分体现连锁品牌的价值，是营业收入的另一种来源。

（2）对受许者的益处如下。

1）有经营自己事业的机会，而且降低单独经营失败的风险。

2）有成功的连锁品牌和大量购买力作为后盾。

3）有连锁企业的促销辅助支持力量作为后盾。

4）能获得连锁经营管理的各种优势，成功率高。

（3）对顾客的益处如下。

1）能够解决顾客消费的便利性问题。

2）能得到服务产品质量的若干保证。

（4）开展特许经营的成功要素如下。

1）拥有较高知名度的商标。

2）形成自己的经营特色（如特色产品、特色服务、特色装修、特色管理等）。

3）拥有特殊的经营技能。

4）维持总部良好业绩。

5）建立一套高效率的物流信息系统。

7.3.3　特许经营的可能局限

伴随着资本的投入，特许权购买者可能获得激励承诺和原动力。但是，在这样一个分散经营的环境中确保所有的受许者的服务和公众形象的一致所需要的费用及遇到的困难可能会抵消这些优点。特许权购买者可能被高度激励，但也同样需要特许权出售企业的高层管理人员付出大量时间和努力。在某种程度上，这归因于特许权购买者在法律上独立于特许权出售者。从根本上讲，特许是一种合伙关系，一种不平等的合伙关系，处理这种复杂关系所带来的困难及潜在的冲突有时会导致特许经营的失败。其局限主要体现在以下几方面。

（1）为了确保各网点服务标准的一致和公众形象的一致，特许者需要花费很高的费用，面临很大的困难，高层管理人员需要付出大量的时间和努力。

（2）由于是合伙关系，与公司自有的企业相比，特许企业的权力范围有限，处理合伙关系的复杂性及潜在冲突有可能会导致特许经营的失败。

7.4 电子渠道分销

渠道管理专家伯特·罗森布洛姆认为，电子营销渠道是“利用互联网得到产品和服务，从而使目标市场能够利用计算机或其他可行的技术购物，并通过交互式电子方式完成购买交易”的渠道形式。通俗来讲，电子营销渠道是指综合利用互联网、电子计算机和数字交换等多种技术，实现把特定商品或服务从制造商转移到消费者的经营活动过程。

电子渠道为商品和服务的营销人员进行分销开拓了广泛的机会。电子渠道不同于其他渠道，它不需要直接人际互动，它需要的是那些事先设计的服务，并借由电子媒介传递这类服务，如电话和电视、互联网，以及其他电子媒介。通过这些媒介，服务企业可以为消费者和机构提供服务，包括所需要的电影、互动信息和音乐、银行和金融服务、多媒体图书馆和数据库、远程学习、桌面电视会议、远距离健康服务和互动式网上游戏等。电子渠道克服了服务的不可分割性问题，促成了服务的标准化提供。

7.4.1 电子渠道的服务分销优势

（1）实现标准化服务供给。电子渠道（如电视和电信）不像有人员交互的渠道那样改变服务。与从一位个人供给者那里得到服务不一样，电子供给不能对服务做出解释，然后依据解释执行服务，它的供给在所有传递中可能都是一样的。此外，还有一点不同，通过电子渠道分销的服务一般是由服务创始者提供的。总之，未来服务企业可尽量在网上直接向顾客销售标准化服务，通过网络银行实现交割，让顾客足不出户享受服务。

（2）获得低成本分销。网络营销几乎不需要大的固定资产投入，千人传播成本最低；企业可以随时更新网上信息，省去了在传统媒体做广告的费用；企业也可以从网上收集信息，减少派人收集信息的成本。电子营销渠道还可以实现“无纸化”，从而节约办公费用。其实，电子渠道分销提供了比人员分销更有效的服务传递方法。持反对态度的人可能严正声明，通过销售人员服务更有力和有效。但是，利用互联网的互动式交易，一方面可以经济地为顾客提供大多趋于一致性的服务内容，另一方面也可以为个人提供定制服务，如戴尔电脑就很好地解决了顾客的个性需求。

（3）顾客购买的便利性。利用电子渠道，顾客能够在其需要的时间和地点递送企业的服务。就像目录营销把职场女性从亲自到购物中心购物中解放出来一样，可以说，电子商务正在改变人们的购物方式。许多邮购公司能够为顾客一周 7 天、一天 24 小时在线上订货提供方便，电子渠道在为现代顾客节省了宝贵的时间的同时，还可以接近一个巨大的顾客群。

（4）更广泛的分销。电子渠道允许服务提供商与大量的最终用户进行交互，可以获得广泛的顾客接触面。不仅如此，它还允许服务提供商与大量中间商进行交互（常常是同时），实现更为经济和有效的分销与促销。许多特许者发现，与通过主流广告和贸易展览的传统方法相比，通过互联网能够寻找到质量更高的受许者。电子营销渠道正在逐渐展现出它的魅力，网络营销有着巨大的市场空间，并且正在成为新时期营销变革与创新的主旋律。

（5）电子渠道的交互性。交互性是电子渠道的一个显著特征。顾客可以从网上获取企业的商品或服务的信息，也可以向企业咨询、洽谈、订货。企业可以按照顾客的要求提供个性化服务，可以通过配送系统向顾客送货；企业还可以与其他企业进行网上交流，加强业务往来。互联网允许许多企业根据自己的需要对服务进行定制化设计。例如，个人打算整修厨房，现在可以登录互联网站，具体说明要求，订购他所需要的东西。通过交互作用，顾客可以得到他们想要的服务。

（6）快速的顾客反馈。快速的顾客反馈是电子渠道分销毋庸置疑的主要优势之一。企业可以立即发现顾客对其服务的认知和反应，并且从顾客的反馈中获得更高的顾客参与。利用顾客的快速反馈，服务企业可以及时了解顾客需求的变化，及时改变服务产品组合，如果有顾客不满意或投诉，还可以及时发现并立刻解决问题，以提高顾客的满意度。提高顾客的满意度是服务企业的中心工作。

7.4.2　电子渠道分销服务的市场挑战

（1）恶性价格竞争。产品和服务传统的差异之一就是很难直接比较它们之间的价格和特征。产品的价格可以在零售业做比较，然而，现有的零售业很难提供来自多个服务提供商的服务。互联网改变了这一切，它使顾客对范围广泛的各种服务的价格进行比较变得简单。例如，购买机票，网络方便顾客对各家机票价格进行比较，然后做出购买决定。这样问题就来了，顾客习惯比价，无形中把服务提供商卷入到价格战中，往往只顾降低价格而忽视服务质量，这是危险的。

（2）服务定制化的能力。如果你经历过远程教育学习，比较一下用这种方式学习与直接跟随一位老师学习的效果，你就会理解网络教育的挑战。在大多数情况下通过电子方式学习，你不能和老师直接互动、提问、阐明观点或分享你的个人感受。在电子课堂上，如同在许多企业的电视会议中一样，学习质量可能被环境因素所影响。人们彼此谈话、随意离开、大声说笑，以及其他一些行为，必然影响效果。因此，通过网络提供定制化服务在质量保证方面面临挑战。

（3）对于安全的担心。人们普遍担心电子渠道的安全性，尤其是健康和财务信息的安全性。许多顾客对把信用卡信息提供给互联网服务供应商仍感犹豫，这可能影响顾客将互联网作为一个交易场所的信任。同时，顾客还担心个人信息进入互联网时，被黑客探听和利用。此外，顾客还有对于假冒产品的担心，因为互联网平台是虚拟场所，很难阻止假冒商品和服务的提供。

（4）服务提供范围不断扩大的挑战。传统服务往往是在顾客的选择范围内提供的，因此许多服务在某种程度上受到保护而免于竞争。例如，商业银行为当地顾客提供活期储蓄存款、抵押贷款等服务。过去人们常常认为，因为服务不能被运输，所以它只能限制在有限的范围内由特定服务商提供。但现在不同了，通过互联网，许多服务（包括金融、保险、信息等）可以从远离当地的服务机构购买，这就对未来服务产品的跨界营销与管理提出了挑战。

关键术语

直销　连锁经营　特许经营　电子营销渠道

测试题

一、选择题

1. 由于服务产品的特殊性，和有形产品的分销渠道相比，服务产品的分销渠道几乎总是________渠道。

A. 直接的、短的　B. 直接的、长的　C. 间接的、短的　D. 间接的、长的

2. 以下不属于电子营销渠道的服务分销优势的是________。

A. 服务的定制化　B. 低成本分销

C. 顾客购买的便利性　D. 电子渠道的交互性

3. 一般而言，对于复杂与高感知风险的服务，人们倾向于依靠________传递与获得。

A. 人际渠道　B. 电子渠道

C. 非人际、自助服务　D. 传统渠道

二、简答题

1. 服务分销渠道有什么特点？
2. 什么是直销？
3. 什么是特许经营？

三、论述题

1. 试分析服务特许经营的优势和劣势。
2. 试论电子渠道分销服务的优势与挑战。

训练设计

调研一家特许经营企业，了解清楚其特许经营的资源优势、加盟条件、一次性费用

和年度管理费用、过程管理要求、采购配送、门店管理规范、经营技术等，熟悉整个操作流程，以利于找机会创业开店，加入连锁事业。

综合案例

美团优选的电子服务分销

美团优选成立于 2020 年 7 月，是美团旗下的社区团购平台。美团优选项目主要内容就是通过数以千计的优选团长去沟通用户，美团提供平台服务支持，优选商家提供货品，用户拼团成功后由美团方从商家提货送到团长指定自提点，然后由团场去分发货品从而完成交易。这是一种商家赚取了利润，美团带来了流量，团长获得了收入，客户获得了性价比较高的货品的交易模式，也就是社区团购模式下常见的“预售 + 自提”模式。美团优选相比天猫等网上购物平台，送货速度更快，价格优惠，便民，也能弥补美团外卖只递送餐食和药品的不足。

美团优选的优势在于，将营销重点放在下沉市场，利用“预购 + 自提”的模式，为社区便利店进行赋能。美团作为餐饮外卖的巨头，在一线、二线城市中，有着很强的影响力，同时在用户群体、流量营销、同城运输上已经建立起极具竞争力的完整闭环交易服务体系。其中，美团入局社区团购，更是被预测为重量级玩家，其发展和体量不可估计。

美团优选的经营特点体现在以下几个方面。

1. 限时秒杀（万人团玩法）

在美团优选中，有一个非常亮眼的功能，那就是“优选万人团”。在这个功能板块中，每日都会推出一款折扣爆款产品，而且系统还会同时显示原价跟折扣价，利用二者价格的落差，引起用户的注意，加速用户的下单决策。跟传统的限时秒杀活动相比，万人团玩法更容易打造平台的爆款产品，此功能下能获得 10 万以上的订单交易数，也是美团优选的一个强大功能。如果普通商家也想开展社区团购业务，可以借助社区团购模式下的万人团玩法，利用单款低价爆品进行薄利多销，为平台带来超过 10 万的订单交易数，并且还能保证用户的活跃度。

2. 打造类美团优选平台

社区团购系统下，不仅支持搭建类美团优选平台，还配备相对应的商城界面，用户只需要在商城模板中自行设置，并且套用相关模板即可实现。

3. 门店内容营销

美团优选平台系统中增加了门店详情页，用户可以在门店详情页中看到门店的详细介绍，以及门店种类丰富的产品，达到营销目的。

4. 优惠券促销

用户进入门店详情页，能看到门店介绍，同时也能直接领取优惠券，点击领取优惠券，可以直接进行下单，增加了门店营销的新渠道，提高了吸引力。

5. 拼团玩法

在门店页面下，还能看到门店拼团活动，用户可以直接点击拼团玩法，加入到拼团活动中。这一设计不仅提高了活动的曝光率，同时还增加了门店页面的丰富性，更能激起用户的消费欲望。

6. 自动匹配骑手

在物流配送方面，社区团购系统支持自动匹配骑手，无须团长进行人工操作，这一技术为团长简化了烦琐的配送安排过程。

7. 骑手送货通知

当用户成功下单，并由系统通知骑手进行配送时，骑手将会收到系统的配送通知，点击通知，可以查看具体的订单信息。

问题讨论： 1. 根据案例谈谈电子服务分销的优势和局限。

2. 怎样看待未来服务产品分销的发展趋势？

CHAPTER 8 第8章

服务促销

促销是市场营销组合策略中的“临门一脚”，它包括人员推销、广告、公共关系、销售促进和直复营销。促销的实质是沟通，服务促销的核心是服务提供者与顾客及潜在顾客之间基于服务信息和情感的双向互动，其目的是促进服务认知、认可与服务消费行为。整合营销传播学者唐·舒尔茨更是做出了一个偏执而精辟的概括：“营销即沟通。”

学习目标

- 了解服务促销的目标及特点。
- 认识服务促销一般组合工具。
- 认识服务促销新工具。
- 熟悉服务的整合营销传播。

开篇案例

小油饼店是怎么火起来的

本土营销策划大师叶茂中在其《叶茂中营销策划》中讲了一个故事：在一座小城市里，一个开油饼店的老板，花了45元钱油印了100张关于自家油饼店的宣传单，送给了100位人力三轮车夫，并且许诺，只要车夫帮他传达了这个消息，就可以获得一个油饼；如果车夫帮他带人来买油饼，就可以根据顾客的购买数量给予他提成。在那座小城市，像这样做的油饼店只此一家，加之油饼做得也挺好，小油饼店的名气很快传播开来。有了好产品再加上好的传播手段，生意很快就火起来了。现在在那座小城市，一提起油饼，大家都会说那家小油饼店的油饼最好。这就是传播的力量。

问题思考

看完这个案例你有什么感想？你有没有见过类似的做法？

8.1 服务促销概述

1. 促销与促销组合

促销，具体来讲，是指企业通过人员和非人员的方式，沟通企业与消费者之间的信息，引发、刺激消费者的消费欲望和兴趣，使其产生购买行为的活动。

从以上概念中我们不难看出，促销具有以下几层含义。

（1）促销的实质是与消费者的沟通。传统的促销强调说服、诱导消费者购买，强调只有将企业提供的产品或劳务等信息传递给消费者，才能引起消费者的注意，并有可能产生购买欲望。因此，传统的促销是单向度的沟通行为。现代促销强调与消费者平等的、双向度的沟通，强调尊重消费者的意愿，强调消费者参与到企业产品的开发推广活动中来，因此，现代促销是双向的、互动的。

（2）促销的目的是引发、刺激消费者的购买行为。在消费者可支配收入既定的条件下，消费者是否产生购买动机与行为主要取决于消费者的购买欲望，而消费者的购买欲望又与外界的刺激、诱导密不可分。促销正是针对这一特点，通过各种传播方式把企业的产品、品牌或服务等有关信息传递给消费者，以激发其购买动机，促成其产生购买行为。

（3）促销的方式有人员促销和非人员促销两类。人员促销是企业利用推销人员向消费者推销产品或服务的一种促销活动，表现为推销或者终端营业推广。非人员促销是企业通过一定的媒体形式传递产品或服务等有关信息，包括广告、销售促进、公共关系和直复营销等。企业在促销活动中通常将人员促销与非人员促销结合运用，如图 8-1 所示。

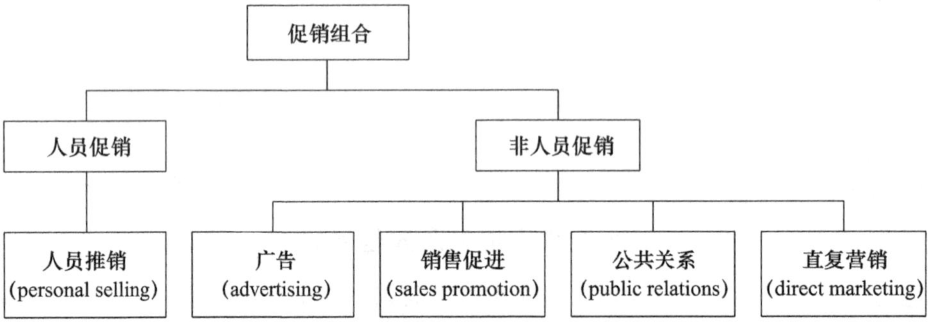

图 8-1　促销组合示意图

市场竞争促使服务企业采取有力措施来强化顾客对本企业服务的理解和认知，并积极购买和消费其服务。这就需要服务企业在服务促销与沟通方面进行不断调整和创新。促销与沟通不只限于对顾客，也可以用来激励雇员和刺激中介机构。

◎ 案例 8-1

亚朵酒店：重视人员沟通创造关联体验

在酒店住宿业中，人员沟通能够对关联体验的形成起到很大的促进作用。体验沟通的内容不仅包括产品本身和解决方案，更重要的是了解顾客心情，促进与顾客的沟通。

亚朵酒店的员工对待顾客像对待自己的朋友，他们不会主动向你推销，但在顾客需要咨询时能提供专业的解决方案。每个亚朵酒店员工有 300 元的授权，用于及时解决客人的突发状况。阅读会友书吧“竹居”的摆设、色彩非常便于顾客结交朋友，“阅读”主题基础上的交流使顾客之间的沟通变得很自然。值得一提的是，服务人员、管理人员的挑选首先要符合企业的价值文化，在培训时必须加上“目标群体生活方式”一课，保证能够理解顾客感受，并有沟通的话题。

亚朵酒店的创始人兼 CEO 耶律岚认为酒店住宿业有以下几个境界：最基本的是满意，再往上是惊喜，然后是感动。亚朵酒店致力于创造一个住宿品牌，并形成一种生活方式，通过提供高品质的酒店设施、书籍、音乐等，能够使旅客在紧张、疲惫的旅途中，获得舒适的住宿环境、放松的居停空间，能够休憩、充电并得到心灵上的放松及人生感悟的共鸣。

资料来源：李巍 . 服务营销管理：聚焦服务价值［M］. 北京：机械工业出版社，2019.

2. 服务促销与沟通的意义

在服务营销活动中，顾客不仅需要知道核心服务的存在，还需要获取服务的地点、时间、价格及针对他们需求的种种建议信息。因此，能否与顾客进行有效沟通将直接决定前期服务营销活动的成败。然而，服务的无形性给服务沟通带来了较大困难。

研究者发现了沟通中存在四个层次的潜在难题，即语言、非语言行为、价值观和思维过程的差异。在这四种差异中，因语言的差异产生的难题最显而易见，因而也最容易克服。非语言行为会影响服务质量。在服务交易中，顾客的感觉是非常关键的信息。但在跨文化的条件下，这些非语言线索通常比较难以了解而且容易被误解。笑、皱眉、沉默、插话、用双手递名片等，所有这些非语言行为都能预示服务提供者与顾客之间的关系。对服务人员理解顾客非语言行为的能力的训练是保证服务效率和顾客满意的一个关键。

对于服务业来说，有效的沟通可以使那些原本无形的服务获得有形的支持，并把后台的生产活动表现出来，显现那些一度被掩盖起来的优势和资源。它还能提供信息和教育顾客，帮助顾客做出明智的选择，以便他们从所买的服务中获取更高的价值。

促销与沟通（通常简称为促销）是针对顾客而专门设计的，它是营销组合中的一个要素，综合运用各种促销工具，是服务企业具有战略意义的重要工作。其意义主要体现在以下方面。

（1）宣传服务。当顾客面对一项新的、复杂的甚至专业性很强的服务项目时，没有服务的促销与沟通，他很难对这项服务的功能、特色、质量等有清楚的认识。服务营销沟通对于消除服务的陌生感、提供服务购买信息具有决定性作用。

（2）说服尝试。顾客在购买不可触知的服务时，光靠简单的服务内容介绍无法消除顾客消费服务的感知风险，因此服务企业不仅需要提供完备的服务信息，还要提供消费的信息保证，最有效的方式就是亲自尝试。免费试听、试用、试吃、试驾通常是说服顾客接受某项服务最好和最有说服力的沟通方式。

（3）明确定位。服务应该以一定的形象被服务企业的目标顾客所接受。这个形象是战略性的，应该与竞争对手的定位区别开来。因此需要通过服务沟通来明确企业的这种形象定位，让顾客在沟通中体会、认可并达成共识。

（4）展示差别。顾客往往希望了解企业与其他竞争对手的服务之间甚至同一企业现在提供的服务与以往提供的服务之间的差别，以给自己的消费选择提供充足的理由。服务沟通的一大任务就是展示本企业服务的优势和特征，帮助顾客比较鉴别，让他们尽快做出购买决策。

（5）纠正偏差。在服务行业，顾客感受到的服务缺陷经常会超过实际的不足。这种感受上的偏差往往会影响顾客对服务和服务企业的印象。服务沟通可以解释和纠正顾客感受上的偏差，表达企业努力改进业务的决心，这样会给顾客留下真诚的印象。

（6）培养忠诚。服务感知风险的存在使得顾客每一次消费都会小心谨慎，但一旦跨越了这道障碍，对风险的回避便转向对品牌的忠诚。因此，服务企业通过服务沟通定期消除顾客也许刚刚萌生的不满，将有利于培养和维持顾客的品牌忠诚。

（7）强化记忆。营销沟通的第一层目的是让顾客了解服务，第二层目的在于向顾客保证他们选择的正确性，第三层目的就是不断强化顾客对公司服务的记忆。如果顾客相信自己体验过的服务具有比较优势，那么不时的强化会树立起顾客对服务品牌的忠诚。

服务促销的核心是服务提供者与顾客及潜在顾客之间基于服务信息与情感的双向互动，其实质在于沟通。服务企业的促销行为要客观、实际，真正让利于民，反对过度营销、过度促销，反对传销，反对不切实际、欺骗百姓的虚假宣传。

3. 服务促销的目标

服务营销的促销目标与产品营销大致是相同的，主要有以下几种。

（1）建立对该服务和服务企业的认知及兴趣。

（2）突出服务内容和服务企业本身与竞争者的差异。

（3）沟通并描述所提供服务的种种利益。

（4）建设并维持服务企业的整体形象和信誉。

（5）说服顾客购买或消费该服务。

服务促销的具体目标如表 8-1 所示。

表 8-1　服务促销的具体目标

目标分类	具体目标描述
顾客目标	● 增进对新服务和现有服务的认知 ● 鼓励试用服务 ● 鼓励非用户 ——参加服务展示 ——试用现有服务 ● 说服现有顾客 ——继续购买服务而不是终止使用或转向竞争者 ——提高顾客购买服务的频率 ● 改变顾客需求服务的时间 ● 沟通服务的区别利益 ● 加强服务广告的效果，吸引受众的注意 ● 获得关于如何、何时及在何处购买使用的信息

（续）

目标分类	具体目标描述
中介机构目标	● 说服中介机构递送新服务 ● 说服中介机构努力销售更多服务 ● 防止中介机构在销售场所与顾客进行价格谈判
竞争目标	● 对一个或多个竞争者发起短期攻势或进行防御

总之，任何促销努力的目的都在于通过传达、说服和提醒等方法销售服务。显而易见，那些一般性目标也由于每一种服务业及服务的性质不同而有所不同。例如，在运输业和物流业，其促销目标包括以下各项内容。

（1）在所有潜在使用者之中提高公司的知名度。

（2）详尽地说明公司的产品和服务，包括成本 / 利益关系、价格及其他有关事项。

（3）改善公司在现有及潜在顾客心目中的形象，以改善顾客对公司的态度。最主要的目标是在公司未来开发新服务时，新的目标顾客群更容易接受。

（4）消除已存在的错误的服务观念。

（5）将有关本公司服务的特殊项目或附加服务及调整情况告知现有及潜在的顾客。

（6）将市场上各种新的服务分销渠道告知现有及潜在的顾客。

8.2 服务促销与沟通工具

8.2.1 服务促销与沟通的一般工具

服务促销与沟通的一般工具包括服务广告、人员推销、公共关系、销售促进、直复营销等。作为促销工具，每一种都有其优缺点，当一个服务机构的目标、对象发生变化时，它的促销工具组合也应该相应调整，做到与时俱进。因此，营销人员应该针对不同促销工具的优势和特点，结合自身企业及服务产品的特点进行有效的选择和促销。

1. 服务广告

广告是由明确的发起者以公开付费的方式，通过任何形式的传播媒体进行任何对创意、商品和服务等的非人员展示和促销活动。广告是促销组合中一个重要的组成部分，也是现代促销最强有力的手段，当然也是费用最高的手段。广告媒体强势、影响面广、影响力强，相对费用也较高。

广告作为一种强势促销手段也经常用于服务产品的促销，其主要特性如下。

（1）公开展示：广告是一种高度公开的信息传播方式，具有生动形象的传播特征。

（2）媒体性：广告需要借助各种媒体进行传播，如电视媒体、网络媒体、户外媒体等。

（3）渗透性：广告是一种具有渗透性的媒体传播方式，它允许销售者多次接触这些信息，以逐渐渗透到消费者的头脑中，潜移默化地影响消费者的购买心理和行为。

（4）非人格化：广告不会像公司的销售代表那样有强制性，受众不会感到有义务去注意广告或对其做出反应，广告对受众只能进行独白而不是对话。

（5）夸张的表现力：广告可通过十分巧妙地应用印刷艺术、影音效果，提供将一个公司及其产品（或服务）戏剧化的展示机会。

◎ 案例 8-2

广告的威力

法国是世界上最浪漫的国家，每到夜晚塞纳河边的小酒馆就人声鼎沸。法国男士经常去酒吧喝酒。女士非常不满，她们认为酒吧的酒要比家里的酒贵得多，在外面喝一杯的钱可以买一瓶。于是法国的妇女团体掀起了“回家喝酒运动”，劝谕消费者“家里的酒更好喝，记得常回家看看”，号召男人回家喝酒；法国的家庭主妇，都在自己的家里设置一个酒柜，然后等待老公回家喝酒。从此大小酒吧门庭冷落，而男士在家里喝酒总感觉喝得不尽兴，其结果是全法国酒的销量直线下滑，法国男人整体郁闷。为了救市，法国酒业协会便大张旗鼓地做了一则广告，说：“美酒的滋味，只有在酒吧里才能品尝出来！”这则广告在法国的媒体播出，男人又开始不顾劝谕重新回到酒吧喝酒，酒吧的生意又开始兴旺起来。

问题思考：上述广告摧毁了法国妇女团体掀起的“回家喝酒运动”，你怎么看？

所谓服务广告，是指广告主对其已有或者新推出的各种服务进行宣传，是借助一定的宣传媒体将企业服务的信息传递给消费者的一种宣传方式。一则成功的服务广告，必须把顾客的注意力吸引或转移到服务上，使顾客对服务广告中所推广的服务产生兴趣，以刺激顾客欲望，再促使其采取购买消费的行为。

服务广告要以简单的文字和视听形象传递比较复杂的无形的服务信息，事实证明具有很大的难度。有些服务广告可以使用图像或符号等来协助传递信息，但有些则必须更详尽地解释其服务（如专业服务项目）。因为服务是无形的，服务广告策划者应该尽可能使用有形物品、线索作为载体，才能增强服务促销的效果。知名的人物或物体（如建筑物、场景）经常用来作为服务产品的“有形展示”，这种具体的沟通展示可以变成服务的化身或隐喻。

服务广告的主要任务是：在顾客心目中塑造公司形象，传达公司良好的个性特征，建立顾客对公司的认同，指导公司员工如何对待顾客，帮助业务代表开拓市场。

2. 人员推销

人员推销是通过与一个或多个预期顾客进行面对面接触以介绍产品、回答问题和取得订单的营销活动。人员推销是促销的最基本方式，在购买过程中的某个阶段，特别在建立购买者的偏好和信任时，往往是最有效的工具，适用于保险、医疗保健、装修、房地产等内容比较复杂、个性化的服务行业产品的销售。

（1）面对面接触：人员推销是两个人或更多的人之间，在一种生动的、直接的和相互影响的关系中进行的交流与传播。每一方都能在咫尺之间观察对方的需求和特征，在瞬息变化之间做出调整。这种促销方式最直接、最真实，可以尽力说服对方，对于有些产品或服务，如机械设备、耐用消费品、贵重复杂的服务（如保险）等也最有效。

（2）人际传播和人际关系培养：人员推销允许建立各种关系，从注重实际的销售关系直至深厚的个人友谊，如果他们要建立长期关系，进取的销售人员会把他们的顾客的兴趣爱好记在心里。因此，人员推销往往也是服务企业情感营销和客户关系管理的基石。

服务人员推销的类型与有形产品人员推销有很大不同，由于服务产品的无形性和服务分销渠道的局限性，推销服务比推销有形产品更困难。

服务人员推销主要有以下两种类型。

（1）服务企业的人员推销：服务企业雇用推销人员向中间商或消费者推销服务产品。这种推销类型在基金、保险、证券等行业中得到了广泛的应用。

（2）代理商雇用销售人员推销：出于销量的考虑，代理商往往也会雇用销售人员在指定区域向消费者推销服务产品。如有些旅游产品、娱乐场所的代理商会雇用一定数量的销售人员进行推销。

人员推销作为一种传统的营销方式，在服务营销的实践中得到了进一步发展。服务人员推销概括起来主要有以下两种主要形式。

（1）上门推销。上门推销是指由推销人员携带展示设备或图片、说明书和订货单等走访顾客，推销服务产品。上门推销有两个主要特点：一是推销人员积极主动地向顾客靠拢，二是增进了推销人员和顾客之间的情感联系。但在目前的信息经济时代，上门推销已让顾客产生了厌烦的心理。

（2）会议推销。会议推销就是利用各种会议，如新闻发布会、企业专场服务产品展示会，宣传和介绍本企业及服务产品，开展销售活动。会议推销被大多数企业所采用，因其可以使来自不同地区的各企业、同行业之间广泛接触，影响面广，故推销效果显著，特别是企业在树立企业形象，需要同广大中间商和社会公众广泛接触时，采用这种推销形式会取得令人满意的效果。

3. 公共关系

公共关系是指设计面向公众或其他利益相关者的各种方案，以推广或维护公司形象，促进产品销售的活动。公关目标及公关工作对于服务企业的作用表现在以下几个方面：协助新任务的启动，建立并维持形象，处理危机，加强定位。

公共关系传播可以分为自发传播与自觉传播两种。自发传播是指人们自发自愿地进行分享和传播。自觉传播必须对媒介进行有效的运用，以提高传播效果。其传播媒介既有大众媒介（如广播、电视、报纸、杂志等），又有群体媒介（如联谊会、新闻发布会、茶话会等）和人际媒介（具体的个人）；既有符号媒介（如掌声、姿态、图画等），也有实体媒介（如公共关系礼品、象征物、购物袋等）和人体媒介（如社会名流、新闻人物、舆论领袖等）。由于是在有意识、有计划地开展各种信息传播活动，因此这种自觉的传播活动比自发传播要高效得多。

公共关系的显著特征如下。

（1）可信度高：新闻故事和特写有权威性，对读者来说要比广告更可靠、更可信。

（2）费用低：通过策划、组织特别的公共关系事件并通过发布新闻稿件的方式进行宣传，相比其他传播工具来说费用要便宜得多。

（3）影响面广：企业产品信息随着新闻媒体的传播而扩散。如果新闻价值高，所有新闻媒体会竞相报道，要比广告影响面更广。

（4）戏剧化效果：公共关系宣传像广告那样，有一种能使公司或产品引人注目的潜力。好的公共关系活动的策划与组织有令人难忘的效果。

主要的公共关系工具包括以下几种。

（1）宣传报道。宣传报道是介绍企业新型服务的重要工具，它通过发表免费的新闻信息或肯定的评价来帮助企业宣传新服务。宣传报道的信息要想被新闻单位采用，必须真实可靠、实事求是，而且应包含媒体和受众感兴趣的内容。

（2）事件赞助。公共关系经理可以通过赞助有足够高的新闻价值的事件或社区服务来实现新闻覆盖。同时，这些事件也有助于提高企业的品牌知名度。

（3）公益赞助。企业也可以选择为社会上的公益事件提供赞助，从而将自己定位为富有爱心和社会责任感的企业，势必会受到人们的广泛关注并赢得他们的好感。

（4）互联网传播。国际互联网是一种新型的公共关系工具。事实证明，企业在国际互联网上发布的新闻有助于新闻界、现有及潜在顾客、行业分析家、股东及其他人了解企业的相关信息。同时，网站也是新服务构思和改进的公开论坛，可以获得访问者的各种反馈信息。

4. 销售促进

销售促进也叫营业推广，是指企业除了人员推销、广告和宣传报道以外的，刺激消费者购买和提高经销商效益的各种市场营销活动，如陈列、演出、展览会、示范表演等。简单地说，销售促进就是一种能直接刺激以求短期内达到效果的促销方法。其主要特点如下。

（1）形式多样：针对不同促销对象采用多种推广形式，如优惠券、竞赛与抽奖、样品赠送、特价、堆头展示、搭赠、现场秀、POP 等。

（2）刺激性强：企业在终端销售场所采取某些利益让步、诱导或赠送的办法给顾客以某些好处，有强烈拉动消费者冲动购买的效果。

（3）短期效应：终端销售促进是一种短期的刺激，直接而迅速，企业一般期待顾客有强烈而快速的响应，能够促进短期销量提升，与公共关系效果不同，其对长期的品牌形象建立效果不大。

销售促进的主要策略包括以下几种。

（1）价格 / 数量促销。这种方法如果被顾客理解为短期促销而不是鼓励持续的大额订购，那么就应该在一个有限的时间内采用，而不宜作为长久之策，如旅游公司在旅游淡季推出机票折扣、门票折扣、报关、宾馆价格折扣等。

（2）样品赠送。它给了顾客一个免费试用服务的机会。例如，某软件公司提供多款软件（如杀毒软件）免费试用，广播电视公司提供免费高清机顶盒，等等。

（3）优惠券。它通常采用以下三种形式之一：①直接降价；②与最初购买者同来的一个或多个顾客可享受折扣或费用减免；③在基本服务的基础上提供免费或有价格折扣的延伸服务（如在每一次洗车时都提供免费换机油服务）。

（4）未来折扣补贴。它被竞争性市场上的航空公司、酒店和汽车租赁公司等广泛用来保持那些经常外出旅行人员的品牌忠诚度，在加入某个特定的常客计划之前顾客必须签约才能享受未来折扣。这类折扣采取一系列分段奖励的形式，如加入会员享受免费的服务升级、航空公司积分换机票活动、成为 VIP 后享受更高折扣等。

（5）礼品赠送。它是一种为了给短暂易逝的服务增加有形要素而提供的特殊促销方式。例如，银行和保险行业提供的服务很难差异化，这些行业就广泛使用礼品赠送策略。银行定期开展礼品战，向储户提供金额逐步累进的礼品，从厨房用品到电视机、手提电脑，作为对拥有不同级别的存款额的储户的回报。

（6）有奖销售。这种方式引入了机会这个要素，顾客乐于参与，如抽签中奖。它可以被用来有效地增加顾客对服务经历的参与和兴奋感，鼓励顾客增加对服务的使用。

5. 直复营销

直复营销是一种为企业提供消费群体数据，向最契合企业产品市场定位的人群进行有针对性营销的方式。服务企业可通过直邮广告、电话、传真或电子邮件等方式，对特定的消费群体进行一对一的营销。与传统媒体广告相比，直复营销更具有针对性。

近年来，随着信息技术的快速进步，直复营销得到了飞速的发展，其独有的优势也日益被企业和消费者所认可，其形式也不再局限于邮购活动，而是随着电话、电视及互联网等媒体的出现而变得越来越丰富。直复营销主要有以下七种类型。

（1）直接邮购。直接邮购是指经营者自身或委托广告公司制作宣传信函，分发给目标顾客，激发目标顾客对商品的兴趣，再通过信函或其他媒体进行订货和发货，最终完成销售行为的营销活动。这是最古老的直复营销类型，也是当今应用最广泛的类型。

（2）目录营销。目录营销是指经营者编制商品目录，并通过一定的途径分发到顾客手中，由此接受订货并发货的营销活动。目录营销实际上是从直接邮购营销演化而来的，二者最大的区别就在于目录营销适用于经营一条或多条完整产品线的企业。目录营销的优点在于：内容含量大，信息丰富完整；图文并茂，易于吸引顾客；便于顾客作为资料长期保存，反复使用。其缺点在于：设计与制作的成本费用高昂；只能具有平面效果，视觉刺激较为平淡。

◎ 案例 8-3

"红孩子"的目录营销

几年前的一天下午，北京一家优雅的咖啡厅里，3 位年轻的爸爸看似轻松地坐着聊天，然而话题对他们来说却并不轻松：孩子和孩子妈妈的专用物品实在难买，还经常买不好、买不对。其中一位年轻爸爸突然提议，干脆咱们几个自己来做母婴用品吧。另外两位年轻爸爸心里顿时一亮。母婴产品的购买决定者是母亲，但照顾婴儿的母亲又不方便出门买东西。如果让孩子的母亲在家里选商品，送货上门，那岂不是很好？于是，红孩子销售公司就这样问世了。

“红孩子”是一家在中国做目录营销很成功的公司，其分公司已经覆盖了全国20多个城市，用户超过200万户。公司先后3次顺利地吸引了美国著名风险投资公司NEA、北极光和KPCB投资，成功地站到了中国最受欢迎的母婴产品零售企业前列。

在“红孩子”刚进入市场时，目录营销和电子商务方式在母婴用品领域已经有了相当的影响。一类企业是以传统门店零售与目录营销相结合，如丽家宝贝；另一类企业是专业电子商务网站，如皮皮网等。为了避开那些已经站稳脚跟的先进入者的锋芒，“红孩子”没有成立门店，而是选择了目录直投的方式，将产品印刷成刊，投递到可能的用户手中。公司每月都免费发放产品目录，随着公司业务的发展，“红孩子”的产品已经覆盖儿童护肤品、保健品、礼品和小家电等大多数家居用品领域，“红孩子”的目录营销方式越发显示出强大的市场潜力。

资料来源：郑锐洪. 营销渠道管理［M］. 3版. 北京：机械工业出版社，2020.

（3）电话营销。电话营销是指经营者通过电话向顾客提供商品与服务信息，顾客再借助电话提出交易要求的营销活动。电话营销的优点在于：能与顾客直接沟通，可及时收集反馈意见并回答提问；可随时掌握顾客态度，使更多的潜在顾客转化为现实顾客。电话营销的缺点也相当明显：营销范围受到限制，在电话普及率低的地区难以开展；因干扰顾客的工作和休息所导致的负面效应较大；由于顾客既看不到实物，也读不到文字，故而易产生不信任感等。

（4）电视营销。电视营销是指经营者购买一定时段的电视时间，播放某些商品的录像，介绍功能，告知价格，从而使顾客产生购买意向并最终达成交易的行为。其实质是电视广告的延伸。电视营销的优点是：通过画面和声音的结合，使商品由静态转为动态，直观效果强烈；通过商品演示，使顾客注意力集中；接受信息的人数相对较多。电视营销的缺点是：制作成本高，播放费用昂贵；顾客很难将它与一般的电视广告相区分；播放时间和次数有限，稍纵即逝。

（5）短信息营销。短信息营销是指经营者借助计算机、互联网、通信和数字交互式媒体而进行的营销活动。目前在国内应用较多的是手机短信营销。这种方式主要是随着信息技术、通信技术、电子交易与支付手段的发展而产生的，特别是互联网的出现更是为其发展提供了广阔的空间。

（6）直接反应印刷媒介。直接反应印刷媒介通常是指在杂志、报纸和其他印刷媒介上做直接反应广告，鼓励目标顾客通过电话或回函订购，从而达到提高销售量的目的，并为顾客提供知识等服务。

（7）广播。广播既可作为直接反应的主导媒体，也可以与其他媒体配合，使顾客对广播进行反馈。但随着社会科技的发展，广播媒体的功能不断衰退，听广播的人越来越少，只有少数受众（如出租车司机）会受到广播的影响。因此，经营者可以有针对性、有选择性地使用该媒体。

◎ 案例 8-4

马蜂窝的促销推广

马蜂窝的推广策略分为线上推广和线下推广。线上推广策略主要有其他社交网站传播、微电影和电子邮件的推广；线下的推广方式则主要有前期地铁广告、口碑相传、各项活动的举办和移动应用等。

首先，在早期提高马蜂窝的知名度时，主要是通过地铁车窗大面积广告覆盖来推广。广告的内容主要是易于辨识的马蜂窝标识及网站性质介绍，这种大面积、高频度的户外广告覆盖，对于扩大马蜂窝的知名度和影响力非常有效。此外，马蜂窝也与其他社交群体网站合作，使得其他社交网站的顾客可以方便、直接地使用马蜂窝。例如，可以通过合作网站登录马蜂窝网站，免去了填写复杂的个人资料的步骤。合作网站包括新浪微博、人人网、QQ、MSN、开心网和腾讯微博，覆盖了年轻上网群体使用的主流社交网站。

其次，在提高马蜂窝的接受度和认可度时，马蜂窝在线下渠道并没有付出过多资源和精力，主要是通过自身产品的特性让使用过的人满意，再通过口碑相传让更多的人接受。在线上渠道，马蜂窝通过其微博主页、人人分享、豆瓣小站的平台发布最新的旅游攻略等新鲜事，让微博、人人网、豆瓣的使用群体可以关注这些信息，激发兴趣从而成为马蜂窝的使用者。

最后，在提高马蜂窝使用者的忠诚度和黏度时，马蜂窝在线下渠道举办顾客交流活动，如马蜂窝与美国大使馆举办的“这里是美国”的文化沙龙，请马蜂窝社区顾客做“搭车去旅行”的分享等，使原本分散的马蜂窝使用者相互认识并形成一个更为交错复杂的马蜂窝社交网络，加强他们对线上社交平台的依赖。在线上渠道，马蜂窝营造出一种创意和友爱的氛围，让马蜂窝的使用者认可和接受马蜂窝的理念，提高了对马蜂窝网站的忠诚度。例如，马蜂窝曾拍摄过一部关于明信片环球旅行求婚记的微电影，这个事件的背景是一对热爱旅行的年轻情侣要结婚，在马蜂窝上发布了一个帖子希望收集到世界各地的朋友寄来的明信片。马蜂窝很重视这一帖子，将其顶上了主页头条，许多人看到后纷纷响应，而这对情侣也由此收到了 200 多份来自世界各地的祝福。该微电影在网上发布后，引发众多读者观看分享，使更多人了解了马蜂窝并对马蜂窝旅游网印象深刻。

资料来源：苏朝晖 . 服务营销与管理［M］. 北京：人民邮电出版社，2019.

问题思考：马蜂窝的促销推广有什么特点？

8.2.2　服务促销与沟通新工具

由于服务本身的特性，无形服务的促销与有形产品的促销存在比较显著的差异，这就促使服务促销与沟通的方式不断创新。

1. 利用互联网进行服务促销

如今，互联网以其即时互动的鲜明特色成为增长最快的服务促销工具之一。互联网对于沟通促销的作用，主要体现为网络广告和网络公关宣传对传统促销手段的革命性变革。对广告而言，成本大幅度降低；对公关宣传而言，由于企业在公关中角色的重要性、主动性得以强化，从而可以开辟公关宣传的新天地。特别是近年来移动终端的兴起，人们改变了传统的消费习惯，乐于在移动终端平台上进行服务产品的订制与消费，携程旅行网、马蜂窝、去哪儿、大众点评、美团、天猫、京东、苏宁易购及各个银行的手机银行等电商渠道蓬勃兴起，而且正发展成为目前服务消费的主流渠道。

（1）网络广告的强大交互作用。通过设计和推出网络广告，借助层层点击鼠标，可将顾客吸引到服务机构发布的网络信息源上来。通过网上观看，可更多地发挥顾客的主动性。因此，只要网络广告能针对顾客的兴趣和需求偏好，就会实现顾客与服务机构之间“一对一”的有效沟通，顾客可以更广泛、更深入地了解服务机构及其服务，服务机构也可以更及时地传递最新服务信息，交互作用显著。同时，互联网提供的信息十分丰富，几乎不受时间限制，可以让顾客自由查询，顾客也可以向公司有关部门提出要求以获得顾客所需要的更多信息。

（2）网络广告与其他促销手段的配合。对于服务企业来说，网络广告是一种正在演进过程中的促销工具，经常与其他促销手段相互配合，实现整合传播。一些服务企业，如肯德基，为网上顾客提供能够下载或打印的优惠券，还有些服务企业用电子邮件来配合网络广告功能，以形成强有力的促销效果。例如，有些航空公司通过电子邮件向已经注册的旅客发送特价机票及旅游套餐信息，如果这些信息能激发起顾客的兴趣，顾客就可能联系购买和消费，促销的目的就达到了。

2. 网络口碑传播

服务行业最显著的特征之一就是通过口碑的传播方式实现业务推广，它实际上突出了人员要素在服务促销中的重要性。研究表明，口碑传播式的个人推荐是顾客最重要的服务信息来源之一，也是顾客最信赖的服务信息来源。因此，口碑传播具有重要的市场价值。特别是随着现代网络技术的发展，借助网络口碑（简称网碑）的传播为传统口碑传播增添了新的内涵，使现代口碑传播变得更加方便、快捷，轻轻点击一下鼠标，你的消费感受或主张就传播开了。现在的消费者特别重视“顾客评价”，网购下单前必看“顾客评价”。因此，现代网络口碑更加显示出强大的威力。

（1）口碑传播对促销的影响。口碑传播对促销的影响是巨大的，如果口碑信息和促销信息之间存在矛盾，那么促销信息通常会失去其影响力。如果口碑不佳，营销沟通如广告、人员推销的努力就会效率低下。线上口碑越好，线下促销的效果也就越值得期待。

（2）口碑传播的蝴蝶效应。口碑传播的蝴蝶效应是指口碑传播的乘数效应，即一传十、十传百的效果。一般来说，消极效应通过口碑得到放大的速度要远远大于积极体验通过口碑而放大的速度。研究表明，当一位顾客有不好的服务经历时，他不仅会停止购买，还可能将其遭遇告诉身边的 3 ～ 30 个人，影响他们对该服务的认知和购买打算；当然，顾客也会把一些好的服务经历告诉自己周围的人，但可能没有那么踊跃。因此，服务企业应该着力创造良好口碑而避免负面口碑。

（3）利用口碑传播开展业务。专业的服务营销人员应学会利用口碑传播拓展自己的业务范围，应有意识地鼓励他们的顾客把服务及服务过程的美好经历告诉他们周围的朋友、熟人，与他们一起分享人生各种各样的生活经历。根据中国特色的亲缘、地缘、学缘关系学说，鼓励顾客将其服务体验与其亲属、老乡、同学分享，因为这些人都是最值得信赖的交流对象，以此实现服务信息的传播和业务拓展。

8.3 整合营销传播

从 20 世纪 80 年代中期开始，美国广告实务界开始拓展自己的广告业务边界，如奥美公司就提出了“交响乐”计划，将广告、公共关系、促销、宣传及各种媒介“打包”运作，这为“整合营销传播”（IMC）的诞生奠定了基础。当时一些广告公司内部就出现了“整合营销传播”的客户代理小组。

整合营销传播理论是由美国西北大学的学者舒尔茨等人于 1992 年提出的，并在 20 世纪 90 年代得到营销理论研究者、企业管理者的广泛认同。该理论自 90 年代传入中国以来，在我国企业界得到广泛应用，舒尔茨先生亲自到中国巡回演讲以传播其整合营销的传播理论，其著作《全球整合营销传播》也在中国市场畅销。

1. 整合营销传播的概念

根据美国广告代理商协会的定义：整合营销传播是一种营销传播计划概念。它评估各种传播工具（如一般的广告、直接反应、促销和公关）的战略作用来确认综合性计划的附加价值，并且组合这些工具，通过对离散信息的有机整合，实现清楚的、连续一致的和最大效果的传播。

我国学界比较认同的定义是：整合营销传播是以消费者为核心重组企业行为和市场行为，综合协调地使用各种形式的传播方式，以统一的目标和统一的传播形象，传递一致的产品信息，实现与消费者的双向沟通，迅速树立产品品牌在消费者心目中的地位，建立长期关系，更有效地达到广告传播和产品销售目标。

由此可以看出，整合营销传播应该具备以下基本特征。

（1）通过沟通影响目标受众的行为。

（2）一切从顾客出发开展沟通。

（3）运用一切可能的接触方式进行沟通。

（4）各方面步调一致地沟通，获得协同效果。

（5）旨在建立与顾客的关系。

2. 整合营销传播的内涵

整合营销传播的理论依据是 4C 理论，即消费者的需求与欲望（consumer needs and

wants)、成本（cost)、便利性（convenience）和沟通（communication)。其中第四个 C 就是强调企业用沟通代替促销，强调与消费者进行平等的双向沟通。

整合营销传播强调以下内容。

（1）以消费者为核心。由原来的“请消费者注意”转变为“请注意消费者”。

（2）以一种声音说话。整合企业的一切营销和传播活动，围绕主题概念进行最佳组合，让人们从不同信息渠道获得一致信息，使它们相互配合，发挥最大的传播效果。

（3）强调营销沟通的连续性。为保持“一种声音”，就要保持各个阶段的逻辑一贯性。

（4）强调营销沟通的战略导向性。企业即品牌的传播应该成为一种公司战略，应该实行整合传播，包括各种媒介的整合传播、公司各个部门的协同传播。

3. 整合营销传播的核心主张

整合营销传播强调在与消费者沟通时，为了达到理想（明确、一致、高效）的沟通与传播效果，要将营销沟通要素，如广告、公关宣传、销售促进、人员销售、直复营销、POP 沟通等相互配合，整合成一体，与品牌的市场定位相一致，与产品、价格和分销渠道相协调。因此，整合营销传播也适合服务产品、服务品牌的推广。

整合营销传播的“整合”体现在以下几方面。

（1）沟通信息的整合，即决定传播与沟通哪些一致的信息。

（2）沟通媒介的整合，即决定采用哪些媒介组合实现沟通。

（3）沟通机构的整合，即决定由哪些机构来负责开展沟通。

整合营销传播的目标如下。

（1）传达一致的形象。

（2）追求一种声音。

（3）达到最好的传播效果。

关键术语

服务促销　服务广告　公共关系　销售促进　整合营销传播

测试题

一、选择题

1. 促销是市场营销组合策略中的“临门一脚”，促销的实质是________。

A. 提高企业知名度　B. 与消费者沟通　C. 说服顾客　D. 销售产品或服务

2. 服务促销的一般工具包括________、人员推销、公共关系、销售促进、直复营销等。

A. 店铺直销　B. 服务广告　C. 网络营销　D. 价格折扣

3. 人际传播和人际关系培养属于________这种服务促销方式的典型特征。

A. 服务广告　　B. 人员推销　　C. 公共关系　　D. 销售促进

4. 直接邮购、目录营销、电话营销属于服务产品促销的________方式。

A. 人员推销　　B. 直复营销　　C. 公共关系　　D. 销售促进

5. 口碑传播的________是指口碑传播的乘数效应，即一传十、十传百的效果。

A. 马太效应　　B. 蝴蝶效应　　C. 晕轮效应　　D. 长尾效应

6. 整合营销传播（IMC）理论是由美国学者________等人于1992年提出的，其目标是传达一致的形象、追求一种声音、达到最好的传播效果。

A. 科特勒　　B. 舒尔茨　　C. 特劳特　　D. 奥格威

二、简答题

1. 什么是直复营销？它包括哪些方式？

2. 服务促销组合包括哪些主要内容？

3. 服务促销新工具有什么特点？

三、论述题

1. 试论口碑传播在现代服务促销中的地位及作用。

2. 试举一个服务企业整合营销传播的案例并加以评析。

训练设计

试就一项新的服务项目，设计服务促销新工具的媒介组合，并分析其特点及可能的促销效果。要求尽量使用目前新潮、前沿的传播媒介组合。

综合案例

宜家的整合传播之道

成立于1943年的瑞典宜家（IKEA），在全球30多个国家和地区拥有400多个商场，目前已成为全球最大的家居用品零售商。虽然宜家是一家家居用品零售商，但宜家销售的却不是家居用品，而是销售家居生活场景，传播简约的生活方式。在宜家推出的《家居生活报告》中，宜家用四个维度定义“家”：物品、关系、空间、地方，并在这四个维度的基础上去探索家之所以成为“家”的原因，然后将这种对“家”的理解通过整合服务营销传播方式，传递给目标顾客。宜家的整合服务营销传播主要体现为三个层次。

1. 线下商场陈列设计

宜家商场设计的最大特点是提供大量样板房展示，从厨房、浴室到客厅、卧室应有尽有，分别展示了在不同功能区中如何搭配不同家具的独特效果。这些场景都是由商场专职设计师负责设计的，每个展示空间都标注相关尺寸。场景中提供的所有商品皆是可购买的，所见即所得的，消费者可以轻松地在自己家实现场景复制。“人们只会买适合自己家的产品，而不会买一张看上去孤零零的东西。”宜家新闻总监塞琳·霍尔特曾这样解释宜家的营销逻辑，这也是宜家线下卖场在中国如此火爆的原因。就像专业人士教顾客服装穿搭一样，顾客来宜家找家装设计灵感往往比买东西更重要。

2. 宜家通过《家居指南》传播

自 1951 年宜家发行了第一本《家居指南》起，每年 9 月初在其新的财年开始时宜家都要向广大顾客免费派送制作精美的《家居指南》。目前，宜家累计已印刷了超过 2 亿本《家居指南》，它的传播功效是指数级的。宜家的《家居指南》上不仅列出产品的照片和价格，而且经过设计师的精心设计，从功能性、美观性等方面综合表现宜家产品的特点，顾客可以从中获得家居布置的灵感和实用的解决方案。很多人都把宜家的《家居指南》当作装修指导来使用。宜家几乎为它的每一件产品都写了专属的文案，让人能够深切地感受到每一缕每一丝流淌在家具上的情怀，让人明白家具不仅仅是家具，更是一个有灵魂、有思想、有情绪的生活伴侣，是智慧的启迪，是人生的思考。

3. 通过线上社会化媒介传播

宜家是社会化营销的先行者。家居是与生活息息相关的一个行业，围绕这一主题宜家生产了大量具有特色的内容，在 Facebook、Twitter、新浪微博及豆瓣等社交媒体进行快速传播，不仅将很多的顾客吸引到网站或者实体店，进而转化为交易，更重要的是，通过对产品及服务亮点的挖掘打造出独特的品牌形象，占领了顾客心智。很多宜家用户最初都是被这些线上传播的宜家场景图片所打动，进而成为宜家的忠诚顾客的。这些场景图片暗藏社交货币，让人忍不住去传播、去分享。深谙口碑传播之道的宜家，它的核心策略是让顾客成为品牌的传播者，用看似原始、笨拙，实则高效、完美的口碑运作，而非硬性广告。

资料来源：李巍. 服务营销管理：聚焦服务价值 [M]. 北京：机械工业出版社，2019.

问题讨论： 宜家家居是怎样进行整合营销传播的？其传播方式有什么特点？

CHAPTER 9 第9章

服务人员

根据北美学派代表人物泽丝曼尔的观点，与顾客接触的服务人员“他们就是服务”，在顾客眼中，“他们就是组织”“他们就是品牌”“他们就是营销者”。换句话说，在许多情况下，服务人员本身就是服务，由他们提供服务；他们代表服务机构，展示服务品牌形象，能够直接影响顾客的满意度；同时，他们直接扮演了服务营销者的角色。

学习目标

- 了解服务过程中人员的价值。
- 讨论服务人员激励的策略与方法。
- 掌握服务文化培育的策略。

开篇案例

斯沃琪店员的专业与热情

2021年的生日我是在学校过的，10月1日回到家里，爸爸拿出了给我的生日礼物——一款斯沃琪（Swatch）手表。我很喜欢，因为没想到老爸买的礼物竟然能这么称我心意，毕竟老爸的眼光不像老妈那么符合我的审美。我很好奇，但还没等我开口，老爸就和我说起了他在斯沃琪表店印象深刻的购物经历。

那天，爸爸去了斯沃琪的店里，店长热情地询问买给谁。在得知是送女儿的之后，店长就交代一个年轻的女店员帮忙挑选介绍，希望能够更贴近我的年龄段。爸爸觉得与其他店不同的是，女店员除了业务娴熟，能快速、准确地带爸爸找到合适的手表类型，还主动提出由她来试戴，让爸爸能更加直观地感受效果。我们都知道，不同的肤色佩戴不同颜色的手表会有不一样的美感。爸爸说女店员在试戴手表的时候询问了我的肤色，在得知我的肤色和她的肤色有偏差之后，还更换了一个肤色与我相近的女店员来试戴，供他参考。

爸爸跟我说，那天他就是带着逛菜市场的心情来看一看手表，想买一块给我当生日礼物，没想到店员服务那么细致，又很替顾客着想，他觉得手表还不错，购买体验又很舒服，就在店员的介绍下买了一块手表。这次购物体验无疑给爸爸留下了深刻的好印象，爸爸还特意跟我说，下次给我妹妹买手表的时候还想去这一家，省心又舒服。

问题思考

怎样评价斯沃琪店员的人员素质和服务水平？

9.1 服务人员的价值

对大多数服务行业而言，人与人的接触是服务交易的基础，服务人员的表现会直接影响顾客对服务的整体评价。由于服务的无形性、差异性、生产与消费同时性的特点，顾客对服务质量难以像对有形商品一样给出具体的评价，服务人员的素质、态度、专业水平甚至外观、心情都会影响顾客的服务评价，服务人员在其中扮演了极其重要的角色。

9.1.1 员工在服务传递过程中的关键作用

服务人员是指与外部顾客发生直接接触的服务企业员工，也可称为一线服务员工。

（1）服务人员是服务的重要组成部分。在一些高接触的服务行业，服务产品的生产依赖于服务人员的现场活动，服务人员与服务产品是不可分割的整体，他们是服务的重要组成部分。在很多情况下，服务人员甚至等同于服务。例如，在许多个性化或定制服务中（如电器维修、幼儿看护、理发、法律服务等），服务人员单独提供一整套服务。

（2）服务人员是企业的形象代表。在服务接触过程中，服务员工的语言、动作、态度都会影响顾客对企业的感知。可以说，在顾客的眼中，服务人员就代表服务企业。服务人员所做的每件事、所说的每句话都会影响顾客对服务企业的感知，因为他们是服务企业的窗口，是顾客所能接触到的服务企业形象或品牌的物化代表。甚至正在休息的航空公司员工或培训机构老师，也代表着他们所在机构的形象，如果他们对顾客表现得不够专业或不友好，也会影响顾客对其机构的好感度。因此，很多公司都要求其员工只要出现在公众面前，就必须保持良好的工作态度和得体的行为。

（3）服务人员是直接营销者。服务人员是服务的重要组成部分并且代表服务企业，能够直接影响顾客对服务的消费甚至满意度，可以说，服务人员扮演了服务营销者的角色。从促销的角度来说，服务人员就是服务企业的活广告。有些服务人员甚至扮演了更传统的销售角色，以银行为例，越来越多的银行要求其柜员销售多种银行产品，如银行保险、基金产品等，这与传统柜员只完成操作职能的角色不同。由此，从服务接触过程来看，服务人员就是直接营销者。

◎ 案例 9-1

迪士尼：着力培养热情友好的员工

迪士尼懂得：许多游客远道慕名而来，在乐园中花费时间和金钱，不能让游客失望，哪怕只有一次。如果游客感到欢乐，他们会再次光顾。吸引游客重复游玩，恰是娱乐业经营兴旺的奥秘和魅力所在。为了兑现服务承诺，迪士尼将“给游客以快乐”的经营理念落实到每位员工的具体工作中，对员工进行评估和奖励，凡工作表现欠佳者，将重新培训，或将受到纪律处罚。

迪士尼要求员工都能学会正确地与游客沟通和处事，因而制定了统一服务的处事原则，原则的要素构成和重要顺序依次为安全—礼貌—演技—效率。

此外，迪士尼还十分注重对全体服务员工的外貌管理。所有迎接游客的乐园员工每天都穿着洁净的戏服，通过地下阶梯进入自己的活动地点。他们从来不离开自己表演的“舞台”。对于服务员工，迪士尼制定了严格的个人着装标准。员工的头发长度、首饰、妆容和其他个人修饰因素都有严格的规定，且被要求严格地执行。迪士尼的大量着装整洁、神采奕奕、训练有素的“舞台成员”对于创造这个梦幻王国至关重要。

最后，迪士尼还经常对员工开展传统教育和荣誉教育，告诫员工：迪士尼辉煌的历程、商誉和形象都具体体现在员工每日对游客的服务中。迪士尼教育员工：一线员工所提供的服务水平必须努力超过游客的期望值，在游园旺季，管理人员常常放下手中的文件，到餐饮部门、演出后台、游乐服务点等处加班，这样不但强化了一线岗位，保证了服务质量，管理人员也得到了一线员工的一份新的友谊和尊重。

问题思考：员工对迪士尼的经营业绩创造有什么价值与意义？

9.1.2 员工的态度和行为直接决定了服务的质量

在第 2 章关于服务质量的内容中我们曾经谈到，员工的服务态度和服务水平直接决定了服务质量的好坏。我们可以从服务质量评价的五个维度（有形性、可靠性、反应性、安全性、移情性）的视角来考察服务员工的态度与行为对服务质量评价的影响。

（1）服务员工的外观形象体现了服务的有形性。服务质量评价的有形性维度包括实际设施、设备及服务员工的外观等。可见，服务员工的着装、个人卫生情况及精神面貌等就是服务质量有形性的重要方面。服务员工的外在形象一方面体现了服务企业的社会形象，另一方面也体现了服务员工整体的工作态度。许多服务企业要求员工统一着装，并且注意个人形象，原因就在于此。

（2）服务的可靠性取决于员工的态度和行为。可靠性，就是服务企业准确无误地兑现服务承诺，这几乎完全受服务员工的控制。服务企业向顾客提供服务的可靠性依赖于服务员工提供的软性要素和服务设施等硬件要素。服务的软性要素的好坏几乎完全取决于服务员工的态度和行为，一旦服务出现失误，也主要由服务员工进行修正、补救，而硬件要素的维护也需要后台员工的长期努力。即使在自动服务的情况下，后台员工的工作对确保系统的正常运作也起到至关重要的作用。

（3）服务的反应性主要取决于员工的态度。反应性要求服务企业随时准备为顾客提供快捷、有效的服务，这取决于服务人员及时帮助顾客的意愿。例如，在某连锁超市中，一位顾客向服务人员询问某特定商品的存放位置，有的人会漠然地说“不清楚”，有的人会热情地向顾客说明路线，有的人直接带领顾客前往。服务人员的不同行为，必然会影响顾客对该企业服务质量的不同评价。

（4）服务的安全性依赖于员工的能力。安全性在很大程度上依赖于员工传递可信性及建立信任的能力，体现为员工的专业服务能力。企业的信誉与员工建立信任的能力密切相关。尤其对于初创时期的服务企业而言，其可信性完全与员工的能力联系在一起。

（5）服务的移情性受员工态度和行为的影响。移情性是指员工在为个别顾客服务时要专注、聆听、响应顾客以及保持灵活性，让顾客产生美好联想。一个服务企业不可能脱离服务员工向顾客提供“关怀的、具有个性化的”服务。因此，员工服务时专注和耐心的态度及其提供个性化服务的行为决定了顾客对服务企业的移情性水平的评价。

◎ 案例 9-2

希尔顿酒店的秘密武器：微笑服务

美国“旅馆大王”希尔顿于1919年把父亲留给他的12 000美元连同自己挣来的几千美元投资出去，开始了他雄心勃勃的经营旅馆生涯。当他的资产从1 500美元奇迹般地增值到几千万美元的时候，他欣喜而自豪地把这一成就告诉母亲，想不到母亲却淡然地说：“依我看，你跟以前根本没有什么两样，事实上你必须把握比5 100万美元更值钱的东西——除了对顾客诚实之外，还要想办法使来希尔顿酒店的人住过了还想再来住，你要想出这样一种简单、容易、不花本钱而又行之久远的办法去吸引顾客，这样你的旅馆才有前途。”

母亲的忠告使希尔顿陷入迷惘：究竟什么办法才具备母亲指出的“简单、容易、不花本钱而又行之久远”这四大条件呢？他冥思苦想，不得其解。于是他逛商店、旅店，以自己作为一个顾客的亲身感受，得出了准确的答案，即“微笑服务”。只有它才实实在在地同时具备母亲指出的四大条件。从此，希尔顿在酒店推行了微笑服务这一独创的经营策略。每天他对服务员的第一句话是“你对顾客微笑了没有？”，要求每个员工不论如何辛苦，都要对顾客投以微笑。即使在酒店业务受到经济萧条的严重影响的时候，他也经常提醒员工记住：万万不可把我们心里的愁云摆在脸上，无论酒店本身遭受的困难如何，希尔顿酒店服务员脸上的微笑永远是属于旅客的阳光。

为了满足顾客的要求，希尔顿酒店除了到处都充满着微笑，在组织结构上，也尽力创造一个尽可能完整的系统，以成为一家综合性的服务企业。因此，希尔顿酒店除了提供完善的食宿外，还设有咖啡厅、会议室、宴会厅、游泳池、购物中心、银行、邮电局、花店、服装店、航空公司代理处、旅行社、出租汽车站等完整的服务机构和设施，使得到希尔顿酒店住宿的旅客真正有一种“宾至如归”的感觉。希尔顿再一次询问他的员工们：“你认为还需要添置什么？”员工们回答不出来，他笑道：“还是一流的微笑！如果是我，单单只是一流的设备，没有一流的服务，我宁愿弃之而去”。

问题思考：怎样看待希尔顿酒店的微笑服务策略？

9.2 服务人员的激励

根据服务营销学者泽丝曼尔等的研究，服务企业主要通过人来传递其服务质量，需要以激励和促使员工成功兑现顾客导向的服务承诺为基本目标，以此进行人力资源决策和制定战略。服务企业的一项重要工作是通过内部营销确保服务人员愿意并且能够传递优质的服务，并激励他们的行为以顾客为导向、以服务为理念。

服务企业要建立一支以顾客为导向、以服务为理念的员工队伍，开发和保留优秀员工就非常重要，服务企业必须做好以下工作。

1. 招聘好的服务员工

有效传递服务质量意味着在招聘服务人员的问题上要非常用心和慎重。在现代服务业发展和专业化服务要求的背景下，服务人员招聘的最重要标准是有技术培训、资格证书和专业知识，除此之外，还需要关注他们的顾客意识和服务价值取向。

（1）竞争最好的人员。为获得最好的人员，服务企业需要识别出谁是最好的人员，并与其他企业竞争以招聘到这些人员。有人认为，企业在获取最佳员工的过程中应该把招聘当作营销活动看待，营销企业吸引力、营销相关岗位、促销现有岗位，并提供工作晋升机会来吸引那些潜在的长期员工。此外，有一种补充方法，是为每个职位面试多位员工，形成竞争格局。

（2）服务能力和服务意愿并重。一旦识别出潜在优秀员工，服务企业就需要认真进行面试和挑选，以便从众多候选人中鉴别出最佳人选。企业选拔服务人员，特别需要考察他们是否兼具服务能力和服务意愿，二者缺一不可。服务能力是指从事指定服务工作所必备的专业技能与知识，这是做好服务工作的基本保证。在多数情况下，获得某特定学位和资格证书证实了特定服务能力。但有些职位的聘用与证书关系不大，如一位零售店收银员具备基础的数学能力并会使用收款机即可。

此外，对服务人员的挑选远不仅限于服务能力方面，还要通过服务意愿进行筛选，即他们对从事相关服务工作的兴趣，这反映了他们对服务的态度及在某种岗位上服务顾客或其他人的看法。强烈的服务意愿是成为优秀服务人员的必要条件。研究表明，服务效率与诸如乐于助人、细心和喜欢交际这些服务导向的个性有关。顶尖的服务企业在招聘中更看重积极的态度，而非特殊技能。服务员工理想的选择过程是既评价服务能力又评价服务意愿，这样才能雇用到在这两方面都表现优秀的员工。

◎ 案例 9-3

新东方的用人策略

教育培训行业属于人们高度接触的服务业之一，其营销管理者应注意雇用人员的筛选、训练、激励和控制。作为教育培训机构的新东方，其主要产品就是课程，雄厚的师资成为新东方服务营销成功的关键资源。在学员口碑中一度传播着一句话："新东方的老师是牛人。"

的确，能够走上新东方讲台的人，不是英语过专业八级，就是高分通过GRE、GMAT、托福、雅思等高难度英语水平考试。他们或者拥有传奇性的成长经历，或者有过留学经历。据说每位新东方老师都是经过严格的招聘与面试才选拔出来的，正式上讲台前都要经过30次培训。他们不仅在英语方面优秀，而且在其他方面也很优秀，他们热情奔放、对人生理想有着独到的见解并擅长在课堂教学中融入这些思想来影响新东方的学员。

新东方的吸引人之处——老师的魅力！

某大学生在大一寒假时参加了新东方的英语四级培训班。他说，当时搭班的四个老师至今仍令他印象深刻。他们不仅教会他很多英语方面的知识和学习方法，而且他们的理念和人生观也对他产生很大的影响。新东方从老师到管理者，服务意识都很强，视学员为“上帝”。从新东方授课教师到前台咨询人员再到课室管理人员，这些与学员直接打交道的人都有较强的服务意识，他们让学员在追寻知识和人生道路的过程中感受到温馨、激情和动力。

问题思考：新东方的用人策略有什么独到之处？

（3）成为受人欢迎的雇主。吸引好员工的一种有效方法是在某特定行业或地区成为受人欢迎的雇主。例如，谷歌每天为全世界的顾客提供网络服务，也很在乎成为让人满意的雇主，它的网页上写着“把员工放在首位是工作的一部分”，谷歌最近几年连续被评为“年度最佳雇主”。有助于成为受欢迎的雇主的其他策略包括广泛的培训、职业晋升机会、有力的内部支持及有吸引力的激励措施，并提供令员工可为之骄傲的产品和服务。

2. 优秀服务员工的培训开发

服务企业要建立一支顾客导向、积极上进、充满活力的员工队伍，要想为优质服务打好基础，除了必须招聘到好的员工外，还必须着手培训这些人员，以确保服务绩效。

为提供优质服务，员工需要进行必要的技术技能与知识的培训，以及操作或交流互动能力的培训。大多数服务企业非常关注对员工技术技能的培训，这些技能可以通过正式的教育获得，如在麦当劳汉堡大学，来自世界各地的麦当劳经理会在此受训。技术技能经常通过在职培训获得，或者跟随经验丰富的老师学习，或者通过与有经验员工的谈话习得。

除了上述培训，服务企业还需要提供交流互动能力方面的培训，从而使员工可以提供礼貌的、关心他人的、负责的和热心的服务。研究表明，企业可以通过培训员工进行愉快的谈话、适当的提问或者幽默的交流与顾客建立好关系，以提高互动的技能。此外，服务企业可以通过互动培训来培养、开发员工能力。总之，成功的企业都不惜重金培训开发优秀员工。

◎ 案例 9-4

奥美广告公司的用人育人之道

奥美是世界知名的广告公司。比起同业的其他公司，奥美始终对那些有工作经验但无广告行业背景的新人十分看重，因为这类新人可以很快地进入工作状况，并且有较强承受压力和挫折的能力。为了招募到优秀的新人，奥美一直谨记一个信条，即有才之人寻找的是一项事业而非一份工作。对新人而言，奥美非常在意对方加入广告业的决心。而对正在努力工作的奥美人而言，奥美则相当重视如何塑造充满挑战、创新和自由的工作气氛。

奥美公司非常注重优秀人才的选拔与培育，因为在公司看来，没有优秀人才就没法造就卓越的公司。每位主管都通过对新人的培育不断为公司提供适合接班自己的员工。当然，组织和人一样也会犯错误，无论是在用人还是在培育人才方面，奥美过去做了不少错误的判断和决定。再加上业界人才的挖墙脚和跳槽，奥美经常首当其冲，人才培养半途而废的情形时有发生。但这些挫折并未阻挠奥美多年来不变的决心，即矢志不渝地营造一个具有学习与成长能力的组织。加强培训，不只限于新人，也包括工作多年的资深干部，甚至公司的负责人。培训项目包括新人训练、定期办公室训练、密集训练、海外训练、不定期训练等。

虽说企业可以提供学习环境，但奥美同时认为，员工本身的自我驱策才是成长的关键，毕竟公司的培训只是一切的开始而已。如果一起工作的伙伴，包括位居高阶的主管都能身体力行地示范“活到老，学到老”的精神，那么无论何种部门都会感受到不断进步的氛围，员工想懒惰都很困难。

过去许多年，奥美也曾因员工的绩效评估不佳而劝退或辞退员工，但为了顾及员工个人的颜面，通常低调处理而不是正式公布。在辞退人之前，奥美大多给予员工适当时间缓冲，甚至还会提供不同的机会，调离原职或给予全新的挑战。辞退人似乎是企业无法避免的一项痛苦抉择。正因为如此，奥美在内部不断呼吁，招募人才时务必用心挑选，而试用期间更须仔细观察，特别是对于新人。奥美还认为，育人更为重要的是创造一个良好的工作环境。因此，近年来，奥美不断地尝试变革，力图在现有的奥美文化中注入新鲜活力。

问题思考：奥美广告公司在用人育人方面有哪些可取之处？

3. 适度授权给员工

许多服务企业在实践中发现，要真正做到对顾客需求及时反应，就必须授权给一线员工，使其能对顾客需求做出灵活反应并在出现差错时及时补救。授权意味着把为顾客服务的意愿、技能、工具和权力交给员工。尽管授权的关键是把决定顾客利益的权力交给员工，但只是权力的给予还不够，员工还需要掌握相应的知识和工具才能做出这些决定，而且要有激励措施以鼓励员工做出正确决定。

如果服务企业单纯地告知员工“你现在有权做任何可以使顾客满意的事”，这种授权根本不能成功。首先，员工通常不相信这些话，尤其服务企业在过去等级森严或有官僚作风时。其次，如果员工未经培训，没有做出类似决定的指导原则及工具，他们通常不会清楚“做任何可以做的事”意味着什么。实践表明，授权给一线服务员工确实能带来利益，但一定要通过培训让员工清楚授权的意义、原则、底线及操作的相关策略。例如，海底捞的用人秘诀是充分信任和授权，从管理层到普通员工，每个人都被充分授权。200万元以下的开支，副总可以签字；100万元以下的开支，大区经理可以审批；而30万元以下的开支，各个分店的店长就可以做主；普普通通的一线员工都拥有打折权、免单权，而且他们可以根据客人的需求，自行决定赠送水果盘或者零食等，这在国内是少见的。

4. 促进团队合作

服务工作经常令人感到沮丧、劳神和具有挑战性，团队合作的环境会有助于减少员工压力和紧张感，有团队做后盾的员工能更好地保持热情并提供优质服务。通过促进团队合作，服务企业能够加强员工传递优质服务的能力，而且很多服务工作的性质决定了当员工进行团队合作时，顾客满意度就会加强。

促进团队合作的方法之一是提倡“全员服务”的态度。也就是说，尽管有的员工不直接对顾客负责或者与顾客互动，但他们在服务全景图中扮演的角色对优质服务的最终传递是必不可少的。如果每位员工都能知道自己是为顾客传递优质服务过程的组成部分，并且知道自己必须支持谁才能使优质服务成为现实，那么团队合作就会加强。

此外，团队的目标和回报也会促进团队合作。当团队整体被嘉奖，而不是按每个人的成绩和表现进行嘉奖时，团队精神就会得以激发。

5. 留住优秀员工

一个服务企业不仅要雇用正确的人员，培训以开发其传递服务质量的能力，建立所需的支持系统，还必须着手留住那些优秀人员。员工的流动，尤其是优秀服务人员流失，可能会对顾客满意度、员工士气和整体服务绩效造成严重影响。然而，不少服务企业都面临的问题是，一些优秀员工可能寻找机会跳槽。以下介绍几种留住优秀员工的战略方法。

（1）让员工融入企业的愿景。要激励并使员工对追求和支持服务企业的目标感兴趣，就必须让他们理解和融入服务企业的愿景。整天传递服务的人员需要理解他们的工作是如何融入服务企业及其目标的蓝图之中的。一般员工受工资和其他物质利益的激励，但是最好的员工如果不融入服务企业的愿景，就会被其他的机会所吸引。因此，服务企业要广泛开展内部营销，适时传播企业愿景，让优秀员工理解、认可并融入企业愿景，形成忠诚度。

（2）将员工当作顾客对待。“将员工当作顾客”，这是内部营销的基本观点。如果员工感到他们有价值、他们的需求被人重视，会更愿意留在服务企业中。服务企业提供给员工的产品是岗位（相关利益）和工作生活的质量。要确定员工对岗位和工作生活的需求是否被满足，服务企业要定期进行内部营销调查，评估员工的满意度和需求，尊重、关怀员工的工作和生活。

除此之外，服务企业还可以把其他营销方法应用到对员工的管理工作中。例如，员工细分在提供给员工的许多弹性工资计划及职业生涯路径选择中作用就很明显，直接面向员工的广告和其他形式的沟通也会增加员工的价值感和对服务企业的忠诚度。

（3）评估并奖励优秀员工。如果企业希望留住优秀的员工，就必须奖励和提升他们。这看似简单，但服务企业的奖励系统常常不能或不能及时地奖励优秀的服务员工。

如果他们付出的努力不被重视、得不到回报，再优秀的服务员工也会泄气并开始留意跳槽机会。

当然，奖励必须与服务企业的愿景相联系。如果企业认为保留顾客是关键，就需要重视和奖励能增加顾客保留率的服务行为；如果员工奖金与顾客满意度挂钩，就会激励员工达到更好的服务水平。除金钱奖励外，优秀员工还希望获得其他特殊奖励，如通报表彰、职位晋升等，这类激励对于留住优秀员工作用更大。

◎ 延伸阅读 9-1

顾客"满意镜"效应

顾客–员工"满意镜"是哈佛商学院著名教授詹姆斯·赫斯克特、厄尔·萨塞和伦纳德·施莱辛格三人在其合著的《服务利润链》一书中，对顾客满意与员工满意之间的紧密联系所做的一个形象比喻。这就意味着，在服务企业里，对工作感到满意的员工会用自己的热诚细心为顾客服务，让顾客体验到愉快的服务经历，获得称心如意的服务结果，而满意的顾客会用自己的赞扬、忠诚和合作回报员工，对员工形成一种正面反馈激励的效果，从而在顾客下次光顾时员工会表现得更加热情和周到，顾客就会更加满意。这就是"满意镜"效应，如图 9-1 所示。

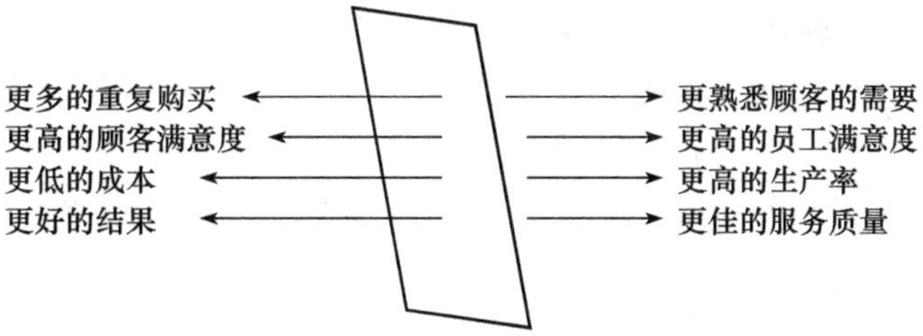

图 9-1　"满意镜"效应

在制造企业中，企业与顾客相联系的纽带是产品，员工与顾客之间的联系很少，而在服务企业中，企业与顾客相联系的纽带是员工，员工与顾客的高质量接触和互动是服务企业利润的源泉。在具有"满意镜"效应的服务企业中，员工的离职率很低，劳动生产率和服务质量很高，顾客满意度和忠诚度相应很高，而高度的顾客忠诚自然会带来企业的持续经营、低成本和高利润。因此，树立顾客导向和内部营销意识，建立和维持顾客–员工"满意镜"，是每个追求成功的服务企业所应努力的目标。

9.3　服务文化培育概述

9.3.1　企业文化的概念及功能

1. 企业文化的概念

企业文化是指企业在长期的生存和发展中形成的为企业多数成员所共同遵循的基

本信念、价值标准和行为规范。企业文化一旦形成很难改变，具有潜移默化的影响和作用，能有效地激励员工实现企业目标。企业文化确定了企业行为的标准和方式，影响并决定了为全体成员所接受的行为规范，渗透于企业各项职能活动中，使得企业具有区别于其他企业的一系列特征。企业文化包含物质层、制度层、精神层三个层次，如图 9-2 所示。

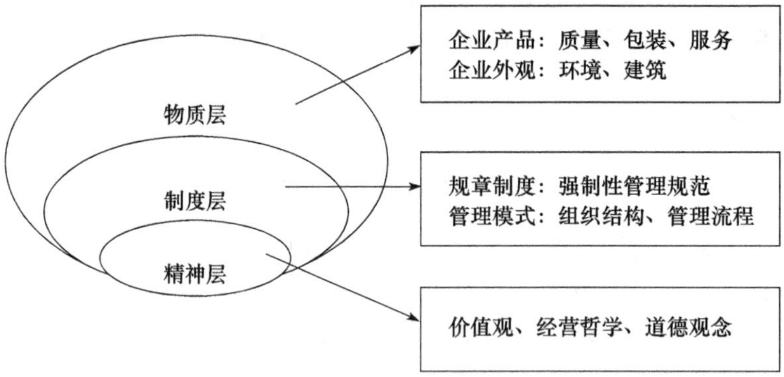

图 9-2 企业文化层次及其内容

2. 企业文化的功能

企业文化作为一种软的生产力，对企业的生产或经营具有显著的作用或功能，包括导向作用、约束作用、凝聚作用、激励作用和辐射作用。

（1）导向作用。它是指把企业员工个人目标引导到企业所确定的总体目标上来。在激烈的市场竞争中，企业如果没有一个统一的目标，则很难参与市场竞争，更难以战胜竞争对手。如果有了正向的企业文化，员工就会潜移默化地接受企业的价值观念，形成一股向上的力量。因此，优秀的企业文化是企业发展的内在动力，对员工心理和行为具有重要的导向作用。

（2）约束作用。企业文化的核心内容是企业价值观，即企业的正面主张，也就是表明了企业支持做什么和不支持做什么的一种软性力量。企业文化外化成为一种行为规范，制约员工的行为，就会在员工的心灵深处形成一种定式，构造一种响应机制。如果说企业组织制定的各种规章制度对员工行为的约束属于“硬约束”，企业文化这种无形的力量对员工行为的约束则属于“软约束”。在企业管理过程中，有时“软约束”比硬约束更有效。

（3）凝聚作用。优秀的企业文化具有极强的凝聚作用，是一种“黏合剂”，对于企业团队建设具有非常积极的意义。好的企业文化使员工工作愉快，心情舒畅，对自己的组织具有很强的认同感、自豪感，进而产生强烈的归属感，因此形成一股强大的凝聚力，有利于提高员工的工作积极性，挖掘员工潜力。例如，西门子公司的企业文化建设：一是以最好的产品和服务来确立自己的优越地位；二是尽可能使技术进步通过集体管理取得，增强员工的集体成就感。正是这种集体成就感，增强了企业的凝聚力。

（4）激励作用。一个企业成功与否，关键看企业员工是否有积极的创造和创新精神。优良的文化氛围，能产生一种激励机制，即所谓“正能量”。好的企业文化能使企业产生积极振奋、朝气蓬勃、开拓进取的精神，激发每个员工的创造热情和上进心，从而形成一种创新环境和激励机制，这种环境和机制胜过任何强制的行政命令。

（5）辐射作用。企业文化的辐射作用主要体现在企业形象的品牌效应上。优秀的企业文化有助于形成优良的企业形象，包括产品形象、品牌形象、企业家形象，而优良的企业形象对于外部顾客、内部员工，以及这个利益相关者群体和全社会都具有重要的影响作用。良好的企业形象就如同名牌产品、名牌企业，有利于吸引内外部资源，有利于形成企业竞争优势，产生品牌效应，因此，企业文化的辐射作用不可忽视。

例如，说到IBM公司，大家立刻想到其"IBM就是服务"的服务文化理念；讲到零售巨头沃尔玛，大家立刻联想到其"天天平价、顾客满意、一站式购物"的经营主张，由此产生高度的价值认同，促进顾客满意，形成顾客忠诚。

9.3.2　服务文化的培育

1. 服务文化的概念

服务文化是指企业在长期为用户服务的过程中所形成的服务理念、职业观念等服务价值取向的总和。服务文化是衡量服务企业营销理念和营销实践的战略高度的重要标准之一，因此重视和加强服务文化建设，是当代服务营销实践的显著趋势。

服务文化的核心即企业员工以服务为导向。以服务为导向，是指员工致力于为顾客的利益不断改进工作，并且在工作中全力以赴的倾向。它具有两方面的内涵：

（1）员工具有乐于与顾客交往和为顾客服务的态度；

（2）服务人员相信自己有满足顾客需要的服务能力。

这就意味着员工的服务导向不仅是一种对待顾客的心理状态，而且可能是带有特定目的的一种社会行为方式，员工愿意为此主动投入精力、付出努力或可能的代价。

服务人员是服务企业价值创造的主体，新时代服务从业人员应当坚定富强、民主、文明、和谐、自由、平等、公正、法治、爱国、敬业、诚信、友善的社会主义核心价值观，增强自身的服务意识，热情高效地做好本职工作，竭力为消费者创造美好的服务体验。

以服务为导向的员工把为顾客提供优质服务视为最重要的工作目标，主要出于以下原因。

（1）员工对服务工作的情感承诺，即员工乐于为顾客提供优质服务，享受由此带来的满足感，为自己能帮助顾客而感到高兴和自豪。这种情况往往与员工内在的个性特征相关，如外向的员工可能会比内向的员工更乐于主动发现和满足顾客的需要。

（2）员工对顾客的道义性承诺，即由于受到正确的服务价值观念和准则的影响而形成的内在的责任感，使员工觉得应该尽力为顾客提供优质服务。

（3）员工基于自身利益的计算性承诺，即员工相信自己努力为顾客提供优质服务能够实现某种目的，如奖金、职务晋升或工作保障等，而且自己获得的收益会超过自己所付出的代价。在这种情况下，员工会根据企业的规章制度，权衡自己的得失，并根据上级主管的可信任程度，权衡自己获得合理奖励的可能性。

（4）员工对企业的归属感，促使员工不断改进工作，尽力为顾客提供符合顾客需要的优质服务。在这种情况下，员工的根本动机是为企业的利益着想。

员工的服务导向决定了企业的服务效果。上述四种原因并不相互排斥，其中一种或几种因素共同作用使员工愿意做出服务导向的行为。如果大部分员工没有服务导向的意识，企业就很难在市场竞争中创造顾客、留住顾客。因此，服务企业应该采取有效的措施，激励员工树立以顾客为导向的服务营销观念，提高员工的整体服务能力。

◎ 案例 9-5

谷歌的公司文化

谷歌公司多次登上《财富》杂志“最佳雇主十强”的榜单。人们不禁要问：为什么是它呢？什么使它成为最佳雇主？公司的文化是什么？员工获得了怎样的优待？它的员工是什么样子的？

人们普遍认为谷歌的员工喜好玩乐并有趣。谷歌公司的文化是创新、打破常规、与众不同和喜好玩乐。员工被给予独立工作的自由。该公司的经验证明，被宠爱的员工会带来高生产率和高收益率。当然，员工看起来也非常愿意加班。员工享受着什么样的优待呢？清单非常长，排名第一的就是免费的美食，但这只是道开胃菜而已。在公司总部，这所“学校”提供了很多免费的设施和服务，如使用 Wi-Fi 技术的穿梭巴士、电动滑板车、洗车服务和加油。如果员工想买混合动力车，还可以得到 5 000 美元的补助。员工的福利有：5 位免费的现场医生、无限期的病假、免费的流感疫苗、健身房及配备救生员的游泳池。公司也提供很多生活服务，如免费的公共洗衣房，员工还可以将脏衣服丢到干洗店，也有日托所，还可以短时间地携带宠物工作。如果想要进行休闲运动，员工可以游泳、攀岩或是在沙滩上打排球。此外，还有很多其他的优待。结果是，员工可以在公司度过很长和很有效率的时间。公司在瑞士的苏黎世建立了一个新的技术总部。那里的生活也是充满乐趣的。会议室被设计成瑞士农舍和冰屋的样子，员工可以很快地从一个地方到另一个地方。另外还有水族馆，员工压力大时可以在那里休息放松，这也是工作在那里的工程师自己设计的。因为提供了一个如此让人羡慕的工作环境，所以该公司可以招聘和雇用世界上最好和最聪明的员工，特别是工程师。虽然公司作为雇主享有良好的声誉，但有些观察家也在质疑这种情景能否维持下去。

问题思考：谷歌公司的内部服务文化有什么独到之处？

2. 服务文化的培育策略

服务营销专家泽丝曼尔认为，只有存在对优质服务的鼓励，才能形成服务文化，这并不意味着企业要打广告强调服务的重要性，而是“以一种潜移默化”的方式加以实现；

优质服务既面向外部顾客也面向内部员工；在服务文化中优质服务是“一种生活方式”，是自然而然产生的，它是服务企业最重要的标准。服务文化对一个以客户为核心的企业至关重要，它是企业竞争优势的来源。

◎ 案例 9-6

沃尔玛的服务文化

零售业巨头沃尔玛的服务文化：“为顾客提供最好的服务，超越顾客的期望。”

首先，沃尔玛提出了“帮顾客节省每一分钱”的宗旨，而且实现了价格最便宜的承诺。在早期经营中，山姆·沃尔顿亲自去寻找便宜的商品，然后用车拉到店里来卖。在他的商店里，每天都有大量“超低价”的商品零散地堆放于店面处，这种极度简单的构置给了顾客最直观的冲击，超低的价格使这些商品得以在最短时间内自货架上一扫而空。

其次，走进沃尔玛，顾客便可以亲身感受到宾至如归的周到服务。走进任何一家沃尔玛店，店员就会立刻出现在你面前，笑脸相迎。店内贴有这样的标语：“我们争取做到每件产品都保证让您满意！”顾客对在这里购买的任何产品如果觉得不满意，都可以在一个月内将其退还给商店并获得全部货款。沃尔玛把超一流的服务看成是自己至高无上的职责，源于沃尔顿的成功经营法则——超越顾客的期望。沃尔玛还推行“一站式”购物概念——顾客可以在最短的时间内以最快的速度购齐所有需要的商品，正是这种便捷理念吸引了现代顾客。

最后，沃尔玛还有许多“超值服务”理念，包括“日落原则”“比满意更满意原则”“3米微笑原则”等。“日落原则”是指当天的工作必须在当天日落之前完成，对于顾客的要求要在当天予以解决。“比满意更满意原则”，公司创始人沃尔顿对此的解释是“让我们成为顾客最好的朋友，微笑着迎接光顾本店的所有顾客，不断改进服务，甚至超过顾客原来的期望”。“3米微笑原则”是指只要顾客出现在沃尔玛，到了3米距离员工就必须面带微笑主动上前打招呼，并询问顾客是否需要什么帮助，以营造友好、热情的气氛。

资料来源：苏朝晖.服务营销与管理［M］.北京：人民邮电出版社，2019.引用时有修改。

文化需要积淀，服务文化的培育是一个长期的过程，是一项系统的工程，需要全员参与、长期努力才能完成。这项工程的顺利实施需要遵循一定的项目流程。

（1）分析和规划。服务文化是服务企业在长期生产经营活动中形成的。没有足够时间的积淀与延续，难以形成稳定的服务文化。因而，只有正确地认识本企业的历史和现状，树立正确的服务经营理念，才能形成独立、有特色的企业服务文化。服务文化的建设需要从分析和规划入手。

1）历史回顾。企业要追溯本企业的历史传统，考察历史上的重大事件、成长兴衰历程、企业的精神、礼仪习俗、惯用的思维方式、英雄人物等，对企业的历史进行总结和提升。

2）现状分析。企业应对其文化现状进行系统的分析，包括内部环境和外部环境的分析。

其中，内部环境是服务文化生根发芽的土壤，对企业文化塑造具有巨大的影响作用。诊断企业内部环境，首先要分析企业员工的素质，包括管理人员的素质和普通员工的素质。因为员工的素质状况影响着服务文化的类型，也制约着企业文化发展的现实水平和潜在能力。其次要分析企业的管理体制。管理体制是否合理对服务企业文化的塑造有着重要的影响。例如，一个没有民主气氛的服务企业，在企业文化建设过程中，就应该注意适当分权。最后要分析企业的经营特色，服务企业文化的塑造应该考虑本企业的地方特色。

企业的外部环境是企业本身无法控制的力量，对企业的经营状况和员工行为影响很大。优秀企业成功的关键在于能够根据企业外部环境的变化，及时调整应对竞争的策略。分析外部环境首先要考察竞争状况，考虑市场变动的趋势。例如，经营服装、家具的贸易公司，因为经营环境变化极为迅速，比较适合建立风险性文化。相反，对于煤炭制品、能源行业的经营，则更适合建立稳健性文化。其次要考虑新技术的发展与冲击，每一次新的服务技术的出现都会给企业带来新的机会和挑战，只有抓住机会才能促成成功。

在对企业历史和现状进行准确、系统的分析之后，企业就可以着手进行文化建设的定位、规划与组织实施工作。这些规划包括总体思想、实施重点、实施方法和时间表等。

（2）组织与实施。服务文化培育的核心工作是服务企业开展内部营销，让全体员工，无论是管理层员工还是普通一线员工，都能够清楚地认知服务企业的经营理念和服务文化建设规划，都能够充分地认可公司的服务文化建设规划并积极主动地参与到其组织与实施的过程之中。具体来讲，组织与实施是服务文化培育的关键阶段，它通常包括以下几个步骤或方面。

1）全面提高员工的服务素质。企业员工的素质是企业文化建设的基础，国内外的优秀服务企业无不把提高员工服务素质作为企业文化建设的重要工作。我国传统服务业员工素质低的现状，使企业文化建设的措施难以得到积极的贯彻，或者往往在低水平上徘徊。因此，全面提高现代服务企业员工的素质、增强其服务意识是我国服务企业文化建设的当务之急。

2）强化员工的主人翁精神。如果员工能够把企业的工作真正当作个人生活的一部分，他们就会很自然地对企业产生感情，更加投入到对顾客的服务中。在企业取得成功时，管理人员应该不仅向顾客和公众而且向企业员工进行宣传，以强化员工的荣誉感和责任感。鼓励员工积极参与经营决策，也是强化员工主人翁精神和服务意识的重要途径。

3）调整现有的企业制度。企业制度是企业内部约定的行为规范，是构成企业文化的基础，它具有强制性的特点。企业在文化塑造过程中，需要检查哪些制度条例与企业文化观念有冲突。例如，企业文化想突出公平观念，那么规章制度就需要废除部分管理人员的特权。当然，在调整规章制度时，应充分考虑员工的既得利益和心理承受能力，尽量慎重行事。

4）开展各种仪式与活动。企业员工只有在亲身实践中感受到企业的价值主张，才能产生对本企业文化的兴趣。一些有远见的企业善于设计组织一些仪式和活动，以营造积极的文化气氛，弘扬本企业的文化价值观。例如，有的公司举行隆重的公司周年庆典以扩大宣传和树立公司员工的自豪感，有的公司通过升旗仪式、军训等形式加强员工的责任感、纪律性和团队意识，有的公司通过组织开展一些社会公益活动以培养员工的爱心、传达企业的社会责任理念。这些有意义的文化活动，对于增强企业凝聚力及服务文化塑造效果显著。

5）弘扬英雄人物形象。英雄人物把抽象的精神层面和文化层面的内涵形象化，对企业文化的培育有着不可忽视的作用。不同行业的企业有着不同特点的英雄人物，如一家贸易公司的英雄人物可能是创销售纪录的推销员，而一家旅游公司的英雄人物可能是优秀的导游，他们都是行业的先锋、岗位的能手，他们都受到公司的表彰、得到同事的羡慕和称赞，他们是其他员工学习的榜样。其实，英雄人物的树立就是企业文化价值观的物化和缩影，它传递的是正能量。

6）服务文化的网络传播。随着信息技术的发展，网络在企业文化形成过程与传播过程中往往起着正式传播渠道无法替代的作用。因此，现代服务企业应重视文化的网络传播的作用，应加强网络沟通的正确引导，充分利用现代社交媒体的功能帮助企业树立正向的服务文化和传递服务正能量。

此外，管理人员在企业文化培育与塑造的过程中，还要特别注意以身作则，通过实际行动展现企业精神和企业的文化价值观，以达到潜移默化地影响广大员工的目的。

关键术语

服务人员　企业文化　服务文化

测试题

一、选择题

1. “将员工当作顾客”是________的基本观点，员工感到他们有价值、他们的需求被人重视，就会受到激励。

A. 关系营销　　B. 服务营销　　C. 内部营销　　D. 社会营销

2. “满意镜”理论是詹姆斯·赫斯克特等在其《服务利润链》一书中，对顾客满意与________之间的紧密联系所做的一个形象比喻。

A. 供应商满意　　B. 企业满意　　C. 员工满意　　D. 利益相关者满意

3. 企业文化是企业在长期生存和发展中形成的为企业多数成员所共同遵循的基本信念、

价值标准和行为规范，它包含物质层、________、精神层三个层次。

A. 人员层　　B. 利益层　　C. 制度层　　D. 关系层

二、简答题

1. 企业文化有哪些功能？
2. 服务人员的激励有哪些主要方法？
3. 服务文化的培育有哪些主要策略？

三、论述题

1. 怎样看待服务过程中人员的价值？
2. 服务人员激励中怎样做到适度授权？

训练设计

尝试为某公司的服务人员设计一整套激励方案，包括目标激励、薪酬奖励、福利制度、工作设计、职业生涯规划等。这个任务执行起来可能比较困难，其目的是让同学们重视人的地位。

综合案例

玫琳凯成就内部营销经典

玫琳凯是全球知名的化妆品公司。从创建伊始，玫琳凯就把自己的目标确定为为广大女性提供收入、事业发展机会及个人抱负实现途径，帮助她们了解自身价值并实现价值。玫琳凯的内部营销有口皆碑，成为业内服务人员管理的经典。

1. 理念：员工是第一营销对象

当你走进玫琳凯公司在美国达拉斯的总部大厅时，迎面而来的不是油画、雕塑或产品，而是一幅幅比真人还大的首席美容顾问写真照。目睹这一别有创意的设置，人们就会更加真切地体会到玫琳凯“我们是一家以人为主的公司”的深刻内涵。

员工是公司最重要的资产，要把他们作为第一营销对象——只有员工满意，才会有顾客的满意，只有顾客满意了，企业才能获得利润并持续运行。正是基于这一认识，其创始人玫琳凯·艾施说，“一旦有人才加入我们公司，我们就会千方百计地使其安心在公司工作。如果他们不能在某一部门发挥才干，我们会尽量为他们调换合适的岗位”。

通过对员工的持续营销，玫琳凯公司拥有了一支苦干、高效、专业的员工队伍。现在，玫琳凯的美容顾问遍布全球30多个国家，成员包括社会各个阶层的女性，不仅有下岗工人、医生、工程师、秘书、公司职员，还有大学教授、律师、社会工作者等。

卓越的公司必有优秀的人才。对于那些追求长远的公司，应该培养员工是第一营销对象的意识，大力推行内部营销，让员工充分理解和接受企业的价值理念、管理方式及发展策略等，有助于鼓舞员工士气，从而为顾客创造更大的价值。

2. 物质赞美

粉红色轿车的赞美：这是对美容顾问的最高奖励。从1969年开始，每年年底，玫琳凯都会送出一批粉红色凯迪拉克轿车给业绩前5名的美容顾问（美国是粉红色凯迪拉克，中国还有粉红色别克、桑塔纳等）。这种“带轮子的奖杯”，不仅让金牌美容顾问自豪不已，而且成为玫琳凯公关宣传的流动载体。此外还有豪华游的赞美：业绩一流的销售主任，每年可以携带家眷到香港、曼谷、伦敦、巴黎、日内瓦、雅典等地进行“境外豪华游”；年度竞赛的优胜者，会被盛情邀请参加“达拉斯之旅”，到玫琳凯总部去“朝圣”等。

3. 精神赞美

例会的赞美：在玫琳凯各地区分公司每周的例会上，都会有本周销售最佳人员成功经验的叙述和分享，这是一种别样的赞美。

缎带的赞美：每位美容顾问在第一次卖出100美元产品时，就会获得一条缎带，卖出200美元时再得一条，依此类推。这种精神鼓励，远比100美元的物质刺激有效。

别针的赞美：别针是玫琳凯最经典的奖品。这些别针在美国达拉斯设计制造，然后用飞机运到世界各地，用以奖励在销售产品时有优异销售业绩的美容顾问。

红地毯的赞美：销售业绩超群的美容顾问，公司会用红地毯欢迎她们返回总部，“每一个人都像对待皇亲国戚一般高看她们”。

红马甲的赞美：每年在总部召开的年度讨论会上，一流的美容顾问会身穿红马甲登台演讲，并接受台下同事的掌声鼓励。

4. 沟通：上下级对话的艺术

从诞生之日起，玫琳凯就确立了这样一条管理原则——“公司中的每个人都将得到平等的待遇，都将受到最大的尊重，在公司中的升迁要以每个人的条件为基础”。而且它创造出一种“直接沟通”的管理新法，“上下级的直接沟通，可以使管理者更加了解下属的需要和疑惑，及时找出公司运作中的不足和缺陷，最终形成上下同心的最大合力”。直接沟通的要诀是：让下属感到自己的重要性。

管理者必须花时间让下属感到自己的重要性，以激发他们的责任心和主人翁精神。首先，管理者要放低姿态，充分倾听下属的意见和建议，以显示尊重下属的想法，平心静气地让下属无话不谈。其次，管理者要学会放权，既要让下属对自己的行为负责，又要授予下属一定的权力，光有责任没有权力会挫伤下属的自尊心。再次，管理者要善于表扬，在恰当的时间和场合，以恰当的口吻赞赏下属。最后，管理者如果经常走到员工中去，帮他们解决实际问题，员工感到自己被尊重，他们的责任心会大大增强，就更容易形成一股合力，减少内耗。

5. 参与：唤起每个人的热情

热情是一个人非常宝贵的品质，不管干什么工作，合格的管理者应该千方百计唤起下属的工作热情。管理者自己首先要对工作满腔热情，一帆风顺时热情高涨，逆水行舟时热情不减，情绪不高时要强迫自己保持热情，管理者的工作态度会影响下属的热情。为防止某些下属的自尊心受挫，从而产生消极的情绪，管理者还应鼓励下属积极进行创造性劳动，这是玫琳凯激发员工工作热情的又一方法。

激发员工工作热情还有一个方法，就是让她们参与，参与到公司的发展和建设中，如参与新品种开发等，能够形成一股强大的向心力。开明的管理者还善于引导员工参与决策，一方面集思广益，另一方面也起到了鼓舞士气的作用，使得决策更容易被落实。

6. 培训：美容顾问成长的阶梯

玫琳凯秉承“丰富女性人生”的使命，承诺给广大女性“一个比化妆更美丽的改变”。为实践这一诺言，玫琳凯在每一个阶梯上都为美容顾问精心安排了培训计划，以帮助她们提高。这些女性通过从事玫琳凯美容顾问的工作，学到许多职业技能，从一个普普通通的妇女变成一个美丽、自信、自强、自立的职业女性或成为拥有事业的独立经营者。

玫琳凯给新员工、老员工提供定期或不定期的全方位培训，让美容顾问不但学会怎样化妆、怎样保养，而且提高了她们的沟通能力、语言技巧、培训能力、演说技巧及柔韧度；同时，这些女性被教给时间管理、档案管理和金钱管理的方法，学会了怎样管理自己。对员工的培训进行投资，被实践证明是提高员工满意度的一种有效途径。

问题讨论：1. 你认为玫琳凯的内部营销有什么独到之处？

2. 玫琳凯重视内部营销的做法对国内企业有哪些启示？

CHAPTER 10 第 10 章

服务过程

服务的生产与消费同时进行，服务需要持续一段时间，使得服务显示出强烈的过程性，整个服务提供过程的每个环节（服务接触点）都会对整体服务质量产生影响。服务过程中任何一个环节出现差错，都会对整体服务质量和顾客价值感知造成负面影响，有时甚至"功亏一篑"。因此，服务过程的设计与管理构成服务营销与管理策略的重要内容。

学习目标

- 了解服务过程及其要素。
- 了解服务接触点与关键时刻理论。
- 掌握服务蓝图的绘制技术。
- 学习服务企业流程再造知识。

开篇案例

梅奥诊所[㊀]的过程控制

梅奥诊所（Mayo Clinic）是美国一家具有公益性质的医疗机构，已经成立 160 多年，由美国南北战争时期的一个军医退役后创建。该医院位于美国明尼苏达州的罗切斯特小镇，外界的捐款全部用于医学研发和医疗设备改造，在美国医疗界享有盛誉，有近 5 万人为这个医疗机构服务。房地产大咖、畅销书作者冯仑在其《岁月凶猛》中讲到了他到梅奥诊所考察、学习和亲自做体检的感受。冯仑说，在他的印象里，梅奥有三个特点，一是收费不高，二是医术极好，三是管理非常高效。冯仑在体检过程中发现有几件事非常有意思。

（1）抽血的时候扎针不疼。在梅奥，如果护士扎针疼了，就是她的工作失误。扎针是个技术活儿，讲究技巧，角度很重要。梅奥培训护士，扎针针头要 45° 进去，始终保持平稳，

㊀ 2020 年 11 月 14 日，中文官方名改为"妙佑医疗国际"。

病人就没什么感觉。

（2）整个流程管理效率高。每个病人都有一张详细的日程表，几点要到哪儿要做什么都很清楚。冯仑的体检进行了两天，在此过程中情况可能随时有变化，有的项目时间延长了，增加了项目或减少了项目等，当值医生及时在电脑上进行智能化调整并重新打印日程表，整个过程衔接得很好，每到一处医生都在等着。

（3）尊重规则对病人一视同仁。梅奥奉行的原则是，只要到那儿都是他的病人，只要你没有预约都是要依次排队的，不搞特殊化。据说有些官职较高的领导，甚至有国家元首去体检，没预约想插队，都被拒绝，这一点很受百姓欢迎。梅奥尊重规则而不是尊重权势，最后反而赢得了更大的社会尊重。

（4）医院十分尊重保护病人隐私。体检前院方要和病人签一份内容很复杂的关于个人隐私保护的协议，明确“你的体检信息是只给你自己看呢，还是任何人都能查看你的信息”等条款。如果你选择“你的体检信息是只给自己看”，那么只能你自己亲自领取体检结果，目的是防止病人信息被他人恶意利用。

资料来源：冯仑．岁月凶猛［M］．北京：中信出版集团，2021.

10.1 服务过程及其特点

服务的生产与消费同时进行，服务需要持续一段时间，使得服务显示出强烈的过程性。消费者从服务产品中获得的满足，不仅来自服务产品，也来自服务传递的过程本身，服务过程是服务营销组合的一个重要组成部分。

10.1.1 服务过程的界定

美国服务营销学者斯蒂文·阿布里奇曾经提出服务流程的概念：服务流程是从顾客的角度来观察事物，实质是顾客感受到的，由企业在每个服务步骤和环节上为顾客提供的一系列服务的总和。企业及其员工看待服务流程中的每个环节，大都是把这些环节当成作业来完成，而顾客会对服务流程中的每个环节都做出评价，并汇总得出一个完整的评价。

服务过程是指一个企业将其服务产品交付给顾客使用，在这一使用过程中安排的时间、活动、程序、工作流程等日常过程。不同的服务企业的服务过程是不同的，同一服务企业的不同服务活动的流程也存在差异。

服务过程的要点如下：

（1）服务过程是由提供服务所经历的步骤、顺序和活动构成的。

（2）服务过程是从顾客的角度来安排企业服务活动的，其宗旨是保证在服务的每个步骤、每个环节都能增加顾客体验服务的价值。

（3）服务过程体现在服务的每个步骤、每个环节及为顾客所提供的一系列服务中。

可见，提高服务过程或流程的合理性，有效设计服务过程是提高服务质量、赢得顾客满意的关键环节，这就需要服务企业对服务过程进行精心设计和有效管理。

◎ 案例 10-1

俏江南：服务过程的用心设计

俏江南集团创始于 2000 年，总部位于北京，旗下包括俏江南品牌餐厅、兰（LAN Club）和 SUBU 三大高端品牌，是当时中国最具发展潜力的国际餐饮服务企业之一。

其实好的服务并不在于神奇，而在于多用心。俏江南不但在环境上不遗余力，在服务上也别出心裁，追求过程的特色和难忘。据说，俏江南推出一道菜时，必须考虑菜品的色、香、味、形、器皿、价格、温度七个因素，要经过反复推敲，最后形成一个可以量化的、容易操作的标准流程，在各个分店推出。

譬如，俏江南有一道叫作“江石滚肥牛”的菜，看起来是一道比较普通的菜，但是其中融入了一定的乐趣。“江石滚肥牛”这道菜品是服务员在餐厅现场为客人制作，这个过程客人可以全程看见，而且还有解说。服务员一边制作一边解说制作的过程，让人感觉非常生动亲切，给现场进餐的顾客增添了很多乐趣。

近年来，这种服务营销的方式在餐饮服务业颇为流行，但俏江南的做法更胜一筹，它将菜品的推陈出新与良好的服务过程设计巧妙结合，既让顾客感到放心、吃得舒心，又有对菜品的解说，使顾客有目的地选择，避免菜品浪费，也吃得开心。将过程服务放在企业推广的核心位置上，让顾客体验高品质的甚至快乐的过程服务，这是塑造特色服务品牌的高明之举。

10.1.2　服务过程的特征

服务具有一个复杂的生产、消费过程。对于绝大多数服务来说，其生产过程与消费过程同时进行，由此使得服务过程始终处于一种互动的状态，互动性成为服务过程最显著的特征。根据国内学者黎开莉等人的研究，这种互动包括顾客之间的互动、顾客与员工之间的互动、员工之间的互动等。因此，在服务过程管理和决策中，服务企业必须重视这种互动关系。

1. 顾客之间的互动

顾客之间的互动是指顾客在服务消费过程中，因为共享人员服务、服务环境或服务设施等，顾客之间通过语言交流、身体接触或其他方式而产生的相互联系和相互影响。当一个顾客接受服务时，在场的其他顾客及其行为会影响该顾客享受服务的质量，甚至其对顾客感知服务质量的影响比服务人员更加深远。研究表明，在服务过程中，顾客之间的相互影响相当普遍，既有积极的正面影响，也有消极的负面影响。其他顾客的影响既能丰富也能减少某顾客的服务体验，从而提升或降低其对服务企业的满意度。

2. 顾客与员工之间的互动

服务的一大特征是服务生产与服务消费同时进行，服务提供者与顾客密不可分。在保健、医疗、美容和法律咨询等服务过程中，顾客必须与服务提供者发生相互作用，才能创造服务价值。例如，一个病人必须陈述病情，与医生发生互动，才可能得到良好的医疗服务。顾客与员工之间的互动可以分为三类：友好的互动、不友好的互动和过于友好的互动。

（1）友好的互动。在服务过程中，顾客既是服务的接收者，也是服务生产的协作人，友好地对待服务人员，能为这些涉及该服务过程的服务人员留下美好的服务经历，从而使服务人员更加积极地为顾客提供优质的服务。

（2）不友好的互动。顾客对服务人员的工作做出了不恰当的评论，或者服务人员消极对待等，都可能引发不友好的互动。顾客与服务人员之间的误解常常是引起不友好互动的原因。

（3）过于友好的互动。任何事情都有一个度的问题，顾客与服务人员之间发生的过于友好的互动，也会影响服务提供的质量。例如，医生与病人聊得太多，顾客想与服务人员交朋友等，都会使服务人员分心，进而影响其为其他顾客服务的效率。

3. 员工之间的互动

员工之间的互动体现在服务过程各环节、各部门的衔接与配合之中。在顾客接受服务的过程中，员工在任何一个环节对顾客的怠慢，都将使其他员工的友好努力毁于一旦。如果服务企业不重视加强员工之间的互动、协同，让顾客满意就只是一句空话。

服务企业可从以下几个方面加强员工之间的互动，使之成为一种习惯、一种文化。

（1）服务企业要让全体员工了解其服务蓝图（流程图），把握顾客接受服务的过程，尤其是要让员工掌握各关键服务接触点的应对技巧，以便协同配合。

（2）强化服务过程中各环节的服务行为规范，使每位员工掌握必备的服务技能和技巧，让顾客能始终如一地感受到服务机构给予的各项承诺。

（3）强调服务过程各环节的互相补救、紧密配合和及时沟通。顾客在前面获得的满意，应在后面得以延续和提升；顾客从前面体验到的不满意，应在后面得到补救，以减轻乃至消除其不满意感。应重点培养员工的职业素养和团队合作精神。

（4）大力提倡服务“责任制”，这既是服务机构基本的服务管理理念，又是服务中方便顾客的重要措施。当顾客提出问题需要帮助时，第一责任服务人员要能够及时、主动地给顾客一个满意的解决方案，避免互相推诿。

◎ 案例 10-2

新东方独特的培训风格

新东方从最初的托福考试培训，逐渐发展到从短期培训到基础教育，以外语培训为核心内容的教育培训名牌机构，离不开新东方创业初期扎实的工作，离不开新东方的一系列管理体制的改制，以及针对接受培训的特殊人群的完善的服务营销体系。

在教育培训行业中，教师的教学课堂成为其主要的服务过程，并在这一过程中实现产品的生产和消费。听过新东方课程的人都知道，新东方的教师是一群从来不缺乏激情的人，教师在课堂上给学生讲课的同时，常常能把一个班的学生搞得时而泪流满面，时而情绪激昂。新东方采取了完全不同的方式进行教育方式的革新，老师不再仅仅是教授内容，在一节课中，往往是教授内容占 70%，幽默占 20%，励志占 10%。大多数新东方老师的语速比较快，一般可以达到 200 字 / 分钟左右；大多数新东方老师幽默诙谐，善于励志激励，例如，在课堂上讨论“如果你想使自己活得更好，首先的一点并不是出国，而是无论在中国还是在国外，你都要问自己能做什么，你怎样能把一件事情做得非常好”等主题。此外，新东方对于应试类的课程进行大班授课，设计频繁互动环节，课堂气氛活跃。

10.1.3　服务过程的关键要素

服务过程是事先规划、人员协调、资源投入与控制，最后将产品传递给客户的全过程，其中发生了成本，产生了效益，得到系统的产出。

服务过程包括以下关键要素。

（1）过程规划。过程规划是对服务行为的规范化和统一化，使服务水平、数量和质量，以及所实现的功能能够达到市场的要求，使顾客能够满意。

（2）设备布局。设备布局是对服务过程中所使用的所有设备的摆放、材料的准备、器具的维修保养，以及对客户所处的地理位置的安排等，这样在进入正式的服务时，能使各种材料和人员的流动等顺畅，从而对客户的服务会更加便利。

（3）时间安排。时间安排是从筹备服务开始到服务结束为止，对服务过程进行详细的时间规划，保证服务能在规定的时间内完成，同时符合资源利用和经济效用原则。

（4）作业规划。作业规划是对服务过程中每项服务活动详细规划，其目的在于使服务能符合所要求的质量、价格和成本标准。

（5）库存规划和控制。库存规划和控制主要是指对人员及生产能力的规划和控制，是为达到服务所期望和约定的水平而做的准备。

（6）作业控制。作业控制是按照约定日程的特定时间对服务过程进行控制，保证各种服务系统的信息流出和流入畅通，以确保各项服务的顺利进行；同时，配合并监测服务系统内的工作，使服务工作依照必要的程序完成。

（7）质量检测。质量检测是对整个服务过程所涉及的各个步骤与环节的质量进行管理和控制，采取适当的检查和控制技术及管理手段，以确保达成预定的质量水平。

（8）预测。在服务工作中进行长时间的积累后，结合过去和现在的情况，对未来客户的偏好转移、未来的需求量、未来替代商品的出现等可能发生的变化做出预测，以改进当前的服务质量，为下一期的总体规划做好准备。

以上各个关键要素之间相互联系、相互影响，因此必须事先做好统筹规划，同时在服务过程中需要及时跟踪，以保证服务价值创造与传递的顺利进行。服务过程管理强调流程化、制度化、规范化，强调对顾客一视同仁。服务过程管理有助于提高服务管理效率，还会有效减少顾客的时间成本、精力成本付出，有利于提升顾客在服务消费过程中的满意感、获得感。

◎ 案例 10-3

迪士尼：研究“游客学”

迪士尼致力于研究“游客学”，了解谁是游客，他们起初的需求是什么。在这一理念的指导下，迪士尼站在游客的角度，审视自身每一项经营决策。为了准确把握游客需求动态，公司设立调查统计部、信息中心、信访部、营销部、工程部、财务部等部门分工合作。

调查统计部每年要开展200余项市场调查和咨询项目。财务部根据调查中发现的问题和可供选择的方案，给出结论性意见，以确定新的预算和投资。营销部重点研究游客对未来娱乐项目的期望、游玩热点和兴趣转移。

信息中心存储了大量关于游客需求和偏好的信息，具体有人口统计、当前市场策略评估、乐园引力分析、游客支付偏好、价格敏感分析和宏观经济走势等。其中，最重要的信息是游客离园时进行的“价格 / 价值”随机调查。正如华特·迪士尼先生所强调的，游园时光绝不能虚度，游园必须物有所值，因为游客只愿为高质量的服务付钱。

信访部每年要收到数以万计的游客来信。信访部的工作是尽快把有关信件送到责任人手中。此外，还要把游客意见每周汇总，及时报告给管理层，保证顾客投诉得到及时处理。

工程部的责任是设计和开发新的游玩项目，并确保园区的技术服务质量。例如，顾客等待游乐节目的排队长度、设施质量状况、维修记录、设备使用率和新型娱乐项目的安装，其核心问题是游客的安全性和效率。

现场走访是了解游客需求最重要的工作。管理层经常到各娱乐项目点上直接同游客和员工交谈，以期获取第一手资料，体验游客的真实需求。同时，一旦发现系统运作有误，及时加以纠正。

10.2 服务接触点管理

服务接触（service encounter）是指服务组织或人员在服务过程中与顾客发生的有效接触。服务接触的过程正是服务价值创造与传递的过程，服务接触对顾客的服务感知的影响最直接也最重要。顾客正是在与服务机构或人员的接触中真切地感知到服务的内容、特点及功能的。因此，服务接触也叫作服务的“真实瞬间”或“关键时刻”。

服务接触点，就是服务企业在其服务产品提供过程中与顾客发生直接服务关系的主要环节或关键点。让·詹姆克等在其《服务经济》中从服务价值链的视角提出了服务体验循环理论，并将其分解为若干“关键时刻”，认为“循环中的每一个关键时刻，都是顾客可能对公司服务品质做出评估的机会点”，服务接触点也是创造顾客价值的关键点。

从顾客的角度来看，一项服务在服务接触中能够给其带来最生动的印象。例如，旅客在一家酒店所经历的服务接触包括登记住宿、由服务人员引导至房间、在餐厅就餐、要求提供唤醒服务及退房结账等。商业顾客在采购和使用设备时所经历的服务接触包括看样、谈判、签订商业买卖合同、运输、安装、结账和售后维修服务等。我们可以把这些关键时刻连接起来想象成一个服务接触层次，顾客正是在这些接触的过程中获得对企业服务质量的第一印象的，而每次接触都会对顾客的整体满意度和忠诚度产生影响。

◎ 案例 10-4

亚朵酒店的顾客接触点设计

亚朵酒店在售前利用网络让顾客感知到人文生活的主题。亚朵酒店从灯光、气味、色彩、音乐、文字、摆件等逐步在顾客心目中构建起亚朵酒店的主题氛围。比如，炎炎夏日，当顾客步入亚朵酒店，首先映入眼帘的并不是多么奢华的金碧辉煌，而是简约却又非常艺术的设计和清新舒适的气质范儿。

“奉茶”是一个茶馆，亚朵最早的概念雏形就诞生于此。亚朵酒店将“奉茶”作为其服务产品，希望勉励每个亚朵人不忘初心，也希望顾客能感受到亚朵酒店的拳拳之心。只要你是亚朵酒店的顾客，来到酒店，不管你是在登记入住还是在看书，或者是在逛商店，服务员都会奉上一杯茶。冬天是一杯热茶，夏天可能会是酸梅汤或冷饮，这叫百分百奉茶。在亚朵酒店前台，服务人员走出柜台，首先递上一杯清凉的酸梅汤，顾客一杯饮料还未饮完，入住已办好，房卡已到手。整个过程中，顾客是坐着的，服务人员是站着的。有的顾客甚至感觉屁股还没坐热，万事皆办妥，不需要押金，也不需要烦琐的手续。

在文字体验上，宿归（客房）、相招（餐厅）、共语（多功能会议室）、汗出（健身房）、出尘（免费洗熨烘干自助洗衣房）、竹居（阅读会友书吧）等充满文艺清新气息的区域命名仿佛能让人心中的疲劳远去。客房中一把造型独特的茶壶和几个茶杯，让人看一眼都仿佛能嗅到心旷神怡的茶清香。酒店的公共区域、客房的墙壁上、床头均可以看到反映属地文化的摄影作品，夜宵是免费送到房间的一份附加了制作方法和功效卡片的糖水等。顾客离店时服务人员会主动送上瓶装水。

每一个转身、每一次接触，顾客都能更好地体验那种他们向往已久的感觉和生活方式。当顾客走出亚朵酒店，包里可能还装着免押金借阅且可异地归还的书，回味着与其他顾客和服务人员沟通过程中所深刻体会到的源自社会文化意义的相互影响和对生活方式的思考，体味着想要成为这一群体或文化一部分的欲望。亚朵酒店以服务为舞台，产品为道具，工作人员为演员，精心设计无缝衔接的人文体验。

资料来源：李巍．服务营销管理：聚焦服务价值［M］．北京：机械工业出版社，2019.

10.2.1 服务接触的方式

顾客与服务企业相联系的任何时刻都可能发生服务接触。通常服务接触可以分为三大类：远程接触、电话接触和面对面接触。顾客在一次服务中可能经历一种或三种服务接触。

（1）远程接触。它是指在服务过程中顾客不与服务人员发生接触而是与服务设备或设施接触，如顾客在 ATM 机上存取款、从自动售货机上购买商品、自助订票取票、从邮筒投递信件等。在这种情况下，并没有发生人与人之间的接触，但是这种人与设备之间的接触仍能影响顾客对服务质量的感知。因此，在这类接触中，那些为顾客提供服务的设备或设施的性能、质量，以及保养、维修和管理等都对顾客的服务质量感知有决定性的影响。

如今越来越多的服务可以通过信息技术，特别是互联网来进行传递了。像航空订票、包裹追踪、零售采购、网上预约等，都可以通过互联网来实现。所有这些接触都是远程接触，而没有发生人员的接触。

（2）电话接触。这是顾客与服务企业之间接触的最常规的形式之一。银行业的电话银行服务、证券业的电话委托、航空业的电话订票、餐饮业的电话订餐、零售业的电话订货等，几乎所有企业都要依靠电话形式来与顾客产生客户服务、下订单等接触。

在电话接触中，由于顾客接触的不仅仅是机器，还有电话另一端的服务人员，因此，服务人员的语音、语调、语气、知识素养、反应的态度、节奏等，都会对顾客的服务感知产生好的或不好的影响，这也成为顾客判断服务质量的重要标准。

（3）面对面接触。这是指顾客与员工直接发生人际接触，也是比较普遍的服务接触方式之一，特别是在传统服务业。例如，在迪士尼主题乐园，顾客能接触到售票员、演员、各种机器设备的操作人员、食品饮料的销售人员等。由于面对面接触发生在顾客与员工之间，因此，顾客对服务的感知既取决于服务的语言因素，也取决于非语言因素。非语言因素包括服务人员的仪表、服装、姿势、态度，以及服务人员所用的服务设备、工具和设施等。一般来说，整洁专业的仪表和服装、训练有素的姿势、热情诚恳的态度，以及良好的服务设备、工具和设施等容易使顾客产生良好的服务感知。

◎ 案例 10-5

宜家卖场的服务接触

宜家家居的服务理念是“使购买家具更为快乐”，因此在任何有可能会和顾客产生接触的地方，不管是卖场设计还是服务方式，宜家都尽量使其显得自然、和谐，让顾客感觉到温馨和满意。实际上，顾客从走进宜家卖场的时候起，就能感受到宜家的良苦用心。不仅地板上有箭头指引他们按照最佳顺序逛完整个商场，而且展示区按照他们的习惯制定顺序。在入口处，宜家为顾客提供铅笔、卷尺和纸张，以方便顾客进行测量和记录。在选购过程中，除非顾客提出需要帮助，否则宜家的店员不会上前打扰，以便让顾客有个最佳的购物氛围。为了让顾客掌握全面、真实的产品信息，宜家还精心制作了详细的标签，告知产品的购买指南、保养方法和价格。如果顾客逛累了，可以在卖场内的宜家餐厅小憩一会儿，点上一杯咖啡或一碟北欧风味的点心；如果顾客内急了，宜家还有非常方便的五星级厕所……如果顾客在购买宜家的产品后觉得不合适，没有关系，宜家非常体贴地为顾客解除后顾之忧：在购物 60 天内（宜家俱乐部会员可在 365 天内）可以无条件退货，特殊商品（如食品、植物、处理商品）、定制商品等除外。购物消费细节的完美设计和完善的售后服务不仅为宜家赢得了良好口碑，更是提升了宜家家居的品牌形象。

资料来源：李巍 . 服务营销管理：聚焦服务价值［M］. 北京：机械工业出版社，2019.

10.2.2　服务接触的重要功能

服务接触的重要功能体现在以下三个方面：顾客感知质量、服务效率和服务文化。

（1）服务接触影响顾客感知质量。服务质量不同于有形产品，没有相应的量化指标进行衡量，完全根据客户的期望和对服务的感觉来评价服务。这种感觉在服务接触过程中逐渐形成，并最终得到服务质量的评价。例如，医生在给患者诊疗时，是否认真听取患者的叙述，是否有耐心详细地解答患者的病情等，都会给患者留下某种印象，最终形成患者对该医生或该医院服务质量的评价。

（2）服务接触影响服务效率。服务接触的方式或方法对服务效率有很大的影响，如在人和人的接触中，通过眼神和动作来理解对方的意图能减少语言交流所花费的时间，在人和机器的接触中，通过习惯的界面交互也能节约大量的时间，提高服务效率。

（3）服务接触影响服务文化。服务是一种互动关系和过程，顾客的素质、习惯、知识、经验等在服务接触过程中都会对服务人员产生影响，他们在与顾客交互中互相融合，逐渐形成一种具有本地特色的服务文化。许多跨国企业具有类似的经验，他们在国外设立公司时，往往主动采用本地化的一些政策、行为方式及策略，以适应本地顾客的文化要求，如肯德基在中国推出米饭、油条等。

10.2.3　服务接触的有效策略

服务机构在服务接触中运用以下策略有助于增加服务接触的正效应。

（1）迅速补救。在发生服务失误时，如果服务机构能诚恳地认错并迅速采取补救措施，就可能消除顾客的怨气，使服务接触的负效应变成正效应。例如，乘客上飞机之后发现，由于订票系统的错误，他在经济舱的位置已经被其他乘客占用，这时，如果空乘人员能及时道歉，并给予该乘客一个商务舱的座位，之前产生的不愉快就会很快消失。

（2）个性化的满足。如果服务机构能重视和满足顾客个性化的需要，就容易使顾客获得愉悦感。例如，管理咨询机构能为每位客户提供量身定做的客户解决方案，从而解决客户特有的管理问题。因此，服务机构也可以通过提供个性化的服务来提高服务接触的正效应。

（3）提供额外服务。如果服务人员能积极地、创造性地在服务环节提供某些“额外”服务，或满足顾客某种潜在的需要，顾客就会感到非常满意，因为顾客从这些额外的服务中感受到自己被关怀和尊重。例如，航空服务中为某些晕机的乘客提供晕机药，或者为调整时差的乘客提供眼罩等，这些服务都会让顾客认为很贴心，从而产生正的接触效应。

（4）接触问题顾客。问题顾客是指不愿与服务机构合作或不愿使其行为与其他顾客或公共规范保持一致的顾客，如醉酒的顾客。服务机构要处理好与问题顾客的关系，并使他们获得良好的感知：一是要提高警惕，认识到顾客不是个个都愿意配合、愿意合作的；二是要冷静、耐心说服，关键要让问题顾客知道问题来自自己；三是要多赞扬那些与服务机构配合良好和遵守公共规范的顾客，以影响和引导问题顾客。

10.3 服务蓝图技巧

10.3.1 服务蓝图的含义

服务蓝图是一种有效描述服务提供过程的可视化技术，借助流程图，通过持续地描述服务提供过程、服务环节、员工和顾客的角色以及服务的有形物件直观地展示服务。服务蓝图的思想最初是由利恩·肖斯塔克在 1984 年提出的，随后融合了工业设计、决策学、计算机图形学等相关知识和技术，逐渐发展成为服务过程可视化管理的有效工具。经过服务蓝图的描绘，服务不仅被合理地分解成服务提供步骤、任务及完成任务的方法，更为重要的是，通过服务蓝图可以识别出顾客同企业及服务人员的“关键接触点”，从而有助于企业有的放矢地改进、提高服务质量。

服务蓝图是详细描绘服务系统的图片或地图，服务过程中涉及的不同人员可以理解并客观地使用它，而无论他的角色或个人观点如何。服务蓝图直观上同时从几个方面展示服务：描绘服务实施的过程、接待顾客的地点、顾客和员工的角色以及服务中的可见要素，它提供了一种把服务合理分块的方法，再逐一描述过程的步骤或任务、执行任务的方法和顾客能够感受到的有形展示。

◎ 案例 10-6

有张流程图就是不一样

某学校每年都要免费为职工做体检，算是一项职工福利，地点选在该学校所在城市的市肿瘤医院体检中心，时间一般在每年 11 月下旬。学校共 2 000 多名教职员工，只能按学院分几天集中去体检，加上其他不少单位也安排去那里体检，致使体检中心人员拥挤。

该体检中心的体检室设在几栋小楼里，没有太明显的引导标志，头一次去的人还真是摸不着头脑。特别是取早餐处，本来是要采完血样之后才能领早餐的，但体检中心没有明确告知（假设大家都知道），所以有的人生怕领不到早餐，刚到就去领早餐，管理员不给，有时又说不清楚或听不明白，有的人就在那里吵吵嚷嚷，整个体检中心闹哄哄的。说实话，笔者前几年刚调来本校，每次去体检都感觉到一种压力，紧张兮兮的。

2017年11月再去体检时，笔者发现那里有了明显的变化。地方还是原来的地方，但体检中心有了一个显著的招牌，容易找了。更为重要的是，体检中心大厅有了一张简洁的“体检流程蓝图”，大大的字体一目了然。

第一步：取表（地点：服务台，提供：身份证）

第二步：抽血（地点：某楼某室，要求：空腹，7:30—9:30）

第三步：领早餐（地点：某楼某室）

第四步：B超（地点：男某楼某室，女某楼某室）

…………

第N步：交表（地点：服务台，要求：签字）

有了这张神奇的蓝图，笔者发现体检中心来回穿梭的人少了，神色紧张的人少了，领早餐处吵吵嚷嚷的人也没有了，大家都变得很从容、很淡定，秩序井然，体检效率也提高了。笔者感到心情很轻松，医生也应该有同感。

问题思考：是什么使得原来乱哄哄的体检中心变得秩序井然？

因为服务通常缺少具体说明，一项服务，甚至一项复杂服务也可能没有任何正式的、客观的过程描述就被推出，通过使用服务蓝图技术能够客观地描述关键服务过程的特点并使之形象化，这样员工、顾客和管理者都会知道正在做的服务是什么，以及他们每个成员在服务实施过程中扮演的角色。在服务开发的设计和再设计阶段，服务蓝图最为有用。

那么，为什么叫服务蓝图而不是黑图或红图呢？因为蓝图技术最早在制造业、建筑业等行业使用。生产汽车、计算机，建筑一栋房子、一座桥梁都需要事先设计一份工程图纸，然后按照图纸来施工和制造，而这份工程图纸通常是用蓝色标注的，“蓝图”因此而得名。

服务蓝图是一种基于流程图的服务设计工具，它将服务过程进行合理分块，再逐一描绘服务系统中的服务过程、接待顾客的地点及顾客可见的服务要素。服务蓝图不仅能用来分析和改善现有的服务过程，还可以用来开发新的服务流程。服务蓝图在直观上同时从几个方面有效展示服务：描绘服务实施的流程，接待顾客的地点，顾客、雇员的角色及服务中的可见要素。

服务蓝图作为一种形象客观的服务描述语言和服务管理技术，具有以下重要功能。

（1）有利于树立整体观念。服务蓝图描述了整个服务系统，是一张服务全景图，有利于增强部门、团队和员工个人的整体观念。

（2）便于服务改进。服务蓝图描述了服务链，便于服务机构发现有问题的服务环节，从而对薄弱环节进行改进。

（3）有利于建立顾客关系。服务蓝图中的交互线对开展关系营销具有重要作用。交互线与纵向连线的交点是服务接触点，是顾客感知服务质量的重要环节。顾客对服务质量的不满通常就产生于服务接触之中，服务投诉问题的处理和解决一般也在前台进行。因此，交互线有利于关系管理和关系营销。

（4）提高服务后勤活动质量。服务蓝图中的内部交互线对服务机构改进后勤支持具有重要价值。内部交互线与纵向连线的交点是后勤服务与顾客服务之间的连接点，服务机构可以依此考察后勤服务质量。

（5）便于服务沟通。服务蓝图中的每个联系都需要营销沟通，包括外部营销沟通和内部营销沟通。服务机构可以依据服务蓝图制订整个营销沟通的计划。

10.3.2 服务蓝图的构成

服务蓝图被三条线分成四个部分，自上而下分别是顾客行为、前台员工行为、后台员工行为及支持过程。四个主要的行为板块由三条分界线分开：前台员工行为与顾客行为由一条互动分界线隔开；前台员工行为与后台员工行为由一条可视分界线隔开；后台员工行为与支持过程之间由一条内部互动分界线分开。服务蓝图的构成如图 10-1 所示。

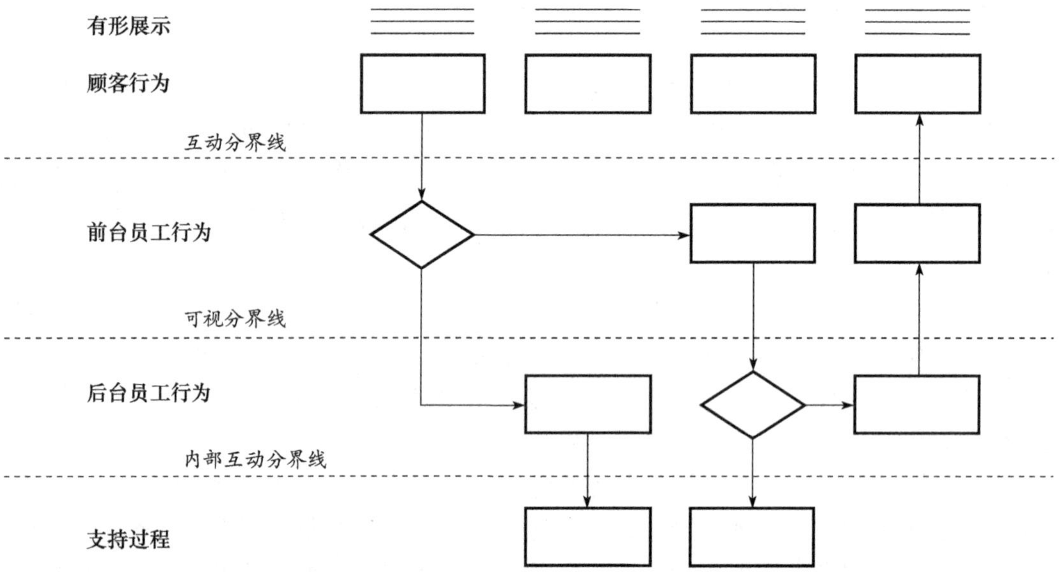

图 10-1 服务蓝图的构成

资料来源：李克芳，聂元昆．服务营销学［M］．3 版．北京：机械工业出版社，2020.

服务蓝图需要重点标示和界定的接触点内容如下。

（1）有形展示。蓝图的最上方是服务的有形展示，典型的服务蓝图设计方法是在每一个接触点上方都列出相应的有形展示。由于服务本身是无形的，顾客常常在购买之前通过有形线索或者有形展示来对服务进行评价，并在消费过程中及消费完成后对服务进行评价。例如，律师事务所的有形展示包括办公室布置、书面文件和律师着装等。

（2）顾客行为。顾客行为是指顾客在购买、消费和评价服务过程中的步骤、选择、行动和互动。例如，在律师服务系统中，当事人（顾客）的活动可以有选择代理律师、与律师通电话、与律师面谈、接收文件等。

（3）服务人员行为。服务人员行为包括前台员工行为和后台员工行为。前台员工行为是指顾客能看到的服务人员的行为和步骤。例如，在法律服务中，委托人（顾客）可以看到的律师（服务人员）的行为包括最初会面、面谈和出具法律文件等。后台员工行为是指发生在幕后、支持前台员工行为的员工行为。例如，律师与委托人的会面准备、法律文件交接的准备、查阅相关法律文件等。

（4）支持过程。支持过程是企业的内部服务、支持服务人员的服务步骤和互动行为。例如，律师事务所的员工进行的法律调查、文件准备，事务所的团队组合，秘书为会面所做的准备工作等都是支持行为。

在图 10-1 中，每个行为部分中的方框图表示相应水平上执行服务的人员所经历的服务步骤。那些用来连接三种服务行为的箭头是流向线，它表明发生了服务接触，并指明了行为步骤的顺序。以上四个关键的行为被三条水平线隔开，这三条分界线的作用如下。

（1）互动分界线。它表示顾客与服务组织间直接的互动，穿越互动分界线的垂直线表明产生了顾客与服务组织间的直接接触。

（2）可视分界线。它将顾客能看到的服务行为与不能看到的服务行为分开，清晰地表示出服务组织为顾客提供了哪些可视服务。在分析服务蓝图时，要分别关注位于可视分界线上方和下方的服务数量。在服务蓝图中，可视分界线下方的区域都是顾客不能看见的区域。有些服务活动是前台与后台兼顾的，即部分活动是可见的，部分活动是不可见的。

（3）内部互动分界线。它用以区分服务人员的工作和其他支持服务的工作，是后台活动区域与支持性活动区域之间的分界线，也是服务组织外部服务和内部服务的分界线。如果有垂直线穿过内部互动分界线与之交叉，就表示发生了内部服务接触。

10.3.3　构建服务蓝图的流程

服务蓝图的开发需要涉及许多职能部门的人员和来自顾客的信息，绘制或构建蓝图并非一项简单的责成某个人或某个职能部门单独就可以完成的任务。换句话说，构建服务蓝图是一项复杂的工作，需要整合多方资源协作完成并遵循一定的流程。根据服务营销学者泽丝曼尔等人的研究，构建服务蓝图一般遵循以下流程，如图 10-2 所示。

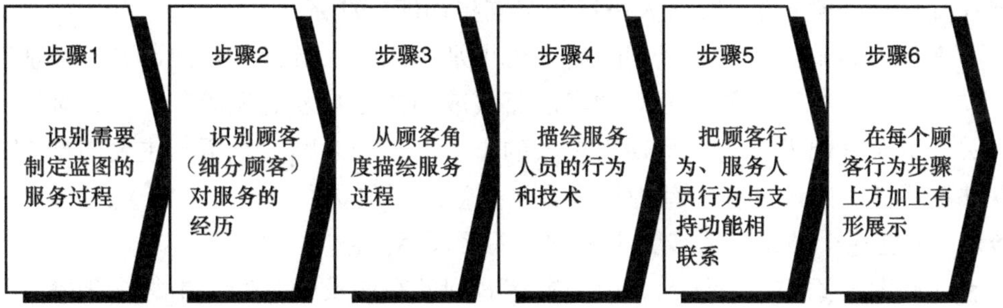

图 10-2　构建服务蓝图的流程

资料来源：泽丝曼尔，比特纳，格兰姆勒．服务营销：第 7 版［M］．张金成，白长虹，杜建刚，等译．北京：机械工业出版社，2019.

步骤 1：识别需要制定蓝图的服务过程

蓝图可以在不同水平上进行开发，这需要在出发点上就达成共识。如物流公司可以开发这样一些蓝图，描述一个完整的物流配送业务及其互联网辅助的服务系统。或者如果发现“货物分拣”和“装货”部分出现了问题和瓶颈现象，并且耽误了顾客收件的时间，针对这两个步骤可以开发更为详细的子过程蓝图。总之，识别需要绘制蓝图的过程，首先要对建立服务蓝图的意图做出分析。

步骤 2：识别顾客（细分顾客）对服务的经历

市场细分的一个基本前提是，每个细分部分的需求是不同的，因而对服务或产品的需求也相应变化。假设服务过程因细分市场的不同而变化，这时为某位特定的顾客或某类细分顾客开发蓝图将非常有用。在抽象的意义上，将各种细分顾客纳入一幅蓝图中是可能的。但是，如果需要达到不同水平，开发单独的蓝图就一定要有针对性，并使蓝图清晰和可操作化。

步骤 3：从顾客角度描绘服务过程

该步骤包括描绘顾客在购物、消费和评价服务中执行或经历的选择。如果描绘的过程是内部服务，那么顾客就是参与服务的员工。从顾客的角度识别服务可以避免把注意力集中在对顾客没有影响的过程和步骤上。有时，从顾客角度看到的服务起始点并不容易被意识到。例如，对理发服务的研究显示，顾客认为服务的起点是给理发店打电话预约，但是发型师却基本不把预约当成服务的一个步骤。因此，在开发服务蓝图时，一定要从顾客的视角画图。

步骤 4：描绘服务人员的行为和技术

人员的行为首先要画上互动线和可视线，然后从顾客和服务人员的观点出发绘制过程，辨别出前台服务和后台服务。对于现有服务的描绘，可以向一线服务人员询问其哪些行为顾客可以看到，哪些行为在幕后发生。在进行技术传递服务或者要结合技术和人力传递的情况下，技术层面所需要的活动也要绘制在可视线的上方。如果服务过程中完全没有员工参与，那么这个部分要标注上“前台技术活动”。如果是同时需要人员和技术的交互活动，这些活动之间也要用水平线将“可见的员工接待活动”和“可见的技术活动”分开。使用这种辅助线有助于准确阅读和理解服务蓝图。

步骤 5：把顾客行为、服务人员行为与支持功能相联系

接下来可以画出内部互动线，随后即可识别出服务人员行为与内部支持职能部门的联系。在这一过程中，内部行为对顾客的直接或间接影响才显现出来。从内部服务过程与顾客关联的角度出发，它会呈现出更大的重要性。如果顾客经历与主要内部支持服务的关联并不明显，则该过程中有些步骤看起来就并不重要了。

步骤 6：在每个顾客行为步骤上方加上有形展示

最后在蓝图上添加有形展示，说明顾客看到的东西及顾客经历中每个步骤所得到的有形物质。包括服务过程的照片、幻灯片或录像在内的形象蓝图在该阶段也非常有用，它能够帮助分析有形物质的影响及其与服务定位及整体战略的一致性。

◎ 案例 10-7

麦当劳的服务标准化

20世纪40年代，麦克唐纳兄弟创建了麦当劳这家快餐连锁店，60年代克罗克以270万美元收购了这家快餐连锁店。麦当劳历经80余年的发展，已成为全球最大的快餐企业，这源于其标准化的服务，具体体现在以下三方面。

（1）产品的标准化。麦当劳对食品的标准化不仅有着定性的规定，而且有着定量的规定。例如，汉堡的直径统一规定为25厘米，食品中的脂肪含量不得超过19%，炸薯条和咖啡的保存时间不得超过10分钟和30分钟，甚至对土豆的大小与外形等都有规定。这些规定在各地的连锁店中必须严格执行，并且每年会进行两次严格的检查。

（2）分销的标准化。无论是麦当劳自己经营的连锁店还是授权经营的连锁店，店址的选择都有着严格的规定。最初的店址规定是：5千米的半径范围内有5万以上的居民居住。后来这一规定被更改了，并规定连锁店必须建于繁华的商业地段，诸如大型商场、超市、学校或政府机关旁边等。这一规定沿袭至今并且作为选择被授权人的重要条件之一。不仅如此，所有连锁店的店面装饰与店内布置必须按照相同的标准完成。

（3）促销的标准化。麦当劳在其整个经营过程中始终都坚持以儿童作为主要促销对象，其促销理念是吸引儿童消费就吸引了全家消费，为此，店内有供儿童娱乐的场所和玩具。其促销的方式主要是电视广告。

为了使所制定的各项标准能够在世界各地的连锁店中得到严格执行，麦当劳设立了汉堡大学，以此来培养店长和管理人员。此外，麦当劳还编写了一本长达350页的员工操作手册，该手册中详细规定了各项工作的作业方法和步骤，以此来指导世界各地员工的工作。

10.3.4 服务蓝图的典型示例

1. 某快递公司的服务蓝图

某快递公司的服务蓝图如图10-3所示。该蓝图只保留快递服务中最基本的步骤，每一个步骤都可进一步分解，内部过程也能向纵深发展。除了四个由三条分界线分开的行为部分外，蓝图中还列出了从顾客角度看到的每个步骤中的有形展示。显而易见，从顾客角度看服务过程只有三个步骤：打电话、取件与送件。该过程相当标准：服务人员是电话订单接线员和递送人员；有形展示是制服、包装、表格、手提电脑和卡车。顾客并不关心发生在可视线之下的复杂过程，但是，为方便顾客，保证可见的三个步骤有效进行，不可见的内部服务也必不可少。蓝图中也显示出这些步骤及其如何支持外部服务的进行。

2. 一家网络商店的服务蓝图

一家网络商店的服务蓝图如图10-4所示，从中可以看出，其主要的顾客活动包括前期用户网上点击购买，后期用户取货，主要前台服务人员活动包括专车送货，主要后台服务人员活动包括接受订单、给顾客发信息确认，主要支持性活动包括调度、装运、配送、飞往目的地、卸货、装车等。

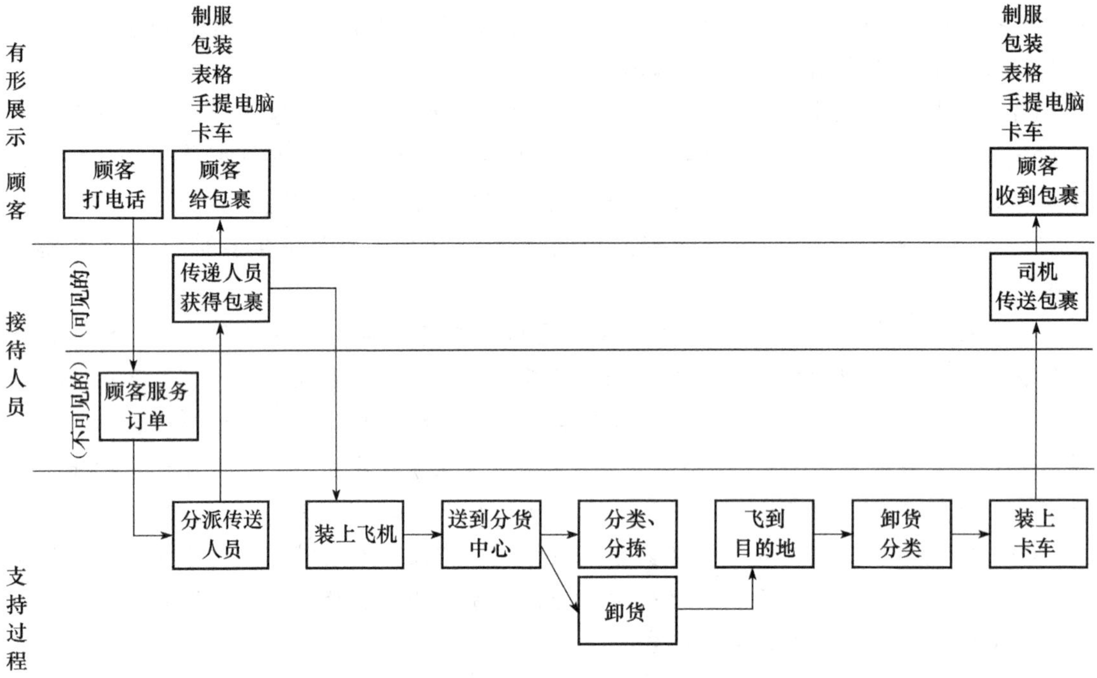

图 10-3 某快递公司的服务蓝图

资料来源：泽丝曼尔，比特纳，格兰姆勒. 服务营销：第 7 版［M］. 张金成，白长虹，杜建刚，等译. 北京：机械工业出版社，2019.

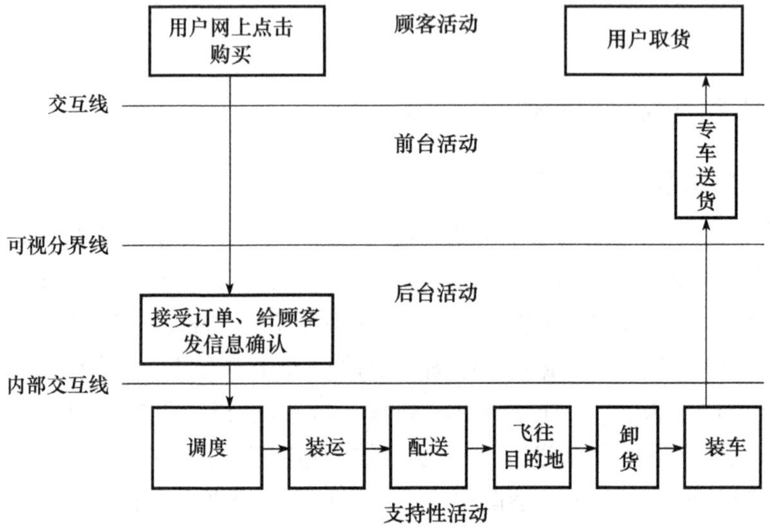

图 10-4 一家网络商店的服务蓝图

资料来源：泽丝曼尔，比特纳，格兰姆勒. 服务营销：第 7 版［M］. 张金成，白长虹，杜建刚，等译. 北京：机械工业出版社，2019.

◎ 延伸阅读 10-1

服务企业流程再造

再造是一种由来已久的管理哲学。19世纪末期，管理理论中就有了“使流程最优”的“再造”思想。20世纪初，法约尔把“再造”定义为“为实现特定目标而使既有资源最优化的活动”。20世纪中叶，戴明博士在推广全面质量管理时，率先提出了以流程为导向，从整体上考察和改善生产作业全部活动的主张。在业务流程再造（BPR）概念出现之前，美国和日本的制造企业已经开始运用成组技术、并行工程、精益生产、准时制（JIT）生产、拉动式生产方式等被称作“有着再造的思想烙印”的管理技术。“再造”概念最早出现在计算机软件工程领域，与现代信息技术紧密联系在一起，主要是针对竞争环境和顾客需要的变化，提出进行“根本之重新思考”和“彻底之重新设计”，再造新的业务流程，以求在“时间、质量、成本、服务”（TQCS）等各项当代绩效考核的关键指标上取得显著改善。

服务企业流程再造是基于信息技术的、为满足用户服务需要的、系统化的、改进服务企业流程的一种企业哲学。流程再造以流程导向替代原有的职能导向的服务企业组织形式，为服务企业经营管理提出了一个全新的理念。按照再造工程创建者哈默的定义，所谓再造工程，是指重新构建服务企业的经营流程，尤其是对关键流程进行彻底重建，以使服务企业整体功能发生根本的转变。从服务企业价值链的理念来看，一个业务流程就是一组以用户为中心的、从开始到结束的连续活动，用户可能是外部的最终用户，也可能是业务流程的内部“最终使用者”。因此，流程再造本身就是一个使用户满意的理念。这一理念的本质精神是，降低用户成本，培养用户忠诚，实现服务企业价值。这就要求真正以用户为中心，切实把用户和供应商纳入“用户满意”流程体系。

关键术语

服务过程　服务接触点　服务蓝图

测试题

一、选择题

1. 让·詹姆克等在其________中从服务价值链的视角提出了服务体验循环理论。

A.《体验营销》　　B.《体验经济》

C.《服务营销》　　D.《服务经济》

2. 服务接触的主要方式包括：（1）远程接触；（2）________；（3）面对面接触。

A. 网络接触　　B. 现场接触

C. 关系接触　　D. 电话接触

3. 服务蓝图被三条线分成四个部分，自上而下分别是________、前台员工行为、后台员工行为及支持过程。

A. 服务需求　　B. 战略目标

C. 竞争环境　　D. 顾客行为

二、简答题

1. 服务过程包括哪些重要因素？

2. 服务接触有哪些主要功能？

三、论述题

1. 服务接触点管理对于提高服务质量有什么启示？

2. 掌握服务蓝图的解读与绘制技术有什么现实意义？

训练设计

通过实地调研，绘制一家酒店或一家医院的服务蓝图，并说明其主要运作流程和设计其中的关键接触点控制要点。

综合案例

美国四季度假饭店的专门策划

日本是美国重要的政治盟友、贸易伙伴，日本也是美国旅游业收入的重要来源国，每年都有很多日本游客到美国旅游，特别是商务旅游人士众多。为了争夺众多的日本游客资源，美国很多旅游业企业特别是酒店针对日本游客的特点进行了专门的设计和安排。比如，美国四季度假饭店就针对日本游客的需求特点进行了专门规划。

首先，美国四季度假饭店对其服务营销“人”的要素进行了重新设计。

（1）安排专职对日服务人员。如美国的四季度假饭店安排日语流利、有丰富对日服务经验的专职经理，专门负责接待日本游客。

（2）调整总台服务人员。如有的饭店在总台增加懂日语的服务人员。

（3）安排提供特别服务的人员。考虑到日本客人生病或需要医务人员的护理，有些带孩子的游客到城里去过夜或需要找人看护孩子，美国芝加哥四季饭店就增加了懂日语的医生和看护孩子的临时保姆。

（4）让员工熟悉日本文化。日本客人有时对服务质量期望很高，觉得美国的服务较冷漠。这实际上是由文化差异造成的。美国许多饭店的服务人员对日本人的礼节很不习惯。为了消除这种隔阂，美国许多饭店对员工进行培训，让他们对美、日之间的文化差异有一定的了解。有的饭店还专门聘请日本礼仪专家做顾问。

其次，美国四季度假饭店还对其服务营销“过程”要素进行了重新设计。

（1）提供适合日本游客的接待手续。日本商务团体常常有等级次序，这在入住排房、签名等问题上有所表现。美国饭店业在办理接待手续时较好地处理了这个问题。如芝加哥四季饭店的总经理在客人入住后，立即派人送上有其亲笔签名的欢迎卡。

（2）制定针对日本游客的服务“政策”。如美国饭店与“日本语翻译服务系统”(JAN)联网，提供东京股市行情，欢迎日本客人使用 SCB 卡——日本信用卡，提供地道的日本料理、日语菜单，日本客人喜欢的拖鞋、和服及日本式浴衣和浴室。

（3）安排娱乐活动。日本人喜欢打高尔夫球，尤其喜欢参加著名高尔夫球俱乐部举办的培训。美国的许多饭店尽量为他们安排，在天气不好时还安排室内活动。

（4）指导观光游览。如许多饭店备有日文版的当地城市游览指南和地图。有一家饭店还别出心裁，设计了一种“信息袋”，里面盛有各种“游客须知”，如支付小费的标准、娱乐及观光等注意事项。

问题讨论：美国四季度假饭店的做法对我国旅游业的发展有什么启示？

第11章 CHAPTER 11

服务有形展示

服务有形展示是服务营销的特色内容，它能够传达服务产品和服务质量信息，能够促成服务品牌联想并直接构成服务产品质量和服务品牌印象的重要元素。有人认为，服务有形展示实质就是服务产品的“生动化陈列”，它构成服务产品的一部分，是服务“第一印象”的来源，对服务品牌的顾客感知及整体服务质量产生直接的影响。服务的有形展示不直接决定服务的价值，但它有助于服务产品展示，有利于服务形象与服务品牌塑造。

学习目标

- 了解有形展示的作用。
- 熟悉有形展示的类型。
- 掌握服务场景的设计技术。

开篇案例

令人回味的“仙踪林”

“仙踪林”是来自台湾地区的西式休闲餐饮连锁企业，总部设在上海，在我国华东地区很多城市开设了连锁店。提起“仙踪林”，熟悉的人马上就会联想到绿藤缠绕的秋千、可爱的小兔子标志，还有醇香的奶茶。今天的“仙踪林”已经发展成为一个集自然、休闲、专业和茶文化为一体的西式休闲餐厅，一个人文休闲的空间。现在很多上海年轻人都把“仙踪林”当成他们生活的一部分，没事儿就来这里聊聊天，抱着一种休闲的心态，就像美国人喜欢去星巴克、广州人经常去“绿茵阁”一样。

“仙踪林”在环境设计上独具匠心，大厅里有“参天大树”、秋千、藤椅，以及各种图形、雕塑，规划比较高档、雅致，体现潮流化和文化休闲特征。进入“仙踪林”，浑然天成的绿树垂藤，顾客马上会感觉到扑面而来的青春气息和置身其中会有一种飘飘然恍若绿林仙子的感觉，这正是“仙踪林”品牌想要营造的意境。大厅使用原木桌椅、秋千式的吊椅很有韵味，三三两两的男男女女坐在秋千上荡来荡去、聊天品茶，不时看看街上行色匆匆的路人，感觉像神仙一样轻松惬意，这就是“仙踪林”创造的生活方式。

资料来源：张翠英，赵志江．服务营销［M］．3版．北京：首都经济贸易大学出版社，2017.

11.1 有形展示及其作用

11.1.1 有形展示的概念

有形展示是服务企业进行服务传递并且与顾客进行交互所处的环境，以及有利于服务提供或传播的任何有形商品。它包括服务提供、传递、消费所处的实际有形设施，又称为服务场景，如服务环境设施、服务人员、市场信息资料、顾客等。可以说，在服务营销的范畴内，一切可传达服务特色及优点的有形组成部分都可称作“有形展示”。有人将有形展示类比为服务产品的“包装”，因为有形展示不仅承担服务产品对外信息传递的重要职能，更重要的是它直接影响到顾客对服务产品质量的期望和判断。

例如，某知名大学商学院的宣传栏，利用文字和图片相结合的方式，生动地展现了学校的前世今生、学院的历史沿革、学科发展的轨迹、学院的办学特色与实力；重点展示了特色学科、重点学科，主要研究中心的成果及其创始人、领军人物，产生了未见其人已闻其声（名声）的效果。这些不但彰显了学院的办学实力，而且有效地吸引了社会各界的关注，特别有利于招生、就业及MBA、EMBA的办学。

由于服务的无形性和不可感知性，可以说，顾客对服务的最初印象都是由有形展示的各个要素形成的，当顾客对企业提供的服务缺乏了解时，他们往往会根据相关的有形要素对服务产品做出判断，并在消费过程中据此对该服务进行评价。因此，有效地设计有形展示要素对于吸引顾客和增强顾客信心、信任感至关重要。有形展示的一般要素如表11-1所示。

表11-1 有形展示的一般要素

外部服务场景	其他有形物	内部服务场景	其他有形物
外部设计 标志 停车场地 周围景色 周围环境	名片 装饰品 宣传单张 报告 员工服装	内部设计、布局 内部设施 标志 空气质量、温度 音乐、气味、照明	服务手册 价目单 网页 虚拟场景

资料来源：泽丝曼尔，比特纳，格兰姆勒．服务营销：第7版［M］．张金成，白长虹，杜建刚，等译．北京：机械工业出版社，2019.

影响顾客的服务场景要素既包括外部特征（如标志、停车场地和周围景色等），又包括内部特征（如设计、布局、设备和内部装潢等）。需要注意的是，网站和互联网上的服务场景是有形展示的最新形式，企业可以利用这些形式传播服务体验，使顾客在购买服务前后都可以明显感知。

有形展示对于汽车修理、餐饮、宾馆、交通、医疗、零售等行业的信任服务信息传递尤为重要，对于文化娱乐、旅游、房地产和主题公园等体验特征占主导的现代服务业也是如此。可以说，服务的有形展示将会影响顾客体验的传递，影响顾客体验价值创造及顾客的满意度。

◎ 案例 11-1

星巴克独具匠心的店堂设计

在购物中心，在写字楼，或在高档小区，一看到店面深邃的绿色和显眼的美人鱼标志，就知道是星巴克。星巴克的背景色彩是深绿色的，灯光是非常柔和的，内部装饰和用具的质感是古色古香的，星巴克营造的是一种悠闲、优雅而恬静的餐饮氛围。

星巴克的店堂设计与众不同，它创造了遍及全世界的统一外观，同时每间店堂的设计又不失自己的风格。星巴克利用统一柔美的装饰风格来体现美感，当顾客看到的、感觉到的、体验到的东西和谐地糅合在一起时，他们就会被这种美感吸引。无论顾客是否欣赏艺术，一样都会被这种美所吸引，因为它一方面创造了和谐，另一方面也创造了独特的文化形象。总之，这些统一的视觉设计非常优雅、非常舒适，让星巴克成为休闲、交流的理想场所，令人流连忘返。

问题思考：星巴克的店堂设计有何独到之处？

11.1.2 有形展示的作用

有形展示是服务营销组合策略的重要因素，有效管理和利用有形展示，可帮助顾客感知到服务产品的特点以及提高享用服务时所获得的利益，有助于建立服务产品和服务企业的形象，支持有关营销策略的推行。

有形展示是顾客根据服务线索形成服务期望的依据，这些期望是顾客进行服务购买决策与评价的参照物。对于服务提供商来说，通过对服务工具、设备、员工、信息资料、其他顾客、价目表等所有这些有形物的有效设计与管理，可以增强顾客对服务的理解和认知，为顾客的服务购买决策提供有用的服务线索。有形展示的作用如图 11-1 所示。

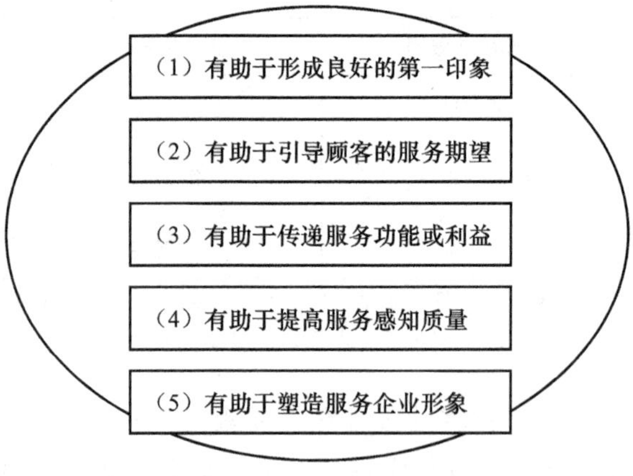

图 11-1 有形展示的作用

（1）有助于形成良好的第一印象。对于新顾客而言，在购买和享用服务前，他们往往会根据第一印象对服务做出判断。因为服务是抽象的、不可感知的，所以有形展示作为部分服务内涵的载体无疑是顾客获得第一印象的基础，而有形展示的好坏将直接影响顾客对服务企业的第一印象。

例如，参加“豪华旅行团”去旅游的顾客，当抵达目的地时，若接旅客去酒店的专车残破不堪，顾客便马上会产生“货不对板”的感觉，甚至可能有忐忑不安、上当受骗的感觉。反之，若接送的专车与导游的服务让人喜出望外，则顾客会相信接下来随团旅游的日子里将过得舒适愉快，进而增强对旅游公司服务质量的信心。

（2）有助于引导顾客的服务期望。顾客对服务是否满意，取决于服务带来的利益是否符合顾客的期望。可是，服务的不可感知性使顾客在使用服务前，很难对该服务做出正确的理解或描述，他们对该服务的功能及利益的期望也是非常模糊的，甚至是过高的。不切实际的期望又往往使他们错误地评价服务，即做出负面评价，而运用有形展示则可以让顾客在使用服务前能够具体地把握服务的特征与功能，进而对服务产生合理的期望，避免因顾客期望过高、难以满足而造成负面影响。

（3）有助于传递服务功能或利益。顾客购买行为理论强调，产品的外观能否刺激顾客的感官将直接影响到顾客是否真正采取行动购买该产品。同样，顾客在购买服务时，也希望能从外观刺激中感受到某种东西。优秀的服务营销人员总是以非同寻常的方式展示服务，从而缓解顾客的厌倦情绪。他们把服务环境当作舞台，把服务传送看作剧场。例如，顾客期望星级酒店的外形设计独具特色，期望高格调的餐厅能真正提供愉悦的就餐气氛。因此，企业采用有形展示的实质是通过有形物体对顾客感官方面形成刺激，让顾客感受到无形的服务所能给自己带来的益处，进而唤起其对服务的需求。

（4）有助于提高服务感知质量。服务质量的高低并非由单一因素决定。根据服务营销学者的研究，大部分顾客根据多种服务特质来判断服务质量的高低，而有形展示正是服务可感知的组成部分。顾客不仅会根据服务人员的服务过程，而且会根据各种有形展示的要素来评估服务质量。与服务过程相关的服务环境、服务设施、服务人员外观礼仪等有形展示都会影响顾客感知的服务质量。因此，服务企业应该根据目标市场的需要和整体营销策略的要求，强化对有形展示的运用与管理，为顾客创造良好的消费环境。

（5）有助于塑造服务企业形象。有形展示是服务的组成部分，也是最能有形地、具体地传达企业形象的工具，企业形象或服务的形象也属于服务的组成部分。而服务的无形性增加了树立服务形象的难度。如果没有有形产品作为新设计的形象的中心载体，服务营销人员必须寻找其他有形因素作为代理媒介展示服务形象。而有形展示将质量表现在顾客可感知的载体中，展示出企业的服务形象，增加了企业提供优质服务的可信度。

11.2　有形展示的分类

11.2.1　核心展示和边缘展示

根据有形展示对顾客认知服务产品质量的影响程度，可将其分为核心展示和边缘展示。

核心展示是顾客在购买和享用服务过程中不能真正拥有但对顾客的购买决策起决定性作用的展示，如航空公司使用的飞机类型、汽车运输公司使用的汽车类型、宾馆及医院的级别、咖啡厅的室内摆设及用餐环境等。顾客在首次接触某项服务时，通常是依据服务的核心展示来判断服务的优劣，进而做出是否购买该服务的决定的。

边缘展示是顾客在购买和享用服务的过程中能够实际拥有的展示。这类展示自身没有独立的价值，如音乐会的入场券、酒店的价目单、餐厅的菜单等，尽管它只是一张代表了顾客能够享有该服务的凭证或者只是表明价码的单张，但它还是会影响顾客的服务期望和服务感知，进而影响顾客的消费心理和购买行为。因此，边缘展示对于增强服务企业的竞争优势是大有益处的，服务企业不能忽视。

将有形展示划分为核心展示和边缘展示的分类法，对于企业是有一定意义的。它有助于企业的市场定位，并使得企业能够明确哪些有形展示对于顾客而言最重要和具有感召力。但是，它也有不足之处，如人员作为服务市场营销组合策略的要素之一，在这里被忽略了，而且此种分类法也没有清楚地界定不同行业有形展示的特点和范围。

◎ 延伸阅读 11-1

某酒店的有形要素

酒店的一切有形要素，包括实物和人物，都是一种证据，在无声地向客人述说着酒店的形象和档次，给客人明示相应的价值感觉，加深客人对酒店的认可和信任。

酒店的有形要素主要如下。

（1）酒店的地理位置。通常位于市中心的酒店给客人的感觉是商务型酒店，而位于风景区的酒店会被认为是度假型酒店。

（2）建筑风格。如高耸入云的上海金茂凯悦大饭店，依山傍水、环境独特的杭州香格里拉饭店都是豪华型酒店的象征。

（3）酒店助销产品。如饼屋的蛋糕陈列、印制精美的酒店宣传资料、赠送客户的礼品、公共区域的标识牌等无时无刻不在向客人传递着酒店的品质信息。

（4）服务环境。它是有形产品的派生物，是有形产品综合作用而形成的一种感受，如空间的温度、湿度、周围的声音、气味、环境的整洁度，顾客和服务人员的数量、外表、行为等都决定着客人是否愿意在此停留。

（5）价格展示。价格提供了酒店档次和质量的信息。高价格能提高客人对产品和服务的信任感与期望值，低价格会使客人怀疑服务的水准和降低感觉中的服务价值。

（6）酒店员工。如训练有素的餐厅服务员、仪表端庄的接待人员、稳重而彬彬有礼的管理人员等都给客人营造了一种可信度。

（7）顾客。定位商务型的酒店，若接待大量的旅游团队，必使商务客人感觉不适；接待外宾为主的酒店，若同时接待近郊村办会议就会导致高档客人流失。

（8）服务设备。如酒店的接待用车、大堂的行李车、餐厅的桌椅等都为客人推测酒店的档次和质量提供了证据。

（9）装饰布置。如装饰典雅别致的大堂酒吧会促进客人的消费，温馨典雅并有着宽大床垫的客房能提高客人的回头率。

（10）店徽、商标。店徽、商标能够将本酒店与竞争对手区别开来，使客人联想到其服务特色，刺激客人的购买欲望，提高酒店的营销效果。

11.2.2　场景展示、信息展示、价格展示与人员展示

根据有形展示的构成要素，可将有形展示划分为场景展示、信息展示、价格展示和人员展示。场景展示是基于物质环境的有形展示形式，信息展示是基于信息沟通的服务展示形式，价格展示是以服务价格为基础的展示形式，人员展示显示服务风貌和人员差异。需要指出的是，这四种类型并不是完全相互排斥的，如信息展示，它是一种不同于物质环境和价格的展示方式，但是在通过多种媒体展示服务的同时势必会涉及服务的环境和价格因素。

（1）场景展示。其实，根据体验剧场理论，服务就是在一个舞台场景中上演的一场戏剧。对于场景展示，朱利·贝克提出了一个非常有价值的分类观点并被学界普遍接受。这个分类将场景展示要素分为三种：环境要素、设计要素和社交要素。

1）环境要素。环境要素包括气温、湿度、通风、气味、声音、整洁等因素。它们不会立即引起顾客的注意，也不会使顾客感到格外兴奋和惊喜，但如果服务企业忽视这些要素，而使环境达不到顾客的期望和要求，则会立刻引起顾客的失望，甚至反感。换言之，良好的环境并不能保证消费者购买，但差的环境却会使消费者望而却步。例如，顾客对拥有干净舒适环境的旅馆并不会感到惊讶和满足，但如果旅馆的环境嘈杂脏乱，则会使顾客避而远之。总之，环境要素属于服务提供的“保健要素”，对于确保服务满意不可或缺。

2）设计要素。这类要素被用于改善服务产品的包装，使产品的功能更为明显和突出，以建立有形的、赏心悦目的服务产品形象，如服务场所的空间设计、内部结构布置、服务企业的标识设计等。设计要素又可分为两类：美学要素和功能要素。美学要素主要包括建筑风格、材料、结构、形状、色彩等，有助于建立有形的、赏心悦目的形象；功能要素主要包括陈设、舒适、标识等，加强和完善这些要素可以使产品的功能更为鲜明和突出。总之，好的设计要素能够刺激顾客积极的感觉，激发顾客的购买欲望。

3）社交要素。这类要素主要是指服务环境中参与和影响服务产品提供的服务人员和顾客。他们的数量与行为会影响另一些顾客对服务质量的认知和评价。服务人员的仪态、仪表也是服务企业必须给予重视的社交要素之一，它往往代表了企业的形象。如一个精神倦怠、衣衫不整的服务人员对于顾客而言就意味着一家管理不善的企业，因此服务人员必须进行职业化包装，必须具有职业的精神风貌，许多企业都组织员工参加这些方面的培训。

（2）信息展示。信息展示是通过多种媒体传播企业信息和在引人注意的地方展示服务的方式。如酒店的简介、宣传单张、企业刊物及电子屏幕展示都是服务企业信息展示的主要方式。从赞扬性评论到服务推介广告，从顾客口头传播到企业标识，这些不同形

式的信息沟通都传送了有关服务提供的线索，使服务和信息更具有形性。例如，某医院内墙和外面信息栏中的医院简介、主要科室及特色展示、先进技术及仪器介绍、知名专家及特长介绍、优秀人物先进事迹介绍、主要企业文化活动展示等，都属于服务信息展示，它具有服务价值提升的功能。

信息沟通与服务展示图如图 11-2 所示。

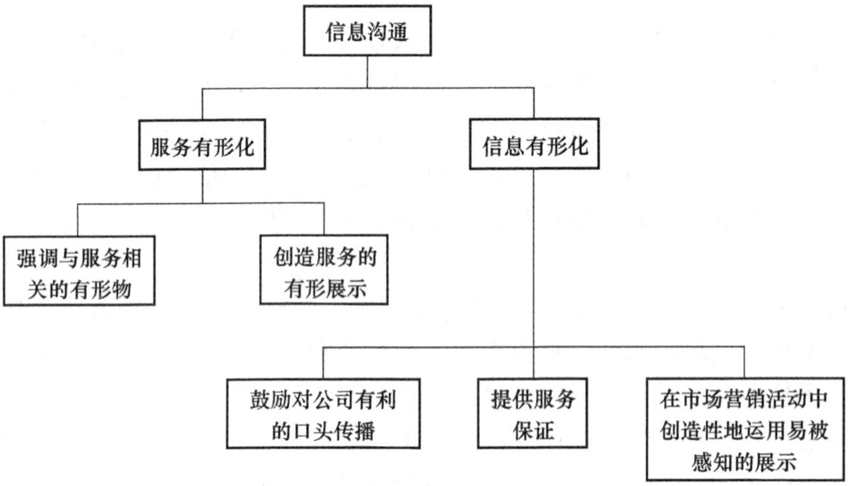

图 11-2　信息沟通与服务展示图

资料来源：黎开莉，魏锦 . 服务市场营销［M］. 大连：东北财经大学出版社，2011.

因为信息传播者不一定是企业，也可能是新闻媒体或顾客，因此，这些不同形式的信息沟通并不总是准确无误的。尽管如此，它们仍然在不同程度上展示着服务，影响着顾客对企业本身或企业所提供服务的口碑。因而，服务企业总是希望与周围的环境进行有效的信息沟通，展示企业或服务美好的一面，以促进服务口碑传播。

（3）价格展示。对服务企业而言，价格的一个重要作用是为消费者提供服务产品质量的信息，增强或降低消费者对服务产品质量的信赖感，提高或降低消费者对服务产品质量的期望。消费者往往会根据服务的价格信息，判断服务的档次和服务质量。因此，对服务企业来说，制定合理的价格尤为重要，如卖场的特价显示、DM 展示、宾馆的价格牌、网购价格等。

服务企业展示适当的价格能够培养顾客对服务的信任，提高顾客的期望；相反，不合理的价格则会降低顾客对服务的信任，进而降低顾客的期望。由于服务产品的无形性，服务价格的制定要求适度，服务定价低廉意味着服务产品质量不高，价格过低实际上就是暗中贬低了企业所提供服务的价值，让顾客不禁怀疑企业的专业知识和技能，而价格过高又会误导顾客，会使顾客怀疑其预期服务的价值，担心企业“宰客”，给顾客留下不好的印象。总而言之，企业需要采用适度的价格展示策略，向顾客传递适当的服务价值信息。

（4）人员展示。人员展示是指服务环境中的顾客与服务人员的外观和精神风貌的整体体现。服务环境中的顾客与服务人员的人数、外表和行为都会影响消费者的购买决策。如服务人员统一着装或穿职业制服的服装印象，服务人员的年龄、性别、身高、声音、微笑、行事风格等，都属于人员展示的范畴。服务企业可以通过独特的人员展示策略实现差异化营销以赢得竞争优势。例如，服务人员载歌载舞的泰国“蕉叶”餐厅就很有特色，很受食客欢迎，特别是受年轻食客（尤其是小孩）的欢迎，因为它的人员极具欢乐的喜剧特色；其他如某地的光头餐厅、某航空公司的空嫂，以及银行、保险公司、房地产销售公司的职业化人员展示等。

11.2.3　服务场景和其他有形展示

因为服务的生产与消费同时进行，服务的提供是在一定场景下完成的，所以有形展示的各种构成要素中，以服务场景为主，在实际操作中也将其分为服务场景和其他有形展示。服务场景是指服务企业的所有有形要素，其他有形展示是指服务场景以外的其他有形要素。

（1）外部服务场景和内部服务场景。外部服务场景包括影响顾客的企业外部有形要素，如外部设计、标志、停车场地、周围环境等；内部服务场景包括影响顾客的企业内部有形要素，如内部设计、标志、布局、空气质量、灯光、温度等。

（2）不同行业的服务场景。不同行业会有不同的服务场景。例如，医院，服务场景的要素主要包括建筑物外观、停车场地、标志、医疗设备、住院部、急诊区、治疗室等。又如，航空公司，其服务场景的要素主要包括登机口、飞机外部、飞机内部（包括装潢、座位、灯光、声音、空气质量、空乘人员等）。有一些服务则没有服务场景的展示，而只是利用其他要素的有形展示。例如，保险业，有形展示的要素主要有保险单、收费单、公司手册、卡片等。又如，邮政快递，以包装、运输车辆、制服、计算机等为有形展示的具体要素。

（3）自我服务场景、交互式服务场景和远程服务场景。有些服务机构对某些具体要素有特殊的要求，有形环境对于其实现机构目标有重要意义，而对另一些机构来说，有形环境的意义可能不大。比特纳（Bitner，1992）依据两个要素——服务场景的使用和复杂性，对服务机构的类别进行了划分。这两个要素可以识别出服务机构在场景管理方面的主要区别，如表 11-2 所示。

表 11-2　以服务场景的使用和复杂性为基础划分的服务机构类型

服务场景的使用	服务场景的复杂性	
	复杂的	精简的
自我服务场景（只有顾客）	高尔夫球场、冲浪等	ATM、自动售票机、电影院等
交互式服务场景（顾客和员工）	旅馆、餐馆、美容院、医院、银行、学校等	餐馆、医院、美发厅等
远程服务场景（只有员工）	通信公司、保险公司、公用事业部门、众多专业公司等	电话邮购服务台，以自动语音记录为基础的服务等

资料来源：黎开莉，魏锦．服务市场营销［M］．大连：东北财经大学出版社，2011.

自我服务场景，即在该场景中顾客自己完成大部分服务活动，没有或只有极少数的员工参与其中。典型的例子有剧院、ATM、高尔夫球场、公园、冲浪等。在这些服务中，服务设施的设计可以侧重于考虑顾客的需要和爱好，尽可能地强调吸引顾客自主完成、既方便又有乐趣和使顾客满意的营销目标。

交互式服务场景是顾客和员工都必须置身其中的服务场所。医院、银行、餐馆、学校等都是这方面的例子。在这些地方，服务场景的设计会潜在地影响顾客和员工双方及他们之间的交流，因此，应尽可能地同时强调营销目标和机构目标。

远程服务场景代表了在服务场景中没有或只有极少数顾客参与的情形。大量的该类实例有通信公司、公用事业部门、电话邮购服务台、网络平台的服务（如网购、网络订票等）和以自动语音记录为基础的服务等。远程服务的机构在考虑有关服务场景的决策时应把重点放在员工方面，首先考虑其对员工工作效率、积极性和满意度的影响。

（4）其他有形展示方式。其他有形展示是指除了服务场景之外的其他有形物，包括名片、文具、收费单、报告、员工着装、手册、网页等。因行业不同，其他有形展示也会有所差异。如医院，除了前面介绍的服务场景外，还有制服、医疗报告、文具、报价单、收费单等，而航空公司的其他有形展示则包括机票、配餐、音乐与视频设备、制服、阅读物（如期刊、报纸）等。

11.3 服务场景的设计

11.3.1 服务场景的设计原则

服务场景与环境的设计跟行业特点有关，一般遵循以下基本原则。

（1）服务场景与环境的设计要体现出服务理念。服务理念可以通过标语、口号、广告、公关宣传、公司内刊和领导者的言行进行传播，这些都是服务场景与环境的构成要素。借助服务场景与环境可以将抽象的服务理念具体化，有助于顾客理解不同服务机构的服务。

（2）服务场景与环境的设计要能展现服务特色，给顾客留下深刻的印象。例如，某医院为了突出其“康复医院”的特点，不仅在中庭设置了休息室，随处摆放着各类植物，而且设有信息台、咖啡台、患者接待处和礼品店，使患者放松心情，产生平和、安逸的感觉。这些都是区别于其他门诊医院的设计。

（3）服务场景与环境的设计要烘托服务质量。通常，高贵、豪华的服务场景与环境可以显示出高品质的服务，也就是说，服务“硬件”的质量可以体现服务本身的质量。

（4）服务场景与环境的设计要便于开展服务沟通。服务场景与环境的设计要有利于与顾客开展信息沟通，使顾客获得关于企业的各种信息。例如，优雅的内部环境布置、轻松的音乐、略微淡雅的灯光、舒适的座椅、宽敞的通道，使星巴克成为不但有助于服务人员与顾客轻松沟通，也有助于朋友间愉快交流的理想场所。

（5）服务场景与环境的设计要能调节服务供求。服务场景与环境本身就是生产能力的一部分，因此，其设计要同服务供求的调节联系起来。例如，服务机构可以通过播放快节奏的音乐加快顾客消费的速度，而在没有需求或者需求很少的情况下，通过播放舒缓的音乐来增加消费者的逗留时间。

（6）服务场景与环境的设计要便于服务人员的管理。服务场景与环境的设计，还要有利于服务人员的管理。服务场景与环境不仅能向顾客提供服务信息，也能向员工展示服务理念、服务标准，如服务守则、服务流程图的展示等。优良的工作环境设计会向服务人员传达企业的服务理念、标准，会对服务人员产生激励。

（7）服务场景与环境的设计要跟服务定价相一致。服务场景与环境的设计还要与服务定价相匹配，支持服务的价格策略。顾客会通过有形要素判断服务价格的高低，从而判断服务水平的优劣。因此，不同的价格档次要有不同的环境设计标准。例如，快捷酒店、商务酒店和星级酒店的大堂环境设计，让人一目了然。

（8）服务场景与环境的设计需要定期更新。喜新厌旧是消费者的本性，服务场景与环境的设计需要根据竞争环境和顾客需求的变化进行周期性的更新。随着时间的推移，服务场景与环境可能会变得不合时宜，顾客也会对颜色、设计、款式、构件等产生审美疲劳，因此企业要想保持竞争优势，必须进行场景更新。

◎ 案例 11-2

必胜客的温馨情境与欢乐服务

必胜客遍布世界各地 100 多个国家，每天接待超过 400 万位顾客，烤制 170 多万个比萨饼。必胜客通过实施温馨情境设计与欢乐服务策略，增强了店面吸引力。

（1）温馨的环境。必胜客的装潢更加偏重情调，昏黄幽暗的灯光流泻下来，映照在附着于墙壁上的抽象油画上，形成一圈一圈暧昧的影像，给人一种朦胧的温暖，仿佛某个散淡的黄昏里一场波澜不惊的巧遇：只有一张比萨的距离，美食与文化的邂逅。

温馨舒适的餐厅让人们在享受咖啡茶点的同时，也享受必胜客带来的环境和品位。三五个知己围坐一圈，品咖啡、红茶，佐以精致的小食，或聊天，或看杂志，轻松愉快，惬意非常。

（2）欢乐的体验。

1）欢乐美食。这里的消费群以年轻一族为主，时尚、流行的元素为必胜客铺上了欢乐的背景。干净的桌椅和明亮的窗户，自然令人心情舒畅、愉悦。

2）欢乐情境。为突出欢乐气氛，所有餐厅都增加了抽象派西式壁画、壁炉状的出饼台、随处可见的厨房小玩具等，还为就餐的年轻人和儿童量身定制了许多游戏项目，如在比萨上桌之前的“沙拉吧”，拓展思维，“装配”出一份新鲜美味、多得冒尖的沙拉大餐等。

3）欢乐服务。在客人被服务员领到餐台前坐下后，服务员并不在顾客左右。这就是“必胜客”的距离式服务，有距离是为了在客人的感受上造成无距离。服务生的“眼力”很好，当客人有需求时，他们会从客人的眼神、表情或动作中读出客人的期待，适时提供服务。

4）欢乐价格。必胜客通过二度形象定位，目标明确地指向了年轻人、白领和家庭，无疑扩大了消费群，其消费形式也以朋友聚会、家庭聚餐、情侣约会为主。尤其引人注目的是，调整后的部分地区必胜客在产品价格上给消费者带来了新惊喜：各类产品价格降幅达到 15%，算是给消费者的“欢乐价格”吧。

这一系列欢乐元素，使必胜客的品牌精神得以在细节上体现出来，才使得一个洋品牌在中国市场上生根发芽。

问题思考：服务情境设计对于服务价值创造有什么帮助？

11.3.2 服务场景的设计内容及策略

由于顾客对于服务场景的认知具有较强的主观性，每个人都有不同的个性偏好，要想设计出理想的服务场景并非易事。虽然要设计满足各种类型顾客的需求的服务环境存在一定难度，但如果服务企业坚持顾客导向，能深入了解顾客的需求，根据目标顾客的偏好来进行设计，就可能达到比较满意的展示效果。

◎ 案例 11-3

某餐馆的场景设计要素

- 适当的地点：关键是要使餐厅接近目标顾客集中的地区。
- 餐厅的环境卫生状况：招牌整齐清洁、宣传文字字迹清楚，盆景修剪整齐，要求顾客座席、餐厅摆设和陈列台、厨房、备餐间及洗手间等整齐、清洁。
- 餐厅的气氛：设计、装饰、布局、照明、色调、音响。

1. 有形物的设计

有形物的设计实质就是服务产品的“包装设计”，它会传达服务质量信息、构成服务品牌的联想并直接构成服务产品的质量要素。服务企业的建筑构造设计，有若干层面会对其形象塑造产生影响，其中每一项都是影响形象的因素，任何一项的有无都会影响其他各项属性的表现。换言之，这些属性可能对形象的塑造与维护有帮助。

例如，麦当劳的金字招牌。每当人们看见那个金色的拱门，就会想起干净、明亮、热情、快捷、美味、可口的麦当劳。麦当劳快餐店的环境设计得到了顾客的普遍认可，其各个分店门口巨大的黄红相间的“M”惹人注目，而且统一了公司形象。麦当劳大叔和蔼可亲的形象吸引了儿童的关注，餐厅内色调活泼，一些卡通式建筑和儿童娱乐设施给孩子带来了轻松快乐的感觉。

服务企业的外在有形物的设计会影响其服务形象。一栋建筑物的具体结构，包括其规模、造型、使用的材料、所在位置及与邻近建筑物的比较，都是塑造顾客整体观感的因素。至于其相关因素，诸如停车的便利性、可及性、橱窗门面、门窗设计及招牌标示等也很重要，因为外在的观感往往能让顾客产生牢靠、永固、保守、进步等印象。

服务企业内部的陈设布局、装饰、桌子、家具、座椅、灯光、色调配合、使用的材料、空气调节、标记，以及视觉呈现（如墙上的字画、图像和照片等），所有这一切综合在一起，往往就会创造出服务企业的“印象”和“形象”。

从更精细的层面而言，内部属性还包括记事簿、文具、说明小册子、展示空间、货架和企业读物等项目。将所有这些构成要素合并成为一家服务企业有特色的又具有一致性的整体个性形象，需要相当的技巧和创造性。有形展示可以使一家公司或机构显示其个性，而个性在高度竞争和无差异化的服务市场中是一个关键特色，有利于获得优势。

2. 服务氛围设计

服务环境的氛围也会影响其形象。氛围原本就是指一种有意的空间设计，借以影响买主。此外，氛围对于员工及前来公司接洽的其他人员，也都有重要的影响。就零售店而言，每家商店都有各自的有形布局和展示方式，有的显得拥挤，有的显得宽敞；有的灯光明亮，有的灯光很暗淡；有的有舒缓的音乐，有的没有音乐。每家店都会给人留下不同的感觉、印象，有的很舒适，有的朴素大方，有的很有魅力，有的很糟糕。零售店必须营造某种氛围，才能聚集人气，诱导购买。

许多服务企业已经开始认识到氛围的重要性，并且请具有创造性的人来设计，他们知道如何将视觉、听觉、嗅觉与触觉上的刺激加以整合从而取得理想的效果。例如，餐馆的食物与就餐体验同样重要，人们吃的是食物，获得的是就餐感觉；房地产销售中心、休闲会所、医院、银行、娱乐中心、培训中心甚至牙医诊所，都可以通过营造宾至如归的氛围带来顾客盈门。

◎ 案例 11-4

星巴克的氛围营造

星巴克擅长营造氛围，为顾客提供咖啡之外的休闲“体验”。

重烘焙极品咖啡豆是星巴克味道的来源，加上“四禁”政策：禁烟、禁止员工用香水、禁用化学香精的调味咖啡豆、禁售其他食品和羹汤，力保店内充满咖啡自然醇正的浓香。在柔和、暖暖的灯光下，恣意流畅在星巴克的是一种悠闲和自在，顾客尽情地享受在嘈杂、忙乱的工作和生活的节奏中偷得的片刻闲暇。

星巴克在色调上一般用的是暗红与橘黄色，加上各种柔和且略带暖色的灯光，以及体现西方抽象派风格的一幅幅艺术作品，再摆放一些流行、时尚的报纸杂志及精美的欧式饰品，写一些诸如“咖啡是你一辈子的情人”等温存的话语，再放上舒缓、优美、轻柔的音乐，这样的氛围会让顾客觉得非常富有亲和力。

此外，吧台师傅煮咖啡时的嘶嘶声，将咖啡粉末从过滤器敲击下来时发出的啪啪声，用金属勺子铲出咖啡豆时发出的沙沙声，以及打奶泡的滋滋声也都让顾客倍感亲切舒服。为了使星巴克的咖啡文化更深入影响顾客，他们在墙面上挂了古色古香的壁画、演绎咖啡历史的图片，随手可及的大吧台上排满了供顾客 DIY 的工具……这一切都在默默地、无形地把星巴克的咖啡文化植入顾客的心田。

资料来源：苏朝晖.服务营销与管理［M］.北京：人民邮电出版社，2019.

影响服务氛围的一些重要因素如下。

（1）视觉效果。零售店使用视觉商品化（visual merchandising）一词来说明视觉因素会影响顾客对商店观感的重要性。视觉商品化有助于形象的建立和推销目标的实现。零售业的视觉商品化，旨在确保无论顾客是在搭乘电梯还是在等待付账，服务的推销和形象的建立仍在持续进行。照明、陈设布局、颜色、服务人员的外观和着装，显然都是视觉商品化的一部分。总之，视觉呈现是顾客惠顾服务的一个重要原因。例如，广州白天鹅宾馆的室内瀑布，在给人震撼的视觉冲击的同时，彰显出一种高档酒店的价值感和消费的优越感。

（2）气味。气味会影响服务形象和消费感觉。零售商店，如咖啡店、面包店、花店和香水店，都可以利用香味来推销其产品。面包店可巧妙地使用风扇将刚出炉的面包的香味吹散到街道上；餐馆或烤鱼店也可以利用香味达到良好的推销效果；至于那些服务业企业办公室中皮件的气味和皮件亮光蜡或木制地板打蜡后的气味，往往可以体现一种特殊的豪华气派。例如，家乐福在其食品销售区就释放一种特殊的香味，近乎一种烤面包的味道，非常刺激食欲，很多顾客在那一刻都情不自禁地产生冲动性购买的行为，这也是一种零售营销技术。

（3）声音。声音往往是氛围营造的背景，常常用背景音乐来创造。青少年流行服装店的背景音乐所营造出的氛围应该与大型百货店升降梯中听到的音乐不同，也与航空公司在飞机起飞前播放的舒缓的旋律迥异。若想营造一种安静的氛围，可以使用隔间、低天花板、厚地毯，以及销售人员轻声细语的方式，这种氛围在图书馆、书店往往是必要的。最近一项对于零售店播放音乐的效果的研究发现，店里的人流量会因播放的音乐而有所改变，播放节奏舒缓的音乐时，顾客的停留时间延长，营业额往往会比较高。

（4）触觉。厚重质料的座位厚实感、地毯的厚度、壁纸的厚度、咖啡店桌子的木材感和大理石地板的冰凉感，都会给顾客带来不同的感觉，并营造出独特的氛围。某些零售店以样品展示的方式激发顾客的感觉，但有些商店，如精切玻璃店、精制陶瓷店、古董店或博物馆，就禁止利用触感。不论何种情况，产品使用的材料和基于触觉的展示都是重要的因素。例如，宜家家居就很重视顾客的触觉体验。宜家家居鼓励顾客在其沙发上坐坐靠靠，在其客厅、床上躺躺睡睡，众多的样品任由顾客触摸、体验，目的是让顾客充分感受一下宜家家居的品质，感受现代家居生活并留下深刻、难忘的印象，促进购买就成为自然而然的结果。

由此，菲利普·科特勒认为，氛围可以变成一种适当的竞争手段，尤其在竞争者越来越多、产品与价格的差别较小及产品针对特殊服务阶层或生活方式的顾客时。因此，有意识地营造某种特殊氛围成为许多服务企业的成功秘诀。

◎ 延伸阅读 11-2

色彩心理学

了解色彩心理学相关知识，可以帮助我们设计更合适的、更美的服务场景和更好的氛围。

1. 红色

红色是最容易引人注意的颜色。红色是中国传统喜庆色，它具有刺激交感神经，使人的肌肉机能增强、血液循环加快的生理作用和使人兴奋、冲动的心理作用。在零售业，红色常用于店内的卖点广告、价签和降价海报的设计，以及传统节日的促销宣传。红色是兴奋色，店内过多地使用，会使顾客感到拥挤和喧闹，产生疲劳感和烦躁情绪，缩短顾客的店内逗留时间。且红色不仅代表热情和活力，同时还代表危险和恐怖。但在医院和药店，红色可能会给顾客留下血、疼痛的不良印象。

2. 橙色

橙色是暖色系中最温暖和明亮的颜色。橙色不仅具有刺激人的内分泌、增进食欲的生理作用，同时给人以健康、温暖、富足、幸福的心理作用。橙色广泛应用于超市的食品卖场、滋补品卖场和体育用品卖场，特别是水果卖场，为了吸引顾客注意，橙子总陈列在入口处最显眼的位置或者主通路最外侧，以诱导顾客深入卖场。快餐店经常用橙色来装点氛围，世界巨型家居连锁家得宝和百安居都以橙色为主色，以凸显其幸福感和平价特征。但橙色明示度较高，在店内过多使用会给人廉价、低档、不可信、易疲劳的感觉。

3. 黄色

黄色刺激人的大脑，促使人发挥注意力和想象力。黄色代表希望、喜悦、成就感、未来感、明亮、快乐，象征财富和权力。但是黄色也常用来警告危险或提醒注意。折扣店、超市等业态诉求价格或特卖时，常用以黄色为底色制作的卖点广告或价签，以吸引顾客注意。以青少年为目标顾客的卖场和产品常使用黄色，但要注意，对于中年女性来说，黄色有时意味着轻浮。在欧洲，黄色常常与死神联系在一起。

4. 绿色

绿色象征平衡。它拥有清爽、理想、希望、生长的意象，符合医疗卫生服务业的诉求，很多医疗性终端把绿色作为空间色彩规划和医疗用品的标识。绿色在生理上可以缓解人的紧张和眼睛的疲劳，许多医疗机械都用绿色。绿色贴近自然，国外许多家居中心都把外墙壁涂成绿色。在美国，许多连锁药店的维生素柜台为了诉求自然的活力，往往使用绿色的器具。

5. 蓝色

有人把蓝色看作梦想与现实分界线上的颜色。蓝色是永恒的象征，同时也是最冷的色彩。纯净的蓝色代表内省、沉着、理智、安详、洁净等，是现代人最喜爱的颜色之一。但是蓝色也代表忧郁和寒冷。由于冷色调往往抑制人的食欲，所以蓝色非常不适合用于饮食店和超市中的生鲜食品卖场。由于在生理上蓝色通过刺激人的副交感神经，使人的脉搏、呼吸、血压、体温下降，具有安定精神、使人镇静的作用，因此，很多卫生类终端及夏日消费品终端采用蓝色。在店内食品卖场中，蓝色经常用于夏季清凉饮料或夏季产品销售区的装饰。另外，在有金属感的体育用品区，以及面向男性顾客的卖场，也经常以蓝色为主基调。

6. 紫色

紫色是波长最短的可见光波。紫色是非知觉色，它既美丽又神秘，既富有威胁性又富有鼓舞性，既高贵又恶俗，是给人以深刻印象的具有矛盾性和两面性的颜色。紫色处于冷暖之间游离不定的状态，加上它的低明度性质，构成了这一色彩心理上的消极感。紫色具有高贵的性质，在卖场中往往适用于高价位的化妆品、流行产品、珠宝首饰、芳香品等的装饰。但紫色使人食欲减退，一般不适合用于食品包装和食品卖场的装饰。

7. 白色

白色是所有颜色中明度最高的。白色具有纯粹、清洁、正直、明亮、高级的意象，但也给人以寒冷、严峻、哀愁、不安、孤独、死亡的感觉，因此很多商家在使用白色时，都会掺入一些其他的颜色，形成象牙白、米白、乳白、苹果白等颜色。肯德基为了避免其“山德士上校”图案显得过于“白”，会在其面部添加一些米黄色。

8. 黑色

黑色可吸收全部可视光线，是最暗的颜色。黑色具有威严、高贵、稳重、洗练、科技的意象，许多科技产品的用色大多采用黑色。另外，黑色的威严、庄重、高质量的意象，也常用于高级化妆品、服饰和一些其他流行产品陈列的设计中。但是黑色使人机体活动水平低下，也常使人联想到灾难、凶兆等，因此要避免在健康产品区、饮料和食品卖场使用。在餐饮店，可以用光线营造私密氛围，但要避免直接使用黑色涂料。

资料来源：苏朝晖. 服务营销与管理［M］. 北京：人民邮电出版社，2019.

关键术语

有形展示　核心展示　边缘展示　人员展示

测试题

一、选择题

1.________是服务企业进行服务传递并且与顾客进行交互所处的环境，以及有利于服务提供或传播的任何有形商品。

A. 服务产品　　B. 服务人员

C. 服务过程　　D. 服务的有形展示

2. 在服务的有形展示分类中，________是通过多种媒体传播企业信息和在引人注意的地方展示服务的方式。

A. 场景展示　　B. 价格展示　　C. 人员展示　　D. 信息展示

3.________也会影响服务形象和服务质量，其影响因素包括视觉效果、气味、声音、触觉等。

A. 服务品牌　　B. 有形物设计　　C. 顾客期望　　D. 服务氛围

二、简答题

1. 有形展示可以分为哪些类型?
2. 服务场景的设计需要遵循哪些原则?
3. 服务场景设计主要包括哪些内容?

三、论述题

1. 分析有形展示对创造顾客价值的作用。
2. 举一个有形展示失败的案例并进行相关评析。

训练设计

让学生以一个具体的服务场景为例，如医院、酒店、大卖场、餐馆、游乐园、购物中心、咨询公司、律师事务所等，详细描述该服务场景的主要展示点，以分析该服务场景设计的原则和关键性内容。

综合案例

北京大兴国际机场的有形展示

北京大兴国际机场（以下简称“大兴机场”）地跨北京市大兴区榆垡镇、礼贤镇和河北省廊坊市广阳区，为 4F 级国际机场、世界级航空枢纽、国家发展新动力源。大兴，不仅仅是机场，还是旅客深入了解城市乃至国家的窗口。机场是一个现代化城市的必备标志，是最具代表性的公共基础设施之一。大兴机场已成为一个十分耀眼的中国品牌，它打破了人们对机场固有的刻板印象，通过中国元素、美学艺术、硬核科技来激发旅客对大兴机场的亲切感、自豪感和认同感。

1. 智能场景：展现未来科技灵感

大兴机场作为未来机场发展的典型示范，为人们提供了免排队、免搬箱、免过机、零等待的优质体验。在东航接待区域、候机区域、行李托运区域，都有工作人员配备 AR 眼镜，为旅客提供更好的引导和信息服务。约 62 000 个信息点、6 000 多公里布线、4 000 多台网络设备，构成了大兴机场的智慧终端网络。大兴机场副总经理郝玲说，值机、安检、登机及离境退税、免税购物等都能“一脸通关”；凭借行李条上的小芯片，旅客可以跟踪行李流程全部的 26 个节点。电子行李牌的运用颠覆了以往烦琐的操作，为旅客提供了更加安全、高效和便捷的行李服务；大兴机场的机器人智能停车库具有车位数量多、空间利用率高、自动快速存取车、停车安全、节能环保等优点，极大地提升了机场停车的体验感和效率。这些黑科技的运用，也正好印证了“智慧行李”“人脸识别”“无感通关”“智能停车”等概念已逐步成为机场的发展趋势和必然选择。

2. 艺术宫殿：融合传统文化精髓

视觉是人们接受新事物的第一直觉。大兴机场的建筑设计以强大的视觉冲击力，为旅客带来了一场耳目一新的视觉盛宴，同时也被网友誉为“艺术宫殿”。位于机场二层西南指廊的《笔画传承》，其灵感来源于中国汉字文化，以汉字笔画为原型，实现蕴含中国文化的功能性价值。位于茶园的作品《禅境》，以中国的茶文化为灵感，通过不锈钢古茶树映射水面虚实空间，体现虚实有无的禅意，展现茶文化优雅尚美的气质；而中国园是五个园区中唯一拥有建筑物的园区，八角亭、殿座、悬山顶……蕴含着中国传统艺术精髓的建筑物处处可见，给人以美学享受。

3. 休闲胜地：承载多重消费属性

有网友说，“大兴机场可以说是在商场里开了一个机场”，甚至有网友推出了有关大兴机场的消费体验攻略。除了视觉美景，大兴机场还涵盖了14类细分业态的美食，从传统餐企到新兴网红、从米其林餐厅到大众化小厨，各类知名品牌聚集于此，为旅客带来多样化的美食体验。230多家商业店面汇聚国内外知名品牌，盲盒机、美甲、唱吧等满足旅客多元需求。“比购物中心还好吃好玩好逛”让大兴机场成为网红打卡地。航站楼管理部副总经理陈雪说，我们要让老人、孩子、行动不便人士感到有尊严、更贴心。此外，行李打包、失物招领、银行、快递、急救、上网、充电、瑜伽……便捷服务已经深入到大兴机场的每一个角落。在大兴机场，从候机区任何位置走到卫生间距离都不超过60米。自动门、挂衣钩、低位呼叫器、折叠婴儿打理台……让卫生间成为人性化服务的亮点。

资料来源：改编自网易号“New MediaLab”文章《“新世界七大奇迹之首”，大兴机场的成名之路》（2019-10-13）。

问题讨论： 1. 大兴机场的有形展示表现了哪些中国元素？

2. 怎样评价大兴机场的有形展示设计？

CHAPTER 12 第 12 章

服务管理

西方学者的一项研究发现：一般情况下，公司对 96% 的顾客的不满一无所知；会提出抱怨的顾客比不提出抱怨的顾客更有可能与这家公司做生意；在提出申诉的顾客中有 54% ～ 70% 的顾客在问题得到解决后会再次上门消费；当一个顾客对某公司产生不满时，平均会告诉 9 人或 10 人；问题没有得到满意解决的顾客，会把负面经验告诉 8 ～ 16 人。因此，当服务承诺未能充分实现或出现服务失误导致顾客抱怨时，服务企业应该及时启动服务补救方案，妥善处理顾客投诉以改善顾客关系，创建文明、和谐的经营环境，同时加强客户关系管理以提高顾客满意度。

学习目标

- 了解服务承诺与服务失误。
- 了解顾客抱怨与服务补救。
- 掌握顾客投诉处理方法。
- 熟悉客户关系管理技术。

开篇案例

星巴克的“神秘顾客制度”

“神秘顾客制度”是服务企业用以监督、管理服务质量的重要武器。由于从餐厅经理、一般员工到公司总经理都不认识这些检查人员，所以这些神秘的检查人员被称为“神秘顾客”。这些“神秘顾客”来无影去无踪，而且没有时间规律，他们使分店经理及雇员每天如履薄冰，丝毫不敢疏忽，不折不扣地按总部的标准去提供服务。这些“神秘顾客”的检查结果直接关系到员工及管理人员的奖金水准，因此，餐厅没有一个人员抱有侥幸心理来对付一天的工作，而是脚踏实地地做好每项工作。

在星巴克，“神秘顾客制度”是为了检查“为顾客煮好每一杯咖啡”的服务标准而建立的一种考评机制。除了通常的理论知识考查和实际操作考查外，星巴克委托某个具有考查能力的公司，秘密派人扮作顾客，来到星巴克分店进行消费，其间对员工的服务、技能还有店面的环境氛围等全方位考查，然后结合业绩综合考量，才决定某店的服务质量如何、某店员能否升迁等。在星巴克，许多普通店员、资深店员、见习主管、主管及店长，均通过这种方式得以晋升。

问题思考

怎样评价“神秘顾客制度”？

12.1 服务承诺与服务失误

12.1.1 服务承诺

在商业环境中，承诺意味着：企业提供所承诺的商品，如果商品与承诺不符，企业也要采取某种形式的补偿。承诺对于制造业的产品相对来说使用很普遍，但对于服务业只是最近才开始使用。在传统意义上，考虑到服务的无形性和易逝性，许多人认为服务根本无法保证。对于一件商品，顾客得到保证，可以像厂商许诺的那样使用，如果不行，可以退货。而对于服务，通常既不可能退回也不可能“不用”，因为它事实上已经发生了。然而，随着越来越多的企业发现通过服务承诺可以获得顾客信任，服务承诺开始受到重视。

服务承诺可以分为无条件满意承诺或者服务特性承诺。

无条件满意承诺，如“如果顾客不满意，可以全额退款”。例如，淘宝上很多网店都推行“先购买试用，在一定时期内如果感到不满意可以退货和全额退款”，因此消除了网购者的不安全感，从而提高了其网购的积极性。

服务特性承诺，指的是企业经常对于顾客很重要的服务的某个特性或元素进行承诺。例如，顺丰快递承诺包裹在某个时间内送达；某公共汽车站承诺准时准点发车，无论乘客多少；某培训机构承诺邀请名师授课，且不论学员多少照常上课等。

1. 有效承诺的特征

某些特征能让一些承诺更有效。最有效的承诺大多具有相似的特征，包括无条件的、有意义的、容易理解和容易行动的。

（1）有效承诺应该是无条件的，即不需要任何限制。例如，家电企业承诺负责送货、安装和售后的维修维护，不带任何附加条件；幼儿园对幼教的内容、形式、时间、耐心，以及娱乐和配餐方面的承诺等，都是必须要保证的。

（2）有效承诺应该是容易理解的，即容易在顾客和员工之间进行沟通。如果承诺语言是冗长的，或者承诺包含很多条件和限制，以至于无论顾客还是员工都弄不清楚承诺的内容，承诺效果就会大打折扣。例如，某餐厅以快速取胜，承诺饭菜会在 15 分钟内提供，承诺“快速否则免费”，让顾客很清楚他们需要等待多长时间，且存在补救期望。该承诺同样也让员工明了饭菜必须在 15 分钟内提供，从而提高了效率。

（3）有效承诺应该是容易操作的。这样，才可能对顾客有吸引力。如果服务承诺操作过程复杂，要耗费顾客很多时间和精力，顾客就会厌烦而不感兴趣。特别是一些服务价值相对较低的情况，顾客会权衡时间成本和精力成本，会感觉到不值得。例如，一些保险公司的承诺，承诺条件诱人，但如果真正出现需要理赔的情况，公司则要求顾客提供很多证明物件，走很多程序，让人心烦，总之，理赔不容易，导致部分顾客望而生畏，甚至选择放弃。

（4）有效承诺应该是有意义的。对显而易见的或者是基本的期望进行承诺，对于顾客来说是没有意义的。例如，自来水公司承诺每天供水，否则下次会免费提供一壶水，这显然没有意义。在这个行业中，按时供水作为一个基本期望，已经被各竞争对手满足，因此承诺是无意义的，就像承诺一辆车有四个轮子一样。如果自来水公司承诺有什么故障及时排除，材料免费，就有意义了。

2. 服务承诺的益处

许多服务企业已经开始认识到，承诺不仅仅可以作为一种营销工具，同时也是服务企业对质量进行界定、控制和维护的一种方法。一个有效的服务承诺对于企业有诸多益处。

（1）一个好的承诺促使企业关注其顾客。要开发一个有意义的承诺，企业必须了解对其顾客来说什么是重要的——他们的期待和价值。在许多情况下，承诺使顾客“满意”是为了让承诺更有效地发挥作用，企业必须清楚地了解其顾客最关注的是什么，或者说他们认为什么是有价值的和被期望的。

（2）一个有效承诺为企业设立了清晰的标准。有效承诺促使企业清晰地定义员工的期望，并为此与他们进行沟通。承诺为员工提供了以服务为导向的目标，它可以明确让员工围绕顾客策略一起行动。例如，必胜客的承诺是“如果你不满意你的比萨，请让我们知道，我们将改正或者退款。”它使员工确切知道当顾客抱怨时应该做什么，同时也使他们明确为顾客做好比萨是公司的责任。

（3）服务承诺有助于从顾客那里得到服务反馈。服务承诺能够激发顾客的抱怨，承诺使顾客了解到他们有权利抱怨。较之仅仅依赖于那些相对较少的爱讲出自己意见的顾客，服务承诺能给企业提供更有效的信息反馈途径。

（4）实施服务承诺有助于服务补救。如果顾客不断得到服务补救，不满意情绪就可以被控制或者不会增长。快速的补救能够在很长时间内既令顾客满意又有助于维持其忠诚。

（5）服务承诺有助于持续的服务改善。承诺能够提供某种程度上的机制来倾听顾客的声音，然后帮助缩小服务差距。顾客和服务企业运作决策之间的反馈联系可以通过承诺得到跟进和强化。

（6）通过服务承诺建立顾客信任。因为服务是无形的，并且经常是高度个性化的，因而顾客希望找到可帮助其降低不确定感的信息和暗示。服务承诺可用来降低顾客的风险感和增加在购买前对服务企业的信任感。

总之，对服务企业来说，一个有效的承诺能够帮助服务企业建立顾客的理解和信任，有利于形成正面的口碑，进而影响到企业的盈利能力。同时，服务承诺还有助于建立一种更积极的服务文化，能够间接地减少员工的变动成本，提高企业效率。

◎ 案例 12-1

沃尔沃的售后服务承诺

2020 年，沃尔沃汽车公司发布了“让安全，更周全”的全新服务理念与战略，并推出六大服务承诺，立足于为车主们提供“专业可靠、省心省力、物有所值”的售后服务，心系车主核心利益，致力于为消费者提供全方位的驾乘服务体验。六大服务承诺的提出，离不开沃尔沃汽车多年来对售后服务的关注，更是基于公司对广大车主利益的了解和洞察。

1. 六大服务承诺让车主感受更多“爱”

基于沃尔沃汽车近百年的安全 DNA，此次提出的“让安全，更周全”全新服务理念并非一句口号，其出发点是让车主出行更安心轻松，全方位感受沃尔沃更多周到服务与贴心关爱。围绕该服务理念，沃尔沃汽车发布的六大服务承诺包含了“零件终身保、预约快速养、免费取送车、超长时营业、尊享代步车、全天候守护”，覆盖售后服务的多项主要内容。

作为率先推出“零件终身保”的豪华汽车品牌，沃尔沃为车主们提供了“在车主不变更的情况下，一次付费，在当地任意沃尔沃汽车授权经销商处购买并安装原厂指定零件后，即享受零件终身保修”的尊享权益，让车主随时随刻享受无忧的豪华品牌服务体验。而“免费取送车”作为疫情期间沃尔沃汽车重点对车主做出快速响应的承诺，则解决了车主不便出门维修保养的困扰。此外，针对车主日常工作生活忙碌、保养时间难以协调的痛点，“预约快速养”“超长时营业”两大承诺可为预约基础保养的客户提供“1 小时之内完成基础保养操作交车”“延长经销商售后服务时间从上午 8 点至晚间 8 点”的服务。针对车主修车期间出行不便的难题，沃尔沃还有“尊享代步车”承诺：在三包期内因单次保修留店超过 3 天，在成功预约后，车主可免费使用代步车。面对车主日常的应急需求，Volvo On Call（随车管家）则为沃尔沃车主提供 7×24 小时一键呼叫的“全天候守护”服务，以一键呼叫、SOS 应急呼叫、碰撞自动求助、道路救援协助、防盗通知等功能为车主保驾护航。

2. 专业可靠、省心省力、物有所值，心系车主核心利益

当爱车遭遇故障、亟须维修保养时，只有售后服务专业可靠，消费者才能踏实安心。因此，沃尔沃汽车坚持为车主提供有证可循的原厂零件与规范标准的配套服务，以及专业服务人员和技师全程服务，为车主解决烦恼。沃尔沃汽车所有售后技师都是厂家认证技师，均出自沃尔沃汽车专业培训体系，并且每年要接受超过 200 小时的培训，高等级技师更是需要完成 43 场线下全天课程和 67 门在线课程的学习才能获得认证。同时，沃尔沃汽车授权经销商所有保养维修，全部采用专业工具及原厂工艺，让每一辆进店的车辆都得到最专业的守护。

为帮助客户节省车辆养护的时间成本，沃尔沃汽车还提供了一站式售后服务体验，省心省力。从沃尔沃汽车官方微信服务平台“沃尔沃汽车沃世界”，到可以购买保养服务的京东商城“沃尔沃汽车官方旗舰店”，车辆售后服务可以像网上购物一样便捷。从对车主的关怀，到对车主的承诺，沃尔沃汽车真正通过“走心”的服务打动了消费者。“沃尔沃汽车随车管家服务中心”还曾获评中国最佳客户联络中心。面对未知的意外与风险，人们开始更加重视危急时刻的保障和服务体验，对此沃尔沃汽车给出的答案是“唯爱与生命不可辜负”，始终坚持以消费者需求为中心，创造更安全可靠、轻松愉悦的驾乘环境。

3. 服务承诺的可能误区

服务承诺并不适用于每一家服务企业，当然也不可能适用于每种条件。在实施一项承诺策略前，有许多重要因素需要考虑。因为承诺不足对顾客没有吸引力，承诺过度会导致顾客不满，所以对于服务承诺的管理也是服务营销管理的一项重要工作。综合研究发现，在下述情况下服务承诺可能行不通，需要企业加以避免。

（1）企业现有服务的质量低劣。在建立一项承诺时，企业应该解决所有失误和重大质量问题。当一项承诺确实引起对这些失误和重大质量问题的注意时，完成该承诺的成本会轻易超过任何收益。这些成本包括因为重大质量问题而付给顾客的实际货币，以及与顾客改善关系有关的其他成本。

（2）承诺与企业形象不符。如果企业已经因质量高而拥有很好的声誉，并且实际上无形地保证着它的服务，那么一个形式上的承诺就似乎没有必要了。如果香格里拉酒店打算做出一项明确的承诺，很可能会使老顾客感到困惑，因为他们已经预料到在这家高级连锁酒店会得到意料之中的高质量服务。

（3）有些服务承诺可能无法控制。企业可能遇到服务质量不能控制的情况。例如，对一个培训机构而言，当无法控制学员在市场上能获得什么工作时，承诺“所有参加者在课程结束时都能立刻获得他们想要的工作”就不是一个好做法。又如，一些交通运输企业不敢贸然承诺“准时”，一些旅游项目（如漂流、滑雪等）也不敢贸然承诺，因为天气等自然因素是不可控的。

（4）有些承诺的成本超过利润。同任何质量方面的投资一样，企业要仔细计算相对于预期收益（如顾客忠诚、质量改善、新顾客开发和口碑传播）的期望成本（如对失误的赔偿和进行改善的成本）。

（5）顾客在服务中感觉不到风险。当顾客对企业或其服务质量不确定时，承诺常常是最有效的。承诺可以减少不确定性，有助于降低风险。如果顾客觉察不到风险，服务价格相对比较低廉并且有大量潜在的替代者，这时承诺对企业可能产生不了什么效果，还不如促销有用。

（6）顾客感觉不到竞争者之间的质量差异。在某些行业中，竞争者之间在质量方面可能存在极大差异，在这种情况下，服务承诺可能非常有效。在竞争者之间质量水平普遍较低的行业中承诺也很有效，特别是第一个使用承诺的企业。对于顾客感觉不到竞争者之间的质量差异的行业企业，承诺无效。

（7）顾客利用服务保证实施欺诈。一些不良顾客利用服务企业的相关承诺实施欺骗行为的潜在可能性是存在的，这是企业在提供服务保证时犹豫不决的常见原因之一。例如，利用服务企业关于“质量问题退货”和“不满意就退款”的服务保证索赔的欺骗行为时有发生，企业应当慎重考虑该服务保证的后果。

12.1.2 服务失误

服务企业在其经营过程中有可能出于客观原因或者员工主观原因没能兑现服务承诺而出现服务失误。服务失误处理得当，有助于服务企业与顾客修复和建立良好的信任关系，也会提高顾客对企业的信任度。服务失误处理不当，则可能破坏服务企业与顾客之间的关系。

1. 服务失误的概念

服务失误是导致客户不满意的服务遭遇，是服务补救发生的前提条件。服务失误的原因包括服务的无效性、不及时的服务和服务传递中发生错误。

在实际服务中，即使是接触性不高的服务行业，服务失误也是不可避免的。当顾客的个人经历及个人需求形成的顾客期望与顾客服务感知存在差距时，服务失误就发生了。即使服务的表现符合服务标准，顾客也有可能感知到服务失误，只要顾客感知到服务失误，服务失误实际上就发生了。这种感知的差异可能是客户自身的因素、不适当的服务设计标准导致的，也可能是文化差异造成的。

2. 服务失误的分类评价

客户根据服务失误对他们造成的损失的类别和损失的严重程度对服务失误予以评价。

（1）失误的性质。失误根据性质可分为结果失误和过程失误。其中，结果失误是核心服务失误，主要是指服务提供者没有实现基本服务内容；过程失误是指服务传递方式上的缺陷和不足，使顾客感知受到影响。从资源交易理论的角度来讲，结果失误与过程失误分别属于顾客效用与交换经历中的问题。服务失误的结果维度涉及顾客实际从服务中得到（或损失）的经济利益，而过程维度涉及的是顾客如何获得服务及其获得服务的方式。

（2）失误的严重程度。失误的严重程度可以表述为由于服务失误而给顾客带来的损失的大小。服务失误的严重程度会对顾客满意和行为意向产生影响。随着失误的严重程度的扩大，顾客的损失越来越大，顾客就越有可能认为其参与的交换是不公平的，从而更加不满意。服务企业需要根据失误的严重程度选择不同层次的服务补救策略。

12.2　顾客抱怨与服务补救

12.2.1　顾客抱怨

对服务失误传统的管理方法是顾客抱怨处理，企业要求那些遇到服务失误的顾客向企业提出抱怨，然后对这些抱怨的原因进行分析，进而从管理的角度对问题进行处理。

1. 顾客抱怨行为

顾客抱怨是指顾客对于商品或服务质量不满意的一种反应，当顾客感到不满意时，他们就会产生抱怨行为。顾客抱怨行为是一系列的多重反应，其全部或部分由某次购买中感知的不满意引发。顾客抱怨因人而异，有的顾客遇到不满喜欢抱怨，有的顾客则不爱抱怨。

顾客抱怨分为公开抱怨和私下抱怨，具体行为表现如表 12-1 所示。

表 12-1　顾客抱怨行为分类

抱怨类型	具体行为表现
公开抱怨	顾客直接要求企业予以赔偿 采取法律手段索赔 向政府机构或民间组织申诉
私下抱怨	警告亲戚、朋友，不主张消费该服务企业的产品 从此停止购买，抵制该服务企业的产品

2. 影响顾客抱怨的因素

尽管不满意是产生抱怨的一个必要条件，但是还有许多因素会影响顾客抱怨，具体如下。

（1）不满意的强度。服务失误的严重程度或产品的重要程度将直接影响顾客付诸抱怨的可能。如果服务失误的严重程度高或产品很重要，顾客将抱怨付诸行动的可能性就高；相反，如果服务失误的严重程度低或产品不重要，顾客将抱怨付诸行动的可能性就低。例如，核心服务的失误很容易引发顾客的投诉，因为影响顾客的核心利益。

（2）企业因素。诸如企业在服务质量方面的声誉、对顾客抱怨的反应、销售压力等，都会影响顾客实施抱怨的行为。一般而言，具有良好的服务质量声誉更容易鼓励顾客在遇到服务问题时寻求赔偿。而企业处理抱怨的反馈越及时，顾客也越倾向于抱怨，因为顾客预见能得到企业的赔偿。当企业向顾客强制性销售某服务时，顾客也更会产生强烈的反应。

（3）情境因素。如果顾客在销售现场能够接触到关于抱怨的提示或者提示标语等，也会促使和增加顾客的抱怨行为。鼓励顾客通过正式渠道抱怨，有助于顾客意见的及时反馈。此外，顾客抱怨的便利程度也会影响其抱怨行为。如向客服部门拨打电话进行投诉远远比到办公现场当面投诉要容易得多。

3. 顾客抱怨或不抱怨的原因

（1）抱怨的可能原因有以下几种。

1）相信投诉会有积极的结果且对社会有益。

2）个人标准支持其抱怨行为。

（2）不抱怨的可能原因有以下几种。

1）消费者认为抱怨是对其时间和精力的浪费。

2）不知道怎样去抱怨。

3）失误的个人关联程度低、不利影响少。

其实，不管顾客抱怨或不抱怨，投诉或不投诉，只要服务企业产生了服务失误，就应该积极主动、及时地处理，以减少客户的流失，提高客户的满意度。

4. 顾客抱怨时的期望

（1）结果公平：顾客希望结果或赔偿能与其不满意水平相匹配。

（2）过程公平：很容易进入投诉过程，并且希望事情被快速处理，最好是通过他们第一个接触的人。特点是清晰、快速和无争吵。

（3）相互对待公平：得到有礼貌、细心和诚实的对待。

12.2.2 服务补救

在服务失误时，顾客通常会认为自己受到了不公正的待遇，会进行抱怨或不抱怨。不论如何，企业都需要及时进行补救，这是解决顾客服务失误、提高顾客满意度的重要途径。

1. 服务补救的界定

服务补救就是一种管理过程，它首先要发现服务失误，分析失误原因，然后在定量分析的基础上，对服务失误进行评估并采取恰当的管理措施予以解决。

根据上述观点，我们可以从以下几个方面理解服务补救的内涵。

（1）服务补救是从关系营销的角度探讨的企业服务失误问题，它强调的是外部效率，而不是内部效率。

（2）服务补救是一种持续的质量改进过程，它不仅仅停留在对一次服务问题或服务失误的纠正上，更重要的是找出问题的症结所在，对服务程度或相关方面进行重新设计和改善。

（3）服务补救是一个赢得顾客的营销策略。通过有效的服务补救，企业能够重新使顾客满意，提高顾客的满意度和重购意愿。

（4）服务补救是一个管理过程。它应该被纳入企业的整个管理过程，而不是作为临时的举措。服务补救是企业整体服务质量管理过程的一个重要环节，同时其本身的运作也应符合管理程序的要求。

（5）服务补救是一种主动的反应机制，而不是被动的临时处理，这种反应机制应能在服务过程中随时反映服务问题，并能及时地采取恰当的措施来进行补救。

（6）服务补救是一个系统。这个系统涉及服务提供者、服务组织及顾客等，包括监测问题、解决问题、重新设计等工作。

2. 服务补救的程序

与顾客接触的员工可以发现并解决服务失误。正如前文所述，解决服务失误必须依靠有效的服务补救系统，而不仅仅是靠一线员工个人的努力。

（1）计算服务失误的成本。服务失误会导致顾客流失，这样就需要企业争取新的顾客来弥补老顾客流失所造成的损失。更重要的是，那些流失的顾客会给企业带来负面口碑。这些都构成服务失误的成本。争取新顾客的费用通常比维持老顾客的费用要高出 8 ～ 12 倍，而负面口碑对企业的影响更是致命的，也使得企业争取新的顾客更加困难。所以，计算出这笔费用，对于提高企业的质量意识会有所帮助。由于顾客流失的成本很高，出现服务失误后，即使对顾客进行充分补偿，对企业来说也是值得的。

（2）主动征求顾客意见。大多数顾客都不会主动告诉企业他们糟糕的服务经历，而会直接投向竞争对手的“怀抱”。因此，当服务失误出现后，一定要主动地向顾客征求意见，弄清楚服务失误的原因及顾客不满的原因。企业员工，特别是那些与顾客接触的员工，应当有能力控制服务失误局势的发展，让企业意识到服务失误的严重性，在顾客提出抱怨之前就开始行动，进行有效的服务补救。因为最先发现问题的一般是顾客，所以应当设立机制使顾客能够轻松地就服务过程中的失误进行抱怨，这是企业获取服务失误第一手资料最重要的途径。企业可以通过顾客抱怨找到服务改进的策略和方法，而员工必须对抱怨的顾客表现出应有的尊重和关怀。

（3）服务补救必须迅速。据研究，一个不满意的顾客会向 12 个人倾诉他们糟糕的服务经历，而一个满意的顾客为企业传播好“口碑”的比例比这要小得多。服务补救速度越缓慢，负面口碑就传播得越快。这就是说，迅速补救意味着成功，而补救缓慢则有可能会导致失败。

（4）进行服务补救培训。一线员工必须明确为什么要关注服务失误，为什么要及时补救，也必须明白其价值意义。企业可以对员工进行相关培训，包括：①及时发现服务失误和不满意顾客，并引导顾客参与到服务补救过程中；②既要做好挫折顾客的工作，又要迅速改正错误并及时做出赔偿。培训的目的是培养员工的顾客导向意识和处理顾客抱怨的技巧。

（5）让顾客处于知情状态。顾客希望看到企业承认服务失误，并知道企业正采取措施来解决问题。如果不能在现场解决服务失误，就应当坦诚地告诉顾客，企业正在努力，并给出相关时间表。当问题得到解决后，企业应当及时告诉顾客解决的结果，同时告知顾客企业从这次服务失误中得到的经验教训及将来如何避免此类事情的发生。

（6）从错误中吸取教训。服务企业应当建立自动从服务失误中吸取教训的机制和系统。在服务失误问题解决后，服务企业要从机构、员工等各个方面来查找服务失误、质量问题及其他错误出现的深层原因，以便在未来的服务传递过程中，避免再犯同类错误。

总之，成功的服务企业要建立一个有效的服务补救系统，包括不间断的监控服务系统、及时有效地解决服务失误的系统，以及服务补救的经验总结系统。

◎ 案例 12-2

西贝莜面村的沙漏

小王发现，每次在西贝莜面村下完单后，服务员会郑重其事地拿出一个沙漏，说25分钟内不全部上完菜，后续菜品免单。比如，有一次25分钟过去了，还差一个菜品，这时候，经理走过来和颜悦色地说："很抱歉，我们有一道菜没完成，给您此道菜免单再送您两盒酸奶。"一般这时候，几个朋友就开始发朋友圈，因为觉得自己真的很占便宜，即使没发朋友圈的人，也记住了这家店。另外，当小王和朋友吃完时，餐厅的工作人员走过来，询问他们对菜品是否满意，小李说："其他都还可以，只是这道牛肉少了些。"然后结账的时候，小李被告知牛肉这道菜免单了。

一顿饭大家吃得开开心心，小李说："我去过3家西贝，有的色味俱佳，有的差强人意，综合能打75分。这么说吧，服务比味道和分量做得更好，如果赶时间又想吃好点儿的情况下，我第一个会想到它。至于免单，我只试过一次时间到了菜没上齐，免了份羊杂汤，送了两个黄馍馍和两盒酸奶，没想到这次就说了分量不足，又免了一道菜。"朋友们纷纷点头表达了对这家餐厅的肯定。试想：如果在规定时间内上齐菜呢？那就更好了，毕竟谁去外面吃饭都是图个方便痛快，看着菜单上的图片，闻着临桌的肉香，瞬间被勾起了食欲，激发了对菜品的期待，这时，上菜快就容易让人产生强大的满足感。

其实，店家完全可以不亏这份钱，毕竟当餐厅人多时上菜慢可以理解，但这个操作令新客感到稀奇，让熟客觉得放心，某种程度上还提高了翻台率，所以仔细一想，这项营销措施还真有意思，提高顾客满意度做得润物无声！

3. 服务补救的原则

服务补救是在与顾客建立关系的过程中对服务错误、失误和问题进行处理的策略。不管企业性质如何，也不管企业从事的是什么类型的业务，都可以利用服务补救策略来弥补失误，进而降低顾客不满意的程度。服务补救是建立在顾客导向基础之上的问题处理方式，有效的服务补救应该遵循以下基本原则。

（1）尽快发现并解决服务中出现的问题是企业的"天职"。

（2）顾客抱怨的程序和方式应当是简捷而有效的。只有必要时，服务提供者才可以要求顾客做出书面的抱怨，如牵涉到法律问题或者牵涉的金额十分大时。

（3）服务提供者要在解决服务失误问题的过程中，时刻让顾客知晓进展情况，特别是当问题不能马上解决时更应如此。

（4）要主动解决服务失误问题，不要等顾客提出来再被动地去解决，问题的解决要迅速而有效。

（5）出现失误，绝对不能拖延，要立即对顾客做出赔偿。对一个给企业带来大笔利润的顾客做出优先的赔偿，从经济的角度来看是合算的，它可以弥补由此而给企业带来的利润损失。同时，企业也可以避免顾客传播负面的口碑。

（6）即使由于某些原因企业无法马上对顾客做出赔偿，有效的服务补救依然可以让顾客满意，进而保持与企业的关系。从长期赢利的角度看，即使服务失误是顾客造成的，对他们进行补偿也是合算的，这将有利于企业与顾客之间长期关系的建立。

（7）要关心服务失误对顾客精神上造成的伤害。顾客在遇到服务失误后，通常会产生焦虑和挫折感，企业应当在解决好服务失误问题的同时，对顾客给予精神上的关怀。

（8）道歉是必要的，但在很多情况下是远远不够的，还必须对顾客的损失做出恰当的经济赔偿。

（9）要建立有效的服务补救系统，授权一线员工自主解决服务失误问题。在这个系统中，得到授权的一线员工和具有顾客导向的管理者的作用同样举足轻重。

（10）顾客抱怨处理部门和负责抱怨处理的人员通常会对服务补救起阻碍作用。因此，有必要任命一位专门负责服务补救的经理（客户经理）来支持服务补救系统的高效运行。

12.3　顾客投诉处理

常言道："智者千虑，必有一失。"对于服务企业来说，追求顾客满意、顾客忠诚和企业业绩提升是其经营的目标，但服务过程很难做到完美无缺。由于种种原因，服务企业无法履行其承诺，顾客无法得到他们所期望得到的服务，就会感到不满意，引发抱怨与投诉。因此，如何处理顾客投诉并进一步强化顾客关系，成为服务营销管理面临的课题。

12.3.1　正确认识顾客投诉

一个成功的企业必然会以积极的心态看待顾客投诉问题，尊重顾客意见，帮助顾客解决问题，尽量减少顾客的不满，甚至通过处理顾客投诉赢得顾客的信任。

1. 有顾客投诉是企业的幸运

当顾客向你投诉时，不要把它看成是问题，而应把它看作是市场信息来源，看作是企业改进的机会。在那些顾客抽出宝贵的时间，带着他们的抱怨与企业接触的同时，他们也免费向企业提供了应当如何改进业务的信息。虽然顾客投诉的语言往往难听，投诉的态度似乎让人难以接受，但企业一定要理解和坚持，因为他们会确切地告诉企业如何来满足他们现在和将来的需求，这对企业来讲是件好事。很多顾客产生不满会默默地离企业而去，顾客来投诉是企业的幸运，企业可以因此找到问题之所在，知道未来需要改进的方向。如果顾客有不满但不投诉，那么企业就"瞎了"。因此，企业应该感谢来投诉的顾客。

2. 把顾客投诉当作信息的来源

顾客投诉是企业澄清顾客的真正需求、尽可能消除差异、贴近市场的机会。将顾客当作朋友对待，那些肯花费时间去投诉的顾客才是企业真正的支持者。因为他们对企业的产品和服务的期望值甚高，足够信任企业，所以才会坦言对企业的失望。倾听他们的抱怨，询问更多的信息，必要时甚至祈求他们的宝贵意见，直到企业确信真正找到了顾客想要的东西，然后再把他们真正想要的东西提供给他们。

同时，一切新产品的开发、新服务的举措，无一不是对顾客需求的一种满足，而这些潜在的需求往往表现在顾客的购买意愿和消费感觉上，企业要通过对顾客的牢骚、投诉、退货等不满意举动的分析，来发现新的需求，并以此为源头开发新产品、新服务。

处理顾客投诉是客户关系管理的重要内容，若处理不好，将直接影响服务人员的服务业绩和企业的利润。因此，企业要加强与顾客的联系，倾听他们的不满，弥补给顾客造成的损失，维护企业声誉，提高品牌形象，不断巩固老顾客，吸引新顾客。

3. 挖掘顾客投诉的服务价值

顾客投诉表明了企业的缺点，它为企业与顾客的沟通提供了机会，也为企业提供了继续为顾客服务的机会。顾客投诉可以促使顾客成为企业的忠诚顾客，可以使企业产品更好地改进，可以提高投诉处理人员的工作能力。顾客投诉不仅给企业带来了无限商机、产品创新，还有服务的进一步完善，对于现在竞争激烈的市场而言，不论顾客投诉有多么“无理”，能够满足这些“无理”要求已成为企业竞相争夺顾客的“长胜法宝”，企业可以通过投诉管理挖掘顾客投诉价值。

4. 变消极的投诉为积极的引导

顾客的抱怨就是顾客不满意的一种表现，妥善处理顾客投诉可以消除顾客的不满意，甚至可以转化为顾客满意，因为积极地处理顾客投诉是企业负责任的表现。其实，顾客关系的维护是最重要的一个环节，其中最主要的表现就是企业对顾客投诉的重视，只有这样才能使顾客满意，才能为企业创造更多的顾客价值。顾客是企业的生存之本、利润之源，他们表现出不满给了企业与顾客深入沟通、建立顾客关系的机会。

经调查发现：服务不能令顾客满意，会造成 90% 的顾客离去；顾客问题得不到解决，会造成 89% 的顾客流失；而一个不满意顾客往往至少会向 12 个人叙述不愉快的购物经历。可见，处理好顾客投诉是多么重要，顾客投诉处理好了，不但能够消除顾客的不满，还能够带来顾客满意，有助于形成正向口碑，有助于形成顾客忠诚。

12.3.2 顾客投诉的性质

对于来自顾客的投诉，企业要重视，但又绝不是茫然“听之任之”，而是要针对顾客投诉，迅速找出引起顾客投诉的真正原因，以辨识善意的投诉与恶意的投诉，并根据实际情况妥善处理。如果是善意的投诉，企业必须迅速给予回复，给顾客一个满意的答案；如果是恶意的投诉，企业必须加以说服和引导，必要时拿起法律武器维护企业的权益。

（1）善意的投诉。一般来讲，大多数顾客投诉都是没有恶意的，当企业产品的规格、质量等要素不符合协议要求，或企业在向顾客提供服务的过程中某些环节没有完全履行承诺，顾客感到不满意时才会投诉。企业在接受诸如此类的投诉时，应该首先从自身找原因，若能态度诚恳，处理积极，及时对顾客加以安抚，如给予一定的补偿或赠送礼物等，那么就可以及时消除不满，化解危机；反之，则会影响顾客与企业的关系，甚至影响企业形象。

（2）恶意的投诉。面对竞争激烈的市场，有的企业可能不顾商业道德，恶意投诉竞争对手，或者可能会利用顾客投诉事件夸大事实，借助媒体传播，致使竞争对手陷于“困境”，从而一举战胜竞争对手。还有小部分顾客以投诉为名，为金钱利益驱使而恶意欺诈企业，要求企业赔偿。企业在面对顾客的恶意投诉时，一定要缩小扩散面，拿出可行的应对措施，在维护本企业形象的同时，有必要借助法律来维权。

12.3.3　顾客投诉的处理流程

“商场如战场”，在今天市场竞争激烈的环境下，企业面临着各种各样的生存危机，对顾客投诉的处理是一个挑战，也是企业顾客关系管理的核心内容。通过对顾客投诉的妥善处理，企业可以节约成本，留住老顾客；通过对顾客投诉的分析挖掘，企业可以寻找商机，开发创新，增加服务价值，使投诉成为企业利润的“引擎”。因此，企业如何预防投诉、受理投诉、处理投诉，都必须遵循一定的流程，目的是形成顾客投诉处理的科学解决方案，如图 12-1 所示。

（1）认真倾听顾客的抱怨。妥善处理顾客投诉的首要技术是学会倾听。当顾客对企业产生抱怨或投诉时，情绪一般都比较激动或态度恶劣，这时接待人员一定要冷静，一定要很好地控制自己的情绪，不要有任何不满的情绪表露出来。要认真地倾听顾客的不满，先不要做任何的解释，要让顾客将抱怨彻底地发泄出来，使顾客的心情平静下来，然后再询问具体细节问题，确认问题的原因。在倾听时，要善于运用一些肢体语言以表达自己对顾客的关注与同情，如目光平视顾客、表情严肃地点头等，千万不要就其中的问题与对方争论。不要任意打断，因为打断顾客的陈述是不礼貌的表现，可能会激起顾客的反感。要专注倾听，仔细分析，正确理解顾客投诉的意图，避免投诉受理与处理的偏误。

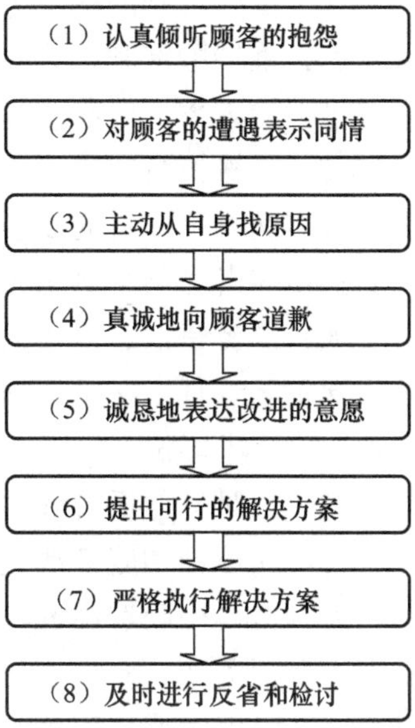

图 12-1　顾客投诉的处理流程

（2）对顾客的遭遇表示同情。顾客进行投诉，本身就是因为所购买的产品或服务与其期待价值具有一定差距；顾客遇到不顺意，特别需要得到心理的认同和关怀。在认真倾听了顾客的抱怨后，服务人员要学会站在顾客的立场来看待、处理问题，设身处地地表达对此情况的理解和同情，让顾客感受到自己被重视、被关心，逐渐把服务人员看成同路人。服务人员要尽量争取时间，缓和气氛，安抚顾客情绪，使顾客意识到服务人员或企业非常重视自己，企业管理层将全力以赴来解决问题。对有关原因进行了解时，服务人员的语言要尽量婉转和客观，不要带有先入为主的意见，不要使顾客产生被审问、被怀疑的感觉，否则不利于问题的解决。

（3）主动从自身找原因。当发生顾客投诉时，主动从自身找原因是企业敢于负责任的表现。服务人员应该坚持从顾客的角度来考虑问题，一定要相信顾客和尊重顾客，相信“无风不起浪”，在思维方式和具体做法上首先应该从自身找原因，看是不是企业的产品的确存在缺陷，看企业的服务环节是不是哪里不周全，要承认企业也可能犯错误，不能盲目自大，千万不能简单地推卸责任，也不能敷衍搪塞，更不能动不动就责怪顾客。企业服务人员如果勇于承认自身的不足，反而有利于化解纠纷和平息抱怨。

（4）真诚地向顾客道歉。出现错误了敢于承认错误，企业才能赢得尊重。无论责任是否在企业，一旦发生投诉，管理人员都应该以“顾客永远是对的”为原则，感谢他们发现了企业经营中存在的不足，要真诚地向顾客表示歉意，对因为这个错误影响了顾客的心情、浪费了顾客的时间而表示歉意，以平息顾客的怒气，然后才去探讨投诉背后的原因，也就是谁对谁错的问题。

（5）诚恳地表达改进的意愿。中国有句古话叫“有则改之，无则加勉”，它表明了一种诚恳和谦虚的态度。顾客投诉有时并不是希望得到多少赔偿，而是希望看到企业改正错误的态度，有时，企业坦率地承认自身的不足，诚恳地表达改进的意愿，顾客就满意了，问题也就解决了。当然，如果顾客的投诉是因为顾客的误解，解释清楚就好了，以后想办法加以避免；如果顾客投诉的原因的确在于企业自身，则企业一定要勇于承认不足，敢于承担责任，并表达改进的意愿。

（6）提出可行的解决方案。前面所讲都表明了企业处理顾客投诉的明确态度，即尊重顾客，维护顾客利益，想顾客之所想，急顾客之所急，但问题的最终解决还需要了解顾客投诉的原委，洞察顾客抱怨与投诉的动机，提出可行的解决方案。

（7）严格执行解决方案。解决方案一经双方协商同意，就要尽快严格执行，否则会影响顾客满意。如首先要拟定有关协议，企业与顾客各 1 份，必要时中间人 1 份。顾客方面的签字者必须是当事人，或者是当事人委托的代表；企业方面的签字人必须是法定代表人，或者是法定代表人委托的有关责任人员。协议一旦签订，就具有法律效力，受法律保护。责任方必须积极有效地落实解决方案，任何拖延或懈怠都会令顾客不满，对企业形象造成影响。

（8）及时进行反省和检讨。如前文所述，顾客的投诉是市场信息的重要来源，是企业进行产品革新和服务改进的动力源泉，因此，企业应该珍惜顾客的投诉，从顾客投诉的反省和检讨中吸取经验，获得进步。具体来讲，对顾客的每一次投诉，企业都应该指派专人登记备案，并分析、检查产生问题的原因，对典型的投诉应该在一定范围内展开讨论，并引以为戒。如果责任在产品服务人员，应追究其责任，并制定有关规定，杜绝此类事件的再度发生；如果是意外事件，应制定与完善危机处理的原则和方案，以便以后有章可循。

总之，整个顾客投诉处理过程，都要以“投诉”带动企业管理的完善：只有正确处理顾客投诉，才能减少企业危机问题的发生，维护企业形象；只有正确处理顾客投诉，才能为企业留住老顾客，降低经营成本，同时又吸引更多新顾客；只有正确处理顾客投诉，才能变消极的顾客投诉为积极的顾客推动，从而提高企业的顾客吸引力。

12.3.4 与不满的顾客结成伙伴关系

我们知道，不满的顾客总会将他们的糟糕经历告诉其他人。一个不满意的顾客常常会向至少 12 个人讲述他的遭遇。当顾客停止购买企业的产品，并劝说其他人也不要购买时，企业就会遭受双重损失。一旦出现顾客抱怨或投诉，企业应该把它视为一次加强合作、建立伙伴关系的机会。我们也知道，顾客的不满往往不都是以口头或者书面的方式来表达的，这意味着顾客投诉问题可能不会引起服务人员或企业内其他人员的注意。其实，真正投诉的顾客是企业的好顾客，可以理解为是对企业比较关心的顾客，因此，我们需要尊重他们，甚至还要争取他们的认同，与他们建立伙伴关系，这是顾客投诉管理的未来方向。

为了实现上述目标，企业可以遵循以下建议。

（1）给顾客一切机会表达他们的感受。很多以卓越的顾客服务闻名的企业，在很大程度上依赖于它们的电话系统，如用免费“热线电话”确保与顾客便捷地联系。很多中外知名企业都有经过特别培训的客服人员，负责接听电话，并为顾客提供帮助。当顾客通过电话或者亲自来抱怨时，服务人员应鼓励他们说出心中的全部愤怒和不满，不要打断他们，也不要自我辩解。在服务人员听完顾客所经历的所有事情之前，不要做任何评论。如果顾客不再说了，服务人员应试着让他再多说一些。

（2）以体谅的心态对待顾客的投诉。顾客来投诉，一定是企业与顾客之间产生了什么误解，一定是企业的产品出现了什么问题或服务有什么不周，总之，投诉是需要勇气的，我们要体谅顾客的投诉，因为绝大多数投诉都是善意的。当顾客说话时，服务人员要认真、仔细地倾听，避免主观情绪，必要时简要重复一下他的话，以表明你一直在认真倾听，表示理解和尊重。记住，不论抱怨、投诉的是真实情况，还是顾客的个人感觉，这些并不是问题的关键。如果顾客不开心，我们应该很有礼貌并体谅他们，不要试图说“这事实上没什么问题”“这实际上不是我们的事”。记住，当顾客感觉问题存在时，它就存在，顾客的心理疙瘩需要解开。

（3）不要与顾客争论也不要辩解。服务人员一定要控制自己的情绪，千万不要生气，在顾客投诉的时候要采用“冷处理”的策略，千万不要卷入任何争论之中，更不能推卸责任和辩解，因为任何争论都不利于解决问题，只能是火上浇油，任何辩解只能让顾客更生气，增加顾客的不信任。特别要避免试图把责任推给运输部门、安装部门或者任何其他相关人员，永远不要拆我们所工作的公司的台。问题出在我们的身上，我们就应该主动承担处理它的责任。“踢皮球”只会让顾客感到无助，只会增加顾客的不满意。特别提醒：当我们处理重要的或者较小的顾客服务问题并需要道歉时，不要采用电子邮件的方式。当出现较小的问题时，我们要亲自给顾客打电话。不要把这个任务让我们组织内的其他人代为履行。如果你需要为一个发生的重要问题道歉，尽快安排会面的日期，最好亲自会见顾客。

总之，我们处理顾客投诉时要掌握两个原则：一是不要人为地给顾客下判断，顾客是因为信赖我们，觉得我们可以为他解决问题才向我们求助的；二是换位思考，学会站在顾客的立场上看问题。顾客抱怨的价值也体现在两个方面：第一，抱怨可以成为一种重要信息的来源，这些信息通过其他方式很难获得；第二，顾客抱怨为企业提供了与顾客沟通的机会，提供了改进服务承诺的机会。如果我们很好地解决了顾客的问题，就会减少顾客的不满，增加顾客满意，并有助于与顾客建立伙伴关系，培育顾客忠诚。

12.4 客户关系管理

根据西方服务营销专家的研究，开发一个新客户所花费的成本要比保持一个老客户的成本多得多，建立和推行客户关系管理是企业保持和提高经营业绩的有效途径，也是企业持续发展的需要。因此，客户关系的维持与发展也是现代服务管理的重要内容。

12.4.1 认识客户关系管理

1. 客户关系管理的内涵

客户关系管理（CRM）也称顾客关系管理，是把企业的客户（顾客）作为一种企业资源进行管理的经营思想和管理技术，旨在挖掘客户资源的价值。客户关系管理可以帮助企业提高顾客的满意度和忠诚度，帮助企业提升经营业绩。有专家研究认为，客户关系管理包含以下三个层次的内涵。

（1）从思维方式的角度看，CRM 是一种营销理念、一种管理哲学。其核心思想是将企业的顾客作为企业最重要的核心资源，通过全面的顾客认识、深入的顾客分析、完善的顾客服务来满足顾客的需要，培养顾客忠诚，最大限度地发展顾客与本企业的关系，实现顾客价值的最大化。

（2）从广义的和战略的角度看，CRM 是一种战略，应用于企业的市场营销、销售、服务与技术支持等与顾客相关的领域，通过向企业的服务、市场和顾客服务的专业人员提供全面、个性化的顾客资料，并强化跟踪服务、信息分析的能力，使他们能够协同建立和维护一系列与顾客之间卓有成效的“一对一关系”。

（3）从狭义的和战术的角度看，CRM 是一种技术解决方案，它通过一系列过程和系统来支持企业的总体战略，以建立与特定顾客之间长期的、互利双赢的关系。企业必须有效采用先进的数据库和决策支持工具，有效收集、分析顾客数据，并将顾客数据转化成顾客知识，以便更好地理解和管理顾客行为。

◎ 案例 12-3

万科的“第五专业”是否多此一举

将客户关系放到如此重要的地位，并不仅仅是一种姿态。此举被认为是万科新核心竞争力的直接体现。在万科总部——深圳梅林路一幢仅有四层的朴实无华的建筑中，万科集团客户关系中心经理王金升关于“第五专业”的一席话，引起了记者的关注。

房地产行业素有设计、工程、营销、物管四大专业之说，万科提出了“房地产第五专业”的概念，即客户关系管理。在常规的房地产项目开发中，客户关系管理工作一般是归到营销部门，在物业交付后便由物管部门接手，万科的行为是否多此一举？

不能否认的是，万科的“多此一举”却转化成了实实在在的销售力。王金升透露，万科在全国的楼盘中有 33% 的客户是再购人群，每个业主平均会向 2.3 个人推荐万科楼盘。“在大本营深圳，这两个数据还要高很多。”

谈到万科的客户关系管理，人们印象最深的估计就是万科的物业管理。王金升也坦承：“我们的客户对万科印象最深的并非王石、郁亮，而是一线的员工，是那些保洁、保安及其他服务人员。”

然而，万科的“客户关系管理”并不等同于物业管理，并且早已超出了物业管理的范围和层面。它与项目的前期定位、规划设计、工程管理及营销都产生了紧密的联系，成了万科最重要的核心竞争力。

有个现象足以说明万科对客户关系的重视。在万科，员工创造了高额利润或者销售业绩，但是其业绩考核分数未必就高。因为万科采用的是平衡计分法考核，其中客户满意度和忠诚度指标所占权重超过 40%，这项标准会和员工的收入直接挂钩，并在集团网上张榜公示。

万科眼中的“客户观”包含以下几个核心要素：客户是最稀缺的资源，是万科存在的全部理由；尊重客户，理解客户，持续提供超越客户期望的产品和服务；在客户眼中，每一位员工都代表万科；1% 的失误，对于客户而言就是 100% 的损失；衡量成功与否的最重要标准，是让客户满意的程度。由此看来，万科“第五专业”的提出并非虚张声势。

问题思考：万科的“第五专业”是指什么？这种做法是多此一举吗？

2. 客户关系管理的分类

（1）按客户规模分类。

1）大企业 CRM：其在业务方面分工明确，并在各个地区设立自己的机构。大型企业在业务规模运作方面的信息交错而庞大，也就是说大企业 CRM 操作复杂。

2）中小企业 CRM：相对大企业而言，中小企业 CRM 内容简单，操作简易、灵活。

（2）按应用性质分类。

1）服务管理 CRM：以专业服务人员为主，使得与客户能够完全一对一或渠道对渠道地进行服务业务，应完全考虑到对 CRM 的功能扩展性与共享性的开发。

2）服务支持 CRM：这涉及了整个客户群体的培养与维护及强化客户资源，必须使服务与支持同步进行。

3）综合应用 CRM：对于企业而言，其关系到客户管理的运作是否通畅，这里不仅关系着企业 CRM 的完整性，而且对于企业的财务、物流、信息、ERP、营销等多方面应用都起着集成性作用。

（3）按系统功能分类。

1）操作型 CRM：主要是通过业务流程的定制实施，让企业员工在销售、营销和服务支持方面得以用最佳方法提高效率。例如，服务自动化、营销自动化、客服自动化等软件工具的应用，都属于操作型 CRM 的范畴。

2）协同型 CRM：指整合企业内部、企业与客户之间的互动渠道，包括呼叫中心、企业网站、电子邮件、即时通信工具等，其目标是提升企业内部、企业与客户的沟通协同能力，并强化客户关系管理。

3）分析型 CRM：指从 ERP、SCM 等系统，以及操作型 CRM 和协同型 CRM 等不同渠道所收集或生成的各种与客户相关的数据资料，系统地分析宏观规律，帮助企业全面地了解客户的心理、行为、需求和偏好等，企业可以以此为参考拟定即时的经营策略。

◎ 案例 12-4

客户分类管理

中国移动按照 ABC 分类法进行客户管理，它把公司全部客户按购买金额的多少划分为 A、B、C 三类。其中，A 类为大客户，购买金额大，客户数量少；C 类为小客户，购买金额少，客户数量多；B 类为一般客户，介于 A、C 两类之间。公司管理的指导思想重点是抓好 A 类客户，照顾 B 类客户，对 C 类客户顺其自然。其中对公司客户中占总数的 10%、其通信费合计占运营商通话费总收入的 38% 的高端客户群实施优先服务、优质服务。另外，中国联通公司分别给连续六个月通信费大于 300 元、500 元、800 元的客户颁发三星、四星、五星级服务通行卡，星级会员享受所有与其会籍相匹配的通信优惠，同时还可以享受到其他如全国范围内的免费订房等许多通信以外的优惠服务项目。

问题思考：如此客户分类管理有意义吗？为什么？

3. 大客户管理

（1）什么是大客户？所谓大客户，也称关键客户（VIP)、重要客户（KA)，一般是指市场上卖方认为对自己很重要或具有战略意义的客户。大客户一般规模大或者实力强，在行业里、在目标市场上具有很强的影响力，对于卖方企业具有举足轻重的地位，它或者能够给卖方带来巨大的销量，或者能够给卖方带来可观的利润，或者能够帮助企业提高品牌知名度和影响力。企业的大客户可能是大零售商、大经销商，也可能是某个大的集团客户，还可能是某个大供应商。例如，对于一个家电制造商而言，苏宁、国美无疑是它的大客户，某重要地区的经销商也是大客户，某部队、某医院用户也可能是大客户。

大客户是公司销量和利润的主要来源。大客户管理是卖方采用的一种有效的分类管理方法，目的是通过持续地为大客户量身定做产品或服务，满足大客户的特定需要，从而赢得重要生意，并培养出忠诚的大客户，为企业生意的持续发展提供保障。大客户管理体现了管理学“重点管理”的原则，体现了“牵牛要牵牛鼻子”的管理思想，实践证明，这种分类管理的思想能够帮助企业大大提高管理效率和效益，因此为许多企业所采用。现代很多大企业、成功企业都纷纷成立“大客户服务部”或 KA 管理部，对公司的重点客户进行“一对一”的重点经营，中国移动是实施大客户管理的典范。

（2）大客户的甄别。企业的客户很多，我们一般可将企业的客户分为大客户、小客户与一般客户。那么什么是大客户？什么是小客户？什么是一般客户？以什么标准来划分呢？大客户主要是指对企业而言产品流通频率高、采购量大、客户利润贡献高、忠诚度较高的核心客户；小客户则指那些产品流通频率低、采购量小、客户利润贡献低甚至可能为负利润的客户；一般客户则是情况介于两者之间的客户。对于企业而言，往往 80% 的利润来源于 20% 的大客户——关键客户、重要客户，这些大客户从一定意义上来讲支撑着企业的运营，代表着企业的未来，而另外 80% 的客户可能带给企业的只是 20% 的销量或利润。因此，管理理应向 20% 的大客户、重要客户倾斜，如图 12-2 所示。

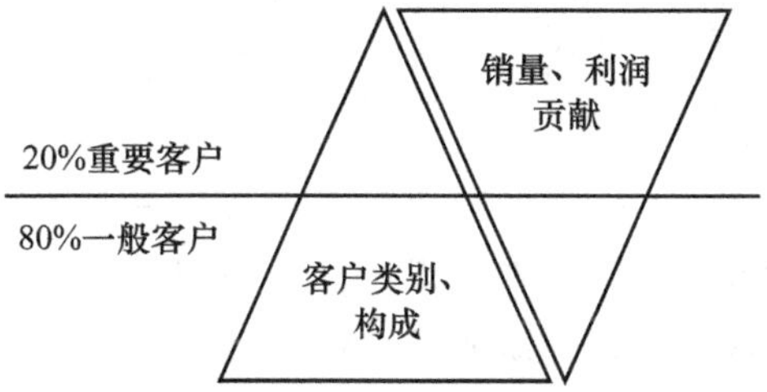

图 12-2　客户类别、构成与其销量、利润贡献关系

我们之所以要将客户进行甄别并进行分类管理，是因为企业在人力、物力有限的情况下采取差异化的客户管理政策，抓住主要客户的主要业务，突出重点，“抓大放小”，以保证企业的经营业绩和经营利润。但值得注意的是，事情不是一成不变的，无论是大客户还是小客户，他们有可能会相互转化，要以动态的、发展的眼光看问题；而且客户的甄别同时也能帮助企业节约成本，帮助企业识别客户与筛选好客户，达到节省费用、提高效率的目的。

在甄别客户的过程中，我们要注意不能仅以一次的消费量大小来作为衡量其“大”“小”或“好”“坏”的标准，要考虑客户的持续性、发展性，考虑其能为企业带来高销量、高利润和大影响的贡献能力。一句话，甄别客户要有前瞻性，要考虑其成长性。对于企业而言，确认大客户是需要严肃、认真认定的，因为大客户意味着公司的发展期望，意味着享受公司的特殊政策和公司更大的投入。确定大客户应考虑的是：需求量大且重复消费的客户，能够帮助企业降低成本，与企业合作的过程中能够带来高销量、高利润的回报。

（3）大客户的特点与大客户管理。大客户的第一个特点是规模效应，要想获得大客户身份，客户必须有很高的销售潜力。大客户的第二个特点是采购和销售行为的多样性。因此，大客户身份更多地会给那些需要维持长期联盟或合作关系以求共同发展的客户。这种客户关系一旦确立，购买方就可以获得来自供应商的包括稳定供应、优惠价格、信用支持、问题快速处理、更好的沟通和更到位的服务等诸多方面的收益。

大客户管理就是产品或服务提供商瞄准并满足潜在重要客户在营销、管理和服务等各方面的综合性需求并侧重满足他们的需求的策略。按照地理上分布的广泛程度，大客户可以分为全球性的大客户（IKA）、全国性的大客户（NKA）、某地区（城市）的大客户（CKA）三类。

大客户管理具有以下三个特征。

1）差异性。大客户管理包括对重要客户给予特殊待遇，而其他客户不会享有，这涉及产品或服务供应、价格、服务、分销和信息共享等方面的特惠待遇，可能以产品或服务定制化、特殊价格、特殊服务的提供、服务定制化、分销和操作流程的倾力协调、信息共享和商业项目的联合开发以及新产品或服务优先销售等形式体现出来。

2）专门化。大的企业（提供商）在企业内部专门设置大客户管理机构，它们以专门服务一些大客户为特征。它们可能被安置在供应商的总部、大客户所在地区的当地销售机构，其主要职责是帮助大客户发展生意、管理市场。

3）协同性。大客户管理要求多个职能部门的协同努力才能完成，其中除了销售部门，制造、营销、财务、人力资源、信息技术、研发和物流等部门也要通力合作。

大客户管理需要供应商提供一些超出常规销售队伍所能提供的特别的政策和关注。大客户经理的主要职责在于规划发展与大客户公司内部各种人员的关系，并利用本公司内部的人力、物力及各种关系帮助大客户发展，协调并激励公司销售队伍快速响应大客户公司不同部门、不同市场及相关人员的各种需求，帮助大客户发展生意的同时也发展自己企业的生意。

有专家研究提出，要保证大客户管理的成功，必须做好以下几个方面的工作：

- 高层管理者对大客户有充分的理解和认识；
- 把大客户管理作为公司整体服务管理的重点；
- 建立对大客户进行清晰定义和识别的标准；
- 确立内外部明确的服务目标和管理任务；
- 构建销售服务机构之间有效的信息沟通方式；
- 建立销售管理和销售队伍之间和谐的工作关系；
- 建立供应商与重要客户之间的融洽客情关系。

但这里需要说明的是，服务管理向 20% 的重要客户倾斜，并不意味着可以忽视另外 80% 的一般客户、中小客户。根据“长尾理论”的观点，现阶段由于产品或服务的丰富化、多样化，在企业产品或服务链条中，重点品类越来越少，在企业客户结构中，绝对大的客户也越来越少，而更多的小品类产品或服务和更多的中小客户在企业业务活动中扮演着重要的角色，产品、服务或客户的“长尾”不可忽视。我们在重视大产品、大服务、大客户的同时，也应该兼顾小产品、小服务、小客户。

12.4.2 运用 CRM 提升客户忠诚度

客户忠诚指的是客户对企业及其产品极为信任和依赖，并不断消费和重复购买的消费行为。客户满意、客户忠诚是企业追求的服务目标，只有客户满意才可能形成客户忠诚，企业只有培养出一大批忠诚的顾客，才可能持续发展。而 CRM 是一种经营管理技术，企业可以通过运用 CRM 技术提高客户忠诚度，提高企业效益。

1. 运用 CRM 提升客户忠诚度的步骤

运用 CRM 提升客户忠诚度的步骤如图 12-3 所示。

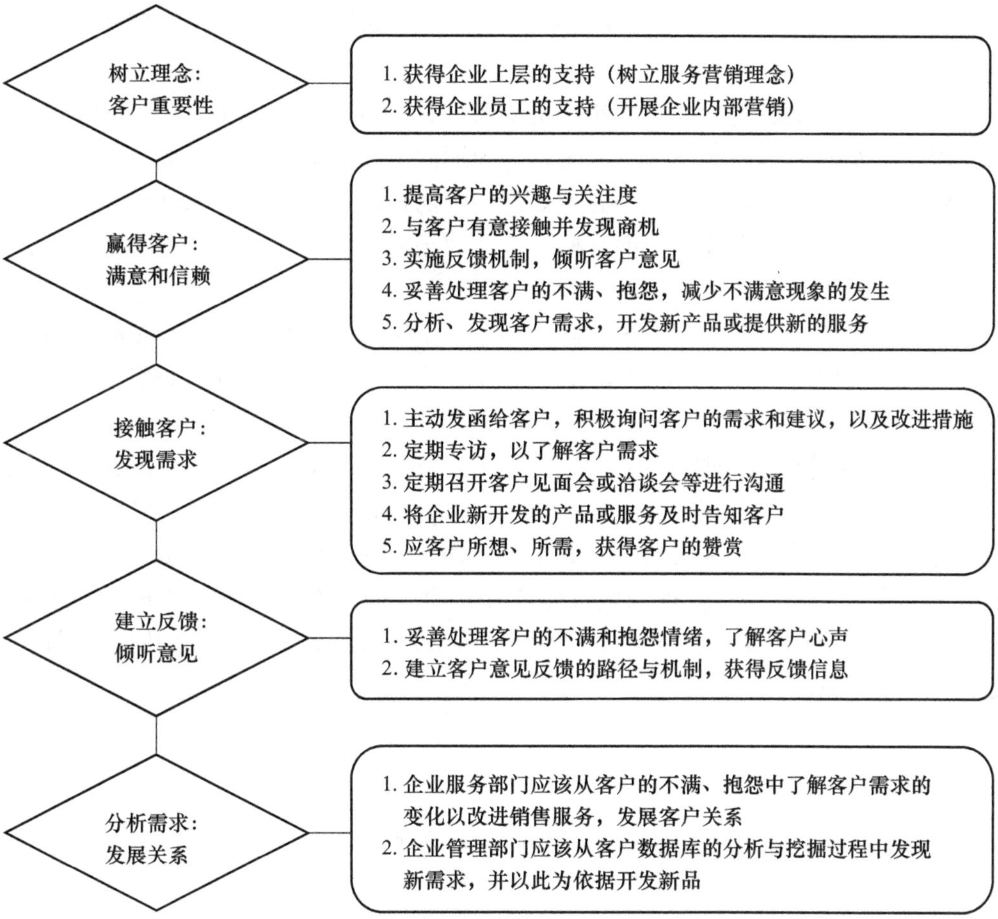

图 12-3　运用 CRM 提升客户忠诚度的步骤

2. 运用 CRM 提升客户忠诚度的方法

（1）加强员工的服务意识。顾客的满意和忠诚来自企业高质量的产品和全体员工真诚而周到的服务，可以说，企业最前线的员工就是现场服务人员，他们会直接与客户接触，他们是企业的门面和窗口。为此，企业上层要树立服务营销理念，企业内部要开展内部营销，树立员工的服务意识，主动开展客户关系管理，这是提高客户忠诚度的保证。

（2）积极帮助客户解决问题。服务人员应利用 CRM 了解客户的困难，尽可能地帮助客户解决实际问题。如果不能直接帮助他们，也可以向他们推荐别人或其他公司，这样容易获得客户的好感，增进客情。客户在生活中碰到的一些困难，只要是你知道又能做到的，就一定要帮助他们。这样，你与客户就不仅仅是合作关系了，更多的是朋友关系，这样有助于获得营销服务产品的先机。

（3）满足客户的急切需求。企业实施 CRM，需要进行客户档案和信息管理，将其整理加工，而后进行客户细分，利用各种市场与客户的信息来预测未来客户的需求动向，想客户之所想，帮助企业制定更准确的市场策略，开展有的放矢的推销。要真正实现“想客户之所想”，就必须借助客户数据库进行数据挖掘，满足客户的急切需求，实现客户的潜在价值。

（4）为客户提供新的方案。推销员应对客户随时保持有意接触，利用 CRM 发现他们的新需求，及时为客户提供解决方案，成为顾问型的服务人员。例如，与零售商打交道的推销员有很多机会向他们提供促进零售经营的信息，为他们带来新的思想，还可以向零售商提出新的产品组合和定价策略、特殊通道的拓展、体验服务方式等建议，帮助零售商改善经营。

（5）为客户提供个性化的服务。推销员应该用心为客户设想，利用 CRM 掌握客户需求的特点和个性偏好，做到“知己知彼”，努力提供个性化的服务让客户满意。推销员也应该注重发挥个人魅力吸引客户，可以用网络或手机经常与客户联系，让客户从你的思想中感知你的知识和智慧，选购时会主动征求你的意见，从而信任你并经常购买你的产品。

（6）培育客户关系管理文化。企业开展 CRM，就应该在企业内部培育重视顾客服务的文化氛围，提倡“顾客至上”的文化。培育客户关系管理文化，就是要在经营过程中推行“顾客导向”，外部营销与内部营销相结合，做到对客户和员工最好，培育顾客忠诚、员工忠诚。培育客户关系管理文化，还有利于形成客户和员工的团队精神，有利于发展伙伴型关系。

关键术语

服务承诺　服务失误　服务补救　客户关系管理

测试题

一、选择题

1. 服务承诺可以分为无条件满意承诺和服务特性承诺。比如，顺丰快递承诺包裹在某个时间内送达就属于________。

A. 无条件满意承诺　　B. 服务特性承诺

C. 有条件满意承诺　　D. 服务时间承诺

2. 顾客抱怨是指顾客对于商品或服务质量不满意的一种反应，顾客抱怨分为公开抱怨和________。

A. 书面抱怨　　B. 私下抱怨　　C. 口头抱怨　　D. 网络抱怨

3. 顾客抱怨时的期望在于获得三个方面的公平：结果公平、过程公平、________。

A. 服务承诺公平　　B. 相互对待公平　　C. 价格公平　　D. 时间公平

4. ________是把企业的客户作为一种企业资源进行管理的经营思想和管理技术，旨在挖掘客户资源的价值。

A. 服务承诺　　B. 客户关系管理　　C. 服务补救　　D. 公共关系

二、简答题

1. 服务承诺对服务企业有什么意义?
2. 什么情况下顾客会抱怨? 应该怎样对待顾客抱怨?
3. 服务补救都有哪些主要策略? 服务补救遵循哪些基本原则?

三、论述题

1. 怎样正确认识和有效处理顾客投诉?
2. 怎样通过客户关系管理提高客户忠诚度?

训练设计

模拟一个服务失误与服务补救的情景，或者一个顾客投诉处理的情景，由学生参与表演，可以互换角色表演，观察学生对待服务失误或顾客投诉时的态度与处理策略，老师做点评，可以发现一些不足，纠正错误的做法，使学生能够亲身体验服务补救与服务改进之后的成就感，以便更深入地领会顾客满意的核心价值。

综合案例

泰国东方饭店的成功秘诀

泰国东方饭店堪称亚洲饭店之最，几乎天天客满。它的成功就在于非常重视培养忠诚顾客并且建立了一套完善的顾客关系管理系统，使顾客入住后可以得到无微不至的人性化服务。用东方饭店管理者的话说，就是只要每年有 1/10 的老顾客光顾，饭店就会永远客满，这是东方饭店的成功秘诀。

于先生因公务经常出差泰国并选择入住东方饭店。第一次入住时良好的饭店环境和服务就给他留下了深刻的印象，当他第二次入住时，几个细节更使他对饭店的好感迅速升级。

那天早上，在他走出房门准备去餐厅的时候，楼层服务生恭敬地问道:“于先生是要用早餐吗?”他很奇怪，反问:“你怎么知道我姓于?”服务生说:“我们饭店规定，晚上要背熟所有客人的姓名。”这令他大吃一惊，因为他频繁往返于世界各地，入住过无数高档酒店，但这种情况还是第一次碰到。于先生高兴地乘电梯来到餐厅所在的楼层，刚刚走出电梯门，餐厅的服务生说:“于先生，里面请。”他更加疑惑，因为服务生并没有看到他的房卡，于是他又问:“你知道我姓于?”服务生答:“刚刚接到楼上的电话，说您已经下楼了。”如此高的效率让于先生再次大吃一惊。他刚走进餐厅，服务生微笑着问:“于先生还要老位子吗?”他的惊讶再次升级，心想:“尽管我不是第一次在这里吃饭，但也有一年多没来了，难道这里的服务生记忆力那么好?”看到于先生惊讶的目光，服务生主动解释说:“我刚刚查过电脑记录，您在去年的 6 月 8 日在靠近第二个窗口的位子上用过早餐。”于先生听后兴奋地说：“老位子！老位子！”服务生接着问：“老菜单？一个三明治，一杯咖啡，一个鸡蛋？”于先生现在已经不再惊讶了：“老菜单，就要老菜单！”他已经兴奋到了极点。上餐时餐厅赠送了他一碟小菜，由于这种小菜他是第一次看到，就问：“这是什么？”服务生后退两步说：“这是我们特有的小菜。”服务生之所以后退两步，是因为怕自己说话时口水不小心落在客人的食品上。这一次早餐给于先生留下了终生难忘的印象。后来，由于业务调整，于先生有三年时间没有再到泰国去，在他生日的时候突然收到了一封东方饭店发来的生日贺卡，里面还附了一封短信，内容是：“亲爱的于先生，您已经有三年没有来过我们这里了，我们全体人员都非常想念您，希望能再次见到您。今天是您的生日，祝您生日愉快！”于先生当时激动得热泪盈眶，发誓如果再去泰国，还要住在东方饭店，而且要告诉所有的朋友。

资料来源：李祇辉．服务营销：理论与实践［M］．北京：科学出版社，2020.

问题讨论： 1. 东方饭店是怎样进行顾客关系管理的？

2. 请分析顾客关系管理与企业经营业绩之间的关系。

参考文献

[1] 泽丝曼尔，比特纳，格兰姆勒. 服务营销：第7版［M］. 张金成，白长虹，杜建刚，等译. 北京：机械工业出版社，2019.

[2] 沃茨，洛夫洛克. 服务营销：第8版［M］. 韦福祥，译. 北京：中国人民大学出版社，2019.

[3] 李克芳，聂元昆. 服务营销学［M］. 3版. 北京：机械工业出版社，2020.

[4] 李巍. 服务营销管理：聚焦服务价值［M］. 北京：机械工业出版社，2019.

[5] 李祇辉. 服务营销：理论与实践［M］. 北京：科学出版社，2020.

[6] 苏朝晖. 服务营销与管理［M］. 北京：人民邮电出版社，2019.

[7] 郭国庆. 市场营销学通论［M］. 8版. 北京：中国人民大学出版社，2020.

[8] 郭国庆. 服务营销［M］. 5版. 北京：中国人民大学出版社，2021.

[9] 许晖. 服务营销［M］. 2版. 北京：中国人民大学出版社，2021.

[10] 于宁. 服务营销［M］. 3版. 大连：大连理工大学出版社，2022.

[11] 黎开莉，魏锦. 服务市场营销［M］. 大连：东北财经大学出版社，2011.

[12] 王跃梅，高海霞，陈颖. 服务营销［M］. 3版. 杭州：浙江大学出版社，2019.

[13] 郑锐洪. 中国营销理论与学派［M］. 北京：首都经济贸易大学出版社，2010.

[14] 郑锐洪. 营销渠道管理［M］. 3版. 北京：机械工业出版社，2020.

[15] 郑锐洪，刘建准. 现代企业管理［M］. 2版. 大连：大连理工大学出版社，2018.

[16] 菲茨西蒙斯 J，菲茨西蒙斯 M. 服务管理：运作、战略与信息技术：第7版［M］. 张金成，范秀成，杨坤，译. 北京：机械工业出版社，2013.

[17] 格罗鲁斯. 服务管理与营销：服务利润逻辑的管理：第4版［M］. 韦福祥，姚亚男，译. 北京：电子工业出版社，2014.

[18] 卡斯帕尔，赫尔希丁根，加勃特，等. 服务营销与管理：基于战略的视角：第2版［M］. 北京：人民邮电出版社，2008.

[19] 科特勒，凯勒. 营销管理：第15版［M］. 何佳讯，于洪彦，牛永革，等译. 上海：格致出版社，2017.

[20] 舒尔茨，凯奇. 全球整合营销传播［M］. 黄鹂，何西军，译. 北京：机械工业出版社，2012.

[21] 中共中央宣传部. 习近平新时代中国特色社会主义思想学习纲要［M］. 北京：人民出版社，2019.